TEACHER EDUCATION

全国百所高校规划教材
教师教育精品教材

教育哲学

JIAOYU ZHEXUE

于 伟 主编

北京师范大学出版集团
BEIJING NORMAL UNIVERSITY PUBLISHING GROUP
北京师范大学出版社

图书在版编目(CIP)数据

教育哲学/于伟主编. —北京:北京师范大学出版社,2015.8
(2022.12重印)
　ISBN 978-7-303-18330-2

　Ⅰ. ①教… Ⅱ. ①于… Ⅲ. ①教育哲学-师范大学-教材
Ⅳ. ①G40-02

　中国版本图书馆CIP数据核字（2014）第310935号

图书意见反馈：gaozhifk@bnupg.com　010-58805079
营销中心电话：　010-58802755　58800035
北师大出版社教师教育分社微信公众号　京师教师教育

出版发行：北京师范大学出版社　www.bnup.com
　　　　　北京市西城区新街口外大街12-3号
　　　　　邮政编码：100088

印　　刷：保定市中画美凯印刷有限公司
经　　销：全国新华书店
开　　本：787 mm×1092 mm　1/16
印　　张：23.25
插　　页：1
字　　数：488 千字
版　　次：2015 年 8 月第 1 版
印　　次：2022 年 12 月第 4 次印刷
定　　价：39.00 元

策划编辑：李　志　　　责任编辑：鲍红玉
美术编辑：焦　丽　　　装帧设计：焦　丽　锋尚设计
责任校对：陈　民　　　责任印制：赵　龙

教师教育精品教材编委会

委　员（按姓氏笔画排序）

王智秋（首都师范大学初等教育学院院长）

石　鸥（首都师范大学课程与教学研究所所长）

白学军（天津师范大学教育学部副部长）

朱旭东（北京师范大学教育学部副部长）

伍新春（北京师范大学心理学院教授）

刘占兰（中国教育科学研究院研究员）

刘济良（河南大学教务处处长）

李　森（西南大学图书馆馆长）

李臣之（深圳大学师范学院副院长）

李瑾瑜（西北师范大学教育学院院长）

杨宝忠（天津师范大学初等教育学院院长）

连　榕（福建师范大学教育学院院长）

何齐宗（江西师范大学教育学院院长）

余文森（福建师范大学教师教育学院院长）

张春莉（北京师范大学课程与教学研究院副院长）

陈旭远（东北师范大学初等教育学院院长）

陈佑清（华中师范大学课程与教学研究所所长）

陈英和（北京师范大学心理学院教授）

陈晓端（陕西师范大学教育学院教授）

和学新（天津师范大学教育学院教授）

侯怀银（山西大学教育科学学院院长）

徐文彬（南京师范大学课程与教学研究所常务副所长）

徐继存（山东师范大学教师教育学院院长）

郭　华（北京师范大学教育家书院执行院长）

黄甫全（华南师范大学课程与教学系系主任）

葛新斌（华南师范大学教育科学学院副院长）

温恒福（哈尔滨师范大学教育科学学院院长）

虞永平（南京师范大学教育学院党委书记）

綦春霞（北京师范大学课程与教学研究院副院长）

蔡宝来（上海师范大学教育科学学院教授）

总　序

习近平总书记在视察北京师范大学时指出："一个人遇到好老师是人生的幸运，一个学校拥有好老师是学校的光荣，一个民族源源不断涌现出一批又一批好老师则是民族的希望。国家繁荣、民族振兴、教育发展，需要我们大力培养造就一支师德高尚、业务精湛、结构合理、充满活力的高素质专业化教师队伍，需要涌现一大批好老师……百年大计，教育为本。教育大计，教师为本。努力培养造就一大批一流教师，不断提高教师队伍整体素质，是当前和今后一段时间我国教育事业发展的紧迫任务……要加强教师教育体系建设，加大对师范院校的支持力度，找准教师教育中存在的主要问题，寻求深化教师教育改革的突破口和着力点，不断提高教师培养培训的质量。"

近年来，为了全面提高教师队伍整体素质，国家加大了教师教育改革力度，陆续出台了《国务院关于加强教师队伍建设的意见》《教育部国家发展改革委财政部关于深化教师教育改革的意见》等一系列文件，将完善教师教育体系和深化教师教育改革提到了空前高度。

培养造就一支师德高尚、业务精湛、结构合理、充满活力的高素质专业化教师队伍，是当前我国教师教育改革创新的时代使命和战略目标。为了全面实现这一战略目标，需要在教师教育理念、制度、内容、方法和评价等各方面进行深入探索。其中，教师教育的教材体系建设，是教师教育改革创新的核心枢纽，是培养"四有"教师的主要抓手，需要优先关注和深入研讨。

长期以来，我国师范院校一直重视教师教育的教材建设工作，涌现了一大批经典教材、精品教材。同时，我们也注意到，教师教育教材建设还难以满足时代发展和事业发展的需要，教材质量水平还有一定的提升空间。北京师范大学一直致力于我国教师教育的改革与创新，在国家大力发展教师教育的背景下，北师大与全国近百所师范院校勇于承担时代使命，联合编写教师教育精品教材，全面服务我国教师教育事业的发展。

令人欣慰的是，经过三年的不懈努力，在教育部教师工作司的指导下，在全国近百所师范院校专家学者的共同努力下，这套作者权威、品种齐全、覆盖面广、体现新理念、适应新标准、满足新需求，类型丰富、层次清晰、结构严谨的教师教育精品教材，终于即将出版面世。希望这套教材的出版，能为我国教师教育的改革创新提供有力的支持。

这套教材的基本特点，可以概括为六个词：革新、系统、权威、精良、协同、立体。

第一，革新，即符合改革的新趋势。本套教材的编写，认真研究了教师教育中存在的主要问题，努力寻求深化教师教育改革的突破口和着力点，认真研究了《教师教育课程标准（试行）》和《中小学和幼儿园教师资格考试标准（试行）》的政策要求，认真研究了中小学教师面临的实际问题和世界教师教育的发展趋势，认真研究了教育对象的特点和教材使用主体的需求，体现了鲜明的需求导向和时代特征。

第二，系统，即系统的顶层设计。人才培养是一项系统工程，课程设置与教材编写也要具有系统性。没有进行系统设计的教材，很容易出现互相矛盾、重叠、断裂等结构性问题。本套教材注重整体设计工作，在顶层设计上提前做了比较充足的准备工作，积极发挥编委会在教材顶层设计方面的指导作用，从理念、品种、体例、内容结构等诸多方面系统设计了这套教材的开发框架。

第三，权威，即教材的作者和内容权威。编委会坚持从本领域的全国知名专家中推选每个品种的主编，以确保每种教材的科学性与教育性。科学性主要体现在：体系严谨、概念准确、事实清楚、逻辑严密、内容简明，反映学术领域的总体认识水平和基本共识。教育性主要体现在：倡导先进的教育价值观，综合考虑教育目标要求，符合教学规律，反映教学工作的需求和教学改革的成果，易学好教。

第四，精良，即教材编排制作精良。通过对各版本国内外经典高校教材的仔细研究，并结合教师教育教材自身的特点，编委会秘书处研制出《教师教育精品教材编写指南》，对整套教材的编写框架、模块和体例等方面做出了基于提升学生学习体验的多方面创新和系统设计，并在开本、色彩及版式等诸多细节的设计上坚持精品制作。

第五，协同，即协同开发机制。把分散在全国各地的优势资源组织起来，共同建设高水平的教师教育精品教材，实现多方共赢，是这套教材的一个重要特点。编委会和编写队伍成员来自全国百所院校，大家集思广益，优势互补，每个参与者都做出了积极贡献。

第六，立体，即教材形态多元。随着信息技术在教材建设领域的广泛应用，教材形态日趋复杂和多元。纸质教材、电子教材、数字资源等都已经成为教材的重要组成部分。从长远看，教材立体化乃大势所趋。这套教材除了纸质教材外，还积极进行了数字资源的开发，为未来教材立体化做了先行探索。

教师教育精品教材建设是深化教师教育改革的突破口之一，在推进这项工作的过程中，我们同时探讨、思考了当前我国教师教育中存在的主要问题，并努力寻求教师教育改革的着力点。这是一次跨院校的有效协同行动，希望本套精品教材的出版将为我国教师教育体系建设，为教师队伍整体素质提升，为"四有"教师培养做出应有的贡献。

董奇

2015年7月

本书使用指南

全书栏目

本课程的发展历史：开始本课程之前，先了解一下它的发展历程。

本课程的研究方法：如何学习本课程，并进一步展开研究，方法至关重要。

简要目录：一个层级的简要目录让你一眼览尽全书的章目要点。

详细目录：三个层级的详细目录为你提供更具体的页码索引，并展现作者阐释每个章节的角度。

关键术语表：书后会对全书的关键术语做一个整体呈现，并配上英文和解释。

本课程的发展历史

自大学开设教育学院开始，教育哲学课程就被纳入师本科教育体系当中，尤其是师范类教师的课程之中，成为师范生要修习的课程。教育哲学的课程内容不断更新，随着教育哲学学科复苏成就的涌现，不断有新的内容进入到教材中，总的来说，国内外教育哲学往往是

外国教育哲学课程发展史 ①

教育哲学

中国教育哲学课程发展史 ②

民国时期教育哲学的发展

在中国，现代意义上的教育学是舶来品，而教育哲学同样也不是本土生产的，依赖中国教育哲学的发展大体分为两个时期，一是国别断教育哲学时期，二是1949年之后大陆和台湾地区教育哲学的分期发展。

民国时期教育哲学的发展，1918年，南京高师开设教育哲学课程，成为教育发展的高峰级别前始华历期，即1919—1921年。

本课程的研究方法

教育哲学并不是神秘的学科，也不是高不可攀的学科，而是充满睿智教育观点和理智性趣味的学科，概括来说，从事教育学研究需要的是批判和反思，即对教育思想与教育实践中的各种观点，做出给予前瞻性的批判和反思，从而推动思想的发展，具体来说，教育哲学有四种基本的研究范式。

第一、规范的研究：规范的研究主要以哲学的话语，结合哲学立场宣说和分析教育的问题。

第二、分析的研究

第三、批判研究

第四、综合的研究

简要目录

- 第一章　什么是教育哲学 / 1
- 第二章　教育是什么 / 33
- 第三章　儿童是什么 / 65
- 第四章　教育目的 / 107
- 第五章　知识 / 145
- 第六章　学习 / 189
- 第七章　教学 / 221
- 第八章　教师 / 257
- 第九章　班级 / 295
- 参考文献 / 339
- 关键术语表 / 347
- 后　记 / 351

详细目录

第一章　什么是教育哲学

- 第一节　什么是哲学 ………………………… 3
  - 一、哲学史简述 ……………………………… 3
  - 二、哲学的若干属性 ………………………… 6
- 第二节　教育哲学的发展演进及其不同界定 …… 11
  - 一、教育哲学的发展演进 …………………… 11
  - 二、对教育哲学的不同界定 ………………… 16
- 第三节　教学与学习教育哲学的意义与方法 …… 21
  - 一、教学与学习教育哲学的意义 …………… 21
  - 二、教学与学习教育哲学的方法 …………… 24

第二章　教育是什么

- 第一节　"教育"的起源与运用"教育"的方式 … 35
  - 一、"教育"的中西方起源 ………………… 35
  - 二、"教育"在日常语言地理描述中的不同用法 … 38
- 第二节　教育哲学史中关于教育的典籍思考 …… 41
  - 一、《中庸》论教育：教育是塑造社会的工具 … 42
  - 二、柏拉图论教育：教育是灵魂转向的工具 … 43
  - 三、杜尔论教育：教育即回归到"本真" …… 44
  - 四、卢梭论教育：教育是"自然人"与"爱强者"之培养 … 46
  - 五、杜威论教育：教育即生活、即经验的改造与改造 … 48
  - 六、李泽厚论教育：教育即工具心灵整体的培育生成 … 51
- 第三节　教育有意思是什么：当代解读 ……… 53
  - 一、对于传统"教育"的当代挑战 ………… 54
  - 二、思考之再思考：教育存有的三种意味 … 55

第三章　儿童是什么

关键术语表

哲学	Philosophy	哲学是对各种人类经验的反思或对人类意义关注的学术问题的理性的、方法论的和系统的思考。
教育哲学	Philosophy of Education	教育哲学是从哲学的角度对教育问题进行的批判与反思，也作为教育理论中的个基础研究，对教育理论和实践中的既关问题进行思考，作为人们以从事教育工作的倾向性做论证方法。
分析教育哲学	Analytic Philosophy of Education	教育哲学的一个流派，将教育哲学的任务确定为概念和意义语言的逻辑分析。先在教育中的问题、问题或价值问题，分析教育哲学要把"教育""教学""知识""学习"等概念的学科上的意思，增强都生学用的严格性、以增强教育理论和实践中的清晰、准确、明的逻辑性、作为批判与否定重要基础据。
教育	Education	教育育有的历地这理改造人类经经世界的社会实践活动，从社会的历史的角度来看，教育是人类再造能力的形式，是一种复杂的文化象，是社会实际的"发始机"，也是个人生存发展的工具。教育最反近以本质力的活动，它情赋予了人类社会历史的绵延之"在"。
自然人	Natural Man	普甲由卢梭提出的人性思想，现代一种描述"自然天性"由此发展出人、自然人理论要求儿童的需和教育与自然的外发展和进一理、与人量身心灵系水平一致。教育应以儿童为出发点，注重个性的发展，也要求儿童教育训练成的个性，世界之外未书籍，事实以外无真理。
情本体	Emotional Noumenon	李泽厚历史本论哲学的核心概念，是心理本体的重要部分。与心"工具本体本论核心是"如何活"的问题，也即人生的美好和幸福问题，情本体思想认为对人生的眷恋、珍惜、感伤和了情感等替代死空间无不解解决的"真"和"错"，替代心空虚慌差异也的近现代的"堡尔""包工"，解决那心灵的美丽，增强以追求意义的神合给心价值问题。
历史唯物论	Historical Materialism	是一种以历史的态度为历史发展重要诸条件的看法，世界观之一。认为一切遭受历史事物的社会和理论和社会形态的发展，尤其是人类的新胜生产实践，社会发展和人类的教育实践问题决定重人的各种理应方式和社会行为。

章前栏目

第一章
什么是教育哲学

本章概述

本章经由哲学简史的回顾概括出哲学的若干重要属性及其对教育哲学的意蕴，并在教育哲学发展史的基础上，对教育哲学进行相应界定。其后是教师学习教育哲学的意义说明和方法介绍。

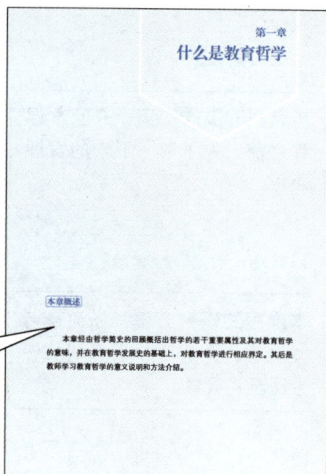

本章概述：学习每章之前，先了解一下它的内容概要。

结构图

哲学史简述 | 哲学的若干属性
什么是哲学

什么是教育哲学

1

2

3

教育哲学的发展演进及其不同界定   教师学习教育哲学的意义和方法

教育哲学的发展演进   对教育哲学的不同界定   教师学习教育哲学的意义   教师学习教育哲学的方法

章结构图：这张"地图"助你在第一时间把握本章知识结构。

学习目标

学完本章，你应该做到：

1. 熟悉哲学发展的脉络，明确哲学思考问题的方式。
2. 了解教育哲学的历史和现状，对教育哲学有较为准确的定位。
3. 了解学习教育哲学的意义，掌握学习教育哲学的基本方法。

章学习目标：清楚了解目标，学习才能更高效。

读前反思

回想一下，职前教育中有哪些课程或教学内容是有关哲学的，在个人阅读中是否涉猎过哲学著作，你能举出一些例子吗？请基于这些"经验"思考下列问题。

1. 哲学是高深的学问还是日常的智慧？作为教师需要学哲学、用哲学吗？如果重要，要学习什么样的哲学？
2. 自己在哪些场合接触过教育哲学？如果靠自己设想，一本教育哲学的教材应该包括哪些内容？在现实中"有用的"教育哲学又应该是"怎样一副模样"？
3. 教育哲学和其他学科、课程有什么区别？哲学和教育哲学对于教师意味着什么？基于教育哲学的独特性和具体价值，想一想自己准备怎样学习这门课程。

读前反思：反思的问题将带你进入新的知识探索。

章内栏目

节学习目标：完成节学习目标，才能实现章学习目标，直至掌握全书内容。

案例：丰富的案例助你更好地掌握理论，并在实践中灵活运用。

名家语录：这里有教育家、哲学家、思想家……听一听他们的真知灼见吧。

流动的定义：突出呈现的定义方便你一眼看到它。

章后栏目

本章小结：它概述了本章的重要知识点，为你的复习和回顾提供方便。

关键术语：章后为你提供了本章的关键术语，包括它的英文名称。

章节链接：知识之间是有联系的，章节链接为你提供了这种指引，它能让你的知识更加融会贯通。

体验练习：练习能深化你对知识的学习，并助你查漏补缺。

批判性思考：这里，会以提问的方式引导你进一步思考。

补充读物：它为你的学习提供了更广阔的阅读空间。

教学一线纪事：在这里，你可以提前了解真实的课堂。

在线学习资源：扫一扫二维码，你就可以轻松浏览为你精心准备的在线学习资料。

本课程的研究方法

教育哲学并不是神秘的学科，也不是高不可攀的学科，而是充满睿智教育观点和理智性趣味的学科。概括来说，从事教育哲学研究需要的是批判和反思，即对教育思想与教育实践中的各种观点、做法给予前提性的批判和反思，从而推动思想的发展。具体来说，教育哲学有四种基本的研究范式。

第一，规范的研究。规范的研究主要以哲学的话语、站在哲学的立场言说和分析教育的问题，在教育哲学研究史上此种方法形成了各种各样的"主义"式教育哲学。主要的哲学流派有唯心主义、唯实主义、永恒主义、要素主义、实用主义、进步主义、社会改造主义、存在主义。各种"主义"的教育哲学有着大致相同的研究思路，即形而上学讨论现实的性质，认识论讨论知识的性质，价值论讨论价值的性质，逻辑论讨论推理的性质。各种"主义"的教育哲学从自身信奉的哲学立场出发，从以上四个方面阐述自己的主张，为自己的教育主张寻求永恒的形而上学支撑。每一个派别的教育哲学都是系统的、综合的、连贯的、完善的思想体系，侧重于理解与论证教育过程所要达到的目的及应遵循的原则，并就应该采取的方法提出建议。

第二，分析的研究。分析的研究采取语意分析与逻辑分析的方式研究教育的问题与概念，进行思想的清理，反对像传统的规范教育哲学那样提出有指导意义的主张。分析教育哲学是这一研究方法的代表。分析教育哲学对概念和命题进行语言的和逻辑的分析，试图通过语言清思，消除由于教育概念的模糊所引起的争论，从而实现教育理论的清晰化，并不想创造或建立一个完整的教育哲学的思想体系。虽然人们批判分析教育哲学的"概念的大扫荡"（conceptual mopping up）并没有真正的做到清思，人们不得不放弃通过逻辑的找寻纯粹的语言来建立教育的基本准则这一强硬的立场，而后期分析教育哲学中的日常语言学派也仅仅是修正了概念的用法，无法对概念做彻底的清思，但分析教育哲学为人们研究教育问题提供了新的方法与技术。

第三，批判的研究。受马克思和恩格斯理论乃至后来的德国法兰克福学派、英国文化研究中心的批判理论影响，批判的研究主张对教育现实展开批判，对错误的思想、观点、方法保持警醒的立场与态度。批判教育哲学是这一研究方法的代表。由于教育改革进程中，变革不仅仅局限在学校内部的课堂教学、课程开发方面，而是扩大到教育教学、学校管理、经费运作、教育公平等多个方面，这种实践的状况吸引了批判教育哲学学者的关注，他们在这复杂纷繁的教育实践中洞察出教育的问题所在，开始对教育目的、教育公平、教育民主等问题进行哲学批判与反思，他们希望能通过自己的研究来唤醒教育实践者，使教育实践者能够更好的反思。

第四，综合的研究。教育哲学研究由过去怎么去认识教育，转向重视不同派别哲学思想的对话以及探讨在教育中该怎么做，开始直面教育领域中的各种具体实践问题。因此，教育哲学研究方法向综合化的方向发展，受到实践哲学的影响，强调面向教育实践的研究。综合研究的教育哲学放弃了在认识论上的永恒的理性诉求，而是遵循了情境理性，尊重了空间与位置的不同带来的教育主张的不同，强调教育哲学研究的终极目的是改进教育实践。

简要目录

第一章　什么是教育哲学 / 1

第二章　教育是什么 / 33

第三章　儿童是什么 / 65

第四章　教育目的 / 107

第五章　知识 / 145

第六章　学习 / 189

第七章　教学 / 221

第八章　教师 / 257

第九章　班级 / 295

参考文献 / 339

关键术语表 / 347

后　记 / 351

第一章　什么是教育哲学

第一节　什么是哲学 3
　一、哲学史简述 3
　二、哲学的若干属性 6
第二节　教育哲学的发展演进及其不同界定 11
　一、教育哲学的发展演进 11
　二、对教育哲学的不同界定 16
第三节　教师学习教育哲学的意义与方法 21
　一、教师学习教育哲学的意义 21
　二、教师学习教育哲学的方法 24

第二章　教育是什么

第一节　"教育"的起源与运用"教育"的方式 35
　一、"教育"的中西方起源 35
　二、"教育"在日常语言和理论陈述中的不同用法 38
第二节　教育哲学史中关于教育的经典阐释 41
　一、《中庸》论教育：教育即循性修道 42
　二、柏拉图论教育：教育是理想社会的工具 43
　三、老庄论教育：教育即回归"本真" 44
　四、卢梭论教育：教育即"自然人"与"爱国者"之培养 46
　五、杜威论教育：教育即生活，即经验的改组与改造 48
　六、李泽厚论教育：教育即工具和心理本体的培育生成 51
第三节　教育究竟是什么：当代解读 53
　一、对于传统"教育"的当代挑战 54
　二、思考之再思考：教育应有的三种意味 55

第三章　儿童是什么

第一节　儿童与哲学家 68

　　一、儿童是个哲学家 68
　　二、对儿童的哲学教育何以可能 73
第二节　儿童的创造性及其教育 76
　　一、如何理解儿童的创造性 76
　　二、如何培养儿童的创造性 78
第三节　图像社会中的儿童 81
　　一、世界正在进入图像时代 82
　　二、图像社会对儿童的影响 84
　　三、图像社会的儿童教育 87
第四节　儿童可教的人性假设与教育 90
　　一、儿童可教的理论观点和实践立场 90
　　二、儿童认识世界的方式与教育 94
　　三、儿童的道德成长与教育 97

第四章　教育目的

第一节　教育目的的哲学意蕴 109
　　一、教育目的的内涵和结构 109
　　二、思考教育目的问题的多重维度 115
第二节　教育目的确立的哲学理路 122
　　一、从演绎哲学角度 122
　　二、从分析哲学角度 124
　　三、从实证主义角度 126
第三节　对当下教育目的的哲学审视 128
　　一、对我国教育总目的的哲学审视 128
　　二、对新课改三维目标的哲学审视 134

第五章　知识

第一节　什么是知识 147
　　一、知识的基本概念 147
　　二、知识的类型 148
　　三、知识的演进历程 155
第二节　知识与诸要素的关系 157
　　一、知识与经验、常识 158

二、知识与智慧、能力..165
第三节 学校教育中知识的呈现..168
一、知识在教科书中的呈现..169
二、知识在隐性课程中的呈现..174
三、知识在经典名著中的呈现..177
四、知识在新媒介中的呈现..180

第六章 学习

第一节 学习与学习化社会..191
一、学习的本质..191
二、学习的目的..194
三、学习化社会..197
第二节 哲学理论与学习..202
一、唯理论与学习..202
二、经验论与学习..204
三、建构主义与学习..206
第三节 学习方式及其变革..207
一、什么是学习方式..207
二、几种重要的学习方式..209
三、信息技术背景下学习方式的变化..213

第七章 教学

第一节 什么是好的教学..223
一、"有效教学"的反思与批判..223
二、"好"的教学的标准..228
第二节 教学方式反思..235
一、启发式教学反思..235
二、为什么要向孩子学习..238
三、"翻转课堂"反思..240
第三节 教学中的自由、控制与民主问题......................................244
一、教学自由及其必要性反思..244
二、教学控制及其必要性反思..246
三、教学民主及其反思..249

第八章　教师

第一节　教师为什么必须"为人师表"..................260
　一、现实化的教师形象："为人师表"的不同隐喻..................261
　二、内在化的教师使命："为人师表"的重要功能..................264
　三、对象化的教师存在："为人师表"的关系逻辑..................268
　四、系统化的教师劳动："为人师表"的内在结构..................270
第二节　如何理解教师的专业成长..................272
　一、教师专业化：教师专业成长的历史前提..................272
　二、教师的教育信念：教师专业成长的灵魂..................274
　三、教师的教育权力：教师专业成长的核心..................277
　四、教师的教育自由：教师专业成长的追求..................280
第三节　教师的个体教育理论..................283
　一、如何理解教师的个体教育理论..................284
　二、教师如何生成个体教育理论..................286

第九章　班级

第一节　班级的诞生与演变..................297
　一、班级建立的哲学基础..................297
　二、知识生产方式的变革与班级的诞生..................300
　三、班级的演变与教育现代性..................302
第二节　作为场域的班级..................308
　一、班级场域中的行动者角色..................309
　二、班级场域中的交往关系..................311
　三、班级场域中的空间建构..................314
第三节　班级管理的价值迷思..................319
　一、"共同体"中的权力与民主..................320
　二、班级经营中的规训与自由..................324
　三、班级建设中的差异与公正..................329

参考文献..................339

关键术语表..................347

后　记..................351

第一章

什么是教育哲学

本章概述

　　本章经由哲学简史的回顾概括出哲学的若干重要属性及其对教育哲学的意味，并在教育哲学发展史的基础上，对教育哲学进行相应界定。其后是教师学习教育哲学的意义说明和方法介绍。

结构图

什么是哲学

ⓐ 哲学史简述　｜　ⓑ 哲学的若干属性

1

什么是教育哲学

2

教育哲学的发展演进及其不同界定

ⓐ 教育哲学的发展演进　｜　ⓑ 对教育哲学的不同界定

3

教师学习教育哲学的意义和方法

ⓐ 教师学习教育哲学的意义　｜　ⓑ 教师学习教育哲学的方法

学习目标

学完本章，你应该做到：

1. 熟悉哲学发展的脉络，明确哲学思考问题的方式。
2. 了解教育哲学的历史和现状，对教育哲学有较为准确的定位。
3. 了解学习教育哲学的意义，掌握学习教育哲学的基本方法。

读前反思

　　回想一下，职前教育中有哪些课程或教学内容是有关哲学的，在个人阅读中是否涉猎过哲学著作，你能举出一些例子吗？请基于这些"经验"思考下列问题。

1. 哲学是高深的学问还是日常的智慧？作为教师需要学哲学、用哲学吗？如果需要，要学习什么样的哲学？
2. 自己在哪些场合接触过教育哲学？如果靠自己设想，一本教育哲学的教材应该包括哪些内容？在现实中"有用的"教育哲学又应该是"怎样一副模样"？
3. 教育哲学和其他学科、课程有什么区别？哲学和教育哲学对于教师意味着什么？基于教育哲学的独特性和具体价值，想一想自己准备怎样学习这门课程。

第一节
什么是哲学

🎯 **学习目标**

熟悉哲学发展的脉络，明确哲学思考问题的方式。

　　教育哲学和哲学有什么样的关系？这是一个有争议的问题。但教育哲学离不开哲学显然是没有争议的。有人认为教育哲学就是用哲学的基本立场审视教育问题，是应用哲学；有人认为教育哲学探讨教育理论和实践背后的哲学命题和假设，作为思索各教育类学科的理论前提，某种意义上是教育学的基础学科；也有人认为教育哲学是要从教育基本问题出发总结出哲学问题，是哲学的一种。凡此种种，可以得出，对于教师来说，接触教育哲学肯定是必要的，哲学的学习不能取代教育哲学的学习。但反过来，了解一些哲学显然可以更好地领悟教育哲学，并促进个体教育哲学的形成。

一、哲学史简述

　　"哲学"一词源于古希腊词汇"φιλοσοφîα"，拉丁语中为"philosophia"，由"philo"和"sophia"组合而成，前者意为"爱"，后者意为"智"，全词合意为"爱智慧"。在中国传统语言体系中，"哲"为聪明、智慧之意。《尚书》中《皋陶谟》记载大禹语："知人则哲，能官人，安民则惠，黎民怀之。"《尔雅》释"哲"字说："哲，智也。"尽管中国古代并没有"哲学"这个名词，但是这门学问在中国古代曾被称为理学、道学、玄学等，现代中国学术界中使用的"哲学"一词是经由日本学者翻译而后传入我国的。[1]中国的哲学不是西方意义的，后现代哲学家德里达否认中国有哲学，李泽厚认为那是就狭义的哲学而言。[2]西方哲学重视理性、超验理念、形式逻辑，中国哲学重视情感、生活经验、辩证逻辑。中国哲学和西方哲学一样，都是对人生意义、生活价值、宇宙根源的永恒追问。在学科意义上可以说哲学就是哲学史，下面将对西方哲学和中国哲学的历史做简单的梳理回顾，以期为教育哲学的学习和研究提供参照。

　　西方哲学主要指欧美哲学，按照时间阶段可以分为古希腊哲学、希腊化和中世纪哲学、

1　西方哲学最早传入中国，始于1595年利玛窦在《天学实义》里将欧洲哲学翻译为理学。1623年，艾儒略在《西学凡》一书中，同样将英文的philosophy翻译成理学。此后的三百余年间，虽然也有一些书籍把西方哲学译为"性学"（超性之学）、"爱知学""智学"等，但理学最为流行。最早将哲学一词介绍到中国来的是黄遵宪（1848—1905）。他在1885年初刻本的《日本国志·学术志》里，讲到日本东京大学的学科分类时，使用了"哲学"一词。到1905年前后，许多中文报刊都较多地采用"哲学"这一术语了。"哲学"一词，本为日本人西周时懋（1829—1897）所创用以表达源于古希腊罗马的西方哲学学说。1870年，他在给学生讲解西方哲学时指出："哲学是诸学的统辖，诸学皆一致归哲学统辖"，哲学是"诸学之上学"。以上论述参见李喜所. 辛亥革命时期学术文化的变迁[J]. 史学集刊，2003(1)：38～47.
2　李泽厚，刘绪源. 该中国哲学登场了？李泽厚2010对谈录[M]. 上海：上海译文出版社，2010：1～9.

近代及19世纪哲学和20世纪与当代哲学。[1]古希腊哲学主要是由17世纪经院哲学家所命名的本体论或存在论（ontology）。在苏格拉底之前对存在的追问主要是针对外部世界的，如世界由什么构成、宇宙本源是什么等。随着人类自我意识的加强，到苏格拉底那里，对存在的追问由外部世界转向人自身，人是什么、人从哪里来以及人的德性与生活成了哲学的核心命题。苏格拉底及其之后的柏拉图和亚里士多德被称为"古希腊三杰"，他们奠定了西方哲学的基本特色，苏格拉底对真理的追求、柏拉图的理念世界与亚里士多德的形式逻辑等对后世的西方哲学家影响深远。"古希腊三杰"等智者之后的伊壁鸠鲁主义、斯多葛主义、怀疑主义、犬儒主义、新柏拉图主义，则构成了希腊化时期哲学的图景。需要提及的是，哲学和科学在古代的分界线并不明确（正如哲学学科和固定的哲学家身份，乃至所有其他学科的体制建设和领域形成都是现代化的产物）。历史编纂学、医学、法学、数学、物理学与化学、天文学与语文学作为当时核心的科学分支，都和哲学有着积极的互动[2]。随后是漫长的中世纪，经院哲学成为哲学主流，哲学的使命主要是以理性证实上帝的存在及《圣经》的教义，代表性的哲学家有奥古斯丁和阿奎那。

随着生产力的发展和资产阶级的诞生，文艺复兴、宗教改革、启蒙运动以及自然科学的发达，哲学回归了古希腊的传统，重新关注人及其外部物质世界，但却是以认识论（epistemology）的方式存在。在人能否认识、如何认识等问题上，近代早期的哲学家大略可以分为理性主义和经验主义两派。理性主义以笛卡儿、斯宾诺莎、莱布尼茨为代表，认为人有先验的认识能力，思辨演绎而来的知识是可靠的，事物共相先于事物自身而具有客观实在性（唯实论）。经验主义以培根、贝克莱、休谟和洛克为代表，认为人不具有先验认识能力，经验归纳而来的知识才是可靠的，事物共相后于事物自身而不具有客观实在性（唯名论）。当然，近代哲学在其他方面并非没有发展，尤其是实践哲学（主要是政治哲学和道德哲学）出现了一批代表人物和哲学主张。文艺复兴时期的马基雅维利和霍布斯之外，洛克、孟德斯鸠、卢梭等思想家则关注了自然法则、天赋人权、社会契约、主权、平等、自由、民主、公平、正义、分权与制衡、权利与义务、善与恶等一系列政治哲学和道德哲学主题。同时，法国的拉美特利、爱尔维修、伏尔泰、狄德罗等人发展了英国培根、霍布斯、洛克的机械唯物主义，为物质与意识这一本体论哲学问题的探讨增加了辩证色彩。

近代晚期和19世纪是哲学大发展的时期，出现了康德、黑格尔、马克思、叔本华、尼采、克尔凯郭尔等这些我们耳熟能详的哲学家。康德、黑格尔同笛卡儿一起被称为理性主义哲学的三个巅峰，他们至今对当世的哲学家有深刻的影响。两人均涉及本体论哲学、认识论哲学、道德哲学、政治哲学、历史哲学和哲学美学等哲学的诸多方面。康德综合理性主义和经验主义，完成了哲学史上从知识是什么到知识何以可能的哥白尼式的革命。而黑格尔在历

1 [美]斯通普夫，菲泽.西方哲学史（第七版）[M].丁三东，等译.北京：中华书局，2004.
2 [挪]希尔贝克，伊耶.西方哲学史——从古希腊到二十世纪[M].童世骏，等译.上海：上海译文出版社，2004：121.

史和辩证法方面做出了突出贡献。叔本华、尼采和克尔凯郭尔则发展出唯意志论哲学，向哲学的理性中心发起挑战。马克思基于其经济学（生产力）和社会学（阶级斗争）发展出历史唯物主义和辩证法哲学，其影响也更多是在社会实践方面。同一时期，不可忽略的还有边沁、穆勒的功利主义和自由主义的道德哲学，达尔文主义的社会哲学，赫尔德和兰克的历史哲学，以及施莱尔马赫的解释学和孔德的实证主义哲学等方法论哲学。

🔊 哲学家语录

　　全部哲学史这样就成了一个战场，堆满着死人的骨骸。它是一个死人的王国，这王国不仅充满着肉体死亡了的个人，而且充满着已经推翻了的和精神上死亡了的系统，在这里面，每一个杀死了另一个，并且埋葬了另一个。……（但是）我们必须讲明白：哲学系统的分歧和多样性，不仅对哲学本身或哲学的可能性没有妨碍，而且对于哲学这门科学的存在，在过去和现在都是绝对必要的，并且是本质的。

　　——[德]黑格尔. 哲学史讲演录（第一卷）[M]. 贺麟，王太庆，译. 北京：商务印书馆，2009：21～24.

　　现当代和20世纪的哲学派别林立，大致可以归为语言转向（linguistic turn）和对生存实践的关注两个理路。[1]分析哲学、语言哲学是语言转向的代表，是要把哲学的问题转变为语言研究和语言问题，哲学问题只是语言问题，代表人物有罗素、卡尔纳普、维特根斯坦等。此外，海德格尔声称语言是存在的家，通过语言揭示人类对世界的经验则是伽达默尔解释学的基本思路，风靡一时的结构主义也将结构语言学用于文化和社会的研究。哲学家们也从生存和社会的角度来寻求哲学发展的路径，重视人的社会性和实践性对于存在论和知识论的意义（在中国常被称为人本主义，典型如萨特的存在主义、海德格尔与庞蒂的存在论现象学、马斯洛及罗杰斯的人本哲学）。哲学家们开始走出思辨王国，面向社会生活，把研究对象指向人文社会世界，指向语言、神话、宗教、艺术、历史、原始部落，乃至权力、财富、性、犯罪、疾病、精神失常等社会和心理问题。哲学从古代的整体哲学到近代各种知识中陆续分离，今天的哲学又在与各门学科互动融合，比如后现代主义哲学和西方马克思主义汇流而来的文化研究。最后，和教育密切相关的还有弗洛伊德、荣格、华生等人的心灵哲学，詹姆斯和杜威的实用主义哲学，社会主义和法西斯主义的社会哲学，罗尔斯和诺齐克的政治哲学等。

　　对于中国的哲学，很多教师都或多或少地了解。中国哲学较为明晰的线索见于儒学四期说[2]。即原典儒学为第一期，以孔子、孟子、荀子为主，其主题是"礼乐论"，基本范畴是礼、仁、忠、恕、敬、义、诚等。由于个人尚未从原始群体中真正分化出来，所以有"生

1　黄颂杰. 西方哲学名著提要[M]. 南昌：江西人民出版社，2002：序13～15.
2　李泽厚. 历史本体论·己卯五说（增订本）[M]. 北京：生活·读书·新知三联书店，2006：130.

为贵""人为贵"这样的人本主义主张。第二期儒学（以汉代董仲舒为代表）的主题是"天人论"，基本范畴是阴阳、五行、感应、相类等，受阴阳家影响。第三期儒学（宋明理学，以"程朱""陆王"及张载、邵雍为代表）的主题是"心性论"，基本范畴是理、气、心、性、天理人欲、道心人心等，受佛、道、禅宗影响。有学者认为，第四期儒学是冯友兰、牟宗三、梁漱溟、熊十力一派。李泽厚认为其思想并未偏离旧的主题，而自认为儒学四期将是"人类学历史本体论"，基本范畴是自然人化、人自然化、积淀、情感、文化心理结构、两种道德、历史与伦理的二律背反等，个人将第一次成为多元发展、充分实现自己的自由人。儒学四期将儒学和马克思主义、自由主义和后现代结合起来。当然，各期虽有主流也有偏支，儒学四期可以兼容宗教哲学、政治哲学、美学哲学等多种取向。

中国的哲学是为政治和道德人生服务的哲学，对于中国人的观念来说向来是儒道互用，而在社会政治上则是儒法兼施。道家和法家思想在诸子百家中具有重要地位，相应的墨家和黄老哲学在人文社会之外的自然科学发展方面影响较大。对于哲学来说，春秋战国发展而来的阴阳家和名家也有着较多的影响。

哲学家语录

各种思想中当属哲学最不正常……对万物的思考也必须被思考。这种关于思想的思想被称为反思，也就是哲学……思考与反思的区别在于：思考可以无限地接近事物而不断丰富，可是反思却不断抛弃不可信任的观念，于是思想越来越简单，而真理却未必见得越来越近。老子曰："为学日益，为道日损。"实乃真知灼见。

——赵汀阳. 第一哲学的支点[M]. 北京：生活·读书·新知三联书店，2013：1~2.

目光聚集到近现代，冯友兰、梁漱溟等人之外，严复、王国维、康有为、梁启超、蔡元培对中国现代哲学的发展做出了各自的贡献。孙中山、毛泽东作为领袖，其哲学直接影响了社会现实。在现当代对中国哲学做出突出贡献的人士或有争论，但是有冯友兰、金岳霖、胡适、宗白华等著名哲学家应是无可争辩的。当代学人中，对教师来说可推介的哲学家有李泽厚、高清海、叶秀山、赵敦华、孙正聿、赵汀阳、邓晓芒等数位。

二、哲学的若干属性

究竟什么是哲学？到目前为止也没有一个统一的明确答案，这对任何一个研究哲学的人来说恐怕都是一个困难的问题。但是我们可以通过不同的界定，概括出哲学若干共有的属性，以此为思考"哲学到底是什么"提供依据。

（一）哲学从惊讶和疑惑开始

人是由于好奇或疑惑而开始哲学思考的，疑惑不等于哲学，而是哲学活动的引线或动因。在日常生活中产生疑惑，对常识怀疑是哲学的起点。柏拉图（Plato，Πλάτων，约公元前427–前347）曾在《泰阿泰德篇》中说道："惊讶，这尤其是哲学家的一种情绪。除此之外，哲学没有别的开端"，"这地地道道是哲学家的情绪，即惊讶，因为除此之外哲学没有别的决定性的起点。"[1]可见，哲学起源于惊异这样的一种情绪。由于受到疑惑的驱动，人们才开始思考。人的本性中有"好奇"的特质。"求知是所有人的本性"[2]，"不论现在，还是最初，人都是由于好奇而开始哲学思考，开始对身边所不懂的东西感到奇怪，继而逐步前进，而对更重大的事情发生疑问。"[3]"当有人提出一个普遍性问题时，哲学就产生了，科学也是如此。最先表示出这种好奇心的人是希腊人。"[4]对这个世界保持惊讶的状态就会带领人走进哲学的神圣殿堂。而对古希腊人来讲，他们的哲学问题就是这个世界何以是这个样子，他们追问世界的本源问题以及在这个变化不定的世界里人类的心灵何以支撑等相关命题。哲学的问题没有唯一的答案，"哲学的问题是永恒无解而且万古常新的"[5]。哲学只能有各式各样的解答方式，以至于维特根斯坦说，哲学问题的特征是"我找不到北"[6]。

> **好奇与惊奇**
>
> 尽管这里也用了好奇，但在一个审美生存的时代，好奇和惊奇事实上是不同的。好奇操劳于观看却不是探查，只是贪新骛奇，止于从一个新奇到另一个新奇，止于有所知。惊奇探索发现背后的东西，引发想象和创造。

（二）哲学是热爱智慧

"Philosophia"这个西语词来自古希腊语"φιλοσοφία"，原初意思就是"热爱、追求智慧"。作为一种活动言，"Philosophia"就是一种通过追问智慧的问题而使人变得有智慧的精神活动；作为学科言，"Philosophia"就是一门通过追问智慧的问题来使人能够智慧地生活的学问。从这个角度讲，哲学家应该是最谦虚的人，他们主张"爱智慧、追求智慧"，他们明白知识可以占有，而智慧则只能热爱。在古希腊，有哲学家和智者两种类型的人，他们的区别就在于智者讲求功利，所以他们以讲授雄辩术、辩证法等为专门职业换取生活的物质

1　[古希腊]柏拉图. 柏拉图全集（第2卷）泰阿泰德篇[M]. 王晓朝, 译. 北京：人民出版社, 2003：670.
2　[古希腊]亚里士多德. 亚里士多德全集（第7卷）形而上学[M]. 苗力田, 译. 北京：中国人民大学出版社, 1993：27.
3　[古希腊]亚里士多德. 亚里士多德全集（第7卷）形而上学[M]. 苗力田, 译. 北京：中国人民大学出版社, 1993：31.
4　[英]罗素. 西方的智慧[M]. 温锡增, 译. 北京：商务印书馆, 1999：10.
5　张志伟, 欧阳谦. 西方哲学智慧[M]. 北京：中国人民大学出版社, 2009：6.
6　[奥]维特根斯坦. 哲学研究[M]. 陈嘉映, 译. 上海：上海人民出版社, 2001：75.

资料，智者回答问题，他们占有的只是知识。而哲学家则不讲功利[1]，哲学家是提出问题的，并且对提出的问题孜孜以求地不断思考，因为他们热爱智慧、追求智慧。罗素（Russell，1872–1970）曾引证苏格拉底自己的话说，"只有神才是有智慧的，……神并不是在说苏格拉底，他仅仅使用我的名字作为说明，像是在说：人们啊！惟有像苏格拉底那样知道自己的智慧实际上是毫无价值的人，才是最有智慧的。"[2]

（三）哲学是把握世界的基本方式

人类把握世界有多种方式：神话、常识、宗教、艺术、伦理、科学和哲学。[3]马克思把人类的精神活动分为四种，即理论的、宗教的、实践—精神的和艺术的方式。[4]哲学是人类把握世界的基本方式，而这种基本方式的特点主要体现为前提性批判和反思。前提性批判意味着"它对一切问题都要追本溯源、寻根究底，做一番反省性或前瞻性的思考；它在别人从未发现问题的地方发现问题，对人们通常未加省察和批判就加以接受的一切成见、常识等进行批判性的省察，质疑它的合理性根据和存在权利。哲学活动因此成为一种质疑、批判和拷问的活动，其具体任务包括两个：一是揭示、彰显暗含或隐匿在人们日常所拥有的各种常识、成见和理论背后的根本性假定或前提；二是对这些假定或前提的合理性进行质疑、批判和拷问，迫使它们为自己的合理性进行辩护，从而为新的可能性开辟道路。"[5]

🔊 **哲学家语录**

哲学始终是科学加诗。它有科学的方面，即有对客观现实（自然、社会）的根本规律做科学反映的方面；同时，又有特定时代、社会的人们主观意向、欲求、情致表现的方面。它总包含有某种朦胧的、暂时还不能为科学所把握、所规定的东西，而这又总是与人的存在和本质、人生价值和意义纠缠在一起。每个不同的时代和社会，赋予这些永恒课题以具体的新内容。

——李泽厚. 美学的对象与范围//美学[M]. 上海：上海文艺出版社，1981：15.

所以，哲学的思考方式是反思。反思性是指哲学是一种"反思"的思维活动，黑格尔曾说："哲学的认识方式只是一种反思——意指跟随在事实后面的反复思考。""要获得对象的真实性质，我们对它必须进行后思，唯有通过后思才能达到这种知识。"[6]马克思肯定了黑格

1　传说泰勒士出门时常常望着天空，结果没在意脚下的坑而跌跟头，受到一个婢女的嘲笑。

2　[英]罗素. 西方哲学史（上卷）[M]. 何兆武，等译. 北京：商务印书馆，2008：122.

3　孙正聿. 哲学通论[M]. 沈阳：辽宁人民出版社，1998：46～51.

4　政治经济学批判导言[M]//马克思恩格斯选集（第2卷）. 北京：人民出版社，1995：19.

5　安东尼·肯尼. 牛津西方哲学史[M]. 北京：中国人民大学出版社，2006：序言.

6　[德]黑格尔. 小逻辑[M]. 贺麟，译. 北京：商务印书馆，1980：242，74.

尔关于哲学是一种后思的见解，并把它应用到对人类历史的研究。马克思明确地提出了他的"从后思索法"，即"对人类生活形式的思索，从而对它的科学分析，总是采取同实际发展相反的道路。这种思索是从事后开始的，也就是说，是从发展过程的完成的结果开始的。"[1]即反思的目的是为了更好地引导未来。

（四）哲学是历史性的思想

黑格尔曾经做出过类似这样的表述："哲学史就是哲学"和"哲学史的研究就是哲学本身的研究"[2]，因此，学习哲学在一定意义上就是学习哲学史，因为哲学史是由那些具有里程碑性质的伟大哲学家的经典著作所组成的；而另一方面，哲学史是仍然活着的哲学，因为当代哲学就是正在发生着的历史。

哲学问题本身的特点之一是要不断回到历史的起点去追问。一般来说，现实中的一切令人困惑和引人思索的现象，其缘由往往在悠长的历史之中。当人类开始对世界和自身产生思考时，这些基本的问题便是相通的，甚至是相同的。在不同的时代，哲学家们思考着，辩论着，甚至相互抨击着，但是各异的只是对于基本问题的解释，而不是问题本身。人类本身就是历史性的存在，产生于人类思考过程中的理性也必然是历史积淀的结果，历史是衡量理性的重要坐标。

（五）哲学是理论化、系统化的世界观和方法论

马克思曾经说过，"任何真正的哲学都是自己时代精神上的精华"[3]。世界观是对人、社会、世界的总体看法。哲学是用最普遍的概念、最一般的范畴和具有普遍性的规律来把握世界，因此，哲学是世界观的理论形态，或者说是系统化、理论化的世界观。不同的世界观会指导人们采取不同的行动，从而对社会的发展起着促进或阻碍作用。方法论就是研究人、社会、自然的方法取向，是方法的理论基础，是方法合法性和适用性的理论依据。例如，笛卡儿被认为是西方哲学近代的开端，他提出"我思故我在"，意思是说"精神比物质确实，而对我来讲，我的精神又比旁人的精神确实"。由这个命题直接导致了主体形而上学和本我形而上学的哲学发展取向，而"我思故我在"这个结论是通过理论理性获得真理的方法得出的，笛卡儿把方法推向思想的极端成为近代哲学的奠基人。

"哲学到底是什么"确实是一个难以回答的问题，不过本书还是打算给哲学找出一个本质，采纳的是最新版的《不列颠百科全书》中的表述，该辞书在"西方哲学史"条目之下设了"哲学的本质"子目："在各种各样的界说中，很难判定是否能找到某种共同的因素或为

1　中共中央马克思恩格斯列宁斯大林著作编译局. 马克思恩格斯全集（第23卷）[M]. 北京：人民出版社，1972：92.
2　[德]黑格尔. 哲学史讲演录（第1卷）[M]. 贺麟，等译. 北京：商务印书馆，1983：12～13.
3　中共中央马克思恩格斯列宁斯大林著作编译局. 马克思恩格斯全集（第1卷）[M]. 北京：人民出版社，1995：220.

'哲学'找到某种中心含义，以它作为一种普遍的、全面的定义。不过，人们在这方面首先试图把'哲学'定义为'对各种人类经验的反思'或'对人类最为关注的那些问题的理性的、方法论的和系统的思考'。"[1]

> **哲学（Philosophy）**
>
> 哲学是对各种人类经验的反思或对人类最为关注的那些问题的理性的、方法论的和系统的思考。

（六）哲学是一种语言分析活动

分析哲学家把全部哲学问题归结为语言问题，认为哲学的混乱产生于滥用或误用语言，许多哲学争端都可以归结为语言问题的争端。维特根斯坦（Ludwig Wittgenstein，1889—1951）在其前期著作《逻辑哲学论》中就明确提出："一切哲学都是'语言批判'"[2]"人们关于哲学事项所写出的大多数命题和问题并不是假的，而是没有任何意义的。因此我们就根本不能回答这类问题，而只能确定它们的毫无意义的性质。哲学家们的大部分命题和问题都是因我们不理解我们语言的逻辑而引起的。……如下事实并不令人吃惊：最深刻的问题真正说来根本不是问题。"[3]从这种认识出发，分析哲学家把哲学的内容或者归结为对科学语言进行逻辑分析，或者对日常语言进行语义分析，他们认为哲学不是理论，而是活动，哲学家的任务不是发现和提出新的命题，而是阐释思想，使已有的命题变得清晰。

分析哲学不仅积极去"诊断"，而且努力去"治疗"：它试图为由日常语言的误用而引起的哲学难题提供"疗法"。对于像维特根斯坦这样的分析哲学家来说，这种治疗特别是针对传统的形而上学问题的，因为混淆语言的使用规则最容易引发哲学争论。譬如，说"数字5是绿色的"在日常生活中是没有意义的，因为它违反了不能用颜色来称谓数字的基本语言规则，我们在这种说法中能体会到一种因语言误用而引发的无意义性。同样，在传统的形而上学中，分析哲学家们发现大多数形而上学问题其实是披上了伪装的语言或逻辑问题，古典哲学家们误以为属于世界的各种"存在形式"其实是语言的"逻辑形式"。[4]不难发现，所有形而上学概念，如存在、同一、物质、精神、时间、空间、因果、本质、现象、整体、部分、无限、有限、一般、特殊、个体、共相、变化、永恒、必然、偶然、可能世界、心灵和造物主，诸如此类，都是覆盖万物的"大问题"。[5]对上述抽象概念的探讨极易引起语言误用，并导致哲学困难。分析哲学的目的就是要表明在不同的语境下，什么是可以说的，什么是不可以说的。哲学的语言分析就是试图将语言规则中内隐的东西明晰化，通过分析和论证，揭示语言使用的未明言的规则，来达到对哲学命题的澄清。

1　庞卓恒，吴英. 什么是哲学？什么是历史哲学？[J]. 史学理论研究，2000（3）：5~14.

2　[奥]. 维特根斯坦. 逻辑哲学论[M]. 韩林合，译. 北京：商务印书馆，2013：31.

3　[奥]. 维特根斯坦. 逻辑哲学论[M]. 韩林合，译. 北京：商务印书馆，2013：30~31.

4　赵汀阳. 第一哲学的支点[M]. 北京：生活·读书·新知三联书店，2013：10.

5　赵汀阳. 第一哲学的支点[M]. 北京：生活·读书·新知三联书店，2013：9.

第二节
教育哲学的发展演进及其不同界定

🎯 **学习目标**

了解教育哲学的历史和现状，对教育哲学有较为准确的定位。

理解教育哲学是什么，对教育哲学的发展演进进行一番探查是有益的。作为一个交叉学科，教育哲学何时产生？不同历史时期教育哲学有什么特点？通过这些问题的回答，我们才能获得学习教育哲学知识的意义。当然，什么是教育哲学和什么是哲学同样是一个难以回答的问题，我们只能获得相对稳定的认识，却找不到最终的答案。接下来，我们就从西方、中国大陆以及中国台湾地区教育哲学发展的历程中寻找教育哲学的范围与可能。同时，我们也尝试从教师发展的角度呈现教育哲学的"接受史"。

一、教育哲学的发展演进

（一）外国教育哲学的历史与现状

在教育哲学诞生以前，教育哲学的观念就已经存在了。可以说，教育哲学的观念与人类教育实践活动同步产生。当人类把自己的生产生活经验、关于神和祭祀的知识以口耳相传的方式传递给年轻一代的时候，他们就开始思考到底传递些什么呢？要不要惩罚儿童呢？这些事关认识论和人性假设的问题，都是教育哲学问题。所以说，人类一有教育活动，就有了教育哲学的观点。此时的教育哲学体现为教育思想，古代的教育哲学史也就是教育思想史。

教育哲学作为大学课程开始于1832年，美国纽约州立大学开设了教育哲学讲座。而第一本教育哲学著作的产生则有些"阴差阳错"，德国哲学家洛森克兰兹（J.K.F.Rosenkranz，1805—1879）出版《教育学的体系》，经美国女教育家布莱克特（A·C·Brackett，1836—1911）于1886年译成英文，取名《教育哲学》，它事实上是一本教育概论性质的著作。而公认的教育哲学诞生标志是1916年美国哲学家约翰·杜威（J.Dewey，1859—1952）出版的《民主主义与教育——教育哲学导论》。该书从实用主义哲学观点出发，探讨教育之目的、方法、教材及教育价值的应用，强调教育哲学志在解决教育理论与实施之间所产生的矛盾与困难，以建立一套完整而系统的教育普遍理论，其目的在于改造教育，重建民主社会的理想。这本书至今影响巨大，和《理想国》《爱弥儿》并称为教育学史上三大里程碑式的著作。

早期的教育哲学（20世纪20年代至30年代）多用哲学的话语说教育的问题，即以各种各样的"主义"延伸出规范教育哲学（规定"应该"如何，相对于后来的分析教育哲学，也被称为"传统教育哲学"）[1]。它们多从不同的人生观、世界观、价值观的角度出发来论述教育问

1　尚致远，范国瑞. 新世纪教育哲学的使命：批判与创新[J]. 教育理论与实践，1999（4）.

题，侧重于理解与论证教育过程所要达到的目的及应遵循的原则，并就应该采取的方法提出建议。[1]规范教育哲学指向教育现实，规范教育哲学家都希望对现实的教育生活有所影响和引导，进而改造社会。规范教育哲学有很多流派，如进步主义、永恒主义、要素主义、改造主义、新行为主义等。

🔊 教育学家语录

"教育"是指：（a）传授知识、技能和态度的一套方法；（b）能解释或证明利用这些方法的一套理论；（c）在传授知识、技能和态度的目的中所包含的一套价值观或理想，以及以此为指导所提供训练的数量和类型。其中，（c）是与哲学关系最为密切的……（c）所提出的价值观问题，是教育研究者和教育理论家感到最深刻的问题。正是这些问题，哲学能有所帮助，至少可能达到这样的程度，即表明问题之所在，并说明这些问题的特殊性质。

——奥康纳. 教育哲学导论[M]（1957），转自单中惠，杨汉麟. 西方教育名著提要[M]. 南昌：江西人民出版社，2004：537.

20世纪50年代至70年代，分析教育哲学兴起，教育哲学发展进入了一个新时期。分析教育哲学产生于现代分析哲学。分析哲学认为在掌握真理方面，哲学无法取代科学，在定夺价值方面，只是哲学家个人意见甚至是情绪好恶的表达。[2]哲学的功能是"对于语言文字命题的检查"。通过对"教育""教学""知识""教育人"等基本概念的分析，试图从逻辑上弄清楚与教育有关的哲学争论问题。[3]然而，分析教育哲学依然很难如传统的规范教育哲学那样提出有指导意义的主张。"概念的大扫荡"（conceptual mopping up）也并没有真正地做到"清思"，而面对教育实践中的现实问题，分析教育哲学也只能是"纸上谈兵"。因此，其后很多学者提出：教育哲学是实践哲学。

20世纪70年代以后，存在主义和后现代主义哲学兴起。存在主义的信条是让-保罗·萨特（Jean-Paul Sartre，1905—1980）所说的"存在先于本质"，认为人是其存在先于本质的一种生物，人的一切不是预先规范好的，而是在日常行动中才形成的。在教育的主张中，存在主义者反对片面的专业化的教育，反对把学生变成专业工匠，主张注重人文学科，认为以教材为中心的教育是一种"非人格的知识专制"，主张个别化教学。后现代主义哲学则以反对绝对，反对霸权，反对知识的确定性、普遍性、客观性和中立性，反对启蒙运动以来的"进步"和"理性"为思想特征。后现代主义的教育哲学反对排斥他者，

1　石中英. 20世纪英国教育哲学的回顾与前瞻[J]. 比较教育研究，2001（11）：1～5.

2　简成熙. 教育哲学：理念、专题与实务[M]. 台北：台湾高等教育出版社，2004：32～33.

3　詹栋樑. 教育哲学[M]. 台北：五南出版社，1990：683.

鼓励多样，尊重差异，开发歧见，提倡对话和交流。[1]米歇尔·福柯（Michel Foucault，1926—1984）教育中关于"惩罚与规训"的思想、关于"知识即权力"的思想，对后现代教育哲学产生了较大的影响。

最后，受马克思和恩格斯理论乃至后来的德国法兰克福学派、英国文化研究中心的批判理论影响的批判教育学，也是当今教育哲学研究的重要领域。"最近世界范围内关于全球化、教育和商业模式对教育的潜在影响的讨论显示了马克思主义观点对今天的教育哲学和教育实践的持续关联和重要性"。[2]当代的批判理论研究者以保罗·弗莱雷（Paulo Freire，1921—1997）的"被压迫者教育学"为思想源头，提出了许多富有批判性的观点，主要的代表人物有吉鲁（Henry Giroux，1943— ）、麦克莱伦（Peter Mclaren，1948— ）、阿普尔（Michael W.Apple，1942— ）等。他们的研究视角包括性别、种族、阶级多元文化、女权主义、后结构主义等。

（二）中国教育哲学的历史与现状

在中国，现代意义上的教育学是舶来品，而教育哲学同样也不是本土产生的。纵观中国教育哲学的发展大体分为两个时期：一是民国时期教育哲学的发展；二是1949年之后中国大陆和台湾地区教育哲学的发展。

王国维是中国较早阐述哲学的作用以及哲学与教育的关系的学者，曾提出"哲学是与教育学有相互关系之学"，"哲学是教育学之母"[3]。1919年五四运动前夕，杜威来华讲学，在中国逗留了两年多的时间，为我国教育哲学的产生发挥了重要作用。然而，教育哲学作为一门重要的基础理论学科进入大学教育体制中却于1918年即已开始，这一年，南京高师最早开设了教育哲学课程。在新文化运动的社会背景下，杜威的教育哲学思想在一定程度上适应了中国社会的发展需要，国内的教育家受杜威的思想的刺激，开始研究教育哲学。因此，在这一阶段出现了许多关于杜威教育哲学思想的论文，同时，杜威在华的演讲也被译成不同版本得以广泛传播。引进和研究的教育哲学也大都不会超出杜威一派的教育哲学范围。

🔊 **教育学家语录**

"教育哲学"并非把现成的观念从外面应用于起源与目的根本不同的实践体系：教育哲学不过是就当代社会生活的种种困难，明确地表述培养正确的理智的习惯和道德的习惯的问题。所以，我们能给哲学下的最深刻的定义就是，哲学就是教育的最一般方面的理论。

——[美]约翰·杜威. 民主主义与教育[M]. 王承绪，译，北京：人民教育出版社，2001：347.

---

1 石中英. 教育哲学导论[M]. 北京：北京师范大学出版社，2002：26.
2 [英]Randall Curren. 教育哲学指南[M]. 彭正梅，等译. 上海：华东师范大学出版社，2011：223.
3 张瑞璠，主编. 中国教育哲学史(第4卷)[M]. 济南：山东教育出版社，2000：227.

　　紧接着教育哲学发展的中心任务便切换为教育哲学教材的编纂，欧洲大陆的教育哲学也得以传入。中国开始出现专门研究教育哲学的学者，他们开始翻译、编写教育哲学著作和教材。从1927年持续到1937年，教育哲学的本土化成为教育哲学发展的聚焦点。学者们主张立即建立一个中国本位或民族本位的教育哲学理论体系，以作为教育政策或教育事业遵循的基石，提出"中国教育哲学务以能挽救民族危难为最高任务"[1]。

　　民国时期的大陆教育哲学从1949年以后在台湾地区得以传承。这一时期，台湾地区的教育哲学研究比较多元化，不仅受美国实用主义的影响，也开始形成欧洲大陆与英美并重的发展态势，例如，德国教育哲学开始进入到台湾学者的研究视域。[2]台湾的学者开始走出本岛，向欧美实现学历学位的需求。[3]20世纪70年代至80年代，台湾地区在教育哲学学术和教学方面均有不小的成就。一方面，教育哲学成为大学、教师培训的重要科目，为教育教学服务的教育哲学教材密集问世。为了配合台湾九年师资国教的培育，教师需要修习《教育哲学》这门课程，贴近广大教育工作者进修需要的教育哲学就相应活跃起来，亲民的教育哲学教材也应运而生。另一方面，引进了英、美分析教育哲学和反思研究方法论的欧洲大陆教育哲学。很多当时的台湾教育哲学学者都接受过分析哲学的专业训练；由于各种统计软件包的引进，教育研究一边倒地使用美国流行的实证研究范式[4]，教育哲学开始对研究方法论进行反思，欧洲大陆的诠释学、现象学、批判理论等被引进来，检讨科学主义和量化研究，教育研究于是也开始注重采用质性的、实践的研究模式。

　　到了20世纪90年代，台湾地区教育哲学的国际视野大大拓展，实现了与国际的同步。有关新实用主义、诠释学、结构主义、后结构主义、建构主义、女性主义、后现代主义的教育哲学等都成为台湾地区教育哲学研究的热门话题。还通过科研立项"人文社会科学史料典籍研读会：教育哲学学门"的方式出版了系列研究成果[5]，不仅展示了台湾地区教育哲学研究团队的合作研究能力，而且也为教育哲学的研究与教学积累了重要的基础文献。此外，台湾地区教育哲学也在努力走向本土化教育哲学的道路。如结合儒、佛、道思想的教育哲学，其著作水平已经让人难以企及。但是多数台湾学者还是认为教育哲学的本土化程度远远不够[6]。

　　1949年到1979年，中国大陆的教育哲学基本处在停滞期。新中国成立以后，全面学习苏

1　梁瓯第. 非常时期中国教育哲学的趋向[J]. 教育研究，1938（81）：23～36.

2　王文俊更是直接师从斯普朗格，得德国新人文主义精神真传。

3　例如，台湾学者贾馥茗1957年在台完成硕士学位，1958-1964年在美进修并获得博士学位。

4　邱兆伟老师于20世纪60年代末至70年代初在美国修读硕士和博士学位，受到严格的量化方法学训练，他是台湾地区教育哲学界里少数教育哲学派别与量化研究兼容并蓄的学者（参见简成熙《台湾教育哲学的回顾与前瞻：1949-2005年》第8页，载《教育资料与研究》，2005年第66期）。

5　该项目于2001—2006年广集同道，研读P. H. Hirst和P. White，主编的一套四册的《教育哲学：分析传统中的主要论题》，出版了系列的研究成果：《教育哲学述评》《教育与人类发展：教育哲学述评（二）》《民主社会中的教育正义：教育哲学述评（三）》《课程与教学哲学：教育哲学述评（四）》。于2008—2009年研读WendyKohli，主编的《教育哲学的批判性对话》，出版《教育哲学：新兴议题研究》（2011）。

6　中国台湾师范大学教育学系教育部国家讲座，主编. 教育科学的国际化与本土化[M]. 台北：扬智文化事业股份有限公司，1999：11，251～273，279～280；苏永明. 台湾教育哲学的回顾与前瞻[J]. 台湾教育研究，2000（1）：60.

联的教学计划和制度，而当时苏联是不设教育哲学这一学科的，理由是马列主义哲学即是教育学的哲学基础，教育学中又包含有教育原理的内容，因而，"教育哲学"就没有单独开设的必要。教育哲学作为一门课程在大陆高校停开，大陆学者基本中断了教育哲学的研究和教学。一些教育哲学工作者只好转而从事教育基本理论的教学和研究。到了20世纪60年代，我国教育理论界开始进行自主性反思，并试图建立具有中国特色的教育学理论，此时有了一些介绍当代西方教育哲学流派的编译本出现。在"文化大革命"十年中，教育哲学研究和教学再次中断，直到20世纪70年代末，教育哲学研究和教学才又重新起步。

1979年，中国大陆教育哲学研究和发展进入了20世纪的第二个高峰期，其任务主要是建立以马克思主义为指导的教育哲学新体系，代表著作有黄济的《教育哲学初稿》（1982年）[1]和傅统先、张文郁的《教育哲学》（1986年）。这一时期的教育哲学专著和教材有数十种。一些学者致力于西方教育哲学流派的研究，另一些学者则在理论资源和研究方法上对西方有所借鉴，如运用现象学及解释学方法研究教育哲学等。20世纪90年代之后，对"中国教育哲学史"的研究也陆续展开，先后出版了一些著作，还出版了多套较有影响的教育哲学丛书。建立了专门的机构，如中国教

> **公共教育哲学**
>
> 相对于专业教育哲学或职业教育哲学家的个人教育哲学而言。不是仅仅对教育概念和命题进行专业的语言分析，而是更关注教育实践，以对话的方式对大众教育意识、教育生活和教育政策进行批判与分析。

育学会教育学分会教育哲学专业委员会（见表1-1），组织和指导全国教育哲学科研的开展，推动全国教育哲学的教学、研究和人才培养。在教学方面，教育哲学在教育类专业（如小学教育、学前教育）中多为必修课程，在师资培训中，教育哲学也逐渐受到越来越多的重视。

表1-1　中国教育学会教育哲学专业委员会历届年会主题（1991—2014）

届序	时间（年）	地点	主题
第五届	1991	华中师范大学	教育哲学(理论)与教育实验和教育实践的关系
第六届	1992	湖南师范大学	当代教育观念的更新与教育哲学的理论构架
第七届	1994	广东教育学院	时代精神与教育哲学
第八届	1996	山东师范大学	教育现代化、人的主体性与主体教育、现代教育与人文精神
第九届	1999	哈尔滨师范大学	世纪之交教育哲学的回顾和前瞻、后现代主义与教育哲学、关于素质教育的哲学思考、知识经济与教育
第十届	2000	广西师范大学	教育与教育哲学的建设和发展、教学改革的哲学视界、教育理论与实践的关系
第十一届	2002	内蒙古师范大学	知识经济与教育、知识经济与教育哲学
第十二届	2004	东北师范大学	变革时代教育哲学研究的新视域
第十三届	2006	北京师范大学	教育公平与社会变革

1　该书1985年重新修订命名为《教育哲学》，是新中国第一本教育哲学专著。

续表

届序	时间（年）	地点	主题
第十四届	2008	上海师范大学	教育民主问题
第十五届	2010	山东师范大学	教育理想与教育现实
第十六届	2012	首都师范大学	实践·实践哲学与教育
第十七届	2014	华东师范大学	正义·责任与教育：变革时代的教育问题

二、对教育哲学的不同界定

（一）国外：从哲学角度定义教育哲学

不同国家与不同派别的教育哲学研究者对教育哲学的界定是不一样的。大多数西方学者都是从哲学的角度来定义教育哲学的。这和教育哲学的从业者的学术背景是相关的，西方的教育哲学研究者大都有哲学背景。但对教育哲学的界定也时常需要根据研究对象来调整，对教育哲学的不同的界定意味着教育哲学拥有不同的使命、任务或功能。西方的教育哲学多是从哲学出发的，对教育哲学的界定可分为两种。

其一，用哲学的观点研究教育现象与教育问题的学问就是教育哲学。这是大多数教育哲学研究者的观点。杜威在他的代表作品《民主主义与教育》中指出："教育哲学不过是就当代社会生活的种种困难，明确地表述培养正确的理智的习惯和道德的习惯的问题，而我们能给哲学下的最深刻的定义就是，哲学就是教育的最一般方面的理论。"[1]美国现代教育哲学家奈勒（G. F. Kneller）在《教育哲学导论》（1964）中提出："正如普通哲学企图用最一般的系统方式解释实在，以达到从整体上了解实在一样，教育哲学则力图用指导选择教育目的与政策的一般概念来解释教育，以达到人们从整体上理解教育。正如普通哲学对各种不同学科的研究成果进行解释和协调一样，教育哲学则对教育有关的各门学科的研究成果进行解释。"[2]美国教育家法兰肯纳（W. K. Frankena，1981）认为："教育哲学就涉及教育或教育过程的目的、形式、方法或结果这个意义上说，也许是教育学科的一部分；或者就涉及教育学科的概念、目的和方法的意义上说，教育哲学是元学科。"[3]英国教育哲学家彼得斯（R. S. Peters，1919—2011）在其《教育哲学》（1973）中指出，"近代教育哲学"完全被认为是"利用已建立的哲学分支，用与教育有关的方法将它们融合在一起"[4]。

1　[美]约翰·杜威. 民主主义与教育[M]. 王承绪，译. 北京：人民教育出版社，2001：350.
2　陈友松，主编. 当代西方教育哲学[M]. 北京：教育科学出版社，1982：28.
3　美国教育百科全书. 转引自[美]W.K.法兰肯纳. 关于教育哲学的一般看法[J]. 张家祥，译. 外国教育资料，1981（2）：62～65.
4　R. S. Peters. The Philosophy of Education. Oxford：Oxford University Press，1973：1.

美国教育哲学研究的三种路径

第一，"在一些被广泛使用的教材中，通常的做法是，从每一哲学体系，如唯实论、唯心论和实用主义的形而上学、认识论、价值的角度，提出基本的哲学假设，然后在这些哲学假设的基础上，再进一步讨论他们对教育目的、本质、内容及其他方面问题的意义"。

第二，"另一种研究路径则集中讨论教育中的学生、教育目的、课程设置、评价、惩罚等诸如此类的主题或问题，并从不同的哲学观来对其中每一主题或问题加以探讨"。

第三，（杜普伊斯和高尔顿）将"教育哲学置于教育保守主义和自由主义的大背景下进行研究"。

——[美]杜普伊斯，高尔顿. 历史视野中的西方教育哲学[M]. 朱承，彭正梅，译. 北京：北京师范大学出版社，2006：1.

日本学者也有持此观点的。日本学者细谷俊夫（ほそやとしお，1909—2005）编的《教育学大事典》（1978）指出："教育哲学是教育学领域中的哲学部分，是对教育问题进行哲学探讨的学科。"日本学者下程勇青的《新版·教育学小辞典》（1976）认为："教育哲学是以哲学态度和哲学方法来考察教育的基本概念与基本原理，从而对教育现实以及教育科学的各个领域从根本上加以整体把握的一门'原理'性学科。"[1]

《简明不列颠百科全书》第15版认为："教育哲学是一门审问、慎思、明辨、致用的学问，它应用哲学方法来研究各种教育问题。"[2]《简明不列颠百科全书》（1985）的教育哲学定义是："从哲学角度探索人类学习活动的规律，并用这些规律指导实践的一门理论学科。"[3]

其二，分析教育哲学主张运用分析哲学的观点对教育思想进行清思。这种观点明确了教育哲学的研究任务。例如，朗特里著的《英汉双解教育辞典》中提到："教育哲学词条被如下阐释：'哲学的一个分支，其内涵一是建立有关知识、认识与作为制度化社会活动的教育的思想体系；二是澄清教育概念的含义。'"[4]这个定义中的第一个含义凸显了教育哲学是哲学的应用学科，第二个含义则凸显了分析哲学的意蕴。美国女性主义者奈尔·诺丁斯（Nel Noddings，1930—　）在她的著作《教育哲学》中指出，"教育哲学致力于分析和澄清教育中的核心概念和问题"[5]，显然深受分析哲学的影响。著名的德国学者布雷岑卡（W. Brezinka，1928—　）将教育的命题体系分为三种，即教育科学、教育哲学和实践教育学，其中，他认为教育哲学就是有关教育学诸命题的认识论、教育的道德哲学[6]。

1　黄济. 教育哲学通论[M]. 太原：山西教育出版社，2006：318.
2　陈友松. 当代西方教育哲学[M]. 北京：教育科学出版社，1982：238.
3　中美联合编审委员会. 简明不列颠百科全书（中文版）第4卷[Z]. 北京：中国大百科全书出版社，1985：353.
4　[英]德里克·朗特里. 英汉双解教育辞典[Z]. 赵宝恒，等译. 北京：教育科学出版社，1992：346～347.
5　[美]奈尔·诺丁斯. 教育哲学[M]. 徐立新，译. 北京：北京师范大学出版社，2008：1.
6　W.Brezinka,Metatherie der Erziehumg,Munchen: e. Reinhardt Verlag,1978.38. 转引自王坤庆. 教育哲学——一种哲学价值论视角的研究[M]. 武汉：华中师范大学出版社，2006：26.

（二）国内：从研究的对象和定位界定教育哲学

我国教育哲学学科发展历史不长，不同时期、不同地域的学者对于教育哲学的定义不尽相同。大陆的学者往往从教育哲学的研究对象的角度定义教育哲学，台湾的学者往往从教育哲学的研究定位来定义教育哲学。

1. 大陆学者：从研究对象来定义教育哲学

从研究对象的角度，大陆的教育哲学概念大体可以分为两类。

其一，教育哲学是应用哲学的观点研究教育问题的学问，教育哲学是应用哲学。大多数教育哲学研究者认同此观点。近代学者以范寿康、陆人骥、吴俊升为代表。范寿康在《教育哲学大纲》（1923）中指出："凡是科学都有共通的假定及固有的假定，而所谓哲学实乃研究这种假定的科学，所以我们也叫它科学的科学。科学的教育学既是一种科学，当然也有根本的假定，而这种假定的研究，就非依赖这种哲学不可。为检察教育科学的根本原理及根本观念起见，哲学的观察实在是很紧要……教育哲学是应用哲学的一种，与经济哲学、政治哲学及法律哲学一样，是必要的而且是可能的。"[1]因此，研究教育学的假定的科学，称作教育哲学。陆人骥在其所著的《教育哲学》（1931）中指出："教育哲学是从整个人生经验上，调和教育价值，并批评教育理论与实施，以求得统一的态度及最普遍教育原理的学科。"[2]吴俊升的《教育哲学大纲》（1934）指出："教育学乃是根据基本原则而制定的关于实施的原理。教育哲学乃是教育学所根据的基本原则的探讨与批判。教育学所研究的仅限于教育历程的本身，教育哲学则研究到影响教育历程的社会历程和人生历程。我们可以说，教育哲学乃是更深刻、更普泛的教育学"，"教育哲学乃是应用哲学的一种；把哲学的基本原则应用到教育的理论和实施方面，便是教育哲学"[3]。

当代学者以傅统先、黄济为代表。傅统先的《教育哲学》（1986）指出："教育哲学是一门用哲学来探讨教育的理论和实践诸方面问题的学科。它是根据一定的哲学观点，并用历史的、逻辑的和比较的方法来进行研究的，它与哲学、教育学、心理学以及其他的一切科学有相互交错的联系，它是一门与多种学科相关的边缘学科。"[4]黄济先生在《教育哲学初稿》（1982）和《教育哲学通论》（1998）中对教育哲学的定义做出了如下表述：（1）"对教育哲学的定义虽然如此分歧，但是其中却有一点是共同的，就是大家都公认教育哲学的研究对象，应当是用哲学的观点和方法来分析和研究教育中的根本理论问题。"[5]（2）"教育哲学应当是教育科学的概括和总结，应当给教育科学研究以理论上的指导，而教育科学的发展又给教

1 宋恩荣. 范寿康教育文集[M]. 杭州：浙江教育出版社，1989：6.
2 陆人骥. 教育哲学[M]. 上海：商务印书馆，1931：19.
3 吴俊升. 教育哲学大纲[M]. 上海：商务印书馆，1934：33~35.
4 傅统先，张文郁. 教育哲学[M]. 济南：山东教育出版社，1986：2.
5 黄济. 教育哲学通论[M]. 太原：山西教育出版社，1998：318.

育哲学提供了丰富的内容。"[1]此外，顾明远主编的《教育大辞典》（1998增订合编本）指出："教育哲学（Education Philosophy；Philosophy of Education）是教育科学分支学科，是教育科学中一门具有方法论性质的基础学科。对教育理论和教育实践中的一些根本问题进行哲学探讨，以为教育理论和教育实践的指导。具有概括性、规范性和批判性等特点。"[2]

其二，教育哲学是教人们哲学地思考教育和教学问题的学问，教育哲学既不是哲学，也不是教育学。它不能以《哲学概论》一类书籍为蓝本，不能成为哲学史的附庸[3]。这是我国著名哲学家、教育学家陈元晖先生的一贯主张。陈元晖先生说："要有一本真正的'教育哲学'，教育与哲学的结合，要使它成为混凝土，不是一堆沙石……教育哲学是教学生哲学地思考问题，所以不能不谈人应该怎样思考。"[4]他还说："教育哲学如果是教人们哲学地思考教育和教学问题，就有它自己专门的对象。"[5]我国学者陈桂生先生认为："从根本上讲，它应是对教育问题进行独特的哲学思考的产物。这种思考是从独特的视角考察教育问题，并对教育实践或教育理论陈述提供指导，同时它又是借关于教育的特殊研究对某种哲学思想加以检验。"[6]此外，《中国教育大百科全书》（2013）也认为，教育哲学是"运用哲学基本原理和方法研究教育问题，或者从教育基本问题总结出哲学问题的一门学科。教育学与哲学的交叉学科，教育学的基础学科"[7]。

2. 台湾学者：从研究定位来界定教育哲学

台湾地区的教育哲学发展与20世纪20年代至30年代中国大陆的教育哲学发展一脉相承。姜琦、吴俊升、范锜等均是从大陆过去的台湾教育哲学学者。他们对于什么是教育哲学各有自己的观点。姜琦的教育哲学以三民主义为根据和出发点，吴俊升号称是"中国杜威"的教育哲学研究者，他从哲学的对象、哲学的基本命题出发研究教育问题，深受杜威实用主义的影响。范锜认为教育哲学的对象是教育及教育之意义与价值。

到了20世纪70年代至80年代，台湾地区的教育哲学进入了繁荣时期，学者们对教育哲学的看法可以分为两类。

其一，从教育哲学的研究宗旨与研究对象来定义。例如，詹栋樑在《教育哲学》（1990）中认为："就一般的情形而言，教育哲学是阐明教育的意义与价值的学术。教育哲学是一种实用哲学，阐明教育的理论与教育的事实之存在和不存在的根据，用以确定完整教育的基础。"[8]陈照雄在《西洋教育哲学导论》（2001）中认为："教育哲学可界定为实践哲学之一，

1　黄济. 教育哲学通论[M]. 太原：山西教育出版社，1998：310.
2　顾明远，主编. 教育大辞典[Z]. 上海：上海教育出版社，1998：794～795.
3　于伟，等主编. 教育学家之路[M]. 长春：东北师范大学出版社，2013：300.
4　陈元晖. 陈元晖文集（上卷）[M]. 福州：福建教育出版社，1992：87.
5　于伟，等主编. 教育学家之路[M]. 长春：东北师范大学出版社，2013：289.
6　陈桂生. "教育哲学"辨[J]. 教育评论，1995（5）：5～8.
7　顾明远，主编. 中国教育大百科全书[Z]. 上海：上海教育出版社，2013：1016.
8　詹栋樑. 教育哲学[M]. 台北：五南出版社，1990：27.

从整体之人类经验中、民族文化与历史上，应用哲学之方法，来探讨教育的本质、目的、方法、内容与价值的学科。它综合教育科学、教育学与哲学相关之知识，对教育之整体做本质的、理论的与综合之探讨。"[1] 温明丽在《教育哲学——本土教育哲学的建立》中认为："教育哲学的主旨不仅在于认同教育的理论和活动，更贵在反省和批判教育理论和实践。"[2]

其二，运用分析哲学的方法研究教育理论与教育实践。这种定义体现了分析哲学对台湾教育哲学研究的影响。例如，陈迺臣在《教育哲学》（2001）中认为："教育哲学是应用哲学的方法，对教育的语言和基本概念加以澄清，对教育的现象、问题做通全而深入的探索、反省及描述，并形成教育的一般性理论，如教育的基本原理、教育的本质论、教育的规范和理想等。"[3]

（三）本书关于教育哲学的看法

本书认为，**教育哲学**就是运用哲学的理论对教育理论与教育实践中的前提性问题进行批判的学问，主要包含以下三层含义。

> **教育哲学**
>
> 教育哲学就是运用哲学的理论对教育理论与教育实践中的前提性问题进行批判的学问。

第一，教育哲学是从哲学的角度对教育问题进行的批判与反思。这里说的教育问题既包括教育实践中的问题，也包括教育理论中的问题。

第二，教育哲学是教育理论学科中的基础学科，是对教育理论和实践中的根本问题的思考。这些根本问题包括，如何看待教育、如何研究教育，如何看待人、理性、知识、自由等教育中的永恒问题。

第三，教育哲学是人们从事教育工作的价值观和方法论。教育者和教育行政人员到底应持有什么样的教育观、教育目的观、教育实践观、课程教学观、儿童观和管理观？哪些行为和决策是合理的（合伦理、合心理、合法理等）？这些关注也形成教育哲学。

在这三种理解中，哲学家更倾向于第一种，教育理论家倾向于第二种，教育实践工作者倾向于第三种，当然这绝非决然相区隔。在"知识民主化时代"和"后专家时代"，教师也可以学习哲学，以自己的哲学审视教育，也可以将哲学用于教育理论研究。哲学家、理论工作者和教育实践者也不是一种截然的划分，因此，以某种方式来研究教育哲学亦不应有截然的划分。

> **知识民主化**
>
> 知识民主化，即大众可以通过信息网络廉价地获得原本为学术精英、领域专家所垄断的知识。学习泛在，专家也泛在了。

1　陈照雄. 西洋教育哲学导论[M]. 台北：心理出版社，2001：65～66.
2　温明丽. 教育哲学——本土教育哲学的建立[M]. 台北：三民书局，2008：59.
3　陈迺臣. 教育哲学[M]. 台北：心理出版社，2001：19.

第三节
教师学习教育哲学的意义与方法

🎯 **学习目标**

了解学习教育哲学的意义，掌握学习教育哲学的基本方法。

教育哲学不是高深莫测的学问。如果每个人都需要哲学，那么教师更需要教育哲学。在教育学科体系[1]中，教育哲学事实上承担着重要的使命。在基础学科、基本学科、分支学科、交叉学科、应用学科的教育学科大家庭中，教育哲学其实应和教育史、教育心理学乃至教育社会学一样，成为基础学科[2]。从教育哲学的基本内容中可以看到，它解决了多数教育学科的最基本的问题，或间接渗透在各种教育理论的争论中，教育哲学对于理解其他教育学科的内容是不可或缺的。此外，不可忽略的是，教育哲学有着鲜明的实践应用取向。这都需要教师更多地明确教育哲学知识的意义，形成学习教育哲学的方法。

一、教师学习教育哲学的意义

对于教师来说，首先，教育哲学是一门理论学科，有着其他理论学科相同的用处。理论有什么用是一个根本问题，简单来说，理论从三个方面是有用的：教育理论为思考教育问题提供思考框架，这种框架使对问题的思考不至于偏颇；教育理论为实践提供模式，任何理论都会提供一些原理和原型可供实践参照；理论为决策提供参考，理论、经验和不间断的分析比较是决策的三个主要依据。

其次，教育哲学作为人文学科而对教师有用。教育哲学和哲学一样，属于人文学科，人文学科是关于"应该"的，相对于科学仅仅是对"是"的追求和呈现。教育哲学的关于"应该"，并不仅仅是哲学家和教育哲学家规定的"应该"。通过哲学和教育哲学的研修，在具体情境中，"教师个体"才能决定到底"应该"如何。教育科学学科不是进入国家和地方的教育政策法规"自上而下"地推广，就是经由教育专家"自上而下"地传达和讲授。教师自己需要什么样的教育哲学，却需要教师自己去按照需要选择，即教育哲学对教育的影响是"自下而上"地达成的。教育哲学可以比附为艺术，由教师个体分别内化而自由表达、自我实现。教育哲学可以比附为中药，依据教育问题和情境，各人所需各不相同（当然，都会由于教师和教育的不同"体质"而有所不同）。

1　常常被称为教育科学体系，事实上不是所有的教育学科都是科学。如研究教育之形式的教育美学，研究教育领域中一切善与恶的问题的教育伦理学，都是更多使用价值规范的而非科学描述的方式发展自己的知识。教育哲学也是这样的学科。

2　很多学者把教育哲学归为交叉学科，但教育哲学是一种特殊的交叉学科。哲学、心理学和社会学是和人最为密切的三门学科，较之其他的学科是更为基本的学科。教育哲学作为教育人文学科的代表应该有更高的地位。

最后，教育哲学能给予教师什么？本书认为，哲学和教育哲学对教师意味着对于下列范畴的理解和关系的处理：好奇与想象、崇敬与批判、整体与前瞻、抽象与实在、理想与行动。教育哲学对于"教师"形同哲学对于"人"，教育哲学时常会"后置"到哲学讨论问题，教育哲学对于教师有用首先是由于哲学对教师有用。教师的个体教育哲学一方面也是直接应用哲学而形成的。而普及哲学思想尤其是和教育密切相关的哲学思想亦是教育哲学的使命。

第一，哲学和教育哲学培养教师对于教育的好奇和想象力。教师是育人的职业，那就意味着教师首先要成为人，而非高级技术员甚至机器。好奇和想象力是人之为人的特征，也是哲学的重要属性。好奇是教师发展的驱动力，面对教育现象和教育问题保持新鲜感和抱有疑问是重要的。而想象力是哲学和艺术共有的，是一种将现象和问题陌生化或进行视角主义的"透视"而获得理解的能力。哲学的方式不是科学的方式，不仅仅通过实验实证来获得结论，哲学的方式是思辨的想象的甚至不一定是逻辑的方式，它基于"一切经验"来做判断。哲学讲科学而不限于科学，这对于"人"及其活动的理解是适切的，因为人本身不是逻辑的、理念的，而是活生生的、复杂的。

第二，哲学和教育哲学培养教师的崇敬感和批判精神。哲学是求真的事业，这是它和艺术的区别。对于教师个体来说，哲学就是他所坚信的东西。哲学是深刻的、谋求共识的、理性的。哲学能使教师形成对于真理的崇敬感，继而形成对人生、生命的崇敬感。如同哲学和医学一样是讲求人道的，哲学和教育在"精神上升性"上保持一致。哲学和教育哲学使教师保有责任感。一如当今的教育者，需要面对转型期所带来的价值虚无、意义危机、精神家园迷失的精神痛苦，如果没有对个体与社会、公民与国家、民族与人类、责任与理想等方面的责任而付诸理性思考，是无法胜任教育者的工作的。伴随这种崇敬的是怀疑和批判的精神。教师需要具有终身教育和自主发展的意识，而批判反思就是支撑这种意识的核心理念，学习哲学和教育哲学能帮助教育者审视自己的教育生活，从僵化的教育程序中解放出来。

🔍 案例研究

在日本，当我们参观学生的各项活动的时候，陪同的领导总是强调他们没有特意准备，展示的只是常态下的学生状态，赶上什么就看什么——我完全相信，因为从孩子的眼神中，从个别为我们演出的节目的随意性中，我们感到的都是自然真实。

反观我们呢？几年前我们学校为了迎接日本人而"大动干戈"，演练了将近1个月。为了排练日本歌曲《樱花赞》，全校师生一起行动，从鼓号队，到舞蹈队，到合唱团，到普通学生手持塑料花，一次一次地彩排。

本来说，那一天下午2点客人到，全体师生提前半小时就排成长队等待。还有一个放哨的，只要他们的车快到了，就赶紧给我们通风报信，然后我们就严阵以待。教师指手画脚，批评个别坚持不住、溜号的学生，让他们立正、严肃、摆好姿势。

他们一踏进校门口，管乐声、鼓号声顿时响起，歌声嘹亮，统一的花的海洋在不停地摆动——这一切，似乎比迎接总统还热烈。不过，当你细细观察孩子的表情的时候，你会发现，他们的笑是做出来的，他们的动作是训练出来的——完全没有真实感情的流露。

这一切，以及类似于这种的一切，我们似乎都习以为常了。

《围城》中方鸿渐对赵辛楣说："从前愚民政策是不允许人民受教育，现代愚民政策是只允许人民受一种教育。不受教育的人，因为不识字，上人的当；受教育的人，是因为识了字，上印刷品的当，像你们的报纸宣传品、训练干部讲义之类。"

什么时候我们杜绝虚伪、杜绝形式主义，什么时候我们真正把教育真正落实到每一个孩子的身心健康上，什么时候管教育的官员、校长，不再把教育当作形象工程，什么时候我们教师敢大胆地对一切"少慢差费"的问题大胆说"不！"——

我想，我们的教育就变得踏实了。

——窦桂梅. 宣传册及其他//玫瑰与教育[M]. 上海：华东师范大学出版社，2006：160～161.

第三，哲学和教育哲学使教师形成整体与前瞻的思维。哲学是爱智慧，哲学的智慧意味着能够从整体、从长远、从他人乃至从宇宙来看问题。哲学和教育哲学能使教师联系地、运动地、辩证地看待教育现象和教育问题。例如，教育意味着宽容，教师的核心气质应该是宽容（这种宽容不是无原则的）。宽容是教育的条件，儿童处在发展中，是未成熟的，各种情况都有可能出现。教师应对儿童有耐心，这种耐心来自于对作为类的人的整体把握，对人类命运的同情和关照，对人性的理解等。这样教师才能超越自我局限，真正推动儿童健康成长。对于教育在社会进步中的作用，也是一样。教师应该彻底了解这是一个"什么时代、什么社会"，才能知晓"人应该往哪里走"。

第四，哲学和教育哲学能使教师理解抽象与实在。哲学是抽象的，尽管现代哲学走向具体，如身体哲学、时尚哲学、生活哲学纷纷涌现，但是哲学是概念的游戏，最终仍是逻辑的表达，这种具体也是相对的。哲学的抽象是由于哲学不断地生成概念，或者称为构念、理念，在现实中未必是实存的，它们都是语词工具，但是，通过它们能把握住世界的共相。这种共相是存在于烦琐芜杂的现象和实在背后的。比如，"美"就是一种构念，只存在美的事物和美的感觉，美本身并不是一种实在。然而，美和自由、和真正意义的休闲乃至和信仰相关，这种抽象尽管和实在相距甚远，但是对于实在世界、实在人生的指导却是毋庸置疑的。没有哲学的抽象，人就只能看到具体，只从结果出发，只在乎可观测的能力及其表现，而无视人性及其魅力。对于教师，这一点很重要。

第五，哲学和教育哲学还能使教师更好地处理理想与行动的关系。学习教育哲学不仅可以让教育者以坚定的理想、信念从事自己的教育实践，更可以让教育者以理性的态度审视自己的教育价值观和教育生活。当下的很多教育理想是诗意的、浪漫的，把乌托邦完全建立在过去或未来，而偏偏不建立在现实和行动的牢固基础上，这对教育产生很多的危害。理想和行动应该接洽而非脱离，理想无法贯彻于行动和行动盲目而无的放矢都是不够成熟的表现。对于教师来说，成熟意味着能够在理想和行动之间寻找一个合适的"度"，也即在理智和情感、科学和实用、共性和个性、传承和变革、同化和顺应中寻找一个合适的"度"。这种"度"的寻找离不开哲学的辩证逻辑。

总之，哲学和教育哲学能够造就"更好的教育生活"。哲学和教育哲学似乎是无用的，但"无用之用有大用"。一方面，它们"间接发力"，使有哲学和无哲学的教师的思想和行为差别很大；另一方面，它们也在走向生活，以更能"直接发力"[1]，哲学也在经由对生活的深刻思考而直接作用于教育生活本身。哲学和教育哲学作用于生活的基本方式之一是调整教育生活中的种种观念。美国学者奈勒说："无论你干哪一行业，个人的哲学信念是认清自己生活方向的唯一有效的手段。如果我们是一个教师或教育领导人，而没有系统的教育哲学，并且没有理智之信念的话，那么，我们就会茫茫然无所适从。"[2]教育生活中的大事小情都和哲学中的幸福享受、自由解放、主体命运、权力公正、真理建构息息相关，哲学和教育哲学提供了对于教育生活的基本理解。不经审视的生活是不值得过的，不经审视的个体教育观念也是必须进行批判的，这样才能保证教育生活的活力。基本方式之二是改善教育研究。当代教师教育生活的重要一部分是教育研究生活。哲学和教育哲学所能提供的学术态度、思辨训练、批判意识等都对这种生活大有裨益。总之，从以上的分析中我们可以坚信一个结论，那就是对于一个从事教育教学活动的人来讲，对于一个身在教育生活之中的人来讲，教育哲学并不是选修课，而是必修课。

二、教师学习教育哲学的方法

教育哲学并不是神秘的学科，也不是高不可攀的学科，而是充满睿智教育观点的、充满理智性趣味的学科。学习教育哲学就是要思考教育问题，挖掘思想前提，批判它、审视它、分析它。具体来说，有四个方法可以让我们比较快速地走进教育哲学的学术殿堂。

第一，和思想对话。学习教育哲学一定程度上就是学习教育哲学史，学习教育哲学不能仅仅学习一家一派的思想理论，而是必须把人类精神已经走过的路都"走一遍"，把人类的精神已经思想过的东西都"思想一遍"，然后我们才有资格选择或者开拓自己的路。历史上的教育哲学不是空白的，而是以"文本"的形式记录下来了，那些富有启发性的思想就凝聚在文本里。面向文本，不仅仅是面向外国那些优秀的教育哲学遗产，更重要的是向中华民族传统中寻求理论资源。所以，哲学家们的思想保存在他们的著作之中，学习教育哲学史也就是读书，读书就是和思想家对话。以"阅读渗透理论"的方式，实现"通晓思维的历史和成

1　20世纪末哲学的转向是从大写到小写，从贵族到平民，从抽象到具体，从认识到存在，从规范到解放。（石中英. 教育哲学导论[M]. 北京：北京师范大学出版社，2004：23～28.）

2　陈友松. 当代西方教育哲学[M]. 北京：教育科学出版社，1982：135.

就"，在深厚的背景知识的前提下，超越文本，积累深厚的理论资源。"任何一种新教育理论，只有建立在人类已经达到的理论高度上，才可能比原有理论更高明"，[1]固守前人的研究思路继续下去是不会有所创新的，但是创新的源泉与机缘就隐藏在前人的教育理论中。

第二，有怀疑精神和批判意识。怀疑是一切知识的根源，没有怀疑不可能有真正的知识。所以，古希腊哲学家亚里士多德说，"吾爱吾师，吾更爱真理"。要想学习好教育哲学，首先就是要有怀疑的精神和批判的意识。在人类知识的各个学科中，哲学无疑是最有批判性的，哲学永远不会抛弃她那锋利的匕首。教育活动的发展有其构成自身的依据、标准、尺度，这些都是教育活动的根基，而教育哲学的批判就表现为对这些根基的批判。批判有批评之义，意味着对错误的思想、言论或者行为等进行系统的剖析，从而找寻出正确的答案。但是，批判有着更深刻的含义，那就是对现实永远的不满足，力图发现现实的不合理之处，为理想的实现而不断地努力。

第三，进行教育反思和表达。对教育进行反思的方式有很多，其中，教育哲学的方式是很重要的一种，反思之外还要通过言语和文字表达出来。哲学的反思好比概念语词的"化学反应"，只有交流、表达才能建构起系统而深刻的认识，生成新的观念成果。通过反思和表达，教师才能真正具有教育哲学的公共知识和话语平台。"阅读—批判—表达—交流—行动"构成一个教育哲学作用于教育生活的螺旋，教师成为有意识的教师，教育生活方能在稳定中上升，而不是年复一年地"原地踏步"。

第四，在具体教育实践中贯彻和深化。传统的教育哲学往往来源于哲学的演绎，而今天的教育哲学发展的动力则来源于丰富多彩的教育实践活动。离开教育实践，想学好教育哲学是困难的。哲学发展已经从"天上"回到了"人间"，传统的形而上学式的教育哲学走向了历史的终结，而关注实践则成为传统形而上学的替代品，成为支撑教育哲学发展的动因。今天的教育哲学关注的是社会发展现实中的人的教育问题，面对这些问题，我们需要做出符合自己时代发展水平的回答。教师身处教育实践一线，对教育问题有着"切肤之痛"和最真实的想法，也最有利于在实践中探索并分析教育哲学问题，发展出原生态的教育哲学。不是为了创造哲学而创造哲学，而更是为了创造自身和美好的教育生活。

本章小结

1. 虽然到目前为止对于"什么是哲学"没有统一的答案，但是人们还是可以从六个方面了解什么是教育哲学：哲学从疑惑开始；哲学是热爱智慧；哲学是人类把握世界的基本方式之一；哲学是历史性的思想；哲学是理论化、系统化的世界观、方法论；哲学是一种语言分析活动。总的来说，可以把哲学定义为"对各种人类经验的反思"或"对人类最为关注的那些问题的理性的、

1　陈桂生. 教育学辨——元教育学的探索[M]. 福州：福建教育出版社，1998：268.

方法论的和系统的思考"。

2. 国内的教育哲学分为中国教育哲学和西方教育哲学，其他国家并非没有教育哲学，只是介绍较少。基于国内外包括中国台湾地区教育哲学史以及教育哲学不同界定的回顾，得出教育哲学的三种内涵或样态：审视教育问题或在教育领域提炼哲学问题的应用哲学或哲学分支；审视各种教育理论前提的教育科学体系基础学科；指导人们从事教育工作的大众的日常的实践哲学。

3. 教育哲学是教育人文学科，事关"应该"和信仰，有着"无用之用"。哲学和教育哲学对教师意味着对于下列范畴的理解和关系的处理：好奇与想象、崇敬与批判、整体与前瞻、抽象与实在、理想与行动。在这些范畴的把握中教师走向成熟。

4. 教师学习教育哲学的方法有四个：第一，和思想对话；第二，有怀疑精神和批判意识；第三，进行教育反思和表达；第四，在具体教育实践中贯彻和深化。

总结 >

Aa 关键术语

哲学	教育哲学	分析教育哲学
Philosophy	Philosophy of Education	Analytic Philosophy of Education

章节链接

在这一章，你读到……	在其他章节中，你将发现相关的讨论……
哲学的若干属性：惊讶、智慧、把握世界的方式、历史性、世界观和方法论	比较其他学科，体会哲学关注各章主题的独特方式。比如，第二章"教育是什么"对历史的回溯和概念的分析，第三章"何为儿童"对于儿童和哲学的论述，第四章"教育目的"谈及的教育目的从哪里来的问题，第九章从空间角度对于班级功能的批判等
教师学习教育哲学的方法和意义	各章的批判性思考板块和体验练习模块能加深你对教育哲学意义和学习方法的认识

应用 >

批判性思考

1. 教师是高级技术员吗？教育哲学能做些什么？

教师是高级技术员吗？在中国有"教书匠"一词，教书匠的隐喻是手工工场时代的，而高级技术员则是现代工业社会的。如果教师教育或教师的自我发展仅仅强调教育知识和教育实践的技术，那么，教师就有沦为高级技术员的危险。教师作为主体在"现实形态"上其实是具有个人意志和情感、具有自己的价值观和立场的。但是，事关教育吗？其次的问题是，这些情感、价值、立场是肯定性的吗？如果我们教育的目标是培养学生的个性、主体性、创造力，而教师在教育的个性化、主体创造方面却受到很多限制，是否有利于人才的最终培养呢？教育哲学涉及的对自由、民主、公正、主体的讨论，能够在一定程度上解放教师，使教师在各种框架结构之内获得教育的生命活力吗？如果答案是肯定的，那么，仅把教育哲学当作一套理论来学习就可以了吗？

2. 教育理论学习中那些"违和"的事情。

"反身性"是哲学的一个重要特征，事物不能在一个不同的层次上自我反对。"违和"即是就这种反身性状况而言。如"任何认识都值得怀疑"的主张就是自反的，因为那意味着"任何认识都值得怀疑"的认识本身也值得怀疑，"我不能怀疑我在怀疑"也是如此，"我怀疑我在怀疑"就意味着我可能没在怀疑。在生活中，"教师的子女"经常会应用自己父母的教育话语，指责他们作为教师如何大谈教育，却在教育他们的子女时屡犯禁忌。此谓"违和"——违反和谐。成熟的教师就是更少在教育问题上"违和"。

✎ 体验练习

1. 哲学和其他学科是什么关系呢？哲学是前学科的批判说明活动吗？哲学是智慧的大集成而能统合各学科吗？哲学是学科中的学科而高于各学科吗？哲学是相对最具人文关怀的学科吗？哲学是对"认识不清的东西"的超前认识之学科吗？谈谈你对哲学、"作为学科的哲学"的理解，以及对哲学"用处"的认识。

2. 各种不同的教育思考和研究事实上都离不开哲学思辨。通过网络阅读葛剑雄《中国的教育问题？教育的中国问题？》，看作者是如何将"中国的教育问题"界定为"发生在中国的，单纯是教育方面的问题"，将"教育的中国问题"界定为"非单纯是教育的问题，是在中国有关教育的各种问题，故而单独要求学校将教育办好是不可能的"，进而谈一谈哲学是如何对教育工作者的教育观点和主张富有意义的。

3. 试从身边的"榜样"出发，具体地分析一个优秀的教育工作者拥有哪些"教育哲学"？比如他对于教育的根本性认识是什么，他的知识结构是什么样的，在工作中是否具有一种教育哲学的思维，他日常是否引证一些教育哲学家的言论，这些言论如何具体地影响着他的教育观念和行为等。

🔍 案例研究

　　我一直是在受着自己过去读过的一些哲学书的指导去进行教育、教学工作的。马克思主义哲学就是唯物的、辩证的，比如就唯物这一点来说，我刚到学校教书，也接触一些教法。语文教法、教育方法……但看了之后，我为什么能在很短的时间内就不怎么使用了呢?这就跟唯物的观点有关。因为唯物主义主张，一切真知都要来源于实践，而一切理论都要接受具体实践的检验，在实践当中检验你原来的认识。当你这个理论不怎么行得通的时候，就完全可以推翻原来的理论。当然多走了一步就可能变成实用主义，但是，如果认真地分析当时的时空条件的话，我想还不至于走到实用主义的边缘上去。所以，我感觉到，根据我这里学生的实际情况，像那样教效果不好，不好，就完全可以变一变方法。

　　另外，从哲学上看，不存在终极真理的问题，因为什么东西都是辩证的，都是发展的。适用范围很广的教学方法如果过了几个月、几年，脱离飞速发展变化的形势，它也会变为陈旧的东西，应该更新。

　　在哲学上的另一个问题，日常生活中不自觉地受支配的就是辩证法三大原理——对立统一、质量互变、否定之否定。我也是不自觉地受它们支配的，言行、教学、每一课的教法，都离不开哲学上的时空范畴……任何真理都有它的时空界限……（但）我们也不要忙着批判。批判就好像破坏建筑物一样，尽管大家主张建筑建设，但会盖楼的人不多，扒楼谁都可以会，谁都可以拆。不要忙于说人家这个方法的短处，而应该尽可能地看到每一种方法的长处，在哪一个时空范围内，是可能为我所用的，是可能成为真理的……这种思想使我不愿意简单地否定某些事物，就连最不好的满堂灌、填鸭式，我想在那个特定的环境下，也会是合理的。

　　我感到现在最新的思想方式，看它的基本结构，看它的骨架是很重要的。系统论，追溯它的哲学上的渊源，就是全面看问题。赞可夫提出的最近发展区、高难度就是在哲学上谈的度，什么都应适度。我们教学如何才能适应学生此时此刻的心理，给他一个最佳的度，这就是以哲学的眼光来思考问题。

　　（摘自魏书生《教育与哲学》一文，见《特级教师魏书生和欧阳代娜的教书育人之道》，朱新平、赵立东编，漓江出版社，1996年第2版，第42～45页）

　　1. 魏书生这里用到了哪些哲学理论? 属于什么派别? 结合实际谈一谈你在教育实践中是如何学哲学、用哲学的，体会哲学和教育哲学对于教师专业发展的意义。

2．魏书生最后谈到"度"的问题，"度"的哲学在中国的辩证逻辑中有很多体现，你能举出一些例子吗？结合实际说明如何在教育实践中坚持"度"的原则。

📓 教学一线纪事 ||||||||||||||||||||||||||||||||||||||||||||||||||||||||||||||||||||||||||||

在人民大道小学逸夫教学楼上，镌刻着这样三句话：

"我要成为最佳的我！"（学生的话）

"因为有了你，我才喜欢当老师！"（老师的话）

"全面发展打基础，个性发展有特长！"（校长的话）

这是对"主体教育"的高度浓缩。

20世纪90年代初，校领导班子经过认真分析和深入思考，认为教育改革和发展，必须重视培养学生的主体性。主体性是德、智、体、美、劳诸方面都得到发展的综合表现，抓住主体性教育也就抓住了素质教育的灵魂。中国面向21世纪的小学教育必须围绕这方面进行改革。

——实施"第一工程"，培养学习型、研究型教师。"没有主体性的校长，不可能带出有主体性的教师；没有主体性的教师，不可能带出有主体性的学生。"学校把师资队伍建设作为"第一工程"，选派优秀教师到北京师范大学、华东师范大学、北京舞蹈学院、中央美术学院等重点院校离职进修，汲取营养。学校把每周三定为"科研日"，每周六定为"学习日"，每月开展两次"主体漫谈"，要求教师每月至少写4篇札记。广大教师逐步确立了现代教育理念。

——调整课程结构，形成"三大板块"。1994年9月，该校根据国家义务教育课程计划，在不突破国家规定课时的前提下，按照"加强基础、发展个性、优化结构、促进发展"的思路，对现有课程结构进行调整，形成学校课程的"三大板块"：大小课相结合的学科课程、必修选修相结合的活动课程及融思想道德、科学文化、自然和人化自然为一体的环境课程。

——打开课堂的门窗，呈现"特色课堂"。课堂教学是发展学生主体性的主渠道。十多年来，学校每年都要举办"小学生主体性发展课堂教学策略研讨会"，邀请专家、学者亲临指导，使课堂教学异彩纷呈，不断显示出强大的生命力。

——从"秧田"到"茶馆"，让合作成为一种习惯。为改变突出教师权威、忽视课堂上同学交互作用的"秧田式课堂"，学校积极探索"茶馆式课堂"新型教学组织形式，课桌均摆成T型，不仅缩短了学生间的空间距离，便于学生沟通交流，更重要的是，构建了一个合作学习、开放式学习的空间。

——因为有了你，我才喜欢当老师。这是该校教师自己创造出来的"名言"。他们说，如同我们的每个手指头不一般长一样，每个学生都有与众不同的个性，也许这正是他们的可爱之处。差异是财富，面对有差异的学生，我们要实施有差异的教育，促进学生有差异地发展。

——追求发展，不追求分数；追求卓越，不追求完美。为了促进学生全面发展，学校对各科的考查内容、考查形式、考查方法和评价标准等进行了积极有益的探索，实施了学生综合素质评价上的"三变"：变一次集中考试为分项考核，变单一的分数评价为综合评价，变考试成绩单为素质发展手册。在《素质发展手册》中，各科教师的评语也一改传统教育思想影响下的"肯定——批评式"，取而代之的是一种全新的"赞美——激励式"。

（摘自《人民大道现象——创造适合学生发展的教育》，作者陈伟民，《中国教育报》，2009年10月14日第4版）

主体教育是一种基于主体哲学对教育培养什么样的人以及教育活动的认识，是一种教育的观念或教育哲学思想。河南省安阳市人民大道小学仅仅是主体教育思想的贯彻者之一。除却主体教育，在一线学校还有各种"花样翻新"的理念、思想，冠之以生命教育、绿色教育、多彩教育、生态教育、森林式教育、阳光教育、幸福教育、兴趣教育、创新教育、童心教育，以及雅行教育、智趣教育，乃至航天精神、藏獒精神、和合文化等。这种文学式翻新的理念背后都需要有哲学和教育哲学作为支撑，除非得到政治性推广，否则都难以有生命力。对于很多学校来说，选择有哲学色彩的更有普遍性渗透力的概念，无疑是较好的一种选择。当然，任何哲学都是体制化、情境化的，对于学校理念或文化的个性化设计必须建立在国家对公民核心素养的共性要求之上。

拓展 >

补充读物

1　赵敦华.西方哲学简史（修订版）[M].北京：北京大学出版社，2012.

此书为中国人写的西方哲学简明读本，可作为教育哲学学习的参考读物。

2　[美]约翰·杜威. 王承绪, 译. 民主主义与教育[M]. 北京: 人民教育出版社, 2001.

　　该书的副标题为"教育哲学导论", 和柏拉图的《理想国》、卢梭的《爱弥儿》并称为教育学史上里程碑式的三大著作。杜威在书中全面阐述了他的实用主义教育理论, 把民主的思想引入教育, 就教育的本质、目的、内容、方法、教材等问题提出了独特的见解。

3　黄济. 教育哲学通论[M]. 太原: 山西教育出版社, 2005.

　　该书以马克思主义为指导, 对中外教育哲学和教育哲学的基本问题做了全面的介绍, 并力求做到"古为今用"和"洋为中用", 该书是学习教育哲学之初的基本读物。

🖥 在线学习资源

1. 国际教育哲学家网（International Network of Philosophers of Education, 简称INPE）, http://pendientedemigracion.ucm.es/info/inpe/index.htm

　　该网站提供自1988年以来两年一度的世界教育哲学大会的议题介绍等信息。

2. 哲学中国网, http://www.philosophy.org.cn/

　　该网站由中国社会科学院哲学研究所主办, 涵盖各类哲学近期的研究成果和争鸣论辩。

第二章

教育是什么

本章概述

　　本章从"教育概念"的起源和应用出发提出界定教育的基本方法，进而回溯了思想史中对于教育内涵的经典阐述，最后基于时代背景对教育的实然特质和应有意味做了描述性总结。

结构图

ⓐ
"教育"的中西方起源

ⓑ
"教育"在日常语言和
理论陈述中的不同用法

"教育"的起源与运用"教育"的方式

1

教育
是什么

2
教育哲学史中关于教育的经典阐释

3
教育究竟是什么：当代解读

ⓐ
《中庸》论教育：教育即循性修道

ⓑ
柏拉图论教育：教育是理想社会的工具

ⓒ
老庄论教育：教育即回归"本真"

ⓐ
对于传统"教育"的当代挑战

ⓓ
卢梭论教育：教育即"自然人"与"爱国者"之培养

ⓔ
杜威论教育：教育即生活，即经验的改组与改造

ⓕ
李泽厚论教育：教育即工具和心理本体的培育生成

ⓑ
思考之再思考：教育应有的三种意味

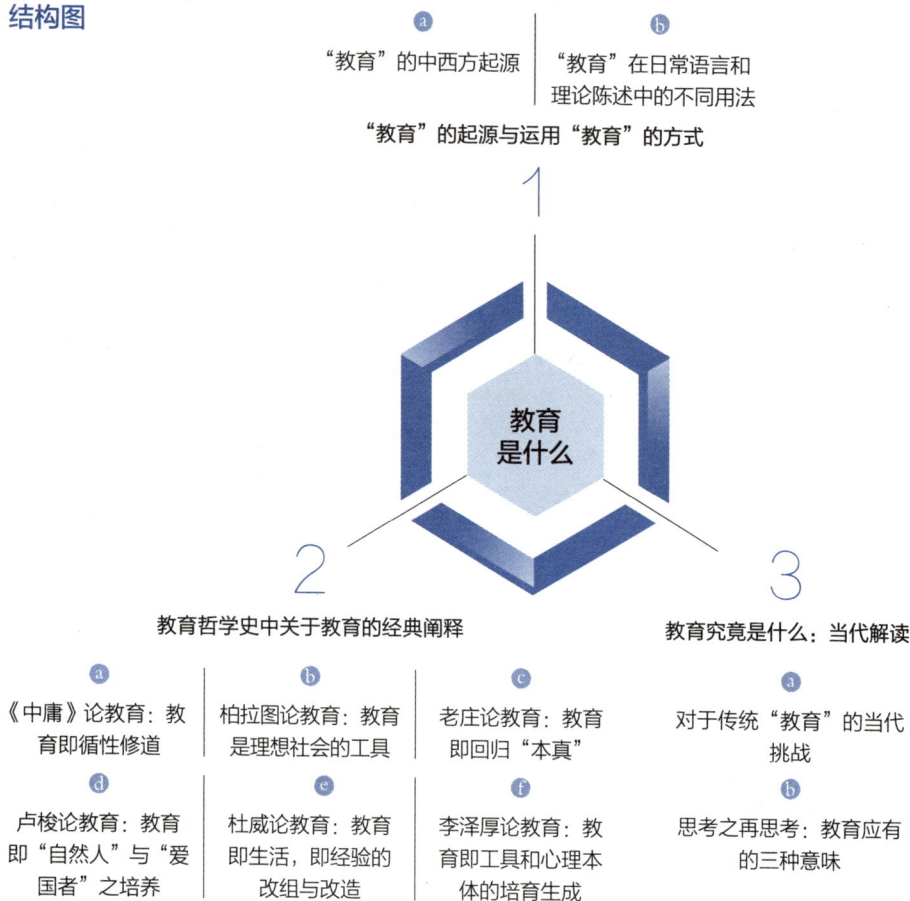

◈ **学完本章，你应该做到：**

学习目标

1. 能够区分现实中的教育、有关教育的观念和"教育"的概念。

2. 对经典的教育阐释有所领悟，并能建立起对教育的个体化认识。

3. 在当代背景下把握教育的确定性内涵，了解各种教育及其背后的思想观念。

读前反思

　　结合我们自己个人成长史或受教育经历，或结合自己的教育教学经历，就教育发表的观点、家庭教育经验以及日常接触的教育经典、教育评论、教育常识，思考下列问题。

1. 各种不同的教育形式能否找到共性的特征？能否加以概括与表达？

2. 如果让你对身边的学校教育现实做出评价，你会从何说起？说些什么？为什么会这么说？你心目中理想的教育是什么样的？你认为该如何达成？

3. 不同的教育形态之间是何关系？学校教育在所有教育形态中起主导作用吗？如何发挥作用？结合实例，想一想各种教育如何统合？如何协同各种非教育因素共同在学生发展中产生效力？

第一节
"教育"的起源与运用"教育"的方式

🎯 **学习目标**

能够区分现实中的教育、有关教育的观念和"教育"的概念。

在社会科学中有"起源决定本质"的观点，这种观点尽管值得推敲，但如果有本质的话，起源和本质在相当多的时候还是有着很大的相关性的。教育是什么需要回到"教育"的源头去看一看，不是最初的教育"实际上"是什么样的，而是"教育"最开始是如何被理解的。从语言学的角度来说，即是"教育""education"等种种不同的"能指"，其"所指"有何差异，意指的是不是同一个东西。教师对"教育"的不同理解意味着不同的教育观及思维与行为方式。

一、"教育"的中西方起源

（一）古代汉语中"教育"一词的由来

古代不但存在"教育现象"，而且有"教育思想"，甚至有"教育理论"。纵览今日之所谓"古代教育文献"，"教育"一词却难得一见。

"教育"一词最早见于《孟子·尽心上》："父母俱存，兄弟无故，一乐也；仰不愧于天，俯不怍于人，二乐也；得天下英才而教育之，三乐也。"[1]在不少人眼里，似乎仅有孟子一人提及"教育"。其实并非如此，很多先贤均在"教育"问题上进行过表达。

1. "师道不立，儒者之学几近于废熄，唯朝廷崇尚教育之，则不日而复。"[2]

2. "如得其诚，愿预教育，然后天下之道可得而明，阿衡之心可得而传。"[3]

3. "善教育者必有善学者，然后其教之益大。"[4]

> **"所指"和"能指"**
>
> 一个符号由"所指"和"能指"构成。"所指"就是符号意指什么，即概念或图形的内涵。"能指"可以按字面理解为"可能"指，即是符号的形构（如果是文字也包括其读法）。"所指"和"能指"的区分告诉我们，任何词汇与其含义的关系都是"人为约定"的。

1 孟轲. 孟子·尽心上[M]//陈戌国点校. 四书五经（上）. 长沙：岳麓书社，1991：128.

2 程颢. 请修学校尊师儒取士札子[M]//二程集. 北京：中华书局，1981：448.

3 范仲淹. 范文正文集·卷八·上张右丞书[M]//景印文渊阁四库全书（第1089卷）. 台北：台湾商务印书馆，1978：631.

4 王夫之. 四书训义（卷五）[M]. 转引自王炳照，主编. 中国教育思想通史[M]. 长沙：湖南教育出版社，1994：24.

4. "学者不自勉，而欲教育者之俯从，终其身于不知不能而已矣。"[1]

但遗憾的是，"教育"这两个字在后来的两千年间，没有成为思想家们论述教育问题的专门语汇。而中国人教育的历史很久远，那么，在长期的教育历史当中，我们用什么样的词来表达"教育"的意思呢？

我们通过"教"和"学"的甲骨文的写法，寻找一下在中国的文化历史当中"教育"的意涵。甲骨文"𢼛"（教）和"𥥍"（学）的写法当中都有相同的符号"爻"。关于这个符号有两种解释，一是指后来的《易经》中的符号，是占卜用的，爻的一个重要用途就是预测天地变化，祸福吉凶，显然它是人类成千上万年经验积累的结果；另一种解释是说这两个叉是绳索的意思，绳子是生产工具，它同样代表着人类几千几万年积累的生产经验。无论如何解释这个符号，它都意味着人类成千上万年积累的生活和生产的经验。

"𣏌"这个符号代表小孩。"𠂆"代表巫师举起的右手。因为那个时代对天地、对世间万事万物最有研究的大概是巫师，也可以说最早的老师就是巫师。最大的巫师就是王，是部落里边最有权威的人，最有学识的人，或者最有力量的人，人们非常信任、崇拜的人。上边的一竖，看似教鞭一类的东西，很难确切说它是什么，但比较公允的理解是，它是使人感到惧怕和敬畏的东西，比如图腾、禁忌等。

"学"和"教"的意思是很相近的。在中国历史上，很多重要的教育著作的篇名都带有"学"字，比如《学记》，如果用现在的话语体系来说那就应该叫《教育记》，但那个时代就叫《学记》。清末主管教育的部门叫学部，现在我们叫教育部，就说明"学"在相当长的历史时间里是指代教育的。

《说文解字》指出："教，上所施，下所效也；育，养子使作善也。"它的一个重要内涵就是要告诉年轻一代"你不能做什么""你要做什么"。从甲骨文以及古代思想家们的论述来看，我国古代"教"与"学"的基本含义是"学做人""学做事"。

古代虽有"教育"一词，却不常用，究其原因，有以下两个方面。

其一，在古代社会，总的来说，行重于知，学重于教。关于修业、进德、学习、践行的言论尤其丰富，并且逐渐形成一套"以学为本"的话语系统。关于教学、指导、训练之类的言论却不发达，通常还依附在"以学为本"的话语系统中。古人即使在"使别人学"的意义上谈论"教"，也多从"学"的方面出发。他们所说的"教"，实际上常常指的是"受教"，即"学"。正如张载所言："学与教，皆学也，惟其受教，即是学也。"[2]

其二，在古代汉语中，特别在古文当中，多用单音词，诸如"教""诲""育""训""授""化""导"。这种语言习惯妨碍了像"教育"这样的双音词的通行。古人偶然也使用双音词，但偏爱于"教诲""教导""教授""教养""教化""化育""作育""德教""政教""法教"诸词，

---

1 王夫之. 四书训义（卷五）[M]. 转引自王炳照，主编. 中国教育思想通史[M]. 长沙：湖南教育出版社，1994：219.
2 张子全书·语录抄[M]. //顾树森编著. 中国古代教育家语录类编（下册）[M]. 上海：上海教育出版社，1983：114.

总之没有形成使用"教育"一词的习惯。

"教育"成为常用词，是20世纪初叶的事情。这种变化，与国人睁眼看世界、接触到西方近代教育思想、试图效法西方教育制度联系在一起。近代先驱在评价西学课程和近代学制、倡导教育改良或革新时，用语系统经历了从"旧话语"到"新话语"、从"以学为本"到"以教为本"的转换：根据记载，"教育"一词最晚是在1901年开始通用于我国的翻译界，再经过翻译界的努力，把这个词迅速地传播到了中国的知识界、师范学校和全国各地。到1902年，"教育"一词开始成为汉语系统中的一个常用词。也是在这一年，我国出现了以"教育"为题的专论，"旧话语"的代表人物梁启超，也撰有《教育政策私议》《论教育当定宗旨》等教育专论。也是在这一年，蔡元培等人在上海成立了"中国教育会"，成为以教育命名的社团。

（二）西文"教育"一词的用法及含义

现代汉语"教育"所对应的用词，英语为"education"，法语为"éducation"，意大利语为"educazione"，西班牙语为"educacion"，德语为"Erzjehung"。它们都源于拉丁语"educare"。"educare"意指"养育""培养""饲养"，该词又源于拉丁文"educěre"，是"引出"之意，意思就是采用一定的手段，把某种本来就潜藏于人身上的东西引导出来，从一种"潜质"转变为"现实"。从辞源上说，西文中"教育"一词含有"内发"之意，强调教育是一种顺其自然的消极活动，旨在把自然人所固有的或潜在的素质自内而外引发出来，成为现实的发展状态。无怪乎西方教育理念中"种子说""展开说""内发说""自然主义"之类的观念根深蒂固。这一点大不同于中国的教育理念。

在纯中文语境中，像塑造、陶冶、训练、宣传、灌输、说教、规劝、训示、改造、教化、感化、涵化、儒化之类的"外铄性"活动，通常可以一概称作"教育"。这种用法在西文语境中却不常见。在西方人看来，教育虽然与上述活动有诸多相似之处，有诸多联系，却不完全是一回事，不能称之为"教育"，原因就在于"教育"有"内发"之意。中国和西方在"教育"一词用法和含义上的这种差异，给双方在教育问题上进行深层次的沟通和交流造成了困难。双方在教育观念和教育理论上存在的许多误会和曲解固然与意识形态分歧有关，也与语词的用法和语义各异有关。

西文"教育"虽然同源，但英语"education"在用法和语义上，与德语"Erzjehung"不尽一致。原因在于，德语除"Erzjehung"之外，另有"Bildung"一词。"Bildung"指文化知识和技能的授受活动。依照德国人和俄国人的用语习惯，知识和技能的授受过程，与其说是"教育"活动，不如说是"教养"活动；像学校这样的机构与其说是"教育机构"，不如说是"教养机构"。

此外，在现代英语中，"education"尚有一种特殊用法。它既指"教育事态"，表达"教育概念"，又指各种关于教育的研究和陈述。前一种用法上的"education"大致与汉语"教育"一词相对应，后一种用法上的"education"则与汉语"教育学"一词相对应。

总之，"教育"的用法存在三种特别明显的国别差异：中文"教育"有外铄的意向，西文的"教育"有内发的意向，德语、俄语中把传授知识和技能的活动称作"教养"，不称之为"教育"，中、英、法文中没有德文、俄文意义上的"教养"，汉语"教育"，英语"education"，法语"éducation"通常包含文化知识和技能授受之意，英语"education"可能指"教育"，也可能指"教育学"。习惯于"教育"一词中文用法的人，在研读西文教育文献时，需要特别注意上述三国的差异。

值得注意的是，"education"来到东方也使得《孟子》里出现的"教育"一词在一百多年前在中国流行了。日本1868年明治维新，大量地引进西方的文化，"education"这个词也被引进到日本，日本人就用《孟子》里"教育"这个词翻译"education"。1895年中日战争后，我国很多有识之士到日本留学，把"教育"一词引回到中国，在此过程中有一个人起了重要的作用，就是王国维。他翻译了日本人写的《教育学》，而后他自己也撰写了《教育学》。所以，我们现在通行的"教育"这个词是中华民族固有的。

二、"教育"在日常语言和理论陈述中的不同用法

（一）"教育"一词在日常语言中的用法及含义

现代汉语"教育"一词的用法毕竟是从西方引进的，它与西文"教育"的用法虽然存在这样或那样的差别，但依然有许多相通之处。其共性首先表现在日常语言环境中，无论是中国人还是外国人，脱口而出的"教育"均有规范性含义。

人们脱口而出的"教育"通常是指一个人或一群人以道德上可以接受的方式善意地对另一个人或另一个群体人施加的积极的精神影响。"教育"一词在日常语言环境中具有评价性含义，人们用它表明某种肯定的价值判断。一个人认定某种影响或活动为"教育"，意味着这个人肯定和承认这种影响或活动在内容上是有价值的，在方式上是合乎道德的，至少在道德上是可以接受的。如果认为它的内容没有价值，甚至有害，或者认为它的方式在道德上不可接受，就不能称之为"教育"。否则就自相矛盾。

🔊 **哲学家语录**

真正的教育应先获得自身的本质。教育须有信仰，没有信仰就不成其为教育，而只是教学的技术而已。教育的目的在于让自己清楚当下的教育本质和自己的意志，除此之外，是找不到教育的宗旨的。因此，我们常听到的一些教育口号并没能把握到教育的本质，诸如学习

一技之长、增强能力、增广见闻、培养气质和爱国意识、独立的能力、表达能力、塑造个性、创造一个共同的文化意识等。

———[德]雅斯贝尔斯. 什么是教育[M]. 邹进，译. 北京：生活·读书·新知三联书店，1991：44.

教育总是积极的，说"好教育""有益的教育""有价值的教育"纯属画蛇添足，而所谓"坏教育""有害的教育"，则是自相矛盾的说法。既然承认是"教育"，就已经承认它的好和有益，怎么又说这是"坏教育"，是"有害的教育"呢？"教育"与"道德"在日常语言中存在必然的联系，"教育"是一个带有肯定性质的评价词或规范词。由此可以推断，"教育概念"与"道德概念"在逻辑上存在必然的联系，"教育概念"暗含着肯定性的价值判断，是一个规范性概念，或者说是一个道德概念。

就实质而言，什么内容有价值？什么是道德上可以接受的方式？不同的人有不同的趋向、不同的标准、不同的判断。甲所承认的教育，乙未必认为是教育。然而，就形式而言，无论人们在价值观或道德观上有多大的分歧，大家都承认，教育必须包含有价值的内容，必须使用道德上可以接受的方式。在教育问题上，人们之所以能够相互讨论、相互沟通、相互理解，是因为人们遵循"教育"一词基本的用法规则，在形式上拥有共同的"教育概念"，之所以又有意见分歧，是因为在实质上各自对教育持不同道德观念或价值观念。[1]

教育语言的分类：教育术语、教育口号与教育隐喻

美国教育哲学家谢弗勒（Israel Scheffler, 1923—2014）在其代表作《教育的语言》中将教育的语言分为教育定义、教育口号和教育隐喻。第一种教育语言是教育定义或教育术语，以概念、范畴的形式出现，概括性、抽象性强，是讨论教育方案、目的、方法和内容的语词工具（对教育定义的分类见下文）。第二种教育口号往往是某一运动或思潮的关键思想和态度的符号，它强调态度的一致性，吸引新的支持者，为老的信仰者鼓劲，具有情绪色彩。如"好好学习，天天向上""学好数理化，走遍天下都不怕""素质教育""教书育人""远程教育，家门口大学"，这些都是教育口号，简洁而具有价值导向性。第三种是教育隐喻，相对于教育术语常为理论工作者所使用，教育口号是党政机关、教育行政部门及社会的表达形式，教育隐喻通过类比近似者而进行传神表达，每每是教育理论—实践工作者如教师的创造。有些教育用语喻体已经隐匿了，如"培养""塑造"，而"雕琢""外铄""产婆术""教育即生长"的隐喻色彩则较为明显。正确认识不同的教育语言及其优缺点，有利于各种人群在教育问题上的彼此沟通。

1　瞿葆奎，主编. 元教育学研究[M]. 杭州：浙江教育出版社，1999：108～124.

（二）"教育"一词在理论陈述上的用法及含义

相对来说，"**教育**"一词在日常语言中的用法比较单纯，具有鲜明的规范性含义，在理论陈述中的用法则要复杂的多，存在一个纵横交错的"用法网络"。"教育"及其同源词在理论陈述中的用法主要有三种使用方式。即约定性定义（stipulative definition），叙述性定义（descriptive definition），纲领性定义（programmatic definition）。谢弗勒在《教育的语言》中就曾把教育定义划分为这三种类型[1]。

> **定义教育的方法**
>
> 教育有三种不同的定义方式，即约定性定义、叙述性定义和纲领性定义。

1. 教育的约定性定义

约定性定义是指作者所下的定义，它一般规定一个概念或词语在某种特定的语境中按照某种特定的方式和意义理解。这个概念或词语在这种语境中始终表示一种约定的意义。通过有目的的教和学来保存其文化的某些方面，而创造和维护的那种社会制度，这就是一种约定。也就是说，不管其他人或其他时间所用的"教育"一词是什么意思，我们这个时候约定的"教育"一词就是这个意思。这种定义一旦给出，就要求作者在其后的整个讨论中始终如一地按给定的方式来应用这一概念。

如《学记》中的"建国君民，教学为先"中的"教学"一词，可理解为"教育"，这是一种约定意义。但在论述教与学的关系时，《学记》所说的"教学相长"中的"教学"则是另一种约定，是指具体的教和学的活动。约定性定义的实际意义取决于特定的语言环境，人们往往要在特定的语言环境中才能理解一个概念的含义。[2]当然，这里约定性的定义未能前后一致。

2. 教育的叙述性定义

叙述性定义是借由对已有的用法的说明，来解释一个词语的意义，而约定性定义的目的不再符合现在的用法，而在于方便讨论。[3]由于叙述性定义是对所要界定的对象做出较客观的描述，因而叙述性定义一般被认为是对事物本体的陈述，它应适合于不同的语境，即叙述性定义比约定性定义在不同的语境中具有相对的一致性和意义的稳定性。如"灌输"往往被界定为：以单向的方式向学生传递知识和思想观念的方式。这个概念的叙述性的定义无论在教学理论还是在德育理论中，其意义是相对一致的。叙述性定义与所要界定的事物之间的关系是直接的，定义中没有或少有主观上的定义项。

理论研究者，目光往往不限于自认为是"教育"的事态或思想，他还关注别人视为"教

1　[美]伊士列尔·谢富勒. 教育的语言[M]. 林逢祺，译. 台北：桂冠图书股份有限公司，1994.

2　郭元祥. 教育逻辑学[M]. 北京：人民教育出版社，2002：94.

3　[美]伊士列尔·谢富勒. 教育的语言[M]. 林逢祺，译. 台北：桂冠图书股份有限公司，1994：17.

育"的事态和思想。尽管他本人认为其中的不少事态或思想称不上是"教育"，出于研究的需要，他还是把它们当作"教育"加以研究。对于"教育"一词在叙述性意义上所指的教育，存在肯定或否定评价的问题。人们可以按自己的评价标准，把其中的一些别人认为是"教育"的教育称作"坏教育""有害的教育""错误的教育""奴化教育""法西斯教育"等，把另一些称作"好教育""有益的教育""正确的教育"等。[1]叙述性定义一般是哲学的典型工作。

🔊 教育学家语录

教育是一种促进文化传播的社会活动，其明确的目标是让受教育者的性格和精神福祉（人格）产生持久的好转变化，而且，间接地，让更广泛的社会环境发生好的变化，最终延伸至整个世界。

——[美]菲利普·W·杰克森. 什么是教育[M]. 吴春雷，马林梅，译，合肥：安徽人民出版社，2012：156.

3. 教育的纲领性定义

谢弗勒认为，纲领性定义是一种指向实践计划（practical program）或实践纲领的定义，它一般与某种行动原则的假设有关，从语言的形式上看，纲领性定义一般隐蔽或明确地包括"应当"的成分。它或隐或显地告诉人们事物应该成为的样子，因而，它是教育中常见的定义。教育中的词语的定义往往是讨论新的教育方案、新的教育方法、教育目的和教育内容的工具。纲领性定义没有约定的用途，可能恰恰是要不同于以往用法的倡导。它也不同于叙述性定义，陈述各种不同的用法，而只是秉持自己的认识，认为定义应该如何才是有助于实践的。

第二节
教育哲学史中关于教育的经典阐释

🎯 学习目标

领悟经典的教育阐释，建立起对教育的个体化认识。

如前所述，哲学对某一主题的探讨是与日俱新的，在不同时代对同一问题会有不同的解答。这就意味着，对一个问题的追问，不是如历史研究一样只需要弄清楚一个时间点在某个社会空间里到底发生了什么，而是要将以往对于同一问题的主要解答方

1　瞿葆奎，主编. 元教育学研究[M]. 杭州：浙江教育出版社，1999：125～126.

式作为思考之基础。所以有"哲学就是哲学史"之说法。在我们对教育进行定义之前，应该
回到传统中对于教育的不同界定。

一、《中庸》论教育：教育即循性修道

《中庸》是中国教育哲学的第一著作。《中庸》是《礼记》中的一篇，其作者是孔子的孙
子子思。《中庸》在《礼记》中最初并没有突出的地位，随着唐宋之际佛教在中国的兴盛才
逐渐变得重要起来。乃至在朱熹《四书章句集注》之后，和《大学》一起同《论语》《孟子》
并称为"四书"，成为宋以后尤其是明清时期科举考试命题的主要内容。《中庸》被儒家"发
掘"出来，事实上是为了应对禅宗在世界及人生意义解释力方面的挑战：《中庸》先是为佛
学家所重视，借融合《中庸》扩张势力，而后又被儒家道学接过来掩去佛学的名头而扩张儒
学的影响。总而言之，《中庸》作为儒家教育著作中的教育哲学著作是有其理由的，一如其
涵括的天命心性的哲学味道和中庸致和的思辨取向[1]。

《中庸》认为教育即"循性修道"。《中庸》开篇提出，"天命之谓性，率性之谓道，修
道之谓教"[2]，这是从"教"的前提角度提出了"教"从何而来和"教"的根据。天赋予人的
禀赋是"性"，遵循天性而行动称为"道"，从道入手，修饰品节，这就是教化。这里可以
看出思孟学派的核心思想，子思门人传及孟子，孟子就发展出了"存心养性""修身立命"
的性善论的教育学说。即人先天具备善端，后天的教育就是要扩充和完善这种善端。《中
庸》承接孔子认为道德的最高标准就是能够做到中庸，即待人接物、为人处世有分寸，能做
到不偏不倚、无过而无不及，教育和学习是达到这一道德水准的手段。做到中庸或中和的一
个重要的心理条件是"诚心"，即"自诚明，谓之性；自明诚，谓之教。诚则明矣，明则诚
矣"[3]。以诚心明白事理就是天性，从内在天性出发才能认识外部世界（后来为心学所强调）；
由明白事理而能诚心，通过外部世界的求索以及接受教育才能做到诚心（后来为理学所强
调）。《中庸》还提出了著名的学、问、思、辨、行的"为学次序"。"循性"之"性"为天
所命定，后来的理学就将这种"性"发展为"天命之性"即"天理"（相对的是人的浑浊的"气
质之性"），儒学就因由崇信天理而普及成为儒教。

《中庸》作为教育哲学重要的一方面在于其着力点在"教育形式"。按照形式和内容的
二分法，教育内容好比语文、数学等各学科知识，而教育形式是教育理论和实践关照的对象
（当然，教育内容也有其"形式"问题，比如教育内容的选择、编排、呈现等）。教育形式
主要指教育的本质、方法、手段、过程设计、实践艺术——教育哲学作为教育理论学科，它

---

1 朱熹认为《中庸》是四书中最难的，应该放在最后去读。
2 王国轩译注. 大学·中庸[M]. 北京：中华书局，2006：46.
3 王国轩译注. 大学·中庸[M]. 北京：中华书局，2006：104.

的使命中的重点不是直接进行哲学教育（否则就成了哲学通识），而在于对这种"教育形式"的哲学探讨。《中庸》即以"道不远人"、心诚实灵这样的思想，将教育理解为"儒学内容"的"自我修为"，将"学习"提到"教育本体"的层面上。尽管儒学如《论语》《孟子》都有相关的教学原则、教学方法的论述，显然都是一般教育理论层面的。所以，《中庸》相对于哲学和教育的一般理论而言，更是教育哲学。也难怪佛学会吸纳它而"为我所用"。

对于教育的理解还有文化上的不同。在中国古代社会，教育主要是道德教育，总体上是行重于知、学重于教的。[1]而且，中国古代使用"教"字本来就和今天不同，相对于使别人学习，"教"更是君子贤人自己修业进德的一种方式，教是学的一种方式（所谓教学相长）。所以，《中庸》中教育即循性修道，不谈教而只言学，原因即在这里。

二、柏拉图论教育：教育是理想社会的工具

柏拉图的著作较多，其教育思想主要反映在《理想国》和《法律篇》中。柏拉图在社会观上很推崇斯巴达的社会制度——原始的共产主义，因此，写了专著《理想国》阐述了自己的主张。《理想国》是最早的乌托邦思想的集中反映。在柏拉图理想的国家中，将神的最优创造物——人，分为三个等级，即哲学家、军人和劳动者。其中，哲学家是奴隶主国家的最高统治者，是神用金子做成的，拥有智慧和理性。军人是奴隶主国家的保卫者、社会秩序的维持者，是神用银子做成的，拥有勇敢和意志。劳动者包括手工业者和农民，是神用铜铁做成的，具有节制的品质。处于社会最下层的奴隶不属于以上三个等级，只是一种会说话的工具而已。三个等级的人应各司其职，各尽其才，国家才能维护正常的运转。另外，"正义"是这三个等级的人所共有的品质，即做好自己分内的事，不可越级行事，否则，社会就会处于混乱不堪的境地。显然，这是为奴隶主贵族专制制造的理论依据。[2]

在《法律篇》中对教育的论述主要是通过文艺教育的争论来展开的。文艺教育需要有好的音乐和好的创作，但什么是好的必须由教育者来判断，而不是由受教育者来判断，更不能屈从于大多数观众的举手表决。文艺教育要"弘扬主旋律"，培养孩子们正确的审美观、价值观，形成"旋律"和"和声"，使整个国家就像一个"合唱队"。[3]总之，在文艺教育方面，柏拉图推行的是一种"音乐贤人政体"，主张由有鉴赏力的人来指定优良与低劣的艺术标准，绝不赞同体现自由主义色彩的、由观众决定的艺术标准，对此，柏拉图将之贬为"邪恶的剧场政府"。如果结合《理想国》的相关论述，我们就可以看到，柏拉图的教育思想表面上以真理为名，实质上是一个无微不至、无孔不入的规训过程，他假定了一些人（哲学

1　瞿葆奎，主编. 元教育学研究[M]. 杭州：浙江教育出版社，1999：110.
2　刘新科，栗洪武，主编. 中外教育名著选读[M]. 北京：中国人民大学出版社，2008：278.
3　[古希腊]柏拉图. 柏拉图全集（第3卷）·法篇[M]. 王晓朝，译. 北京：人民出版社，2003：406～426.

王）在知识上和道德上高人一等，具有洞察绝对的真理和绝对的善的能力，从而天然地获得了教育者的地位和权力，对普通百姓实行强制教育，在观念和行动上使国家整齐划一，步调一致，缺乏自我，使整个国家像一个大学校或者军队（这来自一些自由主义者的批评）。不同的是，《法律篇》里面谈教育问题主要是想突出立法的宗旨和目的，《理想国》里的教育强调的是教育者本身来实施教育，两者的区别体现为法治与人治的区别。

🔊 教育学家语录

一个受过适当教育的儿童……对任何丑恶的东西，他能如嫌恶臭不自觉地加以谴责，虽然他还年幼，还知其然而不知其所以然。等到长大成人，理智来临，他会似曾相识，向前欢迎，因为他所受的教养，使他同气相求。

——[古希腊]柏拉图. 理想国[M]. 郭斌和，张竹明，译. 北京：商务印书馆，2002：108.

总之，柏拉图在其哲学观、认识论、人性论和社会政治观的基础上建立的教育理论体系，重点强调教育的政治意义，主张国家控制教育。教育应当由国家负责办理，由国家进行严格的控制，教育的内容应根据国家的利益来规定。教育是改造人性的手段，通过适当的教育，可使人"成为有理性的人"。教育就是建立和巩固"理想国"的工具，是一种决定个人在社会中位置和使其接受这种位置的方法。

三、老庄论教育：教育即回归"本真"

老聃与庄周都没有纯粹的教育哲学论述，其教育思想是用一种现代术语对其教育观点的抽离和演绎。用现代术语表达，即教育即回归"本真"或教育即"本真人"的培养。具体观点如下。

"本真人"直接就是老聃的"教育目标"。"修之于身，其德乃真"[1]，唯有以道修身，身化于道，他的德才会真实，便从异化了的"私、妄、昧"的"俗人""众人""百姓"，向"公、正、明"的真人——真正的人复归，成为"故道大，天大，地大，人亦大。域中有四大，而人居其一焉"[2]的宇宙中居四大之一的人（天人合一的人），并"修之于天下"，由真人而圣人。

教育回归本真换句话说就是"尚自然"。"人法地，地法天，天法道，道法自然。"[3]自然，就是宇宙万事万物最根本的总的规律，总的特征。自然，就是它自己就是这样（自己如

---

1 《老子》第五十五章.

2 《老子》第二十五章.

3 《老子》第二十五章.

此），它本来就是这样（本来如此），它究竟就是这样（究竟如此），不受外力的影响，自然而然，不期然而然，不能分析解释，不能追问究竟。自然是最高的准则，是最根本的终极的规律。自然，是道的最根本、最高、最本质的本性。而"道法自然"就是说道的本质是自然的。我们所做的一切都要效法自然，即效法自然的客观规律。在教育领域内，就是一切按照教育规律办事，唯教育规律是从。

老子提倡俭啬、朴素。"我恒有三宝，持而宝之：一曰慈；二曰俭；三曰不敢为天下先。"[1] "俭，故能广。""俭"为老子三宝之一，可见其分量的重要。"以俭为宝，心俭不奢，心俭自足，心俭自广，心俭自乐，知足常富而不辱，知止常安而不殆，以俭养德，心不贪求，自得其乐，而不乐欲人之所乐。""心俭欲寡，虚静自致。""治人事天，莫若啬。"[2]因此，开展勤俭节约教育，艰苦创业，亦是很重要的教育内容。

老子提倡涤除玄鉴。"涤除玄鉴，能无疵乎?"因此，老子告诫我们育人要从根本处，即人的心灵入手。有道是：育书先育人，育人先育心。加强心灵的自我革命，转"私"为"公"，转"妄"为"正"，转"昧"为"明"。涤除者，去私除妄也。"善为道者，要涤之除之，务使无私无妄，心无染污，一私不留，一妄不存，一尘不染，一相不着，心灵纯美，心光发现，乃能'玄鉴'无遗，无所遁形。"加强人的心灵革命，这是德育，是第一位的工作，是一切教育的切入处、基本点。转"私、妄、昧"为"公、正、明"，转"假、恶、丑"为"真、善、美"，教育使命完成矣!

庄子继承老子"道法自然"的理论，认为"道"之于人即是"德"，亦即是人性。道本自然、虚静，故而人性也自然、天放。何谓"天放"? 简言之，"天放"就是顺应天性的意思。庄子又说："性者，生之质也。"[3]可见，人性是自然素朴、不受文饰的，是因顺天道、不待师教的。所以，庄子的人性论可称之为"自然人性论"。依此理论，仁、义、名、位、利、欲都是人为的、后天的，因而不能将它们视为人的本性。

大体说来，庄子的"真人"有如下几个方面的独特品格。

一是恬淡而虚静。庄子一生过着贫困的生活，以庄子自己为原型的理想真人，在品格上也是生活恬淡而灵魂安宁，《天道》篇写道："水静则明烛须眉，平中准，大匠取法焉。水静犹明，而况精神? 圣人之心静乎，天地之鉴也，万物之镜也。夫虚静、恬淡、寂寞、无为者，天地之平而道德之至也。"这都是强调真人的虚静品格。

二是安时而处顺。庄子说："生也死之徒，死也生之始。孰知其纪? 人之生，气之聚也。聚则为生，散则为死……通天下一气耳。"[4]可见，在庄子的眼中，生与死犹如太阳朝升

1 《老子》第六十九章.
2 《老子》第五十七章.
3 《庄子·庚桑楚》.
4 《庄子·秋水》.

暮落一样自然，所以，生不足喜，死不足哀。故真人也视"天地为室""以死生为一条"，而对死生、毁誉、成败、美丑皆能安之若命，泰然处之。从根本上说，安时处顺就是"无为"，就是纯任自然，就是"不逆寡，不雄成，不谟士……不知说生，不知恶死……翛然而往，翛然而来而已"[1]。

三是无情又无己。真人"有人之形"而"无人之情"。何谓"无情"？无情并非无感情，真人也会"喜怒通四时"。无情只是"言人之不以好恶内伤其身，常因自然而不益生"[2]。简言之，真人是绝弃了情欲之情而因任着天性之情的人。真人"无情"，故能不因情伤性；"无己"，故能不因己束性。无情又无己，则"形如槁木，心若死"，如是则能养性，能全性。

四是逍遥以自适。若真人之道逍遥则心无所待——无待于青山绿水，无待于形康体寿，无待于功名利禄，怡然神旷，悠然自得，如"入无穷之门，以游无极之野"[3]，"与日月参光，与天地为常"[4]，"登高不栗，入水不濡，入火不热"[5]。这是一种无任何负累的、人与天（道）完全融为一体的绝对自由的境界。

四、卢梭论教育：教育即"自然人"与"爱国者"之培养

让-雅克·卢梭（Jean-Jacques Rousseau，1712—1778）是法国著名启蒙思想家、哲学家、教育家、文学家，是启蒙运动最卓越的代表人物之一，其教育思想带有明显的自然主义倾向。卢梭认为教育应该适应并为儿童天性的自然发展准备条件，不是以人为的方式干涉他们的自由，教育应该脱离社会文化的樊笼。卢梭为人熟知的话是："人是生而自由的，但却无往不在枷锁之中。"[6]在卢梭看来，自由意味着："一个人一旦达到有理智的年龄，可以自行判断维护自己生存的适当方法时，他就从这时候起成为自己的主人。"[7]人的自然本性（天性）是自由，他后来的不自由是由于不良的社会环境造成的。卢梭设想的教育对象，那个爱弥儿，到12岁的时候还不知道什么是书，他从来不背诵课文、寓言。读书是孩子们在童年时期遭遇的最大的灾难。儿童的发展方向由他们的天性（自由）来决定，不是由教育者的成人来决定。卢梭曾说："自由是最大的善。那就是我的基本准则，把它应用于儿童和童年，而且所有的教育原则皆来自于它。"[8]在性善论的前提下，教育的原则、方法必须遵从善良的自然要求，顺从儿童的自由本性。即以天性为师，而不以人为师。

1　《庄子·大宗师》.
2　《庄子·德充符》.
3　《庄子·在宥》.
4　《庄子·在宥》.
5　《庄子·大宗师》.
6　[法]卢梭. 社会契约论[M]. 何兆武，译. 北京：商务印书馆，1980：19.
7　[法]卢梭. 社会契约论[M]. 何兆武，译. 北京：商务印书馆，1980：9.
8　[法]卢梭. 社会契约论[M]. 何兆武，译. 北京：商务印书馆，1980：69.

教育学家语录

远虑！使我们不停地做我们力不能及的事情，使我们常常向往我们永远达不到的地方，这样的远虑正是我们种种痛苦的真正根源。像人这样短暂的一生，竟时刻向往如此渺茫的未来，而轻视可靠的现在，简直是发了疯！这种发疯的做法之所以更加有害，是因为它将随着人的年龄而日益增多，使老年人都是那样地猜疑、忧愁和悭吝。

——[法]卢梭. 爱弥儿（上卷）[M]. 李平沤，译. 北京：人民教育出版社，2001：75.

卢梭的儿童自然发展理论包含两方面的自然规定：一是儿童自然发展的内在自然规定，包括儿童发展的自然法则和自然权利，即儿童的自然发展和教育应与自然界发展和谐一致，与儿童身心发展水平相一致。教育应以儿童为出发点，注重个性的发展。二是儿童自然发展的外在自然规定，就是儿童的教育环境自然化，世界之外无书籍，事实以外无教材。让儿童到大自然中去学习有关大自然的一切知识，强调大自然对儿童的存在和发展的影响。重视建立一种爱的母子关系，树立一种自然的教师形象，强调在感觉经验基础上的儿童自然发展。因此，他要求要尊重儿童的自由，让儿童享有充分自由活动的可能和条件，并在教学过程中采取自然的、自由的教学方法以适应儿童的身心发育水平和个别差异。卢梭的教育思想被认为是新教育和传统教育的分水岭，对19世纪末到20世纪初欧洲"新教育"运动以及美国的"进步教育"运动[1]产生了深远的影响。

那么，自然人和国家公民之间是什么关系？卢梭也不得不提出一个教育方案，契约制的民主必须是由受过教育的人来统治的。卢梭说："我们有的是物理学家、几何学家、化学家、天文学家、诗人、音乐家和画家，可是我们再也没有公民了。"[2] 在卢梭的眼里，人、公民并不是同一的。在卢梭这里，对人的教育和对公民的教育只能是二选一。然后在进行人的教育和公民的教育之前，必须首先进行自然的教育。为了实现卢梭在《社会契约论》中的那个理想共和国中的理想的人，也就是理想社会的公民状态，必须让人慢慢地成熟和长大，经过一个漫长的时期。卢梭把教育分成自然的教育、物的教育和人的教育，为了实现政治理想，必须让自然的教育统领物的教育和人的教育。"在卢梭看来，人若要成为人，就必须回到黄金时代里的那种人作为自身的自然和家庭的自然关系中，从而实现人作为人的自然的单纯性；人若要成为公民，就必须回到斯巴达城邦里那种人彻底否定自身的自然以及一切自然关系的政治形态中，实现人作为公民的社会的单纯性。那么，这是否意味着现代若要获得德

---

1 新教育运动产生于19世纪末20世纪初的欧洲大陆，是以改革传统教学理论和方法为目的的教育革新运动，后传入美国，与其进步主义相同，在美国形成了进步教育运动。
2 [法]卢梭. 论科学与艺术[M]. 何兆武，译. 北京：商务印书馆，1959：32.

性，实现自然的或社会的'好'，就必须在'人'与'公民'之间做出或此或彼的选择呢？"[1]

卢梭认为在当时的社会条件下，人的教育和公民的教育是不能同时实现的。柏拉图的理想国家完全是需要教育来维护的，只是柏拉图无法回答我们如何以教育来建立一个理想国家，我们能做的只是以教育维持一个理想国家的运转。卢梭也面临着这样一个矛盾，卢梭的教育理想是培养公民，而培养公民的前提是人生活在他"社会契约论"式的国家里，然而现实却是专制主义的，卢梭的教育理想和社会理想出现了落差。教育与国家的关系在卢梭那里于是就演变成人的教育和公民的教育是否能够统一的问题。在二选一的情况下，卢梭选择的是人的教育，而人的教育就是人成为公民的预备。卢梭想要做的就是通过肯定个体自然的方式来建立人与公民的关系，从而在当时黑暗的社会中为培养一个孤独的漫步者而努力。

或许只能说，卢梭所要培养的自然人实际上是社会的自然人。人们经常引用卢梭的话："出自造物主之手的东西，都是好的，而一到了人的手里，就全变坏了。"[2]这句话经常被人引用作为卢梭性善论的依据。但实际上，卢梭所说的这句话并不能表明性善论，只能说明人存在着自然本性，这种自然本性如果不加以维护就会变坏。而《爱弥儿》中的公民教育就是要培养真正的爱国者，"正是教育把一个国家的形式赋予人的心灵，并进而形成他的观点和趣味，使得他们不但由于必要，而且由于性向和情感而成为爱国者。一个孩子应该从一睁开眼就观望着自己的祖国，直至死亡。每一位真正的爱国者都应该从母亲的乳汁中汲取对祖国的热爱之情。这种热爱之情就是他存在的意义。他除了自己的祖国什么都不去想。他活着只为了自己的国家。就他个人而言，他算不了什么。如果他的祖国不存在了，那他也就不存在了，即使活着，也是生不如死"[3]。卢梭认为，人的本质是自然人，这种自然人具有的是潜在性，而不是终结性。"人没有任何限定，他是自由的动物。但正是这种素质引导他脱离了他原始的满足而走向了文明生活的苦难之深渊，但也给予了他掌握自己和自然的能力。"[4]

五、杜威论教育：教育即生活，即经验的改组与改造

杜威是美国著名的实用主义哲学家、社会学家和教育学家，早期机能主义心理学和美国进步主义教育运动的重要代表[5]。杜威一生始终坚持"教育即生活"的教育哲学观，认为教育是生活的过程，而不是将来生活的准备。在这种观念的指导下，他提出了"教学应以学生为中心而不是以教材为中心"的教学思想。他非常重视儿童生活的价值，认为儿童的教育过程

---

1 [法]卢梭. 论科学与艺术[M]. 何兆武，译. 北京：商务印书馆，1959：41.

2 [法]卢梭. 爱弥儿（上卷）[M]. 李平沤，译. 北京：人民教育出版社，2001：1.

3 [法]卢梭. 波兰政府论·教育章[M]//爱弥儿（精选本）. 彭正梅，译. 上海：上海人民出版社，2007：216.

4 [美]斯特劳斯等主编. 政治哲学史[M]. 李洪润，等译. 北京：法律出版社，2009：565.

5 鲜为人知的是，他也是实用主义美学的创立者和（美国）传播学的奠基人。由此可以思考综合的理论背景对于教育研究的意义。

实际上就是他的生活过程。他指出：学校必须呈现现在的生活——即对于儿童来说是真实而生气勃勃的生活。像他在家庭里，在邻里间，在运动场上所经历的生活那样。那么，什么是生活呢？生活就是发展。不断发展，不断生长，这就是生活。

学校既然是社会生活的一种形式，就应该遵守社会生活的有关规则，也就是社会的民主性，在学校中建立教师与学生的平等交往，教师是这个交往群体中经验丰富的一员，以一个领导人的身份出现，带领大家共同努力，去获取人类宝贵的知识财富。杜威指出："当学生们组成一个班级，而不是组成一个社会团体时，教师必定大部分是从外部发挥作用的，而不是作为人人都参与的交换过程的指导者。当教育是以经验作为基础时，那么，教育经验便被看作是一种社会的过程，这种情况就发生了根本的变化。教师失去了外部的监督者或独裁者的地位，而成为团体活动的领导人。"可见，在杜威的教育观念中，教师在教学活动中的地位并非是在"师道尊严"的位置上，而是在符合社会规范的形式中与学生共存，并起着一个带头人的作用。

既然学校是社会生活的一种形式，就应该与社会融为一体，向社会开放，并与社会的其他各种组织建立起联系，相互影响、相互促进、共同发展。那种把学校看成是独立王国，置身于社会之外的思想和做法是相当失策的。

在学校与社会建立紧密联系的基础上，学校还应担负起指导儿童社会生活的责任，而不仅仅是传授科学文化知识，不能把学校生活和社会生活完全割裂开来，那是不能允许的。为此，他提出"教育即指导"的命题。

📢 教育学家语录

哲学具有两重任务：一方面要根据当前的科学状况，评判现有的目的，指出哪些价值由于掌握新的资源已经过时，哪些价值因为没有实现的方法只是感情用事；另一方面要解释专门科学的成果对将来社会事业的关系。这两方面的任务要有所成就，没有在教育上相应地指出什么应该做，什么不该做，那是不可能的……教育乃是使哲学上的分歧具体化并受到检验的实验室。

——[美]约翰·杜威. 民主主义与教育[M]. 王承绪，译. 北京：人民教育出版社，2001：345.

同时，杜威明确指出，作为社会生活中的一个重要组成部分，教育还具有特定的价值，它不是社会用以达到某种目的的手段和工具，它就是社会过程本身。因此，在我们的教育活动中，就必须充分尊重儿童的个性，充分尊重儿童每一个发展阶段的个性，只有这样，才能真正体现教育的内在价值，摆正教育与社会之间、学生与教师之间、儿童与成人之间的非对立关系。简而言之，就是要把儿童与社会看成是一个相互作用、相互影响、相互促进、相互适应的辩证关系。一方面，社会要积极适应儿童、满足儿童的社会需要；另一方面，儿童也必须主动地适应社会，为今后的改造社会打下良好的基础，两者的关系是辩证统一的。学校的任务，就是要在教育过程中来平衡和协调儿童的个人因素与社会因素的这种关系，即不以儿童为中心，也不以社会为中心，而是把它们看成是一种事物的两个不同方面，在互动中共同发展。

教育还是经验的改组和改造，生长的理想即归结为教育是经验的不断地改组和改造这样的观点。教育始终有一个当前的目的，只要一个活动具有教育作用，它就达到这个目的，即直接转变经验的性质。婴儿期、青年期、成人生活，它们的教育作用处于相同的水平，就是说，在经验的任何一个阶段，真正学到的东西，都能构成这个经验的价值。这样我们就得到一个教育的专门定义，即教育就是经验的改造或改组[1]。这种改造或改组，既能增加经验的意义，又能提高指导后来经验进程的能力。

经验的意义的增长是和我们对于所从事的种种活动相互关系和连续性的认识的提高相对应的。活动开始是一种冲动的形式，这就是说，这样的活动是盲目的。这种活动不知道它在干什么；就是说，不知道它和其他活动有什么相互的作用；一个具有教育或教学意义的活动，能使人认识到过去未曾感觉到的某些联系。重提一下我们举过的简单例子，一个儿童伸手去碰火光，烫痛了，从此以后，他知道某个接触活动和某个视觉活动联系起来就意味着烫和痛，或知道光就是热的来源。这样，儿童的活动在和这些事情的关系上，就获得更多的意义，当他们必须做这些事情时，对于他们正在做什么，知道得更清楚。同时，能设想一些结果，不只是让结果自行发生。

有教育作用的经验的另一方面是增加后来的指导或控制的能力。我们说一个人知道他在做什么，或者说他能设想某些结果，这当然就是说，他更能预料将会发生的事情。因此，他能预先准备，以便获得有益的结果，避免不良的后果。这样，一种真正的教育作用的经验，一种有教育意义和足以提高能力的经验，一方面与机械般的活动不同，另一方面与任性的活动有别。对于这种无目的的、杂乱无章的活动人们往往为之皱眉蹙额，看作故意捣蛋、漫不经心或无法无天。而事实上，这种活动是爆发性的，由于不能适应环境而发生。无论何时，人们在外来的命令下行动，或者按别人的指示行动，没有他们自己的目的，看不到这个行动与其他行动的关系，他们的行动就是任性的行动。一个人可以通过做一件他所不了解的事情有所学习，甚至最明智的活动，有许多是我们无意中做出来的，因为我们有意识地想做的事，有极大部分关联并没有被发觉或预料到。

经验作为一个主动的过程是占据时间的，它的后一段时间完成它的前一段时间，它把经验所包含的、但一直未被察觉的联系显露出来。因此，后面的结果揭露前面的结果的意义，而经验的整体就养成对具有这种意义的事物的爱好或倾向。所有这种继续不断的经验或活动

---

1 [美]约翰·杜威. 民主主义与教育[M]. 王承绪, 译. 北京：人民教育出版社, 1990：81.

是有教育作用的，一切教育存在于这种经验之中。

还有一点要指出，经验的改造可能是个人的，也可能是社会的。进步的社会力图塑造青年人的经验，使他们不重演流行的习惯，而是养成更好的习惯，使将来的成人社会比现在进步。长时期以来，人们表示要有意识地利用教育，使青年人在不应产生社会弊病的道路上开始，以消除这些显著的社会弊病。同时，他们还设想使教育成为人类实现更好希望的工具。但是，我们无疑还没有实现教育作为改进社会的建设性媒介的潜在功效，也还远没有实现使教育不仅阐明儿童和青年的发展，而且阐明未来社会的发展，这些儿童和青年将是这个未来社会的成员。[1]

六、李泽厚论教育：教育即工具和心理本体的培育生成

李泽厚是中国当代最重要的哲学家和美学家之一，他对教育有很多直接论述。李泽厚对教育的认识或许可以概括为：教育是工具本体和心理本体的培育生成，心理本体特别是情本体的形成理应成为教育的使命。

工具本体和心理本体是人和动物的根本区别所在。制造和使用工具，体现为工艺社会本体，在物质没有极大丰富的时期，人只能以自己为工具，心理本体只能有适当的发展。心理本体是人性的世界、人类独特的世界。人是生物性和超生物性融合的动物。所谓超生物性，即认识、意志或伦理和审美，就是真、善、美，或者说是认知、情感和意志，这三个世界的人化是历史演化的结果。尽管人和动物有共同之处，但还是有很大差异，这个差异是由劳动、社会和历史形成的。怎么形成的？积淀！认识是理性的内化，意志是理性的凝聚，美是理性的融合，美是最高境界。这个过程也可以概括为"历史建理性，经验变先验，心理成本体"，这个"心理"是哲学意义上的"心理"，是人类的文化心理结构，不是心理学上的"心理"。

🔍 案例研究

在上海举办的2006年"读经教育与学校教育"研讨会上传出消息：一些志同道合的家长正悄然通过一所名为"孟母堂"的全日制私塾，在12名上海孩子身上实验一种具有颠覆性的教育形式。教学内容大致如下：中文教授背诵《易经》《弟子规》《论语》等古代传统经典；英文教授背诵莎士比亚的《仲夏夜之梦》《十四行诗》等文学经典；而数学则是由外聘老师进行数理读经教育，内容甚至涉及微积分等高等数学内容，老师会有讲解。特立独行且又饱受争议的"孟母堂"最终将面临被取缔的命运。7月24日，上海市教委发言人就"孟母堂"的办学现象明确表态，认定"孟母堂"同时违反了办学许可的规定、义务教育法的规定和教育收费的规定，属于

1　王承绪，赵祥麟，编译. 西方现代教育论著选[M]. 北京：人民教育出版社，2000：3～46.

违法办学，与此同时，松江区有关方面则称将在开学前将"孟母堂"予以取缔。而孟母堂的发言人称，孟母堂在法律法规的解释上同教育主管部门存在分歧，孟母堂的家长们始终坚持，他们只是一批志同道合的父母参与的一种家庭学习、家庭教育形式，不应算社会力量办学的教育机构，所以不存在违法的问题。对于上海市教委的认定他们也将以适当的方式予以回应。

（《上海出现全日制私塾 学生背诵经典看三国大长今》，见《东方早报》，2006年7月10日；《上海教育部门要取缔全日制私塾"孟母堂"》，见《齐鲁晚报》，2006年7月26日）

教育方式可以"参差多态"，现代私塾也可以成为对正规教育的补充。但是，如果将这种死记硬背"自行消化"的教育方式取代九年制义务教育，那就不仅不是教育创新，而且有重回蒙昧的危险。孟母堂国学的教学内容中，所谓国学占了较大比例，这对于当代中国人的培养并不适宜。李泽厚的西体中用、启蒙远未结束、积淀学说、历史建理性等观点都可以拿来反对"纯粹的国学派"，科学、理性、自由、公共、法治也都是当世应该被强调的价值。

心理本体中情本体尤为重要。人的工具本体解决的是人"如何活"的问题，而心理本体关注的是"为什么活"和"活得怎样"的问题，也即人生的意义和境界问题——历史本体论提出情本体的思想解决人生的意义与境界问题（情本体哲学是接着康德、马克思、海德格尔和种种后现代思潮提出的，它以中国传统为基础，却是世界性视角，或者说是中国眼光、人类视角）。情本体论是后哲学或后马克思主义哲学，它重视审美尤其是新的天人合一。西方的狭义的形而上学是排斥情感的，似乎谈情感就不是哲学。广义的形而上学包括对情感和信仰的思索，如果不称哲学而称思想的话，中国思想的特点就是讲情感。情本体的提出要解决的是命运、人性、偶然的问题。对人生的眷恋、珍惜、感伤和了悟能够替代空洞而不可解决的"畏"和"烦"，替代由它而激发出的后现代的"碎片"和"当下"。人总要寻找信仰，并且终将会寻找宗教之外的"所信"，情本体为之提供了一条出路。

什么是教育？李泽厚认为，由于社会向均一化、民主化转型，经济基础已经到达一定程度，政治制度日趋完善，人的自由时间开始增多，精神需要和文化需要愈益突出，充满平淡无奇、和平民主的"散文生活"[1]即将开始并将无限延伸下去。在这样的未来社会中，意味着"精神世界支配、引导人类前景的时刻将明显来临……从而'心理本体'将取代'工具本体'，成为注意的焦点"[2]，人的发展问题，也就是人性塑造的问题将成为21世纪（甚至以后）最重要的问题之一。

显然，彼时的教育，不能仅仅理解为职业或技能的训练与获得，而是研究如何培育人的教育。李泽厚认为，现在的教育使得"现在的人在工作时几乎只是机器的一部分，人被电脑统治了，人从这种工作机器中逃脱出来，便进入了一种纯粹物质的求欢和感官刺激之中；人又变成了动物，于是，这实质就是一个'异化'了的世界"[3]。李泽厚倾向于人，反对和担忧

1　[德]弗里德里希·黑格尔. 美学(第三卷下册)[M]. 朱光潜，译. 北京：商务印书馆，1981：40.
2　李泽厚. 实用理性与乐感文化[M]. 北京：生活·读书·新知三联书店，2008：167.
3　李泽厚. 世纪新梦[M]. 合肥：安徽文艺出版社，1998：451.

人的"异化",他认为真正的教育是人文教育、心性教育,未来的教育能"重新探求和确立人的价值,帮助人健康成长和自由发展,从而使每一个人真正实现自己"。

同时,李泽厚也超越了以"理性"为顽固性倾向的近现代教育。继而,李泽厚指向"情本体教育",并以培育"新感性"为未来情本体教育的旨趣。他认为,唯有在教育中重新确立"感性"的合理性地位,才能为个体人精神世界丰富乃至完满这一教育目标提供理论依据。这样的新感性,是基于历史本体论之上的,不同于以往感性的理解,而实现了情理交融的"新感性";这样的"新感性"为基础的人性教育,达到"真正发现和发挥每个人潜在的能力,实现身心健康、愉悦地发展自身的目的"[1]。

于是,"情本体教育"培养出来的是处于完善教化状态的人,是未来社会秩序的具备良好公民素质基础的人。这个过程,使感性在"情本体教育"中的地位得到了尊重,对个体的"情"的尊重和留出空间,是为人的自然化。因而,"情本体教育"的提出,为丰富人的精神世界的教育提供了基础性和根本性的论断,而这样的教育才是真正的教育。

总之,在李泽厚的教育思想论述中,"美"占据着重要的位置。美学是其学术体系的出发点,"美学教育学"和"情本体教育"是其关于教育论述的重要支撑。此外,李泽厚对"科教兴国"的口号,也提出了独到见解。"兴国",必须先要"兴人",先立人再谈立国;只谈体育、智育的教育,是功利主义倾向;兴人,必需人文教育。以往的人文教育受到政治意识形态和高科技的影响,在夹缝中艰难生存,着眼于民族与人类的前途,文学、艺术等那些看似"最没有用"的人文教育,恰恰是最重要的。"无用之用",却正是百年大计。[2]

第三节
教育究竟是什么:当代解读

🎯 **学习目标**

在当代背景下把握教育的确定性内涵,了解各种教育及其背后的思想观念。

如果说上述诸位思想家是从各自的时代和站位来解读教育的话,我们只能将之作为参照,而不能将之与当代教育严格对应。换句话说,理解当代教育尚需当代思考。哲学问题总是对同一问题在不同社会历史条件下的反复追问,所以,哲学问题往往是宏大问题、根本问题,而非情境问题、具体问题。对于教育是什么的教育哲学追问也是如此。要基于历史认识，也要结合当今现实。

一、对于传统"教育"的当代挑战

现代教育对传统"教育概念"提出了挑战。传统上"教育"就是"有目的地培养人的活动"，狭义上即学校教育，是按照一定社会的要求和个体发展的规律，有目的、有计划、有组织地扩充人的认识，提升人的境界，增进人的体能，调动人改组改造自我经验，以培养一定社会所需要的人的实践活动。但是，现代的教育形式和教育观念对这些旧有的界定提出了挑战，着重表现为以下三个问题。

其一，教育的"目的性"问题。教育可以是无目的的或者间接目的的吗？隐性课程、远程教育、泛在教育这些词汇表明，教育不一定就具有目的性。隐性课程的提出，将环境的创设提上教育日程，强调无形的教育。以往我们可能不承认受到光辉形象的影响是教育，因为拥有光辉形象的个体并没有"有意识"的对受教育者施加影响，但是在日常语言中，我们也会说"他受教育了"。而远程教育中，除了背后对学习者的监管和考核，"教育"绝大程度上依赖受教育者的自主，我们很难称一个在电脑屏幕前看授课视频的人是在"接受面对面的教育"，由于没有现实互动，我们更愿意将之和读书看报一样归为是"学习"。泛在教育强调Web2.0时代、新技术媒体时代的

> ## Web2.0时代
>
> 相对于Web1.0时代，又称为自媒体时代，信息的生产者、传播者、消费者合而为一。日常交互性是这一时代的主要特征。相对于将人与人联系起来的2.0时代，现代媒体真正成为人脑延伸的Web3.0时代也正在成型。

"教学相长"，学习和教育不再有明显的边界，没有纯粹的教育和纯粹的学习，仅仅是共在而已。师生之间是平等交互的，知识是在日常生活中的需求中创生的。教育目的服从学习的目的而变得间接。未来社会，随着生产力的发展，这种间接性还会增加，教育或许会回到"为其本身"的状态，和生产、生活、休闲融为一体。这并不意味学校的消解，而是其功能会发生一定变化。事实上，在古希腊语中，学校（school）的原始含义即是"休闲"（schole）[1]。

其二，"培养人"作为教育的本质规定问题。培养人首先意味着教育的"实践性"，是有目的地改造对象的活动。但是很多时候，教育并不意味着实践。定义教育可以从"行动""影响"和"过程"三个出发点来进行[2]，也是从教育者、受教育者和二者的交互出发来界定。从教育者尤其是教师的角度来界定，教育是"培养"人的实践活动。但对学生和家长

1　[美]托马斯·古德尔，杰弗瑞·戈比. 人类思想史中的休闲[M]. 成素梅，译. 昆明：云南人民出版社，2000：23.

2　[德]沃尔夫冈·布列钦卡. 教育科学的基本概念：分析、批判和建议[M]. 胡劲松，译. 上海：华东师范大学出版社，2001：25～27.

来说并不一定如此，教育可以是在校学习接受全面影响和师生交互中达到家庭的期望的过程，"培养人"在字面上只说明了从教师到学生的"单向行动"。还有，尽管"培养人"常常需要按照社会的要求，社会人士也会将教育作为社会的一个职能部门来理解，但是"培养人"本身就容易将教育引向狭义的学校教育，引向教育的"计划性""组织性"及"国家性"（社会主义国家时常互用"社会"与"国家"）。谁培养？教师培养。为谁培养？为国家培养。培养谁？培养为国家服务的人。但是，显然"教育"还有其他可能，这突出体现的是个体和社会的关系问题。在西方国家，"在家上学"和"翻转课堂"之类的现象，和生产力的发展、民主化程度、后工业社会的来临有关。相比之下，在当代中国，随着全球化发展和社会进步，"教育就是学校教育""学校教育能够解决一切""教育就是为国家培养人"这样的观念将不断遭遇挑战。

其三，"教育概念"很难统一，"教育具有绝对唯一的本质"变得越来越艰难。在日常语言和学术语言、广义的教育和狭义的教育（即学校教育）、"实然的教育"和"应然的教育"、作为名词的教育和作为动词的教育之间，也经常出现彼此搅绕、混淆不清的情况。我们不可能找出一种统一的、具有普遍性意义的概括。这是因为，教育一词的意义在于一种语境的建构。而语境是指一大批人所共同持有的话语规则，随着规则的改变，其意义也发生着变化。就像我们之前所展示的"教育"一词在中外语言中，用法和含义的差异一样，就像之前我们所列举的哲学家、教育家所谈论的他们心中的"教育"各不相同一样，即使是坚持一种本质论立场，现实中的教育活动也是在不断变化的。这种变化不仅表现在外在的组织建构上，而且还表现在思想观念上。若要真正认识这些变化中的一致性与差异性，还必须诉诸人们主观的认识水平与认识方式，而这样一来，又将问题还原到人们的话语层次上了。在话语层次上，唯一能保持不变的，只是"教育"这一个词而已[1]。就"词"而言，也许可以通过定义的方式使人们在说话时保持一个共同的且公认的出发点。但经过多少代人的努力，就这一点也没有能够达到。从描述性定义出发，几乎任何一个定义都是不全面的，都可以找到它的反面。更不用说如果定义中塞进了不同的价值观念和解释框架，那么分歧更是无穷无尽了。

二、思考之再思考：教育应有的三种意味

界定何为教育不易，不同的界定由于不同的历史、社会背景以及不同的立场而相互冲突。但为什么不容许它们并存呢？这也同样是交流所需，各有道理，各为所用。如果非要抽离共

教育（Education）

教育是有目的地改组、改造人的经验世界的社会实践活动。从社会的历史的角度来看，教育是人类传递经验的方式，也是个人生存发展的工具。教育是反应人的本质力量的活动，它意味着启蒙、善和更好地"在"。

1　周浩波. 教育哲学[M]. 北京：人民教育出版社，1999：117.

性，或许只能得出"家族相似"，也即泛泛地概括不同界定的重合部分，所得出的不是唯一的、绝对的定义，而仅仅是"教育"的若干属性、特质或意味。即非要拒绝相对主义，坚持追求教育的某些确定性方面，我们只能得出若干不同界定共有的"语义要素"。

立足于人类社会发展以及国家整体行为这个意义上去理解，在常规教育（往往是学校教育）内部，也在教育学学科内部，或许可以概括出"教育"具有如下几方面特质：教育是人类社会特有的传递经验的方式；教育是一种复杂的社会历史现象；教育是培养人的一种社会活动；教育是现代人生存发展的重要工具。然而，这些对于教育特征的表述是"一般化的"或"科学化的"，更多描述的是"是"的状态，而不涉及"应该"。我们从哲学出发——不是从"认识"，而是从"本体"出发，从人类活动的"真、善、美"的本质力量出发——对教育进行再思索，那么，教育"应该"具有"提升性"的特质，这种"提升性"在今天这个时代，可以概括为如下三个层面。

（一）教育意味着启蒙

启蒙是近代西方重要的思想运动，启蒙运动思想的核心是五个词：科学、民主、自由、人权、法制。可以说我们中国从五四运动以来，人们关注的、倡导的也是启蒙精神。要使中国更民主、更法制、更关注人权和自由，就需要大力兴办教育。比如，民主意识，需要从中小学生开始培养，可以这样设想，一个从小学就很霸道的孩子，他头脑中的民主意识就很有限，容易养成个人专断、唯我独尊的个性。比如，一个小孩从小就缺少规则意识，成人后让他遵守交通规则、遵纪守法，可能就有难度。再比如，中国是人治传统的国家，讲情感，讲等级，法制观念比较弱，所以，民主、法治这样的观念，需要从中小学教育开始培养，包括科学精神和人权观念等。这些都反映国民素养发展到一个什么样的水平，客观上反映了人解放的程度。"教育"是"通过知识而使人获得解放"，把人从无知、非理性、习俗、已有的经验、迷信、专制的权威等思想和生活状态中解放出来。教育意味着启蒙。

🔊 **教育学家语录**

错误的观点可以纠正，内心的矛盾迫使善思的人们追求真理。教育是由黑暗向光明的运动。那些我们起初对之漫无目的地发表意见的存在物，在理性投射于其上之后，就产生了启蒙。

——[美]爱伦·布鲁姆. 柏拉图的理想国[M]. 转自[美]斯普林格. 脑中之轮[M]. 贾晨阳，译. 北京：北京大学出版社，2005：135.

（二）教育意味着"善"

从中国的历史文化传统来看，我们中国教育的重要内涵是教人学做人。中国的文化是伦理性文化，十分重视道德修养，修身、齐家、治国、平天下，第一位的就是修身，修身的一条重要的标准和旨归就是为善。中国的和谐发展、文明进步，在很大意义上和教育的大发展是分不开的，教育的不断发展带动了人们文明素养的提升，逐渐趋近"善"的境界。因此，教育是人格的陶冶和人性境界的提升，是使人成为人的教化活动。教育的一个重要内涵就是意味着"善"。

（三）教育意味着使人学会"在"

这个"在"有其特殊内涵，就是像人一样有尊严地自由地活着叫"在"。因为在我们的社会生活中，由于传统文化的影响，现在很多中国人，包括中小学生，像人一样有尊严地活着还面临着一些挑战和问题。例如，追求所谓"标准答案"，有的要求老师统一教案，甚至还有把人当作物和工具看待。中国有大一统的传统，要求"整齐划一""一刀切""一锅煮""齐步走"。我们现在的教育"一刀切"在一定程度上受古代军事文化影响。这样的文化不打破，想注重差异、注重学生个性发展都比较困难，影响我们培养有创造性的学生。我们的基础教育要考虑到人是一个有个性的、有尊严的存在，不能随意地按照一个尺度去塑造每一个学生，像对待机器、对待物那样对待学生和老师是不行的。大家都在谈"钱学森之问"，我们这种"一刀切"的大一统的模式恐怕是其中的一个重要因素。教育是一项为国家、民族和社会发展服务的重要事业，更是使人成为人的实践活动，因此，它意味着个性的解放，意味着尊重，意味着学会"在"。

> **钱学森之问**
>
> 2005年温家宝总理看望钱学森，钱老感慨地说："这么多年培养的学生，还没有哪一个的学术成就，能够跟民国时期培养的大师相比。""为什么我们的学校总是培养不出杰出的人才？"后一问被称为"钱学森之问"，也是当代中国社会和教育的难题。

本章小结

1. 古代汉语中"教育"出自《孟子·尽心上》"得天下英才而教育之，三乐也"，《说文解字》中"教"为"上所施下所效也"之意，"育"解释为"养子使作善"。古代中国"教"和"学"是互用的，教学相长，但教育偏向于一种"外铄性"活动。在西方，"education"词缀"e-"为引出，完全的"外铄"不能称之为"教育"，"教育"有"内发"之意蕴。当从国外引入教育学，在译介中由"education"到"教育"，西文原有的"教养"的含义丧失了。

2. "教育"一词在日常语言中均有规范性含义。"教育"通常指是一个人或一群人以道德上可以接受的方式善意地对另一个人或另一个群体人施加的积极的精神影响。人们遵循"教育"一词基本的用法规则，在形式上拥有共同的"教育概念"，之所以又有意见分歧，是因为在实质上各自对教育持不同道德观念或价值观念。在学理上按照分析教育哲学，教育有三种不同的定义，即约定性定义、叙述性定义和纲领性定义，分别偏向于主观、客观和实践。

3. 教育哲学史中对教育的经典阐释有：《中庸》的教育即循性修道；柏拉图的教育是理想社会的工具；老庄的教育即回归"本真"；卢梭的教育即"自然人"与"爱国者"之培养；杜威的教育即生活，即经验的改组与改造；李泽厚的教育即工具本体和心理本体的培育生成。这几种阐释分别呈现出内在外在、社会个体、有无目的的不同偏向。

4. 新的教育形势和教育形式在教育的"目的性"、"培养人"的根本规定性、"教育概念"的统一性上提出了挑战。但当代定义还是需要体现出教育的若干特质，即教育是人类社会特有的传递经验的方式，是一种复杂的社会历史现象，是培养人的一种社会活动，是现代人生存发展的重要工具。基于社会历史和时代的思考，当代教育应有的三种哲学意味是：教育意味着启蒙，意味着"善"，意味着使人学会"在"。

总结 >

Aa 关键术语

教育	自然人	情本体	启蒙
Education	Natural Man	Emotional Noumenon	Enlightenment

章节链接

在这一章，你读到……	在其他章节中，你将发现相关的讨论……
对于传统"教育"的当代挑战	在第七章"教学"中有关于翻转课堂的讨论，第九章"班级"中有关于班级空间的讨论等

应用 >

批判性思考

1. 如何看待"上学不等于受教育"的观点？

美国畅销书作家约翰·泰勒·盖托（1935—　）2008年所著的《大众教育的武器——一位学校教师通过强迫义务教育黑色世界的旅程》(*Weapons of Mass Instruction——A Schoolteacher's Journey through the Dark World of Compulsory Schooling*)，由北京的生活·读书·新知三联书店翻译为《上学真的有用吗》出版。该书指出"上学"不等于"受教育"，人们不是为了获得知识的碎片，而是要培养独立人格和思辨精神，以最终成为一个完整的、能够把握自己命运的人。要努力寻找真正的自己，发现自己的潜能。盖托还明确地表示了他对互联网带来的改变教育的机会的期望，号召大家用互联网和开放市场的力量，结合民间的实践，来真正改变教育现有的陈旧模式。对于这些你如何看？

2. 我们什么时候会感慨那简直不是"教育"，教育存在本质与异化吗？

请先阅读肖川《我们究竟需要什么样的教育》(收入吴国平主编《教师人文沉思》一书，上海辞书出版社，2011年版，第244页)一文中的两段话：

在我们的教育中，最严重的问题，在我看来，就是我们的教育过早、过多地给予孩子们社会的规范、纪律的约束和强求一律的认同。"你为什么总和别人不一样？"稍有棱角的孩子，大概都受到过这种责难。一味地从成人的需要出发，"不该问"的不能问，"不该知道"的不能知道，"不该做"的不能做。当孩子们面对一个问题时，他最先考虑的不是自己内心真实的想法，而是按照成人世界的标准来回答。我将其称为"超强社会化"。"超强社会化"用弗洛伊德的"人格三元结构理论"来解释，即过于强大的"超我"对于"本我"的过度压抑，使得"自我"变得怯懦与猥琐。

概括地说，"超强社会化"的消极后果有二：一是消解独特性，压抑创造性，进而泯灭个性，使人变得平庸、猥琐、谨小慎微和盲目从众，缺乏冒险、开拓、创新的意识和能力，缺乏责任承担的能力；二是造成人格的分裂——"超强社会化"使人具有过强的"社会适应力"，这种"适应力"是以掩饰真实的自我为条件和代价的，其结果是造成"见人说人话，见鬼说鬼话"，言不由衷、表里不一。据报载，某位教育家极为尖刻地疾呼："教育不把人训练成废物就绝不收场！"问题是，无论从动机，还是从效果来说，"把人训练成废物"那还是教育吗?!

很多时候我们会由于现实教育的"丑恶"而感慨那简直不是"教育"，说那简直不是"教育"，那么，什么是"教育"呢？教育存在一个唯一的本质吗？如果"教育"意味着每一个"具体的教育"所具有的共性和本质，那么，那个"丑恶"的教育现实是这个"教育"的异化吗？应该如何处理"异化的教育"和"本质的教育"的关系？

✐ 体验练习

1. 著名教育思想家、教育改革家，中国基础教育的"活化石"吕型伟依据自己从教七十年的体会，把教育归结为三句话："教育是事业，事业的成功在于奉献！教育是科学，科学的探索在于求真！教育是艺术，艺术的生命在于创造！"这三句话被很多的中小学作为学校墙面标语，也给很多教师作为自我砥砺的话语。通过教育哲学的学习，你现在如何看待这三句话？

2. 19世纪德国哲学家、心理学家、教育学学科的创立者赫尔巴特在其《普通教育学》中写道："我想不到有任何'无教学的教育'，正如在相反方面，我不承认有任何'无教育的教学'，至少在这本书内是如此的。"你是否赞成他的观点？他是在哪种意义上谈"教育"的？除了教学内容，教学的组织形式和管理中存不存在"教育"？

3. 当代德国教育哲学家博尔诺夫在其《教育人类学》中吸收存在主义哲学思想，提出"非连续性教育"的思想。在人类生命过程中非连续性成分具有根本性的意义，教育相应的必然具有非连续性的形式。比如"遭遇"和"危机"乃至青春期都是造成教育非连续性的因素。也可以说，不仅"意向性"教育，而且"功能教育"，即环境的无意识、无心的影响塑造都对成长中的一代有作用。请谈一谈这些观点对你有何启发。

🔍 案例研究

最近，聆听了北京一位学者的讲座——"教育经常需要一种随机"，这使我想起了记忆中的一件往事。1998年，我参加中国中学校长代表团访问德国时，中国驻德大使馆一位官员对比中德教育，对我们说了这么一段话："人需要盐分，但不能叫人直接吃盐，教育尤其如此。"虽然已十多年过去了，我仍时刻铭记。如此简单却又深刻的话语，又一次引起了我对"教育是什么"的深深思考。

……

教育究竟是什么？对国家和民族来说，教育是未来的钥匙。

教育究竟是什么？对学校来说，教育首先应该是一种氛围。

教育究竟是什么？对教师来说，教育是爱，是责任。

教育究竟是什么？对家庭来说，教育是性格与习惯的奠定，是家庭文化泡菜式的浸染。

（摘自沈茂德：《总在想，教育是什么》一文，见《教育，真的不能简单——一位校长的教育叙事》，南京：南京师范大学出版社，2010年版，第75~81页）

1．对上述对于教育的界定做"结构性分析"，教育只能从国家民族、学校、教师和家庭出发来界定吗？从学生和教育场域之外的人出发，你认为教育究竟是什么？

2．人是有意识、有目的的，"叫人吃盐"是不顾受教育者主体性的做法。按照是否有意识、是否可以对教育影响做如下的区分：教师有意图—学生知晓是教育（狭义），教师无意图—学生知晓是学习，教师有意图—学生不知晓是灌输/熏陶，教师无意图—学生不知晓是交往/共感。你觉得上述界定是否恰当？有没有更好的表述？其次，如何看待教育的目的性问题？没有目的，或者目的较为间接，但产生了教育影响的行为是不是教育行为？

📝 **教学一线纪事** |||||||||||||||||||||||||||||||||||||||||||||||||||||||||||||||

教育就是服务

江苏特级教师芮火才鲜明地提出了"教育就是服务"的理念。在其担任溧阳市实验小学和溧阳市外国语学校校长以及溧阳市教育局副局长期间，这一理念得到不断地丰实和反思。下面是其在溧阳市实验小学时期的一些教育教学管理措施，可以看出他是如何落实这一理念的。

（一）学生、家长选师制

场景一：学校为选师布置了展台，对一年级六个班的语文、数学老师进行了合理搭配，并用展板形式把教师的情况向家长做了介绍。选师那天，300多名一年级学生家长百分百参加了选师活动。

场景二：初选结束后，有两个班填写志愿的人数远远超过班容量，有一个班基本持平，有两个班填写志愿的人数远远低于班容量。于是，学校采用最原始、也是最公平的办法——"抽签"确定进入前两个班的学生名单。

（二）教育投诉制

为促使学生和家长的选择不至于落空，并通过学生和家长的督促，使教师的行为尽量达到学生和家长的理想程度，芮校长又指导我们实施了和选师制相配套的另一种制度——教育投诉制。教育投诉制规定：任何一个学生和家长都可以对学校和教师的工作提出自己的意见、建议和要求。如针对学校违反教育法规、教师工作不负责任、教师教育方法不适当，学生和家长都可以投诉。投诉的形式有书信投诉、当面投诉、电话投诉、网上投诉，等等。

（三）信任投票制

信任投票制：学校每学期至少举行一次全体学生和全体家长参加的对所有任课教师的信任投票。如果学生或家长对某一教师工作的满意率达不到2/3，这位教师就不能再担任该班孩子的教学任务，处于待岗状态。

（摘自《教育就是服务——江苏省溧阳市实验小学校长芮火才的教育哲学探究》，见《名校长名教师集体性个案研究》，王铁军，主编，江苏人民出版社，2005年版，第77~78页）

"教育就是服务"是教育民主化的体现，教育不再是部分阶级、部分人群所垄断和"消费的起"的社会资源。"教育就是服务"包括教育管理者服务家长与师生、教师服务学生、教育服务社会几重含义。"教育就是服务"理念应被正确看待。教育仅仅关注其社会服务的功能，也会影响其文化传承的功能。

"教育就是服务"仅仅是从办学或管理角度给出的教育认识，而非对于教育的整体认识。从其他的角度出发还可以有"教育就是限制""教育就是提升""教育就是感化"等不同观点。对于教育的理解往往是情境化的、实用理性的，"在一定层面上"和"带有一定视角"的。在使用的时候应该加以辨别。

拓展 >

☕ 补充读物

1　于伟. 现代性与教育[M]. 北京：北京师范大学出版社，2006.

　　这本书对现代以来的理性和非理性教育观进行了系统梳理。依据马克思主义哲学，旗帜鲜明地提出了自己的立场与主张，并独辟专章讨论"实用理性的教育观"。

2　[美]乔尔·斯普林格. 贾晨阳，译. 脑中之轮：教育哲学导论[M]. 北京：北京大学出版社，2005.

　　这本书回顾了西方教育哲学发展史上关于自由、权威、文化关系、学校制度、人权等主题的讨论，有助于理解不同形态的教育和不同的文化思想观念之间的关系。

3　[美]Ronald E.Koetzsch Ph.D. 薛晓华，译. 学习自由的国度：另类理念学校在美国的实践[M]. 上海：华东师范大学出版社，2005.

　　这本书认为，除了教育人类学所能呈现的千奇百怪的学校类型，存在于美国、德国、中国台湾等地的另类理念学校，也能帮助我们理解教育并不必然是当下的、身边的这种形态。当然，教育也不是任意的，都是适应和最优化的结果。

在线学习资源

1．豆瓣网·读书，http://book.douban.com/

豆瓣网中的"读书"频道能够提供大量教育类图书的详细介绍和可供参考的笔记与书评，是教育学者研究教育问题的重要平台。

2．果壳网，http://www.guokr.com/

该网站作为一个致力于科普与证伪的网站，更是国内MOOC学院的先行者和网络教育范例。

3．新浪共享资料，http://ishare.iask.sina.com.cn/

这个在线学习资源能为您提供海量教育类扫描版电子书，反映了信息时代和专业知识民主化时代的特征。

第三章

儿童是什么

本章概述

　　本章从哲学的角度讨论儿童观，主要分析了三个方面的问题：第一，分析了儿童的思考与人类的思考之间的相似性关系；第二，从儿童观的角度分析人类的创造性是如何形成的；第三，分析了儿童可教的人性假设问题及其教育实践立场与策略。

结构图

ⓐ 儿童是个哲学家　　ⓑ 对儿童的哲学教育何以可能

儿童与哲学家

ⓐ 如何理解儿童的创造性　　ⓑ 如何培养儿童的创造性

儿童的创造性及其教育

儿童是什么

1　2　3　4

图像社会中的儿童

ⓐ 世界正在进入图像时代　　ⓑ 图像社会对儿童的影响　　ⓒ 图像社会的儿童教育

儿童可教的人性假设与教育

ⓐ 儿童可教的理论观点和实践立场　　ⓑ 儿童认识世界的方式与教育　　ⓒ 儿童的道德成长与教育

学完本章，你应该做到：

学习目标

1. 了解儿童在什么意义上是哲学家，如何对儿童展开哲学教育。

2. 了解什么是儿童的创造性，掌握培养儿童创造性的基本原则。

3. 分析图像社会的特点及其相应的儿童教育问题。

4. 分析教育现象背后的人性假设，掌握儿童可教的前提依据，利用哲学理论评价教师展开教学的人性假设的优劣。

读前
反思

案例1：一位四岁的小女孩问他的爸爸："爸爸，你说人是高等的吗？"她的爸爸听到这个问题感觉非常奇怪，敷衍了一句："是的。"小女孩接着问："爸爸，你说人为什么高等呢？"这个问题有点难，她爸爸就开始绞尽脑汁地编答案了："因为，人能吃饭、能唱歌跳舞……"小女孩却说："爸爸，你说得不对，植物是最高等的，因为植物能够释放氧气。"

——你是否可以想象这个小女孩的观点契合了今天的环境伦理和生态哲学的观点，作为教育者，你是否思考过儿童是如何思考问题的呢？

案例2：马修斯在《哲学与幼童》的开篇中说了这样一个片段，"蒂姆（大约6岁）正在忙着添锅子时问他的爸爸：'爸爸，我们怎么知道这不是在做梦呢？'"[1]马修斯认为蒂姆的困惑含有典型的哲理。蒂姆提出的问题对一个极其平常的概念（清醒状态）带来了疑问。这样一来，就使我们大多数人对平时确信自己理解的事物是否真正理解产生了怀疑。疑心我们是否真正知道自己有时是清醒的，并非终身都处在梦境之中。[2]

——六岁的儿童是如何提出如此深刻的哲学问题的？

案例3：在一次数学课上，教师运用输球和赢球的计分方法，让学生学会了正负数的加法。学完之后，一个学生站起来说："老师，我都会算了，我想到一个问题：所有有理数加起来等于多少？"接着他自己答道："有正5就有负5，加起来等于零，有正3就有负3，加起来也等于零，所以，所有的有理数加起来等于零。"不知道这个老师如何应对，但这位同学一不小心就讲到深刻的哲学上去了。这种思维，能否说是对老子揭示宇宙的实际起点（或是思考起点）时说的"无，名天地之始"做了小小的印证。数学家的"零"，道家的"无"，佛家的"空"，物理学家的"守恒"，化学家的"不灭"，理学的"中庸"，物理学家追寻使物质平衡为零的黑洞、反物质……那样一种思想方法，同所有有理数加起来等于零是有联系的吧。学生自学之后获得的东西不仅仅是知识，学生的想象力如此的丰富。[3]

面对这样的对话，我们不禁要思索为什么儿童这样思考问题，儿童的思考多么贴近哲学的思考，由此我们不得不分析"何为儿童"。

1　[美]马修斯. 哲学与幼童[M]. 陈国容，译. 北京：生活·读书·新知三联书店，1989：1.
2　[美]马修斯. 哲学与幼童[M]. 陈国容，译. 北京：生活·读书·新知三联书店，1989：2.
3　郭思乐. 以生为本的教学观：皈依教学[J]. 课程·教材·教法，2005（12）：1.

第一节
儿童与哲学家

一、儿童是个哲学家

🎯 **学习目标**

了解儿童在什么意义上是哲学家，如何对儿童展开哲学教育。

儿童的思考是不是哲学的思考，这个问题与对哲学的看法有关。哲学是世界观、方法论，哲学属于反思的学问，这些说法都把哲学当成高度抽象的理论。从这个角

儿童（Children）
年龄上未满12周岁的未成年人。

度说，儿童的思考不是哲学的思考，但哲学思考除了具有抽象性的特征之外，也具有原始性的特征，如神话和童话中都存在着哲学的思考，儿童的思考没有经过反思，也没有经过经验和知识的洗礼，这就属于原始思考。儿童提出的问题很多都具有哲学的意味，如为什么轮子是圆的？有没有方的轮子？什么是热和冷？儿童对这个世界充满了好奇，而对世界的好奇就是哲学的起源，伟大的思想家亚里士多德就曾经这样说过。从这个角度说，儿童的思考非常接近哲学的思考。而意大利哲学家、心理学家皮耶罗·费鲁奇有本著作叫《孩子是个哲学家》，著作的副标题就是：让儿童自由发挥自己的天性。他认真研究了儿童的哲学思考，还提出向儿童学习。在某种意义上可以说，儿童是个哲学家。书中有这样一个情节："一日早餐，四岁的儿子突然发问：'爸爸，整个人生会不会是一场梦？'父亲回答：'若有一天，突然发现爸爸、妈妈、朋友、玩具都不见了，而你躺在床上，那就是在做梦。'精彩的是孩子接下来的话：'那说不定连床也是梦'——孩子真成了哲学家。"[1]

（一）儿童对世界的建构与成年人不同，这是儿童被称为哲学家的前提

日常生活中，成年人与儿童对话，经常会发生许多让成年人感觉有意思的对话，儿童经常会说出成年人意想不到的话语，这些话语就蕴含着深刻的哲学意蕴。而儿童之所以能够说出这些不一样的话语，在于儿童的思考具有原始性和直接性，没有经过经验的"污染"，他们对这个世界打破砂锅问到底的好奇体现了他们对这个世界独特的"认识"。而儿童对这个世界的好奇与哲学的起源又有相似之处。柏拉图在《泰阿泰德篇》中说："惊讶，这尤其是哲学家的一种情绪，除此之外，哲学没有别的开端。"亚里士多德也提出，古往

---

1 [意]皮耶罗·费鲁奇. 孩子是个哲学家[M]. 陆妮，译. 海口：海南出版社，2002：8.

今来人们开始哲理探索，都应起于表达对自然万物的惊讶。儿童就具备哲学家们说的这个本事，儿童来到这个世界总是问非常多的"为什么"。儿童的求知欲望，他们对游戏的喜爱，还有他们的自由状态，都非常适合哲学问题的产生。儿童赤条条地来到人世间，很少沾染尘世间的世俗风气，他们是这个世界的新鲜体验者，不仅如此，儿童还在一定意义上消除了二元论世界带来的矛盾，因为他们直接地体验着这个世界，这个时候，儿童的思考就非常接近哲学的思考，他们对这个世界的最初惊奇和哲学家对这个世界的惊奇情绪存在相同之处。

🔍 **案例研究**

许多月亮

美国作家瑟伯写过一个故事《许多月亮》，故事的大概意思是，小公主想要天上的月亮，希望国王把月亮摘下来给她。国王询问了很多人，但是每个人对月亮的描述不同，而且也都无法把月亮摘下来。小丑知道后，心想，既然每个人对月亮的描述不同，那何不问一下小公主的想法呢？小丑问了小公主，小公主用大拇指打量了一下月亮，说："月亮是圆的，金色的，比我的拇指头大一点的。"三个形容词，也是她对月亮的三个感受。小丑于是请工匠用金子打造了一个圆的、比小公主拇指头大一点的金色月亮项链，挂在她的脖子上。故事接下来的发展才是真正的重点所在，也就是何以会有许多月亮。小公主开心了，可是，国王还在担心，因为，等到晚上月亮出来了，小公主就会知道月亮并没有被摘下来。没有别的办法了，小丑再度询问小公主，"月亮已经被摘下来了，可是，为什么天上还有一个月亮？"小公主笑着说："连这个你也不知道，牙齿掉了会再长出新的。月亮被摘下来之后，原来的地方还会长出新的月亮啊！"这就是儿童对这个世界的建构。他与成年人的世界如此不同，这使我们不得不思考，儿童头脑中的世界到底是什么样子的？儿童头脑中的世界为我们成年人带来了什么样的世界观呢？更深一层说，有多少哲学的思考呢？

资料来源：蓝剑红. 许多孩子许多月亮[M]. 北京：东方出版社，2011：1~2.

当代的一些儿童研究者也提出了新的儿童观，孩子年纪越小，就越是神秘难解。而普通的成年人很少会记得自己五六岁时候是什么样子。因此，人的童年是非常值得研究的。"近三十年来，我们对于婴儿与幼童的科学理解经历了一场大革命。过去我们总认为婴儿与幼童是不理性的、自我中心的、是非不分的。他们的思考是经验的、具体的、即时的，而且是有限的。事实上，心理学家与神经科学家发现，婴儿不只比我们认为的学得更多，而且还想象得更远、关心得更广、体验得更深。就某些方面而言，幼童其实比成年人更聪明、更富有想象力、更关心他人，甚至更有自觉。[1]因此，新近的研究并不把漫长的童年当成是未成年时期，儿童并不是有瑕疵的成年人或者未开化的人。"事实上，孩童与成人是两种完全不同的智人。他们的心智、大脑与意识形态形式虽然同等复杂且同样强劲有力，却是非常不同的两套系统，以符合不同的演化功能。人类发展比较像是毛毛虫蜕变为蝴蝶的质变，而不是纯粹的增长——尽管孩童在这个历程中看似是由活力十足、四处漫游的蝴蝶，转变为在成长之路上缓缓前行的毛毛虫。"[2]丰子恺作为我国著名的儿童漫画家，也提出了独特的儿童观。丰子恺从纯粹的艺术观和趋向于佛理的角度提出了自己的儿童观，他说："你的一生只有一跳，我在一秒间干净地了结你在人世间的一生，你坠地立刻解脱"，"你是完全的天真、自然、清白、明净的生命"，"你以一跳了生死，绝不樱浮生之苦，不更好吗? 在浩劫中，人生原只是一跳。我在你的一跳中，瞥见一切的人生了。"[3]所以，儿童是天生的哲学家并不是过分的说法。

（二）儿童在阅读过程中与哲学家对话

与哲学相关的儿童图书有许多，当儿童在阅读这些书的时候就开始了哲学的思考。例如，童话是专门写给儿童的，"童话"一词在《现代汉语词典》中的解释是"儿童文学的一种体裁，通过丰富的想象、幻想和夸张来编写适合于儿童欣赏的故事"。而童话故事中是蕴含着丰富的哲学思想的，当儿童浸润在童话世界中，他们就在与哲学思想进行着交流。世界上许多著名的儿童文学作品都蕴含着深刻的哲学思想，《小王子》[4]《汤姆·索亚历险记》[5]等被许多儿童所喜欢。只不过儿童文学中的哲学思想都是隐藏在故事当中的，很不容易被读者所察觉，但正是由于哲学思想是融入作品的日常生活世界中才更容易被儿童所感知，成为对儿童进行哲学教育的宝贵资源。除了童话外，还有许多的儿童哲学绘本，他们以图画的方式向儿童展示了哲学世界的意蕴。

---

1 [美]爱利森·高普尼克. 宝宝也是哲学家——幼儿学习与思考的惊奇发现[M]. 陈筱宛，译. 台北：商周出版社，2010：20.

2 [美]爱利森·高普尼克. 宝宝也是哲学家——幼儿学习与思考的惊奇发现[M]. 陈筱宛，译. 台北：商周出版社，2010：24~25.

3 殷琦. 童心的培养[A]. //丰子恺集外文选[C]上海：生活·读书·新知三联书店，1992：71.

4 作家安东尼·德·圣-埃克苏佩里于1942年写成的著名法国儿童文学短篇小说。其主要内容是："我"在浩瀚的撒哈拉大沙漠上遇到了一个古怪奇特而又天真纯洁的小王子——他来自一颗遥远的小星球。小王子是特别有天分的孩子，他凭直觉行事，能够透过事物的表面发现其实质。作品以小王子的孩子式的眼光，透视出成人的空虚、盲目和愚妄，用浅显天真的语言写出了人类的孤独寂寞、没有根基随风流浪的命运。

5 本书是美国著名小说家马克·吐温的代表作，发表于1876年。小说主人公汤姆·索亚天真活泼，富于幻想和冒险，不堪忍受束缚个性、枯燥乏味的生活，幻想干一番英雄事业。小说塑造的汤姆·索亚是个有理想有抱负同时也有烦恼的形象，他的形象栩栩如生，给读者留下了深刻的印象。在姨妈眼里，他是个顽童，调皮捣蛋，可是她却一次又一次地被他的"足智多谋"给软化了。小说通过主人公的冒险经历，对美国虚伪庸俗的社会习俗、伪善的宗教仪式和刻板陈腐的学校教育进行了讽刺和批判，以欢快的笔调描写了少年儿童自由活泼的心灵。

🔍 **案例研究**

安徒生童话《海的女儿》中的哲学思想

安徒生的《海的女儿》讲述了小美人鱼和王子之间的爱情故事。海王国有一个美丽而善良的美人鱼，一次偶然的机会她爱上了陆地上英俊的王子，为了追求爱情幸福，不惜忍受巨大痛苦，脱去鱼形，换来人形。但王子最后却和人间的女子结婚了。巫婆告诉美人鱼，只要杀死王子，并使王子的血流到自己腿上，美人鱼就可回到海里，重新过无忧无虑的生活。可她却为了王子的幸福，自己投入海中，化为泡沫。故事非常凄美，但表达了对爱的境界的看法，爱是一种无悔无恨的内心自愿、不图拥有或占有对方。这也是哲学家对爱的思考。

🔍 **案例研究**

绘本中的哲学思想

《我一直一直朝前走》是日本的一篇幼儿图画故事。奶奶给"我"打电话，让"我"一个人到奶奶家去。"我"问奶奶怎么走，奶奶告诉我，沿着窗前的大路一直走就会走到。"我"又问："哪座房子是奶奶家呢？"奶奶让"我"去问。于是"我"出发了，沿着窗前的大路一直走。一直走就来到了乡间的小路上，路边有一朵野花。"我"去摘下野花，然后又一直走（其实已经改变了方向，走进了田野以后，"我"每遇到一个失误，就改变一次方向）。在一直走的路上，"我"遇到了一群群蝴蝶，又摘下了野草莓（自己吃了一枚，给奶奶留了一枚），趟过小河，翻过山坡，遇到一间木屋（马厩），一间小屋（狗窝），一座养蜂棚，在探明都不是奶奶家后，又一直向前走，最后走到了一间屋前。"我"伸头探望时，奶奶迎了出来，在吃着奶奶为"我"准备的大蛋糕时，"我"将那枚草莓送给了奶奶。

这个绘本的题目是"我一直一直朝前走"，可实际上"我"走的并不是直线，而是曲折的路线。这就隐含了一种儿童教育哲学——儿童自然成长的曲线理论。儿童的成长路线图，不可能如成人所想象的那样是最短的集合路线，不可能始终在一条既定的线路上行进。适当的偏离而成一种曲折的"之"字型路线，是儿童成长的正常生态线。就像绘本故事中"我"每遇到一个事物就改变一次方向那样。我们可以把绘本故事中的"我"的行为看作是儿童成长形态的象征。

资料来源： 朱国忠. 绘本中的"色彩教育哲学"——像色彩学家和哲学家那样读儿童绘本[J]. 江苏教育，2013（7-8）: 62.

（三）儿童的某些思考天生具有哲学的意味

马修斯在《童年哲学》一书中说："我的意思并不是小孩子或者某些小孩子做起哲学来比所有的大人都强——但是，孩子的哲学所拥有的清新、迫切、自然天成，既值得我们为他喝彩，又有助于领略成人哲学或哲学本身的特质或意蕴。"所以，儿童的思考更接近人类的思考，哲学是研究人类存在的学问，儿童不经意间就提出了人类存在必须思考的问题。马修斯在《哲学与幼童》中对蒂姆的困惑给予了进一步的分析。

"蒂姆（大约6岁）正在忙着添锅子时问他的爸爸：'爸爸，我们怎么知道这不是在做梦呢？'蒂姆的父亲有点不好意思地说，他不知道。同时问蒂姆他对这个无法回答的问题是怎么想的？他又添了几下锅子，回答说：'噢，我并不认为一切都是梦，因为人在梦里，不会追问这是不是梦'。"[1]

儿童自身的解释与哲学家的解释有异曲同工之处。马修斯说："在伯特兰·罗素的近代经典著作《哲学的问题》里，他讲到关于蒂姆的梦时是这么说的：说整个生命是一场梦，这种假定在逻辑上并不是没有可能性，但在我们梦中出现的所有事物，虽然不是没有逻辑的可能性，却没有理由假定说那是真的。实际上，以我们拿生活里的事实做假设，较之常识做假设更为简单，常识是独立于我们的客体，作用于我们是产生感觉的原因。"[2]

🔍 案例研究

儿童提出的功利主义问题（桑德尔）

马修斯还在《哲学与幼童》一书里举了一个很生动的事例："伊恩（6岁）感到懊恼的是他父母朋友的三个孩子霸占了电视；他们不让他看他喜欢的电视节目。'妈妈，'他用沮丧的口气问道，'为什么三个人的自私比一个人的自私好？'"马修斯的这个例子让我联想到哈佛大学哲学教授迈克尔·桑德尔在哲学课上所举的一个例子。一辆电车刹车失灵，如果直行，尽头有五个工人在工作，如果拐到另一个岔道，尽头只有一个工人在工作。桑德尔教授问道："如果是你，会怎么做？"结果多数学生选择了把电车开向岔道。6岁的伊恩和哲学教授桑德尔提出的问题，都与功利主义哲学相关。在桑德尔教授的课堂上，那些大学生所思考的问题，未必比伊恩的思考更切中功利主义哲学的要害、更有论辩力。

资料来源：朱自强. 解密儿童书中的儿童哲学[N]. 中国教育报，2012-04-12（10）.

1　2　[美]马修斯. 哲学与幼童[M]. 陈国容，译. 北京：读书·生活·新知三联书店，1989：27.

二、对儿童的哲学教育何以可能

儿童可以被认为是哲学家，为什么儿童长大以后没有成为真正的哲学家，或是说他们为什么丧失了成为哲学家的那些品质？当然这个世界有分工，哲学家只是少数人，社会不需要那么多的哲学家。但不可否认的是，在儿童成长的过程中由于来自成人世界各种各样的影响，大多数儿童个体的哲学思维逐渐地消失了。

📢 教育家语录

儿童哲学课程是教育探究法的范例。即不再让学生去死记课文中的现成结论，而是鼓励他们自己去探索和思考每一学科领域的重点知识。要成为一个探究者就得成为一个知识的主动的追求者，一个坚持不懈的提问者，不断去注意那些迄今为止仍被忽视的关联及差异，去准备比较和对照，分析和假设，实验和观察，测量和考察等。这样，作为探究者的学生就为自己的教育担负了某些责任。他们学着去遵循自己探索的思路，而这种探索将导致他们学会独立思考。

——李普曼. 儿童哲学与批判性思考[J]，教育评论，1989（6）：63.

如果儿童是个哲学家，那么对儿童个体进行哲学教育是否可能呢？儿童比成年人更容易接近世界的真相，"一如儿童洞穿'皇帝新装'的把戏，尽管儿童的哲学表达比成人稚嫩，但他触及的哲学问题深度很可能是不亚于成人的。所以，对儿童开展哲学启蒙教育并非不可思议，恰恰是根植于儿童的哲学天性"。[1]因此，儿童学习哲学是可能的，通过哲学学习可以培养儿童思考的兴趣，引导儿童对这个纷繁复杂的世界进行探究。研究对儿童的哲学教育不得不提到美国著名的儿童哲学教育家，美国哥伦比亚大学李普曼（Matthew Lipman）教授，1974年，他创立了"儿童哲学促进中心"（Institute for the Advancement of Philosophy for Children，IAPC）开展儿童哲学的教材出版、教师、训练等工作，儿童哲学课程就这样诞生了。李普曼在哥伦比亚大学教授逻辑课程的时候发现大学生的思考技巧非常薄弱，于是开始着手发展适合学龄儿童的思考技巧的教材与教学方法，以弥补在教育过程中常被忽略的思考训练。他带领他的团队编写了儿童阅读的课本，包括以日常语言进行对话的、有角色、有剧情的小说，还编写了教师手册，每一本教材都配备一份巨大的教师手册，手册中标示教材内所蕴含的主要概念，并设计了各种活动、游戏和讨论计划，用来练习操作所获得的概念和思考技巧，供教师在引导讨论时使用。李普曼教授认为，儿童哲学课程进行的方式是由教师带

1　李庆明. 儿童如何学哲学[N]. 光明日报，2014-03-18（14）.

领团体讨论，让孩子以合作的方式一起思考他们所关心或有兴趣的问题，形成探究团体。儿童哲学期望透过成员间的合作及互相帮助，培养儿童推理、判断与创造的能力，同时教导儿童尊重他人的价值观、合理地评断他人的意见。儿童哲学更希望能让儿童养成随时反省以及检视自己思想的习惯，为自己的思考寻求意义。

李普曼的儿童哲学教育思想也传入了我国，基础教育领域内有很多学校亦展开儿童哲学教育的实践。

宁波滨海教育集团的李庆明为学生开设了哲学课程，他说：

"有人说，哲学是'科学加诗歌。'哲学固然要遵循类似科学的理性逻辑，但他本身又是充满诗意的，而且可以通过'诗意之思'通达人生智慧。包括通话、语言等在内的古今中外文学作品不乏哲理内涵，用文学作品进行哲学启蒙其实更合乎儿童的天性。孩子诗歌常常不仅是杰作，而且不乏哲学元素。'小朋友的地球应该成为超级游乐场，汽车都去钻地道吧，马路给我们踢足球，轮船全都改成飞艇，大海给我们开碰碰船。在南极和北极之间，再造一列空中飞车，转眼间，就完成环球旅行'。这首《地球游乐场》是美国八岁小孩玛丽的诗作，充满对自由游戏的渴望。我就从这些童诗入手，和孩子们研究起'童年的秘密'来。"

资料来源：李庆明.儿童如何学哲学[N].光明日报，2014-03-18（14）.

2012年3月底，为期三天的第八届"亲近母语"教育研讨会在杭州举行，论坛主题为教育界前沿领域"儿童与哲学"，研讨形式包括现场授课、说课、评课以及演讲。其中，语文教师郭初阳上了一次公开课。

郭老师一直在努力让课堂变得更加自由、开放，尝试将中国当下教育缺失的成分，如公民教育、性教育、爱的教育、死亡教育等纳入自己的课堂，以一己之力探索实践，改变着人们对语文课的理解与期待。

在儿童与哲学论坛上，他当场执教的内容为《申辩：从苏格拉底说起》，文章选自《苏格拉底最后的日子》一书，是苏格拉底申辩的一部分。苏格拉底之死，是西方哲学史上的核心事件，一位勇于探索真理的思考者，最后被人们以毒害青年和不敬神之罪，民主表决处死。他临死前在五百人组成的陪审团前为自己申辩之文，亦是哲学研究的重要文本。

郭初阳的课堂自由流畅，对课堂教学技术的运用炉火纯青，以至于大家不再注意课堂，而将注意力集中于课堂议题。在他的引导下，学生非常顺畅地将思考推进至这一观念："自知无知"，认识自己的局限，认识自己的无知。

郭初阳说，这节课的设计过程中，他念念不忘当年的法国教育部长阿尔贝·雅卡尔《睡莲的方程式》中的名言："即使是最微妙的概念也可以很早就介绍给青少年，不一定非要让他们完全理解这些概念的所有细节，但目的是要激发他们的兴趣，进一步探索。不是要详细地探索一个新领域，而是在这个领域里转一转，激发他们的渴望。"

资料来源： http://www.bjnews.com.cn/book/2012/04/14/193815.html.

🔍 案例研究

儿童哲学课程之练习题

练习：给故事开头

下面是一个故事的结尾。它缺少的是开端。请你给它补充一个开端。

突然，飞机驾驶员说："请诸位注意，一切都正常了。我们已经放下了着陆架，现在我们可以安全着陆了！"

几分钟之后，巨大的飞机已经停在飞机场的跑道上。不一会儿，卢诗和王铁已经在向他们的父母讲述这次离奇的飞行了。

"我的天啦！"史美丽夫人说，"我简直都以为你们要机毁人亡了！"

"哦，妈妈，"卢诗笑着说，"只有坐雪橇时，我们才会肚皮朝天，摔个人仰马翻呢！"

从上述练习题可以看出，教师让儿童自己去编写故事，在解放了儿童的同时，激发了儿童的想象力、推理能力、语言表达能力等。这样的练习题既能促进儿童的发展，又为儿童所乐意接受。

资料来源： [美]M. 李普曼，A. M. 夏波. 寻找意义[M]. 李尚武，译. 太原：山西教育出版社，1997：22.

思考：儿童是个哲学家的心理学支撑

当代儿童心理学理论认为："孩子与成人间的分工反映在心智、大脑、日常活动，甚至是意识经验中。婴儿大脑似乎具有特殊本领，使他们格外适合想象与学习。相较于成人大脑，婴儿大脑的确有更加高度的联结，也有更多可资利用的神经通络。当年纪渐长、经验日增后，我们的大脑会'剪除'不太有效、较少使用的神经通路，并强化经常使用的那些。假如你浏览一张婴儿大脑图，它看起来会像是古老的巴黎，充满许多蜿蜒曲折、四通八达的小路，无法运作得和成人大脑一样快速、一样有效。"

第二节
儿童的创造性及其教育

🎯 **学习目标**

了解什么是儿童的创造性，掌握培养儿童创造性的基本原则。

儿童是个哲学家，如果用实践中的案例来支撑这个命题的成立，我们会发现，大多数案例来源于学龄前儿童，似乎没有接受过学校教育的儿童更加容易提出哲学的问题。当儿童进入到学校以后，人们关注的不再是作为哲学家的儿童，而是关注儿童的创造性。

在中国基础教育实践中，关于创造力贫弱的评论是比较多的。基础教育工作者经常抱怨是大学的入学考试即高考制约了他们的教育教学，而大学教师则抱怨中小学没有培养出学生进一步发展的动力，没有培养出学生应具备的好奇心、质疑能力、探究能力等。对基础教育的诸多批判可以集中在一个问题上，即如何培养儿童的创造性。

一、如何理解儿童的创造性

创造力是指产生新思想、发现和创造新事物的能力，是人类特有的一种综合性本领。从结构的角度看，创造力是知识、智力、能力及优良的个性品质等复杂多因素综合优化构成的。从教育哲学的角度分析儿童的创造性要面临的问题是，儿童的**创造性**是怎么来的呢？

> **创造性（Creativity）**
> 个体产生新奇独特的、有社会价值的产品的能力或特性，也称为创造力。

第一种观点认为，创造是人之为人的本质力量。即创造是人的本能，是与生俱来的本领。"创造是一种与生俱来的能力，每个人都有创造的能力，就像小孩子生下来就会吸奶，就会走路一样。"[1]创造的本质是对现实的批判，对现实的不满让个体去寻找改变的途径，去思考用新的事物代替原来的事物，即产生了创造。创新、创造活动开始于在批判中产生的问题，发现了问题就要想办法解决问题，就有了新的创造。

🔍 **案例研究**

儿童对自己的作品的描述——天生的创造力

三岁之前的儿童绘画都是在涂鸦，涂鸦的作品不能用眼睛去看，而是要用耳朵去听，

1　陆有铨. 教育是合作的艺术[M]. 北京：北京大学出版社，2012：136.

一个小朋友画画，问："你画的是年糕吗?"回答："不，不是，是屁股。"问："那么从哪里尿尿呢?"孩子把纸翻过来，从什么都没有画的背面指着正面的两个圆圈之间说："从这里，就这样。"说着还摆出尿尿的样子。没有被成年人灌输过的儿童进行如此有意思的解释。

资料来源: [日]鸟居昭美. 培养孩子从画画开始[M]. 于群，译. 桂林：漓江出版社，2010.

第二种观点认为创造力是先天与后天的合体。美国著名的华人教育学者黄全愈的儿子黄矿岩曾经做过一个比喻。他说，创造力是一个先天的礼物，有的人的礼物大些，有的人的礼物小些。但这并不意味着创造力不在后天的生命中发展。打个比喻，先天的创造力就好像是个盒子。天生的能力有大有小，好像盒子有大有小。当你有意识地去培养、发展你的创造才能，你的创造能力就会装进更多的东西。当你能够充分认识自己的能力，并发挥到极致，你的创造力的盒子就是满的。可能有的人天生就带了个比你的大得多的盒子，但这并不重要，重要的是你后天的努力，努力培养自己的创造力，你的创造力盒子就会装得更满。一个装满了的小盒子，要比一个空荡荡、轻飘飘的大盒子更有分量。这个比喻非常的恰当，后天的教育对创造力的获得具有非常重要的作用。

🔍 案例研究

美术教学中的创造力

美术教师怎么教儿童绘画呢? 达·芬奇和凡·高的画有什么区别? 达·芬奇的画是写实，讲究技巧，而凡·高的画技巧很少，表现的是创造力。不发挥学生创造力，美术教学就是照着画，发挥创造力，就是给学生情境，让学生去画。黄矿岩的美术老师给学生一个情境，让学生进行绘画创造。美术老师的要求是：你放学回到家，到了厨房，发现家里来了一个外星人，你的作品要表现外星人在干什么，为什么去厨房。黄矿岩的作品的主人公是自己的美术老师，图片的基本含义是：美术老师喝醉了，进了厨房，发现镜子里的自己以为是一个外星人。这就是创意，也是创造力的表现。

资料来源: [美]黄矿岩. 我的七个美国老师——我在美国的中学课堂[M]. [美]黄全愈，陈彤，译. 北京：中国人民大学出版社，2010：173.

无论如何，后天的教育与创造力的形成密切相关。现实生活关于创造力的普遍说法是儿童随着年龄的增长，创造力逐步降低。这是非常值得分析的问题。儿童天生就喜欢提问，但在中国普遍的现象是小学阶段许多学生上课会举手回答问题或者提出问题，随着年级的增长举手的学生越来越少，为什么儿童长大了都不问问题了呢？为什么儿童天生的潜能和学习框架在长大之后好像都消失了呢？教育实践中一些老师抱怨："启发式，启发式，为什么学生干启不发？"其实有些教师的启发就是引导学生说出老师自己心目中的答案，教师一步一步地对学生引导，答对了给个糖球，然后学生就被这些糖衣炮弹击中了，掉进了老师的陷阱，就不能说出自己心目中最真实的想法，也就没有发挥自己的创造性。以至于因为教师越来越倾向于认为学生无知，所以要接受来自教师的灌输。启发的前提是耐心，需要学生自己思考、探究、找到答案，但老师们苦于受课堂时间的限制或者考试的桎梏，没有时间和耐心给学生充分思考的空间，而急于给出答案。这种急功近利的做法，必然导致学生思维的惰性，缺乏了积极地思考，也就没有了创造性。

二、如何培养儿童的创造性

🔊 教育家语录

儿童的创造力是千千万万祖先，至少经过五十万年与环境适应斗争所获得而传下来的才能之精华。发挥或阻碍、加强或削弱、培养或摧残这创造力的是环境。教育是要在儿童自身的基础上，过滤并运用环境的影响，以培养加强发挥这创造力，使他长得更有力量，以贡献于民族和未来。

——华中师范学院教育科学研究院，主编. 陶行知全集（三卷）[M]. 长沙：湖南教育出版社，1985（7）：522.

学校教育在培养儿童的创造性方面，以下措施可以被借鉴。

第一，要鼓励学生提问。

进行创造首先就是要发现问题，因此，学校教育首先要鼓励学生提出问题。我们看一堂课是不是很好，其中很关键的一点就是学生是否提出了有价值的问题，学生提出了有价值的问题能为课堂增色不少。因为学生的问题使得课堂有了生成性。因生成意味着无限的可能，是未知的，有挑战性，生成意味着学生能提出有价值的问题，而糟糕的教学方式就是把学生教得都没有问题了。其实，如果老师真能像先知一样能回答所有的问题，那他就是好老师。现实问题是，教师不能解答所有的问题，但却实实在在扼杀了学生问问题的欲望。

🔍 案例研究

教师上课《三顾茅庐》

教师在最后的课程中让学生提问，其中有一个问题特别有意思，为什么只有刘备请诸葛亮？诸葛亮是个人才，为什么当时曹操和江东没有请诸葛亮呢？这个问得好。学生自己的答案，说诸葛亮相当于一个刚从大学毕业的本科生没有什么卓越的成绩，曹操手下人才济济，谋士众多，不会相中诸葛亮这样的毛头小子，而江东呢，人才都是自产的，不引进人才，所以诸葛亮只好设好了局（有同学认为前几次刘备没见到诸葛亮而碰到了他的朋友，都是为他的出场造势的，是"托儿"！）等着刘备三顾茅庐了。谁也无法想到一个初中生居然问出了如此有意思的问题。这就是创造力的体现。

案例来源：东北师大附中胡欣老师讲课记录.

第二，要鼓励学生尝试新的方法。

杜威的教学方法被称为问题解决法，也是培养学生创造力的方法之一。在杜威的理论中，所谓创造，就是用别人没有想到的方法，应用于日常所见的事物。新奇的是操作，而不是所用的材料。教师要鼓励学生用不同的方法学习和寻求问题的答案。新的方法的尝试是对结果的另一种达成途径的探索，新的方法要求学生投入更多的思考，同时也能促进学生更大程度地参与创造的过程。

🔍 案例研究

胡老师的教学创造性

中学语文教材中有《丑小鸭》《皇帝的新装》这样的篇章，然而学生们都是从小听着这些故事长大的，课文本身的内容也非常容易理解，于是胡老师采取了新的教学方法——让学生排课本剧，让学生制作DV，拍微电影。这样不仅可以发挥学生的创造性，还可以让学生积极参与、亲身体验。学生们以新的方式实现了语文学习。这既是教师教学的创造性，也是学生们学习的创造性。

资料来源：东北师大附中胡欣老师提供.

🔍 案例研究

气压计的故事

这是华盛顿大学物理系教授卡兰德拉讲述的一个故事。讲的是一位物理系学生寻找新奇的方法用气压计测量一幢建筑物的高度。故事如下。

一位学生被判不及格，因为他拒绝使用班上老师所教的方法回答问题。当这名学生提出抗议时，学校指定我担任仲裁人。我来到教授的办公室，阅读了考试题："怎样在气压计的帮助下测量一幢高楼的高度？"这位学生是这样回答的："把气压计带到楼顶，用一个长绳系住，把气压计放低直到触及地面，然后再提起来，测量绳子的长度。绳子的长度就是建筑物的高度。"高分的回答应该是充分运用物理学原理，但这个回答显然没有说明这一点。我提议给这位学生另一次机会回答这个问题。我给了这个学生六分钟的时间让他重新回答这个问题，答案必须与物理学的知识有关。结果这个学生只用了一分钟就交上了答案："把气压计带到楼顶，倚在屋顶的边缘上，然后放开气压计，并用秒表开始计时。然后运用物体下坠公式$S=1/2gt^2$计算建筑物的高度。"我毫不犹豫地给了这个学生满分。这位学生继续说出了3种运用气压计测量建筑物的高度的方法：① 在阳光灿烂的日子里，测量气压计的高度、气压计影子的高度以及建筑物影子的高度，然后运用简单的比例原理，计算出建筑物的高度。② 带着气压计走上建筑物的楼梯，当爬楼梯时，用气压计的高度在墙上做标记，到达楼顶后，数一下做的标记的数量，就可以得到以气压计高度为单位的建筑物的高度。③ 最后一种方法（也许最不可行）是把气压计送给建筑物的管理员，让他告诉你建筑物的高度。

资料来源： http://hi.baidu.com/junglylee/item/32387d1cb92dcb751009b575.

第三，要培养健全人格。

"创造活动中，非智力因素发挥着很大的作用，学校教育培养学生的健全人格就是培养创造性人才。"[1]从结构的角度上看，创造力是知识、智力、能力及优良的个性品质等复杂多因素综合优化构成的，是一种综合性本领，那么，拥有健全的人格也即拥有了进行创造的品质潜力，要培养创造性就要从形成具有创造性的良好人格品质入手。健全人格的培养不仅需要理性因素，还需要非理性因素，在创造的过程中可能会面临着各方面的压力，即便创造成功也未必得到社会承认，是一项充满风险的事业。创造首先是一个想创造、敢创造，然后才是能不能创造的问题，所以非理性因素在创造过程中非常重要，想着创造、敢于创造，最后才有付诸创造的可能，所以兴趣、意志力等优良的个性品质对培养创造性人才有着重要作用。

🔊 **教育家语录**

真正地学习，就是儿童个人的创造性活动。只有当学习过程中的脑力劳动触及了学生的情感，只有当真理的获得使他感到是他个人努力的结果时，学生才会感到自己是一个能进行创造的人。

——B.A.苏霍姆林斯基. 帕夫雷什中学[M]. 赵玮，王义高，蔡兴文，纪强，译. 北京：教育科学出版社，1983：61.

第四，要有基础知识和基本技能。

---

1 陆有铨. 教育是合作的艺术[M]. 北京：北京大学出版社，2012：130.

任何创造都不是凭空形成的，都是在前人的基础上进行批判而来的，后天的教育与创造力的养成密切相关，任何发明除了始于自身兴趣之外还要有其发明的价值意义。在今天，想要进行创造就要掌握基础知识和基本技能，充分利用前人积累的知识和经验，才会有新的有价值的突破。

第五，要有正确的价值观的引导。

反人类、反社会进步、反科学的任何发明创造都必须加以制止。人的创造力往往是想不想、敢不敢的问题，然后才是能不能的问题。"创造必须以符合人类社会的共同利益、共同价值观为前提。创造的过程其实就是价值选择的过程。在正确的动机下产生正确的东西，正确的东西在使用的过程中也要有正确价值的引导。"[1]每个个体都是社会中的一员，如果没有价值约束，那么，有不良动机的人就会毫无顾忌，在他们创造性得到充分发挥之后危及社会的公共安全和利益，这种创造性是必须加以遏制的，学校教育要给学生以价值引导，使学生的创造性得到合理地发挥和运用。

第三节
图像社会中的儿童[2]

🎯 **学习目标**

分析图像社会的特点及其相应的儿童教育问题。

把思想的历史展开，我们会发现，古代的哲学图景关注的是事物，追问本质；到了近代，哲学关注思想，即我们怎样认识世界；而当代，哲学关注的是语言，出现了哲学的语言转向。然而，当哲学家在思考什么能够成为这个时代的哲学特点的时候，提出了一个新的概括，即"图像转向"。图像在某种意义上，成为我们这个社会的一种标记。"我们大都习惯了只是以连续放出图像符号的方式来消费媒体，而且这也是我们在日常生活中所学到的，我们整日消费的媒体大都只是些连续不断的图像符号"[3]，年轻一代就是在这样的图像环境下成长起来的。我们从早到晚受到图片的侵袭，我们已经进入了"图像将取代文字的统治地位"的视觉情境之中，我们不得不分析"图像转向"以及在图像社会生活中成长起来的儿童以及他们的教育问题。

1 陆有铨. 教育是合作的艺术[M]. 北京：北京大学出版社，2012：130.
2 第三节内容主要参考王澍. 图像社会学校教育目标的审视[J]. 东北师大学报（哲学社会科学版），2008（5）：157～161.
3 [奥地利] 卡塔琳娜·迪茨，格哈德·弗里得里希. 不引人注目的人注定会失败——图像社会的新游戏规则[M]. 肖培生，黄甫宜均，杨建培，译. 郑州：河南人民出版社，2002：1～2.

一、世界正在进入图像时代

今天的儿童生活在一个被图像包围的时代里，不仅日常消费品与图像密切相关，学校里的教科书也是图文并茂的。"20世纪70年代和80年代出生的儿童，甚至于未满一岁就会熟悉显像管上发生的活动，不管他们是否懂得这些现象的含义……电子媒介在他们的生活经历中占据主导的地位。"[1]卡通漫画、电视电影、网络视频……这些对于今天的儿童来说并不陌生，儿童越来越熟悉这种图像化的信息呈现方式。可以说，当今人类的经验比过去任何时候都视觉化和具象化了。

> **图像社会**
>
> 也被称为图像革命或读图时代。是指在电子媒介时代，文化脱离了以语言为中心的理性主义形态，日益转向以形象为中心、特别是以影像为中心的感性主义形态。

（一）图像化呈现方式的哲学意蕴

信息的图像化呈现方式改变了文字在知识问题上的核心地位，其结果是我们是在一个受到模型/符号控制和支配的社会里生活。哲学家海德格尔提出了世界图景的概念，提出"世界图景……指的并不是一幅关于世界的图画，而是作为一幅图画加以理解和把握的世界"[2]，从这个意义上讲，图像化呈现方式意味着后现代社会的来临。美国学者W．J．T·米歇尔在《图像理论》中提出："文化脱离了以语言为中心的理性主义形态，日益转向以形象为中心、特别是以影像为中心的感性主义形态。视觉文化，不但标志着一种文化形态的转变和形成，而且意味着人类思维方式的一种转换。"那就是感性地位的上升，感性呈现出的符号性、意义性、社会性的特点，日益在我们的生活中占据统治性地位。这也就意味着称得上知识的判断不一定都是客观有效的或者普遍必然的，现象背后的本质和真理可能已经淹没在图像、拟像、符号中，这些被认定为是真实的存在可能不再是真实的了。图像社会"不是回归到天真的模仿、拷贝或再现的对应理论，也不是更新的图像'在场'的形而上学，它反倒是对图像的一种后语言学的、符号学的重新发现，将其看作是视觉、机器、制度、话语、身体和比喻之间的复杂互动"[3]。"利奥塔说，在这场与西方思想史几乎同样古老的战争中，他要站在假象、无序、混沌的一边，要捍卫眼的立场，图形世界的立场"[4]。不仅如此，图像地位的上升意味着人们给视觉以价值优先性，"观看（看、凝视、扫视、观察实践、监督以及视觉快感）可能是与各种阅读形式（破译、解码、阐释等）同样深刻的一个问题，视觉经验或'视觉读

1 [美]威尔伯·施拉姆. 传播学概论[M]. 陈亮, 周立方, 李启, 译. 北京: 新华出版社, 1984: 166~167.
2 [美]尼古拉斯·尼尔佐夫. 视觉文化导论[M]. 倪伟, 译. 南京: 江苏人民出版社, 2006: 5.
3 [美]W．J．T·米歇尔. 图像理论[M]. 陈永国, 胡文征, 译. 北京: 北京大学出版社, 2006: 7.
4 [法]让-弗朗索瓦·利奥塔. 话语·图形[M]. 谢晶, 译. 上海: 上海世纪出版集团, 2012: 2.

写'可能不能完全用文本的模式来解释"[1]。可能的原因就是人们关注到了理性的缺点，理性唯本质、唯文本中心，疏离了与当下、人本的关系，正所谓科学世界侵入了人们的日常生活世界。因此，强调图像不是为了形式，而是为了复归人本，回归生活世界，把我们的注意力集中于日常生活中的视觉经验。

（二）图像化呈现方式的政治意蕴

随着大众传媒的发展，难以计数的图像符号借助传媒的力量占据了人们生活最醒目的位置，对人们的生活产生了重要的影响。我们很多政治信息的接触和获得都是通过与图像有关的传媒获得的。这种图像化的呈现方式导致了这样一个后果：对于人们印象中的历史事实或者发生在另一个地方的事件，很有可能不是事实，而只是被媒体传播形成的一种记忆。"电视已经彻底改变了政治信息的符号形式。在电视时代，政治判断从对提议的知识评判转化为对整个人物形象的直观而情绪化的反应。"[2]政治似乎不是需要人们付出理智性努力而进行判断的活动了。在中国的今天，人们对于中国历史的了解不是通过对《史记》等历史文献阅读获得的，而是通过电视剧、电影、电子游戏等途径获知的。我们对某一社会事件的认知可能就来源于某种图像或者某些图像。从积极的意义上讲，这种图像化的记忆简单明了，印象深刻，但是无法知晓图像背后的真实故事。那么在政治生活中，通过操纵社会的、集体的记忆来掌握日常政治领导权的这种权力形态就可以被称为"心脑控制社会"[3]。受众以为自己看到的就是真实的，其实看到的只是媒体精心加工的符号和意识形态。这意味着图像社会中，政治、民主更加复杂了，通过开启民智、促进民主的发展所面临的困境远比想象中要困难得多。

（三）图像化呈现方式的心理意蕴

医学上认为人的大脑神经系统中有1/3的神经用于视觉，所以视觉是人获得大量信息的一个重要途径。图像的呈现方式意味着观看，用视觉去感知事物。从人的心理机制来看，图像的呈现方式对于人来讲，并不是被动的全部接收，它始终是一种积极、主动的行为选择，"感受和其他知觉一样具有认知性"[4]。而图像时代，在人的中央神经系统的视觉化特征越加明显的情况下，心理学提出了新的观点，即人的神经系统在很大程度上，也许不再承担理性的生活基础。似乎不得不对"人的本质是理性"这个命题加以重新审视，人的神经系统开始对客观对象的形式结构及其视觉影像产生强烈的反应，不再善于把杂乱无章的感觉形象上升为明晰的理性形式，而是善于把理性化的主体结构还原为感觉与幻象，视觉可以始终呈现出一

1 [美]W. J. T·米歇尔. 图像理论[M]. 陈永国，胡文征，译. 北京：北京大学出版社，2006：7.
2 [美]尼尔·波兹曼. 童年的消逝[M]. 吴燕莛，译. 桂林：广西师范大学出版社，2011：22.
3 [日]小森阳一. 21世纪大众媒体墙与"心脑控制社会问题"[J]. 对外经贸大学学报，2007（7）：5～10.
4 [美]安东尼奥·R·达马西奥. 笛卡儿的错误：情绪、推理和人脑[M]. 毛彩凤，译. 北京：教育科学出版社，2007：4.

个清晰、稳定的视觉图像。[1]而"电视上播出的所有事件完全缺乏历史背景或其他相关的背景知识，并且以如此支离破碎和连篇累牍的方式播映，结果是这些新闻缺乏明显特征的溪流从我们的头脑中洗刷过去。这是电视的催眠作用，它使人们的理智和情感变得迟钝了。"[2]

图像已经深深地嵌入了我们的生活，深深地影响了我们的生活，有必要把图像社会对年轻一代的影响加以清晰化，以做出应对。

二、图像社会对儿童的影响

图像社会中，图像对人的生活产生了非常重大的影响，各种各样的图像侵入了人们生活的各个方面。儿童就是在这样的环境下成长起来的。

（一）图像产品成为年轻一代的消费产品中的主要类别

人要实现个体的生存和种族的繁衍，离不开经济产品的生产与交换。丹尼尔·贝尔在《后工业社会的来临》一书中指出，在后工业社会里，人类社会面临的基本矛盾发生了变化。在农业社会和工业社会，人类社会的主要矛盾是人与自然的矛盾，物质生产是人类主要的活动。但是社会生产力发展中对技术的应用和更新提高了生产能力，促进了经济增长，进而引起了整个社会生活的变化。新技术的应用降低了商品的成本，使下层社会成员也能享受低价高质的生活用品，从而有可能从根本上解决生活资料匮乏的状态。所以在后工业社会里，服务业居于经济发展的主要地位，人们的文化需求和精神需求上升，与图像有关的经济产业日益成为重要产业。工业化进程时期，温饱的需求更高，精神需求和文化需求的产品市场很小，与图像密切相关的感性也就无法上升到较高的位置上，图像只能处于形式和附属的地位。然而在理性工业化完成后，感性日益成为支配国际文化创意产业发展的思想主流，感性并不仅仅是纯粹的自然性、生物性存在，也是一种社会性存在，图像变得越来越重要。现代社会中，与感性有关的产业越来越创造出更多的价值来。韩国的电视剧、日本的动漫产业、美国的电影大片等这些图像产品都是举感性大旗获胜的。图像产品成为当代重要的经济产业，而年轻一代就是消费这些产品的主力军。文化衫、电影电视剧、娱乐节目、选秀参与、电子游戏这些与图像有关的产品都是年轻一代在消费。而且这种消费并没有停留在人们需要这个层次上，也就是说不仅仅是满足人的精神需求和文化需求，而且让受众在视觉享受中形成对物形象的崇拜，从而激发他们的消费欲与购买欲。图像消费并不仅仅是消费品的改变，而是意味着生活方式的转变，即成为消费社会的一分子，也许"图像社会造就了对简单

---

1 [英]E. H·贡布里希. 艺术与错觉：图像再现的心理学研究[M]. 林夕，等译. 杭州：浙江摄影出版社，1987：59～60.
2 [美]尼尔·波兹曼. 童年的消逝[M]. 吴燕莚，译. 桂林：广西师范大学出版社，2011：127.

刺激做出反应的消费者"[1]。

🔍 案例分析

儿童对动画片的看法

记者R与同学S之间关于动画片的对话

R：你了解过《喜洋洋与灰太狼》这部动画片吗？你对它的评价如何？看了此新闻后，你又有什么感想？

S：我了解过。我认为这部动画片的作者应该是想通过一些搞笑无厘头的台词及人物形象来吸引心智还没有成熟的儿童。让心智尚未成熟又富于想象的孩子联系生活，从而产生一些不必要的悲剧。对于这部动画片，我的评价是差。当中带有红太狼对灰太狼的暴力，灰太狼的阴险狡诈，懒羊羊的懒惰……这些是孩子应该学的吗？这些情节无疑让孩子们深刻记住并尝试。对孩子的心理发展不利。看到这个新闻心是颤了一下。这无疑是低俗的国产动画片导致孩子形成的念头——模仿情节。我认为动画片应该针对儿童的心理健康及日后习惯来出台，让儿童在娱乐中学习美丽的品德、习惯、为人处世的态度等。

R：你觉得这部动画片应该从此禁播吗？为什么？

S：不用禁播吧。我个人觉得在国产动画里面，《喜羊羊与灰太狼》是题材最新颖的动画片，没有抄袭日本动画片的感觉。当中也有村长的乐于助人、喜洋洋的机智等值得儿童学习。只要稍微改动里面的暴力情节及低俗台词就ok。

R：你还有什么比较好的动画片介绍给大家吗？请从孩子的年龄阶段和动画片的意义入手。

S：嗯，我比较喜欢日本的《樱桃小丸子》，它把和小丸子同龄的孩子有的烦恼都表现出来，是可以重温童年的悠闲自在的动画片。还有《名侦探柯南》，这可以培养儿童的观察能力及增长许多课外知识。还有里面的插曲、主题曲都好好听。还有美国的《猫和老鼠》《查理与巧克力工厂》等。

R：最后，你觉得中国的动画缺少些什么？和其他国家对比最大的区别是什么？

S：缺少内涵。区别在于其他国家的动画片多数富含哲理，比如美国的。即使日本的动画也有些暴力恐怖，但也不会造成让孩子受到伤害的事件，因为那些动画片有固定的含义，永远的围绕让孩子走向成熟、面对危险不惧怕的主题。

资料来源： http://kid.qq.com/a/20131016/009506.htm.

1　[奥地利] 卡塔琳娜·迪茨，格哈德·弗里得里希. 不引人注目的人注定会失败——图像社会的新游戏规则[M]. 肖培生，黄甫宜均，杨建培，译. 郑州：河南人民出版社，2002：10.

（二）图像社会影响了年轻一代的认知方式

传统的生活方式、习惯等正在被图像解构，而新的生活方式正在悄悄地走进我们。图像对年轻一代改变的重要表现就是喜欢通过图像阅读获得知识、感知事物。通过图像呈现知识的方式不是没有道理的，图像环境不仅契合了人的视觉思维，而且也契合了人的神经系统。与图像有关的感性因素是人体自然的因素，人类生活的本质和基础在很大程度上表现为本能冲动、感性意识、习惯行为。在图像环境下成长起来的儿童习惯图像化的叙事方式，讨厌纯本文阅读。中小学的课内外读物都是图文并茂，经典文献也图像化。图像化叙事方式的优点在于图像是经过形象的简化过的信息，便于记忆、不容易混淆，而且其中充满乐趣。对于儿童来说，图像会比排列在一起的信息链更能够让他记忆深刻。有些人担心，伴随大众文化的传播，图像产品让人越来越沉迷其中，会变得过分追求趣味的通俗，从而滋生出人的浮浅俗气的娱乐需要。然而，通过观看获得信息、并对信息做出判断，"并不是在眼睛观看完毕之后由理智能力做出来的，它是与'观看'同时发生的，而且是观看活动本身不可分割的一个部分。"[1]所以，儿童的"观看"不是完全被动的，也是需要儿童调动很多感官功能的。例如，儿童玩的游戏不是傻瓜游戏，而是需要用自己的聪明才智去猜测、去假设，必须花心思去谋略，需要人的速度、胆识、谋略、智慧，他培养了使用者自己寻找和发现规则、通盘规划的管理技能。与游戏相比，通过阅读获取知识是一种被动的状态，只能按照作者已经设定的叙述路线进行理解，不能脱离作者的叙述安排。但是游戏不一样，儿童面临的是一个全新的未知领域，需要他不断地摸索和发现，从这个意义上讲，游戏是一种主动的学习。或许我们可以这样假设，一个阅读童话的儿童就一定比一个通过操作实现游戏通关的人想象力更差吗？大众文化充斥的这个社会里，即使是纯粹的娱乐，也需要人付出思考力，电视电影都不再采取线性的叙事方式，可能是多条线非线性展现，不具备相应思考能力的人可能是看不懂的。从这个意义上讲，一方面大众文化容易让人沉迷、缺乏崇高的理想追求；但另一方面，它也提高了年轻一代的智力水平。[2]

（三）图像的传播方式改变了人与时空之间的关系。

视觉与听觉、触觉不同的地方在于时间的连续性，在眼睛张开或瞥视的瞬间，也就"展现了空间中共同存在、在深度上排列有序、在不确定性的距离中连续存在的物质世界"[3]。传统的图像遵循的原则是独立于外部现实、尊重外部现实，因此，图像是内在一致的。然而，视觉图像并不是固定不变的，它与外部现实之间的关系一直是变动的。随着现代信息技术的

1　[美]鲁道夫·阿恩海姆. 艺术与视知觉——视觉艺术心理学[M]. 滕守尧，等译. 北京：中国社会科学出版社，1984：3.

2　[美]史蒂夫·约翰逊. 坏事变好事：大众文化让我们变得更聪明[M]. 苑爱玲，译. 北京：中信出版社，2009.

3　[法]雅克·拉康，让·鲍德里亚，等. 视觉文化的奇观[M]. 吴琼，编. 北京：中国人民大学出版社，2005：5.

发展，"当时播图像凌驾于其他再现的事物时，就产生了一种荒谬的、虚拟的形象，结果，真实的时间凌驾于真实的空间之上，虚拟性凌驾于现实之上，并进而改变了关于真实的概念"。[1]人与时空不再是同步的。传统上，由于人与时空之间的线性关系，人无法对时空实现逆转。图像社会就不一样了。"后现代图像的虚拟性似乎在不断地逃脱我们的掌控，制造了一种视觉危机，而这种危机远不只是一个地方性的问题，与此相反，后现代主义标志着一个时代，在这个时代里，视觉图像以及那些并不必然具有视觉性的事物的视觉化在戏剧化的加速发展，以致图像的全球流通已经达到了其自身的极致，通过互联网在我们讨论图像社会对我们生活的影响的时候，图像已经成为一种资源高速运转。"[2]人与时空之间的关系不再像传统那样有序，而是愈加的复杂多变。图像"向我们的日常生活的全面渗透，视觉中心主义的全视机器已变成了日常生存中的一种梦魇式的存在。无所不在的看与无所不在的被看相互交织在一起，主体在无所遁形的可见性下成为异形的傀儡"[3]。不仅如此，图像社会导致成年人与儿童之间的区别消失。在文字时代，儿童和成年人之间的区别在于是否会阅读，因为儿童必须经过长时间的训练才能掌握读、写、算的基本技能，才具备阅读文字的能力，但图像社会所提供的恰恰是各种各样的图片，在阅读图片方面，儿童和成年人的能力差异就不那么明显了。"在文字世界里，做成人意味着有机会了解用非自然符号整理和记录下来的文化秘密。在文字世界里，儿童必须变成成人。但是，在没有文字的世界里，儿童和成人之间就没有必要明确区分，因为不存在什么秘密，文化不需要提供训练就能被人理解。"[4]这也就是为什么尼尔·波兹曼说的童年消逝的原因。卢梭在《爱弥儿》中提到过，阅读是童年的祸害，因为书本教我们谈论那些我们一无所知的东西。如卢梭认为，儿童学了阅读就意味着童年的结束，那么在现今这个图像社会，儿童的阅读不是阅读文字，而是读图，甚至这种读图已经延伸到3岁以前的婴幼儿时期。

三、图像社会的儿童教育

图像社会的教学和它以前的学校教育在方式上存在不同之处，可以做一个简单的比较。

表3-1　图像社会前后的教学方式比较

	图像社会以前的教学	图像社会的教学
时代背景	20世纪80—90年代	21世纪图像社会

1　[美]尼古拉斯·尼尔佐夫. 视觉文化导论[M]. 倪伟，译. 南京：江苏人民出版社，2006：8.

2　[美]尼古拉斯·尼尔佐夫. 视觉文化导论[M]. 倪伟，译. 南京：江苏人民出版社，2006：9.

3　[法]雅克·拉康，让·鲍德里亚，等. 视觉文化的奇观[M]. 吴琼，编. 北京：中国人民大学出版社，2005：10.

4　[美]尼尔·波兹曼. 童年的消逝[M]. 吴燕莛，译. 桂林：广西师范大学出版社，2011：20.

续表

	图像社会以前的教学	图像社会的教学
传播技术	印刷传播	网络传播
文本特点	文字文本，少量的插图	网络文本、图像文本、视频，文字文本
教学手段	口授、粉笔、黑板	多媒体教学
教学媒介	纸质的讲义和教材	网络资源，专题学习网站，参考教材
教学模式	教师讲授，课堂讨论	混合式教学模式，建立学习共同体
可利用的教学资源	纸质典籍	纸质典籍、视频、图片

"人们不再认为教育应该建立在缓慢发展的铅字上，一种建立在快速变化的电子图像之上的新型教育已经出现在我们面前。"[1]虽然学校教育已经把图像当成重要的教学资源纳入了学校教育体系，但学校教育不能仅仅停留在这个表面运用资源的层次上。无论是精华的哲学思想还是庸俗的大众媒体的产生，都让我们无法逃避图像社会的变化，简单的对图像潜入采取抑制的策略是不会起作用了，我们有必要做出深度应对。

（一）培养儿童感性能力，应对图像产业的经济挑战

曾几何时，瑞典教育家爱伦·凯（Ellen key）对于19世纪末20世纪初欧洲新教育运动的意义曾经做出一番估计，认为新教育运动将是"儿童世纪"的开始。然而，在20世纪行将结束的时候，我们回顾已经过去的百年的教育历程，却得出这样的结论：20世纪不是儿童的世纪。不仅如此，20世纪末的所有教育改革都毫不例外的和国家的政治、经济目标密切的联系在一起，世界上许多国家都把教育发展作为新世纪发展的战略重点，颁布了教育改革的计划[2]，把教育作为富国强民、参与国际竞争的重要手段。中国在全球化的今天，学校教育也必须满足国家、社会以及个人的发展需要。感性并不仅仅是纯粹的自然性、生物性存在，也是一种社会性存在。基于图像时代的种种变化，学校教育目标有必要给予回应，那就是注重感性能力的发展，培养具有感性能力的人才。今天的经济发展中，感性产业成为新的产业，具有重大的经济价值和政治价值。从经济上讲，感性产业输出已经成为国际贸易中的重要组成部分，如电影、电视剧、动画片等。从教育要促进社会的发展、满足国家的需要来看，学校教育有必要调整一下教育目标，不是任由儿童在感性生活中放任自流，而是把感性上升到能力的角度加以审视，把儿童的先天的感性状态转变为一种感性能力，以应对后现代社会中巨大的图像产业发展的挑战。人的认识的发展，从层次上是从感觉到知觉，然后会有记忆和思

---

1 [美]尼尔·波兹曼. 娱乐至死[M]. 章艳，译. 桂林：广西师范大学出版社，2009：124

2 例如，美国20世纪80年代以来发表一系列的改革文件，包括《2061计划：为了全体美国人的科学》《美国2000：教育战略》《2000年目标》等；英国颁布了《1988年教育改革法案》；日本发布了《面向21世纪的日本教育发展方向》等报告。

维。感性开始于感觉，但终点不会是感觉，而是形成一种能力，这种能力不是肤浅的、片面的，只能认识现象、不能指导人行为的，而是理性的，担负了认识世界、改造世界的任务。学校教育要恰当引导儿童的感性，形成他们的感性能力。

（二）培养儿童的整体分析能力和辨别能力，应对图像社会的政治挑战

图像之所以能构成社会的标志，在很大程度上与人类传播技术以及媒体发展有很大的关系，信息技术使得图像的传播成本降低，人们可以从互联网的各个角落里搜寻到自己想要的信息。而图像社会带给人的信息具有虚拟性，时空顺序的非线性排列则让人难以做出正确的判断，如广告"不是向人们传递信息、阐释事实，而是故意隐蔽一些东西、歪曲一些事实、捏造一些假象以此来混淆视听，达到其诓世愚民的目的，这样，我们现在经常提起的'大众媒体墙'就形成了。"[1]所以现在"眼见为实"也不一定是正确的。不仅如此，从政治上讲，输出的图像产品从来不是单纯的产品，这些图像都有价值观输出。有很多人惧怕图像，图像的力量很有可能"最终毁掉创造者和操作者"[2]。有研究者指出："日本对图像学的规律，尤其是动漫等高科技视觉产品的规律，认识得很透彻。他们已经明白，图像产品的威力比原子弹大，拿它对付别国，不需要亡国，就可以灭种。比如，他们可以通过游戏，故意把关公设计成可以用钱收买的，把西游记篡改得不伦不类，诸如此类，改写中国的文化基因，让中国文化串种……麻生太郎外相在'文化外交的新构想'演讲中明确提出，日本应大力开展'动漫外交'……'你们所做的事情已经抓住了包括中国在内的许多国家年轻人的心，这是我们外务省永远也做不到的事情'……"[3]因此，我们必须警惕这种图像输出中的价值观输出，年轻一代是这些图像产品的主要消费者，我们必须重视这种价值观输出对年轻一代的影响。因此，学校教育必须引导年轻一代对社会生活中的各种图像保持一种警醒，培养年轻一代对图像的整体分析能力，而不是盲目的接受。在感受图像的时候，能够做出恰当的分析、辨别、判断、选择，不是成为一个图像面前的被动接受者，而是一个积极的建构者。这也就意味着，感性不能只是一种状态，应体现为一种能力，而这种能力同样需要人的理智性的思考。

（三）培养儿童的视觉思维能力，应对图像社会的思维变革

实际上，与图像密切相关的视觉也是有思维过程的，离不开抽象、推理、分析、综合等。有许多人有这样一种看法，认为在诱惑性的电视文化中成长起来的新一代，他们长于图像感知而拙于线性逻辑推理，其理性思维能力已经很薄弱[4]。或许这个判断在某种意义上是恰

---

1 [日]小森阳一. 21世纪大众媒体墙与"心脑控制社会问题"[J]. 对外经贸大学学报，2007（7）：5~10.
2 [斯]阿莱斯·艾尔雅维茨. 图像时代[M]. 胡菊兰，张云鹏，译. 长春：吉林人民出版社，2003：25.
3 姜奇平. Web2.0之读图时代[J]. 互联网周刊，2006（Z1）：115.
4 肖绍聪，刘铁芳. 从文学书到图画书：读图时代的教育思考[J]. 河北师范大学学报（教育科学版），2005（2）：13.

当的，但是与图像有关的视觉过程不应该被认为是没有思维的。阿恩海姆提出了"视觉思维"的概念，"知觉活动在感觉水平上，也能取得理性思维领域中被称为'理解'的东西，任何一个人的眼力，都能以一种朴素的方式展示出艺术家所具有的那种令人羡慕的能力，这就是那种通过组织的方式创造出能够有效解释经验的图式能力。因此，眼力也就是悟解能力。"[1]读图也会"学而不思则罔，思而不学则殆"，儿童有必要养成思考的习惯。学校教育有必要运用与视觉有关的手段，以视觉作为突破口培养儿童的思维能力。让学生参与到图像的产生、使用、理解与解释的过程中去，以此激发儿童的想象力、领悟力、分析力、判断力等。

尼尔·波兹曼说："400年来占据绝对统治地位的印刷术利大于弊。我们现代人对于智力的理解大多来自印刷文字，我们对于教育、知识、真理和信息的看法也一样。随着印刷术退至我们文化的边缘以及电视占据了文化的中心，公众话语的严肃性、明确性和价值都出现了退步，这就是我希望说清楚的。但是，对于同种情况下可能出现的好处，我们也应该保持坦诚的态度。"[2]这可能是面对图像时代我们持有的恰当立场。

第四节
儿童可教的人性假设与教育

学习目标

分析教育现象背后的人性假设，掌握儿童可教的前提依据，利用哲学理论评价教师展开教学的人性假设的优劣。

一、儿童可教的理论观点和实践立场

（一）儿童可教的人性假设

儿童是否可教，这是个哲学问题。一般来说，在学习问题上，大多数哲学家都认为儿童是可教的，只不过在具体的人性假设上他们的观点存在不同。

传统教育学的代表人物赫尔巴特认为，儿童可教的前提假设是人有可塑性。赫尔巴特是主知主义者，持有的是知识人（观念人）的假设。赫尔巴特在《普通教育学》开篇就明确了"教育学的基本概念"，即学生的可塑性。"教育学却也不能假定可塑性是无止境的，心理学则可防止这种谬误的发生。儿童

1 [美]鲁道夫·阿恩海姆. 艺术与视知觉[M]. 滕守尧，等译. 北京：中国社会科学出版社，1984：56.
2 [美]尼尔·波兹曼. 娱乐至死[M]. 章艳，译. 桂林：广西师范大学出版社，2009：27.

的不定型是受其个性所限制的；此外，通过教育使儿童定型，这是受环境条件和时间制约的。成人的定型过程在其内部延续着，而教育者对此是无能为力的。"现代教育学代表人物杜威认为，儿童在操作中学会知识，是个实验主义者，持有的是经验人的假设。杜威说："如果人性是不变的，那么，就根本不要教育了，一切教育的努力都注定要失败了，因为教育的意义本身就在于改变人性已形成的那些质朴的人性思维、情感、欲望和信仰的新方式。"[1]"若把这个问题看成实际的而非理论的问题，那么，我想，正确的答案是：人性的确改变。"[2]教育人类学家也认为："通过教育来增加个体的力量被认为是人类生活的目标。这些力量包含器官和非器官的差异，并且显示了所有的生物属性。这些力量在每个个体间的表现是不相同的，教育需要他们，同时他们也构成了可教育性。"[3]人性不仅可教，如果没有教育，人性也不完善。德国哲学家卡西尔提出，"人是符号的动物"[4]。"没有了符号表示，人的生活将像柏拉图有名的比喻中那些地洞中的囚人的生活一样。人的生活将限制在他的生物需要和实际利益的范围以内，他将永远找不到那个从宗教、艺术、哲学、科学各个不同方面为他开启的通达'理想世界'的进口"[5]。因此，只有通过教育人性才能完满，人类才能脱离野蛮的蒙昧状态。

🔊 教育家语录

"在本质上，人，即便不是善的，但无论如何也不会是恶的，人有仁慈的潜能，每一个人，在不受骗子或傻子迷惑的时候，最善于鉴别自己的利益和价值；在总体上，每一个人都倾向于奉行自己的理解力所提供的行为法则"。

——[英]赛亚·柏林. 自由及其背叛[M]. 赵国新，译. 南京：凤凰出版传媒集团译林出版社，2005：136~137.

（二）人性可教的实践立场

在电影《放牛班的春天》中有一个镜头，马桑斯大叔被打伤了，校长采取了惩罚的方式对待学生，马修老师也认为打伤马桑斯大叔是不对的，他采取的措施是让打伤马桑斯大叔的学生去照顾马桑斯，为什么两个成年人的做法不同？根源在于他们对人性假设的认识不同。校长的人性假设是邪恶的，所以采取了惩罚的方式；马修老师的人性假设是善良的，所以让学生去照顾马桑斯大叔。所以，虽然教育工作者必须得承认人性是可教的，但不同的人性可

1　[美]约翰·杜威. 人的问题[M]. 傅统先，译. 上海：上海人民出版社，1965：155.
2　[美]约翰·杜威. 人的问题[M]. 傅统先，译. 上海：上海人民出版社，1965：150.
3　[德]克里斯托夫·武尔夫. 教育人类学[M]. 张志坤，译. 北京：教育科学出版社，2009：37.
4　[德]恩斯特·卡西尔. 论人[M]. 刘述先，译. 桂林：广西师范大学出版社，2006：37.
5　[德]恩斯特·卡西尔. 论人[M]. 刘述先，译. 桂林：广西师范大学出版社，2006：55.

教的立场也会带来不同的教育行为。因此，教育者要遵循一些关于人性可教的基本原则。

第一，坚信人是可以被教化的。

俗语当中有句话，常常是教师从事教育活动中感到无力的一句口头禅，即"朽木不可雕也"，意思是总有一些学生是不可教的。但恰当的立场应该是，在教育者眼睛里，不存在"不可雕也"的"朽木"，每一个个体都是一块有用的木头。

🔍 案例研究

电影《蒙娜丽莎的微笑》中的教育观

电影《蒙娜丽莎的微笑》讲述了20世纪50年代美国女子高中里凯瑟琳老师和学生们之间发生的故事。20世纪50年代，美国女性的社会地位表面看来有了明显提高，然而在如卫斯理般著名的女子大学里，教师们教授学生，仍是一切围绕将来的好姻缘打转，并不鼓励她们主动获取自己感兴趣的知识，也不注重培养她们的心理素质。美丽成熟的凯瑟琳大学毕业，怀揣理想和热情来到该学校担任艺术史教师时，便因想散播自由的种子碰壁连连。然而，因为风趣、率直、热情、渊博，凯瑟琳很快赢得了学生们的喜爱，她鼓励学生们独立思考，过独立的生活。这种思想与学校的传统格格不入，产生了两种不同的教育思想，即以凯瑟琳老师为代表的改革力量，以卫斯理女子学院校方为代表的保守力量。这两种力量的教育实践背后的人性观完全不同。

保守力量认为对人性的教化机制是当学生犯错误的时候采取惩罚的方式，同时伴有指责、批评、情感上的厌恶等。对于一切异于学校传统和现行体制的行为都给予否定，一切有悖于传统和现行体制的好奇心、兴趣、爱好都必须遭到遏制。因此，在引导人性向善的进程中，这些力量采取的方式是控制，不能允许有任何违背规定的行为，必须把违规的行为和思想拉回预定的轨道。保守力量坚信既有的方式是被传统证明有效的方式，害怕违反传统的行为带来糟糕后果，任何有悖于现行体制的思想、做法都必须给予遏制甚至消灭才能真正帮助人性的完善。

改革的教育力量基于人性的生成需要引领的假设，认为对人性的教化机制是引导、肯定、承认。体制之中的现实与传统的教育力量总是认为人是有意识的，而改革的力量则进一步认为人是有自我意识的，"在意识和自我意识之间有一种流行的区别：意识符合某些经验诸如疼痛或愉悦的经验，自我意识指的则是作为一个对象的自我的识别和出现"。电影中的老师激发了学生的自我意识，开始追问自己想要什么样的生活，学生们的自我意识逐渐觉醒。教化学生不是简单的要求学生接受共同体的约束，而是要求学生参与会话，在交流对话中自我的意识被唤醒，知道了怎样去选择、追求自己想要的生活。凯瑟琳教师潜在地认为，对人的教化不是一项确定性的活动，即使教育者把关于人性的全部知识掌握住，教育过程以及过程中所产生的结果依然是不确定的。因此，必须尊重受教育者的主体性，唤醒他们的自我意识，帮助他们学会对自我负责。凯瑟琳老师采取的方式是引导与鼓励，放弃了教材上的刻板观点，鼓励学生大胆地讲出自己的想法，鼓励学生基于自己内心去选择生活道路。

案例来源： 王澍，等. 论教育学的人性假设——基于成长电影的分析[J]. 四川师范大学学报（社会科学版），2011（5）：131～134.

第二，无法确定对人的教化结果。

真正的教育过程是帮助人成长的过程，是一个合作的过程，而合作的活动意味着不能是"完全生产"的，合作活动的特点就在于"帮助完成"。因为教育活动无法确保某种教育结果一定会发生。教化人性并不是进行雕刻或雕塑，不是单靠人的操作就能完成的，而是需要师生双方的合作。

🔍 **案例研究**

雷夫老师教育语录

中国教育界有一句气死老师的话，叫"没有教不会的学生，只有不会教的老师"。对此，雷夫回应说："我不认为我能教所有的学生，我认为我们应当努力去教好每个学生，但不是对所有的学生都有效。也就是说，有些学生是教不好的。就像医生拯救不了每个人的生命。曾经有些学生的家庭处在灾难之中，我已经没有办法教育他们了。中国有一句话：'老师领进门，修行在个人。'拯救学生的灵魂实际上并不是我的职责，我的职责是给学生机会，让学生挽救自己的灵魂。"

资料来源： 美国杰出教师雷夫语录，摘自吴忠教育信息网，http://www.nxwzedu.cn/Main/2012-04-017/97A583639102FB41135_2012417_11366.html.

第三，以丰富的人性观认识儿童。

儿童是丰富的，不能简单的看待儿童表现出来的人性特征。在一些教育实践中，成年人往往误解了儿童的本来心性进而造成了诸多的教育错误。例如，性善论、性恶论都是单一的人性假设，虽然他们都带来了比较理性的教育原则，但教育实践的丰富性要求教育者不能简单的把儿童看成是善良的或者邪恶的。儿童是个复杂的个体。正是由于把儿童看得简单了，才出现了教育上的标签化处理。我们几乎可以在学校教育中到处可见这样的现象：在我们的评价体系中，落后于别人的孩子慢慢开始故意违反纪律，并一点一点扩大违规的程度来试探教育者的反应，当自己的调皮捣蛋让教育者气急败坏而不得不关注自己的行为、思想乃至时刻盯着自己时，很多孩子的心理是得意的甚至是自豪的，只要仔细观察他们在事后做鬼脸或哈哈大笑或向其他人大声宣扬的行为中就可以很明显地看出来。而后他们会机敏的发现，自己只有用此方式才能得到足够的注意与关照，而违反规则又与自己天性中的自由、不服管教天然的契合，同时还能让那些已经适应规训的"好学生"刮目相看。这么多的好处与教师不得不分离出大量注意力关注他们的现象又强化了他们故意违反规则的心理机制。需要注意的是，尽管表面上看起来，这些孩子在故意违反规则，其实却是用调皮的小聪明换取权威者注意的手段而已，他们的内心还是希望得到教育者的认可与赞许的。他们挣扎于继续违规还是服从规则的矛盾中，小心翼翼地观察教育者的反馈。偶得一个小小的赞美就会让他们马上回到服从规则的队列里，而持续的惩罚却将这些孩子向相反的路径上愈推愈远。因此，教育者要建立人性的丰富性的观点，学生其实是复杂的，简单对待是会犯教育错误的。

二、儿童认识世界的方式与教育

儿童是如何认识世界的，这属于认识论问题。认识论是探讨人类认识的本质、结构，认识与客观实在的关系，认识的前提和基础，认识发生、发展的过程及其规律，认识的真理标准等问题的哲学学说，又称知识论。认识论的核心问题：我们是如何认识世界的？我们是否能够认识世界？我们思考问题的能力是从哪里来的？例如，我们思考问题的逻辑思维能力是从哪里来的？我们把握普遍性的能力是从哪里来的？我们头脑中的

> **儿童认识世界的方式**
>
> 儿童认识世界的方式是多种多样的，从哲学的角度认识的方式主要有：心灵回忆说、心灵白板说和实用主义认识论。

概念是如何形成的？作为教育者，必须知道，学习者是如何获得你要教的那个观念的？从认识论的角度主要有理性主义认识论、经验主义认识论、实用主义认识论三种能力。

（一）理性主义认识论与教育

理性主义认识论（rationalism）是建立在承认人的理性可以作为知识来源的理论基础上的一种哲学方法，高于并独立于感官的感知。理性主义认识论承认客观世界的存在，但认为人对世界的认识总是以主观心灵的存在为基体，因此特别强调心灵的作用，如柏拉图。如果教育者认同柏拉图的理论，感觉"观念天赋论""心灵回忆说"是恰当的，那么教育就不是把知识装进灵魂，而是要引导学生去寻求知识。柏拉图曾经提出过一个"洞穴隐喻"。他提出，设想有这样一个大洞，通过一个长长的通道与外部世界相连，整个通道能够挡住任何阳光进入洞内。一组囚徒背对着出口，面向远处的墙壁。他们的四肢被套上了枷锁，并且他们的头颈也被固定住，无法转动，因此看不到他人，实际上也看不到自己身体的任何部分，而只能够看到面前的墙壁。他们在如此的环境下终其一生，不知道其他任何东西。在洞穴中，他们身后有一把明火。他们不知道自己和明火之间隔着与人一般高的土墙，在墙的另一边，

人们头顶东西走来走去，东西的影子被火光投射到囚徒面前的墙壁上，人们的嘈杂声也回响到墙壁那边囚徒们的耳朵里。柏拉图说，这样一来，囚徒们一生中所感觉或经验到的唯一实在就是这些影子和回声。在此情况下，他们自然而然地会以为这些影子和回声成了全部的现实，他们能够谈论的，就是这种"现实"以及对这种"现实"的经验。如果有一个囚徒挣脱了枷锁，由于他一生在半暗半明中禁锢太久，只要他转过头来，就会感到痛苦不堪或呆若木鸡，火光使他眼花缭乱。他会因此而手足无措或晕头转向，只想转身重新面对墙壁，因为那里才是他所认为的现实。倘若把他从洞穴中完全带到光天化日之下，他更是两眼漆黑无所适从，很长一段时间后才能看东西或认东西。然而，要是在上面的世界待久了再重新回到洞穴，他面对黑暗时又会感到两眼漆黑，对于那些仅仅以影子和回声为现实的囚徒而言，他所经历的一切简直是天方夜谭。洞穴隐喻说明我们生活在影子和幻象的洞穴中，被无知和冷漠束缚着，当我们试着去打开身上的链锁时，教育便开始了。教育就是要引导人能够理智的认识真实的世界。从现代生活的角度讲，我们每个人都处在各种各样的洞穴之中。柏拉图要做的就是把我们从日常观念的洞穴中拉出来，帮助人们认清自己是传统的或流行的价值观念的囚徒这一生活事实，帮助人们解脱精神枷锁，反思自己的生活，活得清楚明白。

在教育方法上，苏格拉底法被认为是恰当的教育方法。苏格拉底法也称为"产婆术"，即通过对话唤醒人已经忘记了的观念，如同把胎儿从母亲的肚子里催生出来一样。产婆术的比喻意味着必须先有一个快要生孩子的孕妇，否则助产士的工作就是毫无意义的。

案例研究

《死亡诗社》中基丁老师的追问

为了激发学生诗歌创作的原始本能，基丁老师设置了一个情景，引用惠特曼的诗句，"站在世界屋脊上，我喊出我野性的狂叫"（I sound my barbaric yawp over the rooftops of the world），要求学生们喊出他们野性的狂叫，在他的步步紧逼之下，托德创作了自己的诗歌：

一个牙齿流汗的疯子/我闭上眼睛，他的形象在我眼前晃悠/一个牙齿流汗的疯子，瞪得我心怦怦直跳/他伸出手，掐我的脖子/他一直在念叨真理/真理就像一床总让你双脚冰凉的毯子/你怎么扯，怎么拽，总也不够/踢也好，打也好，它总也盖不住我们/从我们哭着降生/到我们奄奄一息/它只会盖住你的脸/不管你如何痛苦/不管你如何痛苦/如何叫喊

基丁老师运用的就是苏格拉底法，引导学生说出心中想说的。

（二）经验主义认识论与教育

经验主义（empiricism）是一种认识论学说，认为人类知识起源于感觉，并提出以感觉

的领会为基础。在经验主义学说的发展过程中，它反对柏拉图的观念天赋论，也反对唯理论，唯理论主张唯有理性推理而非经验观察才提供了最确实的理论知识体系。如果认为人类知识起源于感觉，儿童获得知识的第一步是感知觉，那么恰当的教育方式是重视儿童学习的经验，重视儿童成长的环境，重视成年人对儿童的监管与引导。

🔍 **案例研究**

儿童的心灵是白板，教学要讲究直观性

物理教学中，教师讲授压强的概念，可以让同一个人分别穿平底鞋和穿细高跟鞋站入沙坑中，观察脚陷入的情况是怎样的，这样，就能使学生对压强大小的决定因素先有一个初步的、感性的认识。

几何教学中教师授课内容是圆的定义，结果上课铃一响，老师拿着一串钥匙，有长长的绳，就开始摇，学生们都特别好奇，老师这是干什么啊，但是很快学生就明白了老师在显示圆的轨迹。如此直观，学生怎么可能归纳不出来圆的定义呢？

（三）实用主义认识论与教育

在经验主义认识论和理性主义认识论争论的过程中，还出现了超越二者的实用主义认识论（pragmatism），以美国的实用主义哲学为典型代表。实用主义认识论主张，人的知识既不是主观的，也不是客观的，人在与环境的互动过程中获得了知识。"如果学习是在个人与环境的交互作用中发生，那么，正如杜威所倡导的，最有效的方法就应该是问题解决法。"[1]杜威提出反省思维包括五个阶段：困惑、问题、假设、推理和检验。相应的，教学的过程就是让学生经历这五个阶段的思考过程，实现学习。

🔍 **案例研究**

《白雪歌送武判官归京》语文教学中两种导入方式，哪个更贴近杜威？

白雪歌送武判官归京

岑参

北风卷地白草折，胡天八月即飞雪。

忽如一夜春风来，千树万树梨花开。

1　[美]杰拉尔德·古特克. 哲学与意识形态视野中的教育[M]. 陈晓瑞，主译. 北京：北京师范大学出版社，2008：8.

散入珠帘湿罗幕，狐裘不暖锦衾薄。

将军角弓不得控，都护铁衣冷难着。

瀚海阑干百丈冰，愁云惨淡万里凝。

中军置酒饮归客，胡琴琵琶与羌笛。

纷纷暮雪下辕门，风掣红旗冻不翻。

轮台东门送君去，去时雪满天山路。

山回路转不见君，雪上空留马行处。

第一种：直接告诉学生今天学习一首古诗，大家先自由朗读，问学生关于学古诗有什么问题，然后再让学生齐读，问题是：这首诗的主题是什么？学生回答是关于离别的。

第二种：先跟学生说了一些离别的诗句，"桃花潭水深千尺，不及汪伦送我情"；"劝君更尽一杯酒，西出阳关无故人"；"悄悄的我走了，正如我悄悄的来；我挥一挥衣袖，不带走一片云彩"。然后引出今天要学习的一种离别的方式。

两种导入方式，哪个方式更有效？

第一种导入方式非常朴素，让学生自己获得了结论，而不是直接告诉学生诗歌的主题，之后教师教学过程中让学生去比较不同的离别诗都以什么为载体表达离别之情。第二种导入方式虽然有很多的诗句引入，体现了教师知识的广博性，但直接告诉学生这首诗是关于离别的，就不是让学生通过自己的体验获得对知识的感知，而成为一种来自教育者的演绎。

这首诗能够体现离别的有两个地方：一是题目；二是后八句。前八句是写雪景，九、十句是过渡，后面的是送别。如果学生不读完整首诗歌，很难确定主题，所以让学生自己体验获得更加合适。

三、儿童的道德成长与教育

关于道德是如何形成的理论观点有三类：一是以法国思想家卢梭为代表的浪漫主义；二是源于英国思想家洛克的文化传递主义；三是开创自美国教育家杜威的进步主义。浪漫主义的哲学基础是，道德是一种源于人内心的判断善恶是非的本性，儿童有先天的善，道德教育就是创造适宜的条件，让儿童自己发现和发展自己的本性。那些来自成人和社会的文化只会压抑他们的发展。文化传递主义认为，道德的形成恰恰是社会环境和文化作用的结果，因为人的行为和思想是能够被外在环境影响和控制的，教育就是运用各种方法把知识和价值传递给学生的过程。这两条路线都有明显的缺陷，首先是把道德看成可变的、相对的。前者把道德看成是个人的，后者把道德仅仅看成是一种社会需要，没有最终的标准。其次，这两个流派犯了自然主义错误，即直接从"是"推出"应该"。通俗来说，"是"在这里指人类身心发展过程中客观存在的心理学事实和规律，"应该"指人们希望教育所得到的好结果。浪漫主义把孩子身心的有规律性的发展直接等同于孩子善良道德的形成，主张让孩子在完全无拘无束的状态下展开其所谓内在的善，实际上最终是取消了教育。文化传递主义理论的心理学基础是行为主义理论，主张人的某种行为会在受到外在刺激的情况下得到强化，所以，善良的品德会由于受到正面的强化而形成。前者走向了只重视主观世界自身的极端，后者走向了完全漠视主观世界的极端，两者都是不可取的。

在教育实践中，儿童的道德形成过程是儿童和社会相互作用的结果，道德是发展的，是人的主观世界在社会文化环境作用下主动改变的过程。

道德是人在社会实践活动中通过体验形成的，那么道德教育就得通过让学生参与活动来进行的。道德的特点决定了道德教育的方式。

（一）道德是自主行为，慎用功利奖赏

奖励作为一种对道德行为的正面肯定为大多数教育工作者所使用。中小学教育中存在着口头表扬、书面表扬、公开表扬等各种各样的评奖方式，而且奖励也分档次。在奖励激励下成长起来的学生很容易为了获得表扬而做符合道德的事。比如，为了获得奖学金或者各种优秀学生的称号，故意做一些助人为乐的事情来赢得他人的认可。在小学生中，就产生了为了获得老师的表扬、把自己的东西当作捡来的东西上交给老师这样的教育笑话。康德说过，如果儿童做了坏事就受到惩罚，做了好事就受到表扬，那么，他就会仅仅为了得到奖赏而做好事。以后，当他进入一个并无这种奖惩的世界——做好事没有奖赏、做坏事没有惩罚时，他就会变得只关心自己在世上过的怎么样，行善抑或作恶完全取决于哪一种行为对他最有好处。

📢 教育家语录

但是倘若你要他去做点该做的事，便用钱币去酬劳他，见他念了书，便拿些甘美的食物去报酬他的辛苦；你要他完成一点小小的课业，便去许他一些镶着花边的颈巾，漂亮的新衣。那么，你提出这种种报酬的意思岂不是说，他应该以这些好东西作为目标，鼓励他去向往这些东西，使他习于把自己的快乐放在这些东西上面吗？

——[英]约翰. 洛克（Locke, J.）. 教育漫话[M]. 傅任敢，译. 北京：教育科学出版社，1999：30~31.

（二）帮助学生解决自身的道德困惑更为有效

每个学生遇到的道德问题是不一样的，教师必须帮助个体解决他的道德困惑。教师在班级中常常经历学生的道德事件，有些属于群体道德范围，有些属于个体道德范围，不同的经

历影响学生不同的道德成长，学生在亲身经历道德事件时有着独特的道德体验和认知，只有当学生个体真正体验经历到这种道德情境才会内化为自身的道德意识。每个学生都是独特的个体，所以道德教育也应指向个体的道德解决，这时学生体会到自己在别人眼中的独特价值，道德体验才会更为深刻，道德教育也更为有效。

🔍 **案例研究**

克服自己道德弱点的事件往往让学生印象深刻

学生所写的事情60%几乎涉及抄袭、作弊、上课睡觉、逃学、逃避劳动、违反纪律等不良问题发生的处理，结果是教师帮助其克服弱点的教育行为让学生印象深刻。例如：

"高一历史课上，老师课前提问，问到我同桌，她一无所知，一脸茫然，出于同桌及朋友感情，我将课本打开放到了她可以看见的地方，历史老师没有当堂批评，只是走过来合上了书本，在下课时告诉我，'帮助用到该用的地方'，当然不是在全班同学面前，我明白了'尊重'两个字的重量。"

"高中时逃课，欺骗老师说我肚子疼，后来老师知道了，批评了我，以后我情愿承担错事的后果，也不敢再撒谎了"。

这些事件往往发生在教师和学生个体之间，是学生个体对道德教育的独特体会，往往印象深刻。

资料来源： 王澍，林丹. 高中道德教育的调查研究——基于学生对"高中阶段影响自己道德最深刻的一件事"的分析[J]. 上海教育科研，2011（4）.

（三）道德应该是生活的

对学生的道德教育不应该脱离生活、远离生活，或者是虚假生活，这样的道德教育容易让学生成为道德消极主义者。无论何种教育，其目的是为了人更好地生活，道德教育的目的也不例外，道德教育旨在培养学生良好的道德品格，然而金无足赤，人无完人，世界上不存在道德上至善至美的人，所以道德教育固然追求完美的品格，但也不能脱离现实生活。

🔍 **案例研究**

小鹰学飞的故事

一只小鹰跟着老鹰学飞。小鹰飞到了大树的上方，它高兴地喊起来："我已经会飞啦！"

老鹰摇摇头说："飞得只比大树高，还不算会飞。"

小鹰又跟着老鹰向上飞。小鹰飞到了大山的上空，它又高兴地喊起来："我真的会飞啦！"

老鹰又摇摇头说："飞得只比大山高，还不算会飞。"

小鹰只好鼓起劲儿，跟着老鹰拼命向上飞。飞呀，飞呀，大树看不见了，大山也变得矮小了。小鹰急促地喘着气，对老鹰说："现在……我总算……会飞了吧？"

老鹰向头顶上指了指说："孩子，你往上看！"小鹰一抬头，只见白云上面，还有几只鹰在盘旋呢！

资料来源：苏教版语文第三册课文.

某位教师在课堂教学的总结阶段想要引导学生虚心好学、不断进取、一往无前的立意。因此，教师提出问题："当小鹰飞的比大山还高的时候，老鹰还是把他跟其他鹰对比，这个时候小鹰怎么想呢？"有个学生回答说："小鹰一定很沮丧？"该教师说："你坐下，仔细读读课文。"

分析：沮丧，是不是正常的心理？一个人在做事情的过程中，一点点的进步也得不到肯定，心情是沮丧的，而成年人还要求他不断地进取，为什么老是打击学生的信心呢？为什么老是告诉学生，你不行呢？为什么不充分的肯定学生呢？正确理解人性，尊重个人的需要和心理，因为人都有社会归属感，都有角色扮演、爱与被爱、接纳和被肯定的需要。

本章小结

1. 儿童能够提出许多哲学问题，分析这些哲学问题会发现儿童是个哲学家。

2. 对儿童的哲学教育是可能的，李普曼多年来推行对儿童的哲学教育，编写了诸多的儿童哲学教科书和教师指导用书。

3. 儿童的创造性是先天与后天的合体。后天培养创造性的措施可以是鼓励学生提问、鼓励学生尝试新的方法，培养学生健全人格，掌握基础知识和基本技能，也可以是正确价值观的引导。

4. 赫尔巴特认为人性可教，因为儿童具有可塑性；杜威也认为儿童可教，因为人在与环境的互动中获得经验。

5. 人性可教的实践立场是：人是可以被教化的、无法确定对人的教化结果和以丰富的人性观对待儿童。

6. 儿童认识世界的方式是多种多样的，从哲学的角度认识的方式主要有：心灵回忆说、心灵白板说和实用主义认识论。教师要根据学生认识世界的方式教育儿童。

7. 教师要根据儿童道德成长的特点展开对儿童的道德教育。道德具有自主性、生活性的特点，帮助学生解决道德困惑的教育方式更为有效。

总结 >

Aa 关键术语

儿童	创造性	人性
Children	Reativity	Humanity

🔗 章节链接

在这一章，你读到……	在其他章节中，你将发现相关的讨论……
关于什么是哲学	在第一章"什么是教育哲学"中会有更加深入的了解
关于儿童教育的观点	在第二章"教育是什么"中会有更加深入的了解
儿童认识世界的方式与教育	在第六章"学习"中有相关的讨论与分析

应用 >

✏️ 批判性思考

1. 你相信儿童是个哲学家吗？赞成对儿童进行哲学教育吗？

并不是所有的人都赞同对儿童进行哲学教育，英国哲学家约翰·怀特对儿童哲学就持有批判态度。怀特认为："问题本身并不能决定自己是否具有哲学的性质，只有问题背后的情境才能决定，这种情境旨在断定一个问题是否引起个体对日常普通概念的质疑。他同时指出，提问者的意图对问题本身的哲学性也有重要影响。儿童提问题是为了学会使用概念，而哲学家则不是，他们已经知道如何使用概念，他们感兴趣于从更高的层次重构概念，但儿童却旨在知悉各种不同的概念，包括猫、河流、计算机等，因此，两者的意图是截然不同的。"

但是这种比较仍是在儿童与从事学术事业的学院派哲学家之间展开的，其答案当然是否定的，由此表明怀特仍将哲学视为一种学术，而非个体的生活形态，这和儿童哲学的理念是大相径庭的。儿童哲学的研究者们并不否认在儿童（特别是幼童）所从事的哲学活动中很大一部分是概念游戏，也不否认儿童需要掌握超过哲学范畴的概念，并学会把他们应用到生活中去，但这些都只是冰山的一角而已。一方面，儿童们确实能够表达出真实的困惑，诸如"我是谁""世界从何而来""上帝是否存在"等问题。这些问题绝不是随意发出的疑问，他们也能够利用身边的各种信息及自身的经验进行思考。在教学实践中，笔者发现孩子们并非仅仅关注概念的理解与应用，且能对既有的概念或命题提出质疑，如有孩子对"地球是圆的"提出质疑并进行了有效论证；关于公平与自由等抽象概念，孩子们也能够对常见定义进行有力的批判……注重理论思考的专业哲学家绝非是哲学家的全部，做哲学并非只有一种形态，儿童可以按照自身特有的方式迈步在哲学之路上。（高振宇.儿童哲学论[M].济南：山东教育出版社，2011：4~41.）

2. 有人认为，创造性是天生的，后天的教育只能保护人的创造性，教师是无法培养学生的创造性的，而且教师这个职业本身就缺乏创造性，缺乏创造性的教师如何能够培养出有创造性的学生呢？

✏ 体验练习

1. 分析下面儿童话语中的哲学观点。

五岁的克利斯汀正学阅读。她学认音节并把它们读出来，从而学会认词。有次她对爸爸说："我们有字母，我真为此高兴。因为如果没有字母，也就不会有声音，要是没有声音，也就不会有词，如果没有词，我们就不能思考，如果我们不能思考，也就不会有这个世界。"（马修斯：哲学与幼童）

2. 有两位历史教师给学生讲关于奥斯维辛集中营的知识，过程中分别使用了下列两张图片，请从学生的视角分析教师图片选用的优劣。

图1

图2

3. 观看电影《放牛班的春天》，分析校长和马修老师的人性观及其教育方式。

🔍 案例研究

阅读以下案例材料，并利用有关儿童的相关哲学理论思考以下问题。

1．怎样看待儿童看似幼稚的趣语？

2．如何与儿童进行交流才能发挥他们的想象力？

趣语一：我送儿子去幼儿园的路上，儿子拉着我的手说："妈妈，等我长大了，你长小了，我送你上幼儿园！"

趣语二：有一次我看儿子在床上蹦跳，一直不肯停下来，就用威胁的口吻说："你再跳妈妈就把你的屁股打开花。"儿子惊讶地说："啊？我的屁股有种子吗？"我一时无语。

趣语三：晚饭前儿子问："老师说周四带我们去春游，妈妈，什么是春游？春游是不是游泳？"

趣语四：儿子刚洗完头，我嗅着儿子的头发做陶醉状说："你的头发真香，一股巧克力的味道（我想起广告'德芙巧克力丝般润滑'），嗯，我闻闻，还有什么味道？一股牛奶的味道（奶香）。"儿子说："啊？你想吃了我的头发？"

教学一线纪事

轻轻地捧起，柔柔地摊开——呵护儿童心灵胚胎（节选）

顾城有一首著名的诗，其经典的语句是："黑夜给了我黑色的眼睛/我却用它寻找光明。"儿童来到这个世界上，学习文化知识，发展心灵也需要经历一个在黑暗中寻找光明的过程。没有这样的过程，儿童心灵难以真正地发展起来。"如果我们打乱了这个次序，我们就会造成一些早熟的果实，它们长得既不丰满也不甜美，而且很快就会腐烂：我们将造就一些年纪轻轻的博士和老态龙钟的儿童。"儿童心灵的胚胎期正是儿童蒙昧的、原始的自我探寻的最好时期。"儿童是有他特有的看法、想法和感情的；如果想用我们的看法、想法和感情去代替他们的看法、想法和感情，那简直是愚蠢的事情。"在心灵胚胎期，儿童最应做的事情是：

第一，自由生活着，并探寻着。苏霍姆林斯基明确指出："儿童就其天性来讲，是富有探索精神的探索者，是世界的发现者。"丰子恺在《给我的孩子们》中就曾这样赞叹道："你们每天做火车，做汽车，办酒，请菩萨，堆六面画，唱歌，全是自动的、创造创作的生活。"我们应该给儿童充分的时间和空间，给儿童充分的尊重和支持，让他们自由地生活，自由地探寻。探寻着去生活，充分地生活。这样的生活，儿童必然有所发现、有所感悟、有所思考、有所想象。比如，一位儿童发现他家养的小白兔看见他吃稀饭，忽然不吃东西了，眼睛盯着他手里的稀饭，好像很想尝一尝，他便把稀饭给小兔子尝了一口，发现这个小兔子吃得津津有味。作为教师听了孩子的介绍，是否可以这样引导："你怎么知道小兔子吃得津津有味呢？你再试一次，仔细观察一次，把这个'津津有味'记录下来，好吗？"儿童去探寻生活，除了这样的事先无目的地寻觅之外，还可以进行有意识、有目的的探寻。比如，一位美国女教师给学生布置了一道作文题："找出自己将来希望从事的职业。针对这未来的职业写一份报告，而且每个人都要访问一个现在正在从事那行业的人，写一份口头报告。"这是一种设计了的探寻生活的方式，只要适合儿童，比第一种更为有效。

第二，大胆涂鸦着，并探寻着。低年级的儿童学习完全可以采取"涂鸦式"，即用自己喜欢的方式，或色彩、或线条、或文字、或歌声、或言语来表达自己所感知的世界。著名作家肖复兴辅导儿子肖铁作文时，就起于肖铁6岁之前。他让肖铁对着录音机说话，说后和他一起听，并且告诉他这就是作文。后来，肖铁对"作文"兴趣大增，对着录音机说个没完，简直觉得自己就是一个作家了。这无疑是一个丰富儿童原初意象，让儿童大胆涂鸦的典型例子。儿童大胆涂鸦是发展心灵的好形式，目的在于培养儿童表达的兴趣和习惯，让他们自由发展心灵，不设任何框框，真正做到想说就说、想写就写、想唱就唱、想做就做。在这样自由涂鸦的过程中，只要我们稍加点拨，儿童就会尝试着用各种方式去学习，去探索未知的世界。

第三，创造想象着，并探寻着。我们不要给儿童思维、想象等设边界，让他们放胆去创造、去想象，一定会收到意想不到的效果。想象，往往孕育着创造的萌芽。要开发儿童创造的潜能，发展他们的想象力便是一把金钥匙。因此要创造空间，让儿童创造着、想象着、探寻着。有一个故事讲的是：某小学走廊里陈列着一幅很有趣的画，那是一个由孩子的脚印组合而成的画面。每当有来宾参观学校时，校长总是很自豪地向来宾介绍说，这是一个学生在脚上涂了油彩，用力踩出来的。他认为这个孩子的思维方式不同一般，创造力不可估量，就把画郑重地陈列在这里，旨在倡导一种创造精神，鼓励所有的孩子都有自己独特的思维方式。

——刘云生. 心根课堂——让教育随学生心灵起舞[M]. 重庆：西南大学出版社，2012：165~167.

拓展 >

补充读物

1　[德]贝蒂娜·施蒂克尔．张荣昌，译．诺贝尔奖获得者与儿童对话[M]．北京：生活·读书·新知三联书店，2003.

　　本书内容主要是儿童提出问题后，由诺贝尔奖获得者进行回答。孩子们提出了为什么1+1=2? 为什么有男孩和女孩？我们为什么必须上学？天空为什么是蓝的？……能够精妙回答这些问题的人，自然就是诺贝尔奖获得者，因为他们是他们所研究的那个专业的顶尖人物。

2　高振宇．儿童哲学论[M]．济南：山东教育出版社，2011.

　　本书详细论述了儿童哲学的发展历程和实践样态，全面提示儿童哲学作为一个学术领域和学校课程的基本面貌。该著作分析了什么是儿童哲学、儿童哲学的国内外现状、怎么教儿童哲学、用什么教儿童哲学四个方面的问题，最后提出结论及建议。

3　[美]爱利森·高普尼克．陈筱宛，译．宝宝也是哲学家——幼儿学习与思考的神奇发现[M]．台北：商周出版社，2010.

　　该书系台湾出版，以心理学家和神经科学家的发现为基础解析了儿童的内心生活。心理学、神经科学、哲学理论的突破发现：以往认为幼童不会假设思考，作者打破传统看法，认为幼童比成年人更为聪明、审慎且机敏。幼童深邃的眼眸是爱与道德的明证，对玩物的迷恋是未来发现新科学的前奏曲。

在线学习资源

许锡良的博客，http://blog.ifeng.com/2677877.html

第四章

教育目的

本章概述

　　本章从哲学的角度讨论了教育目的的相关问题，主要包括：第一，介绍了教育目的的内涵、结构和思考教育目的问题的多维性；第二，分析了教育目的确立的基本哲学理路；第三，对"全面发展的人"的教育目的和新课程改革的三维目标进行了哲学反思。

结构图

ⓐ 教育目的的内涵和结构 | ⓑ 思考教育目的问题的多重维度

教育目的的哲学意蕴

1

教育目的

2

教育目的确立的哲学理路

ⓐ 从演绎哲学角度 | ⓑ 从分析哲学角度 | ⓒ 从实证主义角度

3

对当下教育目的的哲学审视

ⓐ 对我国教育总目的的哲学审视 | ⓑ 对新课改三维目标的哲学审视

学习目标

学完本章，你应该做到：

1. 了解教育目的的内涵和结构，熟悉教育目的确立的多重维度。

2. 了解教育目的确立的基本哲学理路，尝试依此发展个体化的教育目的。

3. 清楚"培养德、智、体、美全面发展的人"作为国家教育总目的的意义和缘由。

4. 清楚新课程改革为何将课程目标由知识技能一维改为当下之三维。

读前反思

请思考，开展一系列教育活动的指挥棒到底是什么？

1. 作为教师的你，想一想当你还是一位学生的时候，你对自己有没有规划和设计？你为什么如此规划和设计自己呢？你的老师对你有没有规划和设计？他们为什么对你有这样的规划和设计呢？

2. 当你真正成为一位教师时，你有没有想过你在实施教育时的目的是什么？你是如何调整内容、方法、手段与评价而不断向这个目的的靠近的？

3. 想一想，为什么长久以来我们都把"培养德、智、体、美全面发展的人"作为教育的总目的？新课程改革以来，教师们常常挂在嘴边的"三维目标"，你是否知道它的依据是什么？

第一节
教育目的的哲学意蕴

🎯 **学习目标**

了解教育目的的内涵和结构，熟悉教育目的确立的多重维度。

教育目的说起来简单，却也是一个复杂的范畴。当我们说起教育目的，说的是否是同一个"教育目的"呢？教育目的对于教育行为的必要性何在呢？这就要对教育目的本身做一番细致的分析。在此之后，我们才能建构起教育目的存在的意义，知晓自己所持有的是否就是教育目的，是在哪个层面上的教育目的。继而才能讨论"应该"持有什么样的教育目的，受什么样的教育目的所引导的问题。

一、教育目的的内涵和结构

（一）教育目的的内涵

1. 哲学视野下的"人的目的"

何为目的？《辞海》对目的的解释是："人在行动之前根据需要在观念上为自己设计的要达到的目标或结果。人的自觉能动性的表现。目的贯穿实践过程的始终。它的产生和实现都必须以客观世界为前提，同时还受一定历史条件的制约。目的是通过主体运用手段改造客体的活动来实现的。目的有正确和错误之分，只有符合客观规律和历史发展趋势的目的，才能实现。"[1]

目的性作为人类活动的根本属性之一构成了人类活动与动物活动的基本差别，马克思主义哲学对此有系统而经典的论述。"蜘蛛的活动与织工的活动相似，蜜蜂筑蜂房的本领使人间许多建筑师感到惭愧。但最蹩脚的建筑师从一开始就比最灵巧的蜜蜂高明的地方，是他在用蜂蜡建筑蜂房之前，就已经在自己头脑中把它建成了。"[2]"动物只是按照它所属的那个种的尺度和需要来进行建造，而人却懂得按照任何一个种的尺度来进行生产，并且懂得怎样处处都把内在的尺度运用到对象上去，因此，人也按照美的规律来建造。"[3]"动物仅仅利用外部自然界，简单地通过自己的存在在自然界中引起变化；而人则通过所做出的改变来使自然界为自己的目的服务，来支配自然界，这便是人同其他动物最终的本质的差别。"[4]人的存在是一种具有目的性的生命活动，人的有目的性活动是"把自己的生活活动本身变成自己的意志

1　夏征农，陈至立. 辞海（第六版）[Z]. 上海：上海辞书出版社，2009：1618.
2　中共中央马克思恩格斯列宁斯大林著作编译局. 马克思恩格斯选集（第4卷）[M]. 北京：人民出版社，1995：247.
3　中共中央马克思恩格斯列宁斯大林著作编译局. 马克思恩格斯全集（第3卷）[M]. 北京：人民出版社，2002：274.
4　中共中央马克思恩格斯列宁斯大林著作编译局. 马克思恩格斯选集（第4卷）[M]. 北京：人民出版社，1995：383.

和意识的对象"[1]的活动，也就是把"目的"变成现实活动。

不仅人对自然界的加工和改造的活动，人类的社会历史活动（包括教育活动）也同样彰显出人类活动的目的性特征。"在社会历史领域内进行活动的，全是具有意识的、经过思虑或凭激情行动的、追求某种目的的人；任何事情的发生都不是没有自觉的意图、没有预期目的的"[2]。人的历史是人类有意识地通过自己有目的的对象性活动创造的历史。在教育领域中则表现为每一次教育的发展和进步，都是人类不断努力的结果，如义务教育制度从加尔文提出到被世界大部分国家确立与推行的历史，就是无数关心教育发展的人的艰辛奋斗的血泪史，甚至一些个体为此付出了自己宝贵的生命。[3]

马克思主义哲学从作为"类属"的人出发来思考人的目的问题，还可以从具体的个体心理出发来考察人的目的：人的目的和人的意识、需要、动机和能动性是相关的。首先，意识是目的的前提。人所独有的意识是人使用和制造工具，进而产生与世界间离的结果，唯有人能够将世界和他人对象化。不是所有的意识状态都是目的状态，目的是对需要的一种意识，是意识状态的一种。目的伴随意识，以活动过程本身为目的时，人可能处于一种前意识或半意识的状态，以活动之外的目的为目的，人则是"有意识的"。其次，如上文对目的的概念表述，目的的基础是人的需要。目的是需要的外在化，需要是内在的属人的，需要指向一种"行动结果"也就成了目的。有需要不一定就产生目的，只有需要被明确表述出来并加以追求才形成目的。再次，目的作为一种定向，当个体具备了较为充分的实现条件时，就会激发相应的心理意志而形成动机。最后，动机和能动性的区别是，动机可以描述为"有条件要上"的心理过程，能动性则可以描述为"有条件要上，没有条件创造条件也要上"的实践过程。能动性是人的需要、目的、动机等意向性的综合。

目的有正确和错误之分，正确的目的能够保证人的生存发展。人是理性的动物，人的目的性和人的理性是不可分割的，理性孕育出人类行为的目的性并维持其"正确"。理性就其在西方语言中的含义而言，首先也是一种根据、理由与依据。而这种根据、理由与依据的标准，就是人类活动的目的性。理性"作为一种推理或认知的能力，'理性'不仅关涉到知识的获得，而且关涉到行为目的的正当性与合理性辩护"[4]。遵循正确的目的行事就是"合理性

1 中共中央马克思恩格斯列宁斯大林著作编译局. 马克思恩格斯选集（第1卷）[M]. 北京：人民出版社. 1995：46.

2 中共中央马克思恩格斯列宁斯大林著作编译局. 马克思恩格斯选集（第4卷）[M]. 北京：人民出版社，1995：247.

3 中国普及义务教育的梦想始于清朝末年，距今已有百年历史。1904年清政府在《奏定初等小学堂章程》的《学务纲要》中明确指出："初等小学堂为养正始基，各国均认为国家之义务教育。"该章程还明确提出："此项学堂，国家不收学费，以示国民教育国家认为义务之本意。"这是我国历史上第一次由官方明确提出"义务教育"的概念，被认为是近代中国义务教育的正式发端。普及义务教育是中华民族复兴的百年梦想。怀着这一梦想，中国人民进行着艰难的世纪接力。然而，由于政治腐败、经济落后、民不聊生，旧中国无力也无法把有志者的呼唤和人民的愿望变成现实，普及义务教育只是一句空话。经过新中国的近40年的努力，义务教育制度才在中国大地确立，无数人付出了艰辛的努力。参见：翟博. 人类教育史上的奇迹——来自中国普及义务教育和扫除青壮年文盲的报告[N]. 中国教育报，2012-09-09（004）.

4 石中英. 教育哲学导论[M]. 北京：北京师范大学出版社，2002：195.

的"。人类活动的目的性保证了人类的生存与发展。因为人的目的反映人的需要，当客观现实不能满足人的要求，不符合人的愿望时，人们就会产生新的需要，为了使自己重新恢复到一种新的平衡状态，就会按照自己的需要去改造当前的现实对象，创造出适合自己需要的新的现实对象，这样人们就必然要提出某种对象性的活动目的。正是人类活动的目的性保障了人类社会的延续与不断的发展与超越。

哲学家语录

大自然使人类的全部禀赋得以发展所采用的手段就是人类在社会中的对抗性（这种对抗性是指人同外部世界的矛盾）。犹如森林里的树木，正是由于每一株都力求攫取别的树木的空气和阳光，于是就迫使彼此双方都要超越对方去寻求，并获得美丽挺直的姿态那样；反之，那些在自由的状态之中彼此隔离而任意在滋蔓着自己枝叶的树木，便会生长得残缺、伛偻而又弯曲。

——[德]康德. 历史理性批判文集[M]. 北京：商务印书馆，1996：6~9.

2. 教育活动的目的性与教育目的的内涵

虽然人们关于人类教育活动的目的应该是什么，意见可谓是众说纷纭，五花八门。但是对于教育活动是否有目的这一问题的回答却是一致的，那就是教育活动作为一门科学性与艺术性兼具的活动，的确是有而且应该有目的。这正如亚里士多德所言："每一种艺术都设想以某种善为目的，教育作为一种有目的、有意识的人类活动，离不开以某种善为目的，尽管这种善是极不确定的。"[1]那么，为什么教育活动是有目的的？目的对于教育活动有什么样的意义与价值？答案可能在以下几个方面。

首先，从教育的起源上来说，它就包含着人类目的性的需要。马克思主义哲学认为教育起源于劳动，起源于劳动过程中人们传递日常生产与生活的基本经验，而在这些基本经验当中，最为核心的经验即为制造和使用工具的经验，这种经验的传递构成了教育早期最基本的内容。很显然，人们进行这种经验传递的活动具有鲜明的目的性，那就是使人类积累起来的经验可以进行代际的传递。虽然随着时代的发展，教育传递的具体内容有很大的不同，但教育活动的这种原初的目的性始终存在。

其次，从教育的本质上来说，内含着目的性的根本属性。"任何一种实践活动都必须有一个或者是一系列的目的，有了目的我们才能谈论成功与失败，质量与改进等"[2]。教育（无论广义还是狭义）作为以培养人为核心特征的实践活动，也必然具备实践活动的一般特征，

1 2 夏正江. 教育理论哲学基础的反思[M]. 上海：上海教育出版社，2001：99.

即目的性，目的性是内在于教育活动的本质属性。还因为教育活动既然是以培养人为核心的社会实践活动，就必然涉及培养什么样的人的问题，对于这一问题的不同选择产生了教育目的的多样性。

再次，正是教育活动的目的性，保障了教育的健康发展。**教育目的**能够指导教育过程。教育作为一项培养人的伟大活动，关涉到每一个人的发展，承担了极为重要的发展职责，是不允许有失误的。教育的发展必须有一个宏观的指导存在，它可以指引教育发展的方向，修订教育发展的路线，这种宏观的指导便是教育目的。

> **教育目的**
>
> 教育目的是对教育所要培养的人的质量规格的设想和规定。

教育目的亦能够推动教育的发展。教育目的具有价值范导的功能。一个被广泛认同的教育目的，不仅能够指导教育的发展过程，而且能够激发教育系统发展的内在活力，使参与教育活动的人，包括老师、学生和家长等克服追求教育目的过程中遇到的困难与阻力，因为这种教育目的已经变成他们人生理想的一部分，从而成为生命的自觉追求。教育目的能够提供评价教育过程的标准。教育的发展过程需要评价，评价可以保证教育进一步的健康发展。而教育目的的达成程度，则成为评价学校、教师、学生乃至整个教育系统发展状态的最为重要的宏观标准，一切评价教育发展的精细标准的制定也都以此为依托。

最后，教育目的不仅仅可以是从"办教育"或者"发展教育"的角度确立的教育目的，也可以是就具体的教育心理过程而言的"教育的目的性"。现实的个体有现实的需要，基于这些需要就产生现实的教育目的，教育相关的主体无不可以有其目的。第二章关于"教育是什么"的问题的讨论所暴露的，即是微观具体的教育目的和宏观抽象的教育目的的关系。从社会的角度来讲，教育目的是一种制度化的"社会期望"，是应然的。在具体的教育实施中，主体（教师和学生）未必会按照这种期望行事，即教育失去了应有的目的是时常发生的。宏观来讲，教育目的存在，微观来看，教育目的又完全缺席（区别于间接发挥作用的情况）。

总的来看，教育目的可以界定如下：教育目的是对教育所要培养的人的质量规格的设想和规定。教育目的在许多人那里可能会和教育的职能、作用相混淆。职能是本体功能，是应然的，相对于目的的静态结果的描述，更是动态过程的。如教育的职能是促进个体社会化、促进社会发展、文化传递、科学创新。而教育目的的表述是结果性的，即使作用于社会也是经由"作为教育结果的人"，它的表述模式常常是"培养……的人"。教育的作用或功能区别于教育的职能和目的，描述的是教育产生的现实的结果。所以有教育负功能的说法，职能和目的则不会被设定为负面的。教育目的涉及一个标准问题，既然是标准就有不同的层级和结构，教育目的也有其结构。

（二）教育目的的结构

了解教育目的的结构能帮助我们了解教育目的的类型和不同语境下的意旨。教育目的的结构可以分为层级结构和内容结构。对于更为具体的内容结构这里不做涉及。教育目的的层级结构来自于教育场域中的不同主体。教育场域外的个体也可以对教育的目的有所规定，如媒体设想的教育目的、社会人士设想的教育目的、家长设想的教育目的等。体制内的教育目的中，学生期望的教育目的常常不在关照的范围之内，教育目的主要是理论家、行政人员及其影响者、教育者的教育目的。按照教育目的的级别可将教育目的的结构呈现如下表4-1[1]。

表4-1　教育目的的级别结构

理想的教育目的		应然的教育目的
规范的教育目的	国家或地区的教育总目的	
	各级各类学校的培养目标	
	学科专业的课程目标	
	教案学案中的教学目标	
学校和教师的教育目的		实然的教育目的
手段方法中潜在的教育目的		
落实在学生身上的教育目的		

我们在理论话语中时常谈论的教育目的，常常仅仅是狭义的教育目的，即某个国家或地区的教育总目的。各级（纵向）各类（横向）学校的培养目标和课程目标，教师授课的教学目标仅仅是总目标的步步延伸。合起来可以称为规范的教育目的。规范的教育目的由行政和立法机构、教育行政机构、教育组织和机构、社会实权单位来厘定，大都是"白纸黑字"，对实践形成约束。再广一些，涉及教育目的的不同价值取向的时候，所谈到的教育学家、教育家、政治家的教育目的学说属于理想的教育目的。后文所言的教育目的大都是这前两种，即应然的教育目的或教育目的的价值取向。学校和教师的教育目的是在教育教学生活、活动之中的教育目的，有时候未必合乎理性，是实然的。手段方法、组织形式中的教育目的是潜在的，往往体现的是内蕴于文化深处的价值观。比如，更多"秧田式"的教学组织形式意味着塑造顺从的习性，培养惯于通过自我牺牲维持整体的和谐一致这样的个体。意识到手段方法中潜在的教育目的，可以是我们更重视通过方法手段的调整培养我们所需要的人。落实在学生身上的教育目的已然不是教育目的，犹如"射箭入靶"，已有"结果"而非"结果的预期"。杜威的"教育即生长"，某种程度上似乎混淆了"结果"和"结果的预期"，所以得出"教育无目的"的结论，给人"生长成什么样都可以"的感觉。

在这一结构中，学生的教育目的未被关注。儿童想成为什么样的人，也会受到国家教育总目的、学校和教师教育目的的影响，当然也会受到其他方面直接或间接的影响，最后形成他们对待学习和教育的态度与策略。学生的教育目的和教师的教育目的时常交错互动。对此教师应该获得有意识的反思。

1　陈桂生."教育目的"的逻辑[J]. 当代教育科学，2006（2）：61~62.

（三）教育目的之于教师

"教育者是否需要一个教育目的，这似乎是不言而喻的。教育当然是一种有所指向、有目的的事业——它怎么可能不是这样呢？"[1]但是，的确有人对此提出了质疑，有的人以教育目的过于抽象难以指导具体的教育活动为名反对教育目的的存在，有人以强调教育应注重过程性原则为名反对教育目的的存在。但是，理性地看待，这一切反对的声音都是缺乏审慎的思考而带有一定武断色彩的，因为，无论教师怎么做，他对于要形成学生什么样的素质结构都是具有一定的设想，都是在这一设想之下进行的，不存在没有任何设想的教师的教育行为。

教育学家语录

俄国教育家乌申斯基曾做过这样一个形象的比喻：如果建筑师在为一座新建筑物奠基时，连要建筑什么东西都回答不出来，那你将对他说什么呢？同样，如果一个教育者不能明确说出他教育活动的目的，那你将会说出对建筑师同样的话来。

——桑新民. 呼唤新世纪的教育哲学[M]. 北京：教育科学出版社，1993：197.

著名哲学家怀特海（Alfred North Whitehead，1861—1947）说："教育目的之于教师具有重要的意义与价值。它是一切教育活动的指挥棒，是教师头脑中教育计划的蓝图与构想，这种蓝图与构想指导着教师一切的教育行为。我们希冀在孩子生动活泼的大脑中唤起美好品性，但是如果我们自己对此品性都没有一个清晰的概念，就盲目地推行教育改革计划，结果是毫无用处的；如果你没有明确的教育目的，你的一切教育方案都是徒劳的。"[2]一些教育者在教育工作中引领着学生大步向前走，走得很快、走了很远，但却忘记了当初为何而出发，向哪里行进，这是一件可怕的事情。因此，当我们把儿童纯洁和敏感的心灵托付给教育，任其在这些心灵的白纸上刻画最初的、也是最深刻的轮廓时，我们完全有理由去问教育者：你正在培养什么样的人？为什么培养这样的人？并要求对这个问题做出明确而断然的答复。当前，我国素质教育的发展如火如荼地进行，在其推进的过程中，我们深刻地认识到了，其中教师自身的素质教育理念、目标的建构、内容和方法等方面的改革都成为素质教育实施的重要保障。教师作为教育实践的主体，通过和作为另一主体的学生的交互作用，根据实际的情况和条件，指导、帮助学生确立自己的发展目标，促进学生的身心不断发展。这样，在教育实践第一线的教师就不再仅仅是国家教育目的的执行者，更重要的是作为教育实践的当事人，其自身的教育理念、教育目的对教育实践活动的顺利进行，有着更为直接的影响作用。

---

1 [英]约翰·怀特. 再论教育目的[M]. 李永宏，等译. 北京：教育科学出版社，1997：7.
2 [英]怀特海. 教育的目的[M]. 北京：生活·读书·新知三联书店，2002：12.

二、思考教育目的问题的多重维度

作为熟知的教育目的，我们对它是否真的了解？我们凭什么让受教者相信一个指向未来世界的教育目的？教育目的是不是乌托邦？换言之，教育目的何以可能？回答这些问题，在一定意义上讲，就是要回答如何看待教育目的的历史、现在和未来；如何看待教育目的中的人和社会的问题。

（一）"当下"与"未来"

长期以来，在教育目的的确立的过程中，存在着关于现在与未来的不同理解，产生了教育目的不同的价值取向。具体说来，教育目的到底是指向未来的人和未来的社会，还是适应现在的人与现在的社会，历史上存在很大的分歧，产生了"现时主义"与"未来主义"两种有分歧的教育目的论的价值取向。

1. 现时主义教育目的价值取向及其基本主张

教育目的论的现时主义取向重视儿童的当下生活的重要意义和价值。强调教育目的制定的首要出发点是儿童当前生活的需要和兴趣，反对教育是未来生活的预备，反对未来生活的价值高于儿童当下生活价值的基本主张，认为教育就是生活的过程。法国思想家、教育家卢梭是教育目的现时主义的典型代表，他在《爱弥儿》中对人们热衷于未来的美好设想而忽视可靠现在的想法给予了猛烈的批评，对教育预备论观点进行了强烈的批判。卢梭所以反对指向未来生活的教育目的，首先是因为卢梭对儿童这一发展阶段的高度尊重。卢梭在教育发展史上发现了儿童的尊严和价值，他说："儿童有儿童的价值，成人有成人的价值。"他的这一发现也被称为"教育发展史上哥白尼式的革命"。其次，卢梭的这种观点和他认为未来生活的不确定性有关。在卢梭生活的那个年代，社会政治动荡不安，国家矛盾一触即发，且儿童的身体状况不佳，一些儿童还没有活到成年就已经夭折了，所以，国家如此之不可靠，个人命运如此之不确定，牺牲可靠的当下，遵循遥不可及的未来，实在是不可取。总之，现时主义教育目的强调围绕当前个体、当前社会进行教育目的的设计和选择。

2. 未来主义教育目的价值取向及其基本主张

未来主义教育目的的价值取向认为："教育要面向未来，以人类完美的理想和整个命运为定向，不能仅仅面向现在，更不能面向过去，教育要为一个尚未存在的社会理想孕育新人，使儿童在心目中树立起一种关于未来社会的美好信念，树立起为之奋斗的理想和抱负，并通过积极的学习与自我教育去影响周围的人。"[1]未来主义教育目的的价值取向的典型代表是英国教育家斯宾塞。他的"教育是为完满生活做准备"的理念是这一价值取向的最好诠释。

1　夏正江. 教育理论哲学基础的反思[M]. 上海：上海教育出版社，2001：297.

而法国哲学家、教育家阿兰（Alam，1868—1951）则在《教育漫谈》中表达了自己认为教育预备论的必要性。他说："什么儿童乐园，什么寓教育于娱乐之中的发明，我是不太相信的，那本来不是对待人的出色方法，发现一种高雅的乐趣，还有什么比这经验更能使人提高呢；谁不在开头吃些辛苦，谁就终将愚昧无知。人是靠辛苦的陶冶才称其为人的。他必须自己去赢得自己的真快乐，他必须自己配得上这快乐，先付后收，这是规律。"[1]总之，未来主义教育目的的价值取向是建立在未来生活的价值高于现时生活的价值基础上的，是建立在儿童阶段的发展价值是为成人阶段的发展服务的基础上的。

3. 合理看待教育目的价值取向中的"现时"与"未来"

（1）现时主义教育目的观的合理性

教育目的也要从"现实生活"去诠释人的发展。现实生活人的生存发展性决定并表现为它的历史既定性，即任何历史时期的现实生活人都是以往全部人类生存发展经历和经验的缩影和结晶。正如马克思所说："一旦人已经存在，人作为人类历史的经常性前提，也是人类历史的经常性的产物和结果，而人只有作为自己本身的产物和结果才能成为前提"。[2]这种"历史的经常性的产物和结果"又使人们获得了创造历史的现实条件和力量。这种现实条件使我们需要从人的实际生活去看待人的发展。那么，教育目的作为教育生活的重要组成，正是要使发展中的人以自己的生活活动去实现自己的生活目的，教育应该教会人去改变不会主动满足自己的世界，使其为人所用。"人们的存在就是他们的现实生活过程"[3]，教育目的不仅要从"历史发展"去理解人的超越性，更要从"现实生活"去理解人的发展。所以，教育目的首先要对当下社会的政治、经济、生产力发展水平产生一定影响，其次要考虑一定的历史继承性，一个时代的教育目的必然会对下一个时代的教育目的产生一定影响，人们往往会根据当下的需要，对以往的教育目的观或是在一定程度上继承，或是在某些方面持反对态度，或是采取中庸之道；此外还要考虑人的发展规律，教育目的是为了培养人而产生，那么它就要符合人的身心发展规律。

🔊 教育哲学家语录

当我们看到野蛮的教育为了不可靠的将来而牺牲现在，使孩子受各种各样的束缚，它为了替他在遥远的地方准备我认为他永远也享受不到的所谓幸福，就先把他弄得那么可怜时，我们心里是怎样的想法呢？即使说这种教育在它的目的方面是合理的，然而当我看见那些不幸的孩子被置于不可容忍的束缚之中，硬要他们像服苦役的囚徒似的不断地工作，我怎么不

---

1 华东师范大学教育系. 现代西方资产阶级教育思想流派论著选[M]. 北京：人民教育出版社，1980：243.
2 中共中央马克思恩格斯列宁斯大林著作编译局. 马克思恩格斯全集（第26卷）[M]. 北京：人民出版社，1974：545.
3 中共中央马克思恩格斯列宁斯大林著作编译局. 马克思恩格斯选集（第1卷）[M]. 北京：人民出版社，1995：92.

感到愤慨，怎能不断定这种做法对他们没有一点好处？欢乐的岁月是在哭泣、惩罚、恐吓和奴役中度过的……

    ——[法]卢梭．爱弥儿（上）[M]．李平沤，译．北京：人民教育出版社，2001：69.

（2）未来主义教育目的观及其合理性

教育目的是永远指向未来的。人不能停留于历史或现实之中，否则人将存在于一种凝固的时空，这里充满已知，没有创造性的生活，人就走向了单一的生活色彩。"现实的人总是不满足于人的现实，总是要使现实对人来说成为更有'价值'、更有'意义'的理想的现实。"[1]人生活的世界是人创造的可能生活世界，而并非一个自然而然存在、生生不息运动变化着的世界。所以人类总是试图从历史的理性出发，站在现实之上，去勾勒自己未来的蓝图。教育目的尤其如此，邓小平同志指出："教育要面向现代化、面向世界、面向未来。"教育要培养人，培养未来的人，培养能过未来生活的人。教育的目的就是人将要向何处去的一种理性的探寻，"目的作为一个预见的结局，活动就有了方向，这种目的，不是一个单纯旁观者的毫无根据的期望"[2]，目前，"教育在全世界的发展正倾向先于经济的发展，这在人类历史上大概还是第一次"[3]。这种教育先行思想就是教育目的指向未来性的最有力说明，在一定程度上，教育的目的就是"替一个未知世界培养未知儿童"[4]。教育的不断改革和创新都是为了实现教育目的的理想，这种理想的伟大使命就在于"它为可能性开拓了地盘"，"并赋予人以一种新的能力，一种善于不断更新人类世界的能力"[5]，这个理想的蓝图是必要的"乌托邦"。"天地不仁，以万物为刍狗"[6]，自然对人的追求并不给予特殊的偏爱，进而与动物相区别。人是"所谓'文化——道德人'"，然而人是否是生而是"文化——道德人"，从历史到今天，从东方到西方，性善与性恶之辩各有所证，不同文化之下人的生活各不相同。"作为道德本体的人的自然存在，才是无条件的目的自身，才是作为现象界的整个自然的最终目的和归宿。"[7]这是需要通过教育来培养的人，尽管教育的目的常常是有限的（体现在当下我们没办法证明在未来几十年甚至几百年间它是正确的），但重要的是，人类的历史理性使"'目的通过手段和客观性相结合'，产生和得到了远远超于有限目的的结果和意义"[8]。所以，这种理性的、指向未来人和社会的教育目的正从理想走向现实。

1　孙正聿．属人的世界[M]．长春：吉林人民出版社，2007：3.
2　[美]约翰·杜威．民主主义与教育[M]．北京：人民教育出版社，2001：113.
3　联合国教科文组织．学会生存——教育世界的今天和明天[M]．北京：教育科学出版社，1996：35.
4　联合国教科文组织．学会生存——教育世界的今天和明天[M]．北京：教育科学出版社，1996：36.
5　[美]卡西尔．人论[M]．上海：上海译文出版社，2004：85.
6　陈鼓应．老子今注今译[M]．北京：商务印书馆．2003：93.
7　李泽厚．批判哲学的批判——康德述评[M]．北京：生活·读书·新知三联书店．2007：424.
8　李泽厚．批判哲学的批判——康德述评[M]．北京：生活·读书·新知三联书店．2007：432～433.

（3）教育目的的制定中应保持"现时"与"未来"的必要张力

教育目的的制定中应如何合理看待现在与未来的关系呢？关于这一点，著名哲学家怀特说："如果我们的目的是仅仅使孩子们现在得到快乐，那么，为什么他们今后的生活就应该抛弃在考虑之外呢？假设强调眼前的快乐可能会使得他们今后失去快乐？为什么现在的快乐应该以牺牲将来作为代价呢？另一种说法也同样存在武断性：如果说成年时的快乐便是一切，甚至可能要使牺牲现在的快乐为代价，那么，为什么人生后期的生活应该看作比前期生活更为重要呢？避免这一武断性的无疑方法是，把生命的各个阶段看作同等重要来加以考虑。"[1]

教育目的是人类历史发展的产物。"人类的历史是追求自己的目的的活动过程"[2]，尽管"人们自己创造自己的历史，但是他们并不是随心所欲地创造，并不是在他们自己选定的条件下创造，而是在直接碰到的、既定的、从过去承继下来的条件下"[3]创造。社会的变革、新文明的出现，无不是建立在历史条件之上。无论何种哲学思想、何种主义、何人之独见的教育目的观，教育活动总要传承人类历史的文化，"人类是在文化的遗传与进化中实现自身的历史发展的"[4]。人不同于动物，人类不仅仅是生命的复制，人类贵于能构成自己的历史，可以说"人是'历史'的存在，'历史'是人的存在方式"[5]，这种"历史"的存在方式使人的生命演化获得了自我超越，即发展，换言之，人的发展就是人的生命演化过程中的一种自我超越。而教育的目的正是要促使人的发展，这种发展的根本前提就是：教育要使发展的主体能够实现自我否定，继而达到新的飞跃；同时能使发展的主体感觉到自己在发展，进入了新的意义世界。教育目的既要指向未来的人又要指向未来的社会。所以教育的目的就要考虑到当下个体人和当下社会的和谐发展，同时也要使人认识到未来的社会是美好的、和谐的。

（二）"个人"与"社会"

长久以来，在教育目的的价值取向上，存在着个人本位与社会本位的论争，两种不同的价值倾向在依托的哲学基础、所持的立场、观点和见解方面都表现出了一定的不同。

1. 个人本位教育目的论及其基本主张

个人本位教育目的论的兴起和文艺复兴以来个人权力和意识的觉醒有着紧密的内在联系，因为正是文艺复兴运动唤醒了人类的权利意识，确立了诸如自由、平等等一些个人的权利概念。在教育发展史上，个人本位教育目的论的典型代表当首推卢梭。卢梭在其名著《爱

1　[英]约翰·怀特. 再论教育目的[M]. 李永宏，等译. 北京：教育科学出版社，1997：43.

2　孙正聿. 属人的世界[M]. 长春：吉林人民出版社，2007：3.

3　中共中央马克思恩格斯列宁斯大林著作编译局. 马克思恩格斯选集（第1卷）. 北京：人民出版社，1995：585.

4　孙正聿. 属人的世界[M]. 长春：吉林人民出版社，2007：10.

5　孙正聿. 属人的世界[M]. 长春：吉林人民出版社，2007：11.

弥儿》中阐发了自己的自然主义教育的基本理念。他从论述一个自然人和一个公民的区别开始，他说"自然人完全是为他自己而活；他是数的单位，是绝对的统一体，只同自己和他的同胞才有关系"[1]，他不像公民那样是依赖于社会，而不具备独立的价值。"他的自由是没有规律而言的，是没有任何责任感的自由。"[2]他并且鲜明地声称了自己的教育目的是培养自然人而不是一个公民。卢梭的自然人的培养目标的确立表明他在教育目的的价值选择问题上有鲜明的个人本位论色彩。个人本位的教育目的论的代表除了卢梭之外还有德国的新人文主义教育目的论，英国的自由主义教育目的论以及存在主义教育目的论等。

个人本位教育目的论的基本特征是：首先，对于个人的生命、价值以及尊严给予高度的尊重。他们强调教育的目的存在于个体的人本身，对因为社会的原因将个人工具化和手段化的行为，个人本位教育目的论者持强烈的反对情绪。这正如康德所言："人，一般来说，每个有理性的东西，都自在地作为目的而实存着，他不单纯是这个或那个意志所随意使用的工具。在他的一切行为中，不论是对于自己还是其他有理性的东西，任何时候都必须被当作目的。"[3]其次，对于个性的价值给予充分的重视。个人本位教育目的论者对于个体的性格多样性给予充分的尊重。认为正是个体的独特性丰富了世界的多样化存在，每一个个体的存在都有其独特的价值。任何外在的强制性力量对个性的规约与束缚都将不利于个体生命的展开，同时也是对个人生命权利的漠视。最后，个人本位教育目的论者推崇学生的自由选择精神。他们认为这种自由是使学生个性获得自由发展的良好条件。这种自由有两种基本的含义，一种是源于个体天性的各种自由权利，一种是个性的自由表达与自由发展的权利。[4]

2. 社会本位教育目的论及其基本主张

19世纪下半叶，社会本位的教育目的论思想得以兴起。社会本位的教育目的的最基础性特征是强调社群的价值和利益高于个人的价值和利益。如盛行于19世纪欧洲的国家主义思潮是其典型的代表。国家主义思潮把国家和民族的发展置于首位，倡导"国家至上"，主张强化国家机器，增强国家势力；宣扬无国家即无个人，个人依国家而存在，要求人们牺牲个人的自由、幸福，放弃国内政治斗争，效忠于国家。其实质就是：国家的利益高于一切。当个人利益与国家利益、他国利益与本国利益发生矛盾和冲突时，均以国家利益或本国利益为重，甚至要牺牲个人利益和他国利益。其他社会本位教育目的论的思潮还有社会主义、民主主义以及哲学社会主义思潮和马卡连柯的集体主义思潮等。

1　[法]卢梭. 爱弥儿（上卷）[M]. 李平沤，译. 北京：商务印书馆，2010：9.

2　张盾. "道德政治"系谱中的卢梭、康德、马克思[J]. 中国社会科学，2011（3）：60.

3　[英]斯蒂文·卢克斯. 个人主义：分析与批判[M]. 朱红文，译. 北京：中国广播电视出版社，1993：57.

4　夏正江. 教育理论哲学基础的反思[M]. 上海：上海教育出版社，2001：160.

🔊 **教育哲学家语录**

我们假定教育的目的在于使个人能继续他们的教育，或者说，学习的目的和报酬，是继续不断生长的能力。但是，除非一个社会人与人的交往是相互的，除非这个社会的利益能平等地分配给全体成员，从而产生广泛的刺激，并通过这些刺激适当地进行社会习惯和制度的改造，这个思想不能应用于社会的全体成员。而这样的社会就是民主主义的社会……整个社会的某部分人将会发现他们的目的是由外来的命令决定的；他们的目的并不是从他们自己的经验自由发展而来，他们有名义上的目的，并不真是他们自己的目的，而只是达到别人比较隐蔽的目的的手段。

——[美]约翰·杜威. 民主主义与教育[M]. 王承绪，译. 北京：人民教育出版社，2001：111.

社会本位教育目的论的基本特征是：首先，强调社会因素是教育目的制定首要考虑的因素。与个人本位教育目的论者强调个人因素在教育目的制定中的重要位置不同，社会本位教育目的论者强调教育目的的确定的首要参考要素是国家。如德国的社会本位论者纳托普所言："在教育目的的决定方面，个人不具有任何价值，个人不过是教育的原料，个人不能成为教育的目的。"[1]涂尔干也曾经鲜明地指出，教育的目的就在于使年轻一代系统的社会化。"塑造社会我，这就是教育的目的。"[2]其次，强调普遍意识的个体心理素质。社会本位教育目的论者反对个人本位教育目的论者对儿童个体的推崇，它更多地强调一种普遍的价值和准则的培养与训练，认为这是形成普遍国家观念的思想基础，认为正规教育的任务在于："从理论上引导儿童沿着普遍心理的道路前进，而不仅仅是允许他自由自在地行动、玩耍与游戏。"[3]最后，强调纪律教育。社会本位论者强调个人对纪律的服从是形成良好公民素养的基本条件，因为这是形成公民社会义务感的基础；强调集体的规范权力在个人自由之上，且认为只有纪律才能够保障个人的自由。因此，他们大都看重集体主义教育的重要价值与意义。

3. 合理看待教育目的价值取向中的"个人"与"社会"观

（1）个人本位教育目的论的合理性

教育目的的个人本位论主张教育目的应以个人价值为中心，应主要根据个人自身完善和发展的精神性需要来制定教育目的和建构教育活动。它否定社会制度的权威，反对社会对个人的束缚，强调个人自由权利的至高无上，将人视为万物的尺度，主张教育的首要目的不在于谋求国家利益和社会发展，而在于发展人的理性和个性，使人真正成其为人。在这种理论看来，教育目的应该根据个人自身完善和发展的天然需要来制定，从而使人的本性得到完善

1　夏正江. 教育理论哲学基础的反思[M]. 上海：上海教育出版社，2001：163.

2　张人杰. 国外教育社会学基本文选[M]. 上海：华东师范大学出版社，1989：9.

3　夏正江. 教育理论哲学基础的反思[M]. 上海：上海教育出版社，2001：164.

和最理想的发展，因为个人的价值高于社会的价值；教育必须反对和拒斥现实社会对人的发展的干扰，因为有利于个人发展的教育就一定有利于社会发展，但有利于社会发展的教育却不一定有利于个人发展；人生来就有健全的本能，儿童是独立自主的个体，是真、善、美的原型，教育的目的就在于使这种本能不受现实社会影响地得到自然的发展。

（2）社会本位教育目的论的合理性

教育目的的社会本位论主张教育目的应以社会价值为中心，应主要根据社会发展需要来制定教育目的和建构教育活动。它主张，个人的发展依赖于社会，受制于社会，人的身心发展的各个方面都靠社会提供营养，人的一切都从社会得来；真正的个人是不存在的，只有人类才是真正的存在，人之所以为人，只因他生活于人群中并参与社会生活；个人不过是教育的原料，不具有任何决定教育目的的价值；教育的首要目的就是使个体社会化，使个人适应社会生活，成为对社会有用的公民；教育过程就是把社会的价值观念或集体意识强加于个人，把不具有任何社会特征的人改造成为社会的人。

（3）教育目的制定中应保持"个人"与"社会"的必要张力

按照马克思主义的观点，社会总是人的社会，它是由一个个有血有肉的活生生的个人所组成的联合体，因而抛开一个个具有相对独立性的个人，这个社会联合体也就成了一个空架子。同样，人总是社会的人，他总要生活在一定的社会环境中，人的本质不可能是单个人固有的抽象物，在其现实性上，它只能是一切社会关系的总和，因而个人不可能脱离社会而存在，他终究要与他人、与社会发生这样那样的关系。决然离开社会的个人无疑是难以想象的。从马克思的劳动对象化理论来分析人和人类社会的发展，可以清楚地看到，社会是人在劳动过程中创造并不断发展着的，是人的本质的外在表现，是人类社会发展的客观标志；同时，特定的社会条件作为每一时代人们存在的基础和前提，既促进了个体的发展，又制约着个体的发展。因此，人的发展和社会的发展不仅是同步的，而且是同一问题的两个不同侧面，两者互为因果，又互为条件。脱离开社会来谈论人的全面发展，只能是一种理论研究中的抽象，若作为现实中的教育目标，则必然落空。因为心智的全面和谐发展或身心的全面和谐发展既要以社会的全面和谐发展和高度完善化为条件，又要以进一步推动和促进社会的全面和谐发展为目的。学校教育要培养出全面发展的人才，不仅学校本身（包括教师、教学内容、设施、方法等）必须高度发展和完善化，而且整个社会尤其是社会中的教育系统也必须高度发展和完善化。可见，只有把个体和社会的发展统一起来，才能正确把握人的发展的社会历史性。社会主义的教育目的必须在个体和社会的统一中来把握身心的和谐发展和心智的（知、情、意）和谐发展。

第二节
教育目的确立的哲学理路

🎯 **学习目标**

了解教育目的确立的三种哲学方式。

教育目的问题可以称为教育领域内异常复杂又异常重要的问题之一，正如英国教育哲学家怀特（John White，1934— ）在《再论教育目的》中所言："在他之前，似乎还找不到一部比其《再论教育目的》这本书更长的论著。这一事实显然与该论题的重要性极不相符。"因此，怀特猜测说："这个主题是不是太大的难以涉足，它是不是与终极价值关怀、社会利益以及人类在宇宙中的位置等错综复杂的基本问题交织在一起，以至于鸿篇巨论也难以把他阐述清楚呢？或者与之相反，这个问题是不是不值得一提呢？或许谈论教育目的的问题达不到任何效果，要么因为我们谈论的结果是主观上的徒劳。"[1]怀特的两种猜测均引人深思，翻看历史上的哲学著作，可以看出，关于教育目的的表述可谓是浩如烟海，不同的哲学家和教育家从自己不同的哲学立场出发，来阐述自己关于教育的基本主张，对什么样的人才是教育的理想模型进行展望。并且，历史上的不同国家和地区，在国家的建设和民族的发展中，对于其实施教育要培养的人才的质量与规格也有自己的设想与规定。这不仅引发我们的思考，教育目的的价值基础与价值源泉是什么，这些表述不同，思想各异的教育目的是如何确立起来的呢？纵观各位思想家、教育家确立自身教育目的的过程，可以看出，这些教育目的的确立基本上遵循以下三个基本的途径。

一、从演绎哲学角度

（一）从演绎哲学角度确定教育目的的典型代表

所谓从演绎哲学的角度确立教育目的，即是指从思想家或教育家的哲学体系出发，把教育作为其哲学体系的组成部分，从自身哲学思想角度谈论对教育的根本观点和看法从而得出教育目的的基本主张的思想路线。可以说，这种教育目的的确立的方式是对于教育目的应该是什么的最为经典的回答方式，它的发展具有源远的历史，很多的哲学家和教育家都是通过这样的方式来确立自己的教育目的的，如柏拉图，亚里士多德、古代理性主义教育哲学、夸美纽斯等都是当时回答教育目的是什么的典型代表。

> **教育目的确立的途径**
>
> 教育目的的获得途径大体上可以分为三类：即演绎哲学的角度、分析哲学的角度和科学实证的角度。

1 [英]约翰·怀特. 再论教育目的[M]. 李永宏，等译. 北京：教育科学出版社，1997：7.

　　柏拉图在其名著《理想国》中不仅阐述了自己的政治理想，而且详尽地讨论了为了实现自己的政治理想如何建设和发展教育的问题。由于柏拉图所生活的时期是雅典的政治和社会都剧烈动荡的时期，他通过考察当时世界上各个国家的政体之后发现，没有哪一个国家的政体是理想的。为了实现柏拉图理想中的政治体制，他进行了大胆的设想与规划，他说："除非哲学家成为我们这些国家的国王，或者我们目前称之为国王或统治者的那些人物，能严肃认真的追求智慧，使政治权力和聪明智慧合二为一；那些得此失彼、不能兼有的庸庸碌碌之徒，必须排除出去，否则的话……对国家甚至我想对全人类都将祸害无穷，永无宁日。"[1]由此，柏拉图从自己的政治哲学出发，论证了哲学王存在的必要性与价值，并由此确立了教育的目的为培养哲学王。在《理想国》中柏拉图详尽地阐述了哲学王的培养问题，包括培养阶段、学习内容和注意事项等。而对于教育发展具有突出贡献的另一位教育家夸美纽斯，他的教育目的的得出也是从其哲学思想演化而来。他说："人的终极目的是与上帝共享永恒的幸福。至于我们在这过渡的人生里面的附带目标，我们看了造物主造人的时候的自白就可以明白。他说：'我们要照着我们的形象，按着我们的样式造人，使他们管理海里的鱼、空中的鸟、地上的牲畜和全地，并地上所爬的一切昆虫。由此可见，人在有形的造物中要成为：理性的动物，一切造物的主宰和造物主的形象和爱物。'"人要成为一个理性的动物，就要唤出万物的名字并推考世间的一切事物"；"人要主宰万物，就要使万物的正当目的正确地实现出来，使万物均为己用"；"最后，人要成为上帝的形象，就要像他的原型一般完美"。"由此可见，人生成要：① 熟悉万物；② 具有管束万物与自己的能力；③ 使自己与万物均归于万有之源的上帝。"[2]由此可见，夸美纽斯教育目的的提出正是由其宗教哲学演化而来，教育是实现其宗教理念的基本工具。以上，这种类似于柏拉图和夸美纽斯等人获得自己教育目的的方式我们就称之为从演绎哲学角度获得。

（二）从演绎哲学角度确定教育目的的基本特征

1. 一般都具有一定的超验色彩，缺乏严密论证

　　教育家夸美纽斯对其教育目的的阐述是建立在其宗教观念基础上的。他对于教育目的的回答是属于哲学思辨式的或者说是形而上学式的。这种方式的主要特征是借助于作者虔心的某个形而上学的基本原理，进而逐步的推导出教育的目的。因此，实践上，这里的教育目的是与其哲学本体论紧密相关的，阐述的教育目的主张是其哲学观的延伸。且常常由于从某个不证自明的假设出发，因而使其教育目的的论证缺乏严密的逻辑链条，甚至得出的结论也是超验的或者是经验的。例如，法国的马利坦（Jacques Maritain，1882—1973）

1　[古希腊]柏拉图. 理想国[M]. 郭斌和、张竹明，译. 北京：商务印书馆，1986：214～215.
2　[捷]夸美纽斯. 大教学论[M]. 傅任敢，译. 北京：教育科学出版社，1999：10～11.

的教育目的论和价值观是建立在以神为背景的对人性的思考上的。他认为"教育的主要目的决定于人的本性"[1]。在马利坦看来，人是一个最基本的哲学问题，教育的主要目的应该建立在人性本质存在的哲学基础上，而不是建立在人性现象特征的科学基础上。因为科学不能回答人的价值问题，"科学本身主要既不缔造教育，也不指导教育，因为教育主要需要懂得人是什么——人的存在的基本原理是什么，他在世界中的地位和价值是什么，他的命运是什么。这必然和人的哲学知识有关"[2]。马利坦从托马斯主义关于人的哲学立场出发，认为人作为有机体是由"个体"与"个性"两部分构成的。他认为，人既是肉体的，又是精神的，两者相互依存，缺一不可。在马利坦看来，教育的主要目的是根据使人成其为人的个性特征确定的。这个主要的目的就是使人获得内部的和精神的自由，换句话说，就是通过知识、理智、善良意志和爱获得解放。由于"人是一个借智力和意志而控制着自己的人"[3]，因此，理智和意志是人的发展中最为重要的东西。他认为，"博爱，爱上帝，爱上一切人，这是最高的德行"[4]，是人类行为的最高原则，也是人类真正幸福的根本。一个人只有获得真理的最高成就——智慧，拥有最高的德行，才能获得内在的和精神的自由和解放。

2. 大多具有明显的理想化色彩，较少考虑到教育目的制定的影响因素

从演绎哲学角度获得教育目的，由于是从自身的某一哲学理念出发来进行阐述，并且常常是把教育当作其哲学思想的一个部分来进行阐述，而哲学家的哲学理念常常又具有明显的形而上学色彩，因此，他们由这一理念派生的教育目的也具有理想化的色彩，较少考虑到教育目的制定的现实因素。这一特点在很多从演绎哲学角度确立教育目的的教育家当中都有很明显的体现。如《理想国》中的哲学王、夸美纽斯的教育目的等，他们对教育目的的得出很少或者几乎不考虑受教育者的因素以及社会变化和发展的趋势，他们提出的教育目的具有超越于现实之上的色彩，并且呈现出恒常不变的基本特征。这就导致如此得出的教育目的常常由于过于抽象而失去了对于现实教育的指导和影响，因为过于抽象而使得教师常常觉得无从下手，因此，他们对于社会现实的关照不够。

二、从分析哲学角度

（一）从分析哲学角度确定教育目的的典型代表

从分析哲学角度确定教育目的，实际上他们的话语并不直接指向教育目的，而是通过论证与教育目的直接相关的话题来贡献自己对于教育目的的看法。分析教育哲学的代表性著作有奥康纳（O'Connor）的《教育哲学导论》，有哈迪的《教育理论中的真理与谬误》，彼

---

1 2 3 4 西方现代教育论著选[M]. 王承绪，赵祥麟，译. 北京：人民教育出版社，2001：314.

得斯（Richard Stanley Peters）的《教育的概念》等。奥康纳是20世纪西方分析哲学最重要的代表性人物之一，他认为语言分析是哲学研究最重要的方法。他认为，传统哲学所以存在问题的一个很重要的原因就是他们的概念不够精准，因为他们的概念是建立在日常话语之上，而哲学的分析话语则应是抽象精准的学术概念。他从自己这一理论出发，坚定地认为："有关教育的理论往往是由各种不同表述构成的复杂的混合物。正因此，这些表述才容易被学习理论的学生甚至被一些作者误解。"[1]这样，概念的澄清与分析就被奥康纳认为是最重要的任务。他的这些分析影响着教育目的的确立。在分析教育哲学的教育家当中，彼得斯是其中一位典型的代表。彼得斯根据教育这一概念的分析，是通过两个密切相关的途径进行的：一是分析什么样的人才算是"受过教育的人"；二是分析教育活动所必须服从的标准。彼得斯对"受过教育的人"的形象特征分析与教育活动过程三个逻辑条件的分析，可以看出，两者存在一种很大的共同点，即都极力强调"知识与理解"的重要性。由此可见，虽然他们阐述的主题都与教育目的不是直接相关，但是他们的对相关教育概念的分析却是确立教育目的的基础。他们正是以这种特有的方式来贡献自己对于教育目的的确立的意义与价值的。

（二）从分析哲学角度确定教育目的的基本特征

1. 分析哲学教育确立教育目的可以让教育问题的理解更为清楚

赫胥黎说："在这个世界上的一切事情中，清楚的和明确的错误最近于正确。假如你们在正确和错误之间闹哄哄的跑来跑去，熙熙攘攘和摇摆不定，那你们就会一无所得；但是，假如你们一直不断犯错误的话，那在某些时候你们肯定会有特别好的运气，即在事实面前碰壁，然后使你们再一次正确。"[2]从分析哲学的角度来论证教育目的问题，虽然并不能清晰明确地规范教育目的到底是什么，也不能为教育目的确立明确的价值方向，但是，它通过对教育中大量存在的模棱两可的概念的进一步澄清与分析，可以让我们对教育目的问题理解得更为清楚和明白。

社会状态是否可以作为教育目的

从有关教育目的的论述中，人们可以得出一种印象，似乎不仅想要达到的受教育者的人格状态（设为教育目的1），而且想要达到的社会及其文化状态（设为教育目的2）也可以成为教育的目的。自从柏拉图和亚里士多德将国家理论和教育理论以最紧密的方式联系起来加以研究以来，教育总是不断地被视为是实现政治目的的手段。如"迈向民主""消除人剥削

1　D. J. O'Connor. *An Introduction to the Philosophy of Education*. Routledge & Kegan Paul Limited, 1957.

2　[英]赫胥黎. 科学与教育[M]. 单中惠，译. 北京：人民教育出版社，2005：118.

人的社会""职业和闲暇"之类，它们都可以作为教育目的吗？

将教育目的2称为教育目的是受到了一种假象的迷惑。以"民主社会"为例，学校要实施民主教育，仿佛就可以得出学校教育的目的是造就民主社会。这种推论并不成立，民主教育并不是造就民主社会的充分条件。民主教育的目的至多是塑造"民主的人格结构"，但这也同样不能作为教育独立完成的事情。如果将之作为教育目的，也会使教育背负沉重的负担，因为"民主社会"归根结底是政治目的，教育只能改变个体的意向却不能直接从根本上改变社会关系。除却将教育目的和政治目的相混淆，教育目的2还混淆了事实和理想。民主社会是一种社会理想，理想不会必然成为结果，教育目的只能针对儿童的能力、态度、观念等事实对其提出要求。

总之，在教育和一个期望是社会状态的政治目的之间并不存在直接的关系，它们之间存在的只是间接的关系。在此首先要注意的就是，在实现所要努力达到的社会状态的诸多条件中，并非只有通过教育才能实现，它总是不断受到许多教育者根本无能为力的其他条件的制约。这些条件首先存在于一个社会的道德、世界观、习俗、组织机构以及文化生活形式等方面。

资料来源：[德]沃尔夫冈·布列钦卡. 教育科学的基本概念：分析、批判和建议[M]. 胡劲松，译. 上海：华东师范大学出版社，2001：106～111.

2. 缺乏明确的教育目的规范，对实际教育活动的指导较弱

众所周知，分析教育哲学于20世纪50年代至60年代在英、美国家兴起，是分析哲学在教育领域的派生物。分析哲学的任务在于分析而不是在于规范。因此，分析哲学家没有对教育目的的直接阐述，只是着力的分析与教育目的相关的一些概念。这样的工作虽然有助于教育目的的确立过程中由于概念理解的偏颇产生的谬误，但是，要知道，教育目的的根本功能与价值在于对教育实践的引领与规约，在于为教育实践工作者提供方向上的指引，可是，分析教育哲学家所做的工作对于实现教育目的的这一功能其效果还很有限。且由于分析教育哲学的学者论述大多语言风格较为晦涩，这也影响了人们对于其分析的理解和掌握的程度，使得和一线的实际的教育活动产生一定的距离。

三、从实证主义角度

（一）从实证主义角度确立教育目的的典型代表

以科学实证的方式研究教育目的，不同于以规范的范式研究教育目的。它不回答教育目的应该是什么的问题，只是以经验观察或实证调查的方式，搜索、捕获与确立教育目的的种种经验事实与实证材料，为哲学规范层次上的探讨提供比较客观、可靠的信息

来源。因此，这里只是以科学实证的方式研究教育目的，而不是以科学实证的方式去决定和规范教育目的。[1]以科学实证的方式研究教育目的深受心理学家桑代克的影响，桑代克认为："教育思想家的恶习或不幸，是选择哲学方法或流行的思维方法，而不是科学方法……当今严密对待教育理论工作者的职责，是要养成归纳研究的习惯和学习统计学的逻辑。"[2]那么，以科学实证的方式研究教育目的是从哪几个方面来进行调查和研究呢？泰勒认为，现代学校目标有三个基本来源：一是对学生的研究，二是对社会的研究，三是听取学科专家的意见。就现有的研究而言，对于教育目的确立的科学实证研究方法大体上是从以下这样几个方面来展开调查研究的。首先，是对于学生的调查分析。对学生的调查与分析的主要集中点在于了解学生的需要，这种需要包括心理学意义上的"心理学需要"和教育学意义上的"教育学需要"。对学生的调查对于教育目的在确立中了解教育学需要与学生的兴趣是否一致，以及对于教育目的的弹性确立都具有积极的意义与价值。其次，是对于现代社会生活的调查与分析。这种调查的维度可以是宏观的、整体的，也可以是微观的、局部的，可以是综合性的，也可以是专题性的，可以面向某个地区或者是社区，也可以是面向公民个人。而对于社会调查集中的领域主要在于社会生活基本的活动领域与经验领域。再次，是当代社会生存实存的生活方式与价值观类别。调查社会生活，虽然不能直接推导出教育目的，但是对于教育哲学规范教育目的具有极为重要的意义与价值。最后，是对于学科专家的调查与分析。学科专家熟悉自己的专业领域，可以向他们咨询有关专业在教育方面的作用与功能。他们的合理化建议对于确立教育目的有重要的参考价值。

（二）从实证教育获得教育目的的基本特征

实证调查的结果对于确立教育目的具有极为重要的参考价值。教育目的的制定过程并非某种政治理念或者说是哲学抽象演绎的过程，它实际上受到多维因素的制约，社会的发展、人的发展都影响着教育目的的制定。因此，为了制定合适并且能够引领社会发展以及人的发展的教育目的，必须要对社会以及人的发展状况进行调查与了解，这样才能够让教育目的符合社会和时代的发展要求，而从实证教育角度获得教育目的的工作就是这样一种尝试，他的调查结果对于教育目的的制定具有极为重要的参考价值。

1　夏正江. 教育理论哲学基础的反思——关于"人"的问题[M]. 上海：上海教育出版社，2001：146.
2　[瑞典]T·胡森. 教育研究的范式[A]. //瞿葆奎. 教育学文集·教育研究方法[C]. 北京：人民教育出版社，1988：183.

第三节
对当下教育目的的哲学审视

🎯 **学习目标**

为什么把"培养德、智、体、美全面发展的人"作为教育的目的。

理想形态的教育目的价值观念或只是"深刻的一家之言";教育哲学的努力是经由对各种教育目的价值观念的梳理比较,获得我们确立教育目的的理性规范;而在实践中发挥作用的,则是基于具体价值考量而形成的教育目的的实践规范。[1]教育目的的实践规范是在社会历史背景中,为应对具体形势和出于可行性的考虑而确立的。理性的教育目的规范为其提供理论支援,也以"挑剔的目光"加以审视,催生更为合理的实践教育目的规范。下文所要做的就是通过对我国教育总目的和基础教育新课改三维课程目标的哲学审视,以求对于实践规范的教育目的进行深入理解和批判反思。

一、对我国教育总目的的哲学审视

(一)培养德、智、体、美全面发展的人的历史考察

我国教育的总目的是"培养德、智、体、美等方面全面发展的社会主义事业的建设者和接班人"。为何是"德、智、体、美"等的全面发展而非其他?教育是培养人的活动,没有人一切都无从谈起,所以首先要回答人的问题,人的本质是什么,即人的本性。"德、智、体、美全面发展的人"这样的教育目的正是基于那些对完善人性的认识。

1. 柏拉图——灵魂三分

对于真、善、美的关系柏拉图有着深入的研究,而且特别重视美和灵魂的意义。他认为:美是难得,最不容易赏识;美是善的父亲,而且可以普及到制度。一个有德性的灵魂由三个部分组成,即情欲、意志、理性。情欲靠近肉体,是为肉体服务的;意志可以不为肉体所动,是最接近精神的;理性完全不受肉体的左右,是人确立自己高贵身份的依据所在。

柏拉图最伟大的贡献是他对人的心理及其功能的划分。柏拉图说:"正如城邦分成三个等级一样,每个人的心灵也可以分解为三个部分……这三个部分我看到也有三种快乐,相互对应。还同样的有三种对应的欲望和统治……我们说第一部分是人用来学习的,另一部分是人用来发怒的,还有第三部分,这个部分由于内部的多样性,我们不能用一个简单的词语来概括它,我们只能用其中最强烈的主要成分来命名它。我们根据他强烈的关于饮食和爱的欲

1　陈桂生. 教育学"辩":"元教育学"的探索[M]. 福州:福建教育出版社,1998:177.

望以及各种连带的欲望，因而它称为欲望部分。"[1]换言之，学习的求知能力——知，发怒的情感能力——情，饮食的欲望能力——意，是人的重要组成部分。可见，柏拉图重视知识和理性。

2. 卢梭——回归性善

卢梭承袭了人性研究中的知、情、意三分法，但反对柏拉图抬高知识、崇尚理性的传统。他将情感、良心看作是人的本性、本质。他论证道："人们告诉我们说，良心是偏见的产物，然而我从经验中知道，良心是始终不顾一切人为的法则而顺从自然秩序。要想禁止我们做这样或做那样，完全是徒然的；只要我们多做的事是井然有序的、自然所允许的，尤其是它所安排的，则我们就不会受到隐隐的良心的呵责。"[2]经验也告诉我们，"理性欺骗我们的时候是太多了，我们有充分的权利对它表示怀疑"，"良心从来没有欺骗过我们，它是人类真正的向导"，"按良心去做，就等于是服从自然，就用不着害怕迷失方向。"[3]那么，良心的内容是什么呢？卢梭认为是自爱心和同情心："我们在把所有那些只教我们了解人类是怎样使自己变成这般模样的科学著作撇在一边，而去思考人的最初和最简单的精神活动吧，我认为我由此发现了两种先于理性而存在的人的本性：一种本性使人对自己的福利和自我保护极为关切；另一种本性使人本能的不愿目睹有感觉力的生灵（主要指人的同类）受难和死亡。我认为，人的精神能够使这两种本性协调并结合起来，并且仅仅由此便产生了所有自然权利的法则，而没有必要让人的社会性介入。"[4]正是基于这样的人性论，卢梭把发展人的本性、培养身心协调发展的自然人作为教育的根本目标。

3. 康德——真、善、美

康德把视线从自然科学转向对人的研究就是受卢梭的影响，但由于对理性和科学的偏爱使康德对于卢梭立足于个体，否认和贬低理性来阐发人的本性和教育目标的观点不能完全地接受。于是，康德另辟新路，从自然和人、个体与社会、感性与理性、科学和道德的矛盾对立中来把握人和人类社会。他将哲学中追求的真、善、美与近代心理学研究中的知、情、意结合起来，从人的认识能力、道德实践能力和判断力这三个领域分别考察了人的特点和本性。康德认为，自然和社会、认识和道德、真和善是两个截然分割开来的领域，人在认识中追求的是"真"，力图把握各种复杂的因果联系，本能的需求就是主客体间主要的因果联系，它作为一种外在必然支配着人的行为；人在道德境界中追求的是"善"，力图用社会规范来克制感性欲望，从而超越动物的本能、超脱自然因果律的束缚而获得选择自己行为的自由，它作为人所特有的内在目的支配着人的行动；真和善，外在必然性和内在目的性显然处

1　[古希腊]柏拉图. 理想国[M]. 郭斌和，张竹明，译. 北京：商务印书馆，2002：366～367.
2　[法]卢梭. 爱弥儿（下卷）[M]. 李平沤，译. 北京：人民教育出版社，2001：380.
3　[法]卢梭. 爱弥儿（下卷）[M]. 李平沤，译. 北京：人民教育出版社2001：414.
4　[法]卢梭. 论人类不平等的起源和基础[M]. 高煜，译. 广西师范大学出版社，2002：66.

于矛盾冲突之中，若仅有这二者的对立，难免使感性欲望战胜理性道德，那就将使人类像动物一样靠本能支配行动，永远停留在受因果律支配的经验世界而无法向自由的道德世界这一目标靠近，但实际上，人不仅追求真和善，而且追求美，人的行为不仅受认识支配、受道德规范约束，而且受审美情感的影响。康德认为，人的审美判断同时具有认识和道德双重属性。一方面，审美是经验世界中纯粹的感性认识，是一种人类普通的情感和需要，人们在审美活动中通过形象触发情感来理解和体察对象世界；另一方面，审美又是一种高尚的情操，是一种自由的鉴赏，美作为一种理想中的目的与道德境界紧密相联，"美是道德的象征"。因此，当人们把美作为目的和理想来追求的时候，就可以在真与善、认识与道德、现实世界与理想境界之间架起由此达彼的桥梁。但追求美必须有一定的文化素养做基础，于是康德提出，从自然界向道德世界过渡的关键在于自然人的生成。康德认为，要使受本能驱使的自然人转变为能够自觉运用社会规范来支配行动的道德的人，不能单纯靠道德规范来约束，更有效的办法是通过对美的追求，也就是通过文化的熏陶使人摆脱自然欲望的束缚而变得富有教养，从而塑造出"文化——道德"的人，并由此使整个人类社会走向文明。这就是康德提出的自然向人生成，本能向道德过渡的重要思想。这一思想是康德对人的本性、人生目的和教育目标看法的哲学基础，也是他整个哲学体系的基石。正是立足于自然向人的生成，康德用其美学和目的论为纽带，把认识论和伦理学沟通起来，建造起为世人所瞩目的批判哲学大厦，这一大厦金碧辉煌的屋顶就是真、善、美在道德理想中的统一。然而，这种统一性却只是可望而不可即的"彼岸世界"。

4. 马克思——在真、善、美关系中对前人的超越

思想史上，在关于人的本性，关于真、善、美关系这一哲学难题的探讨中，第一个真正超越康德的正是实践唯物主义者马克思。马克思主义创始人在唯物史观中深刻阐发了劳动在从猿到人转变中的决定作用，阐发了微观个体的劳动技术在智力、人格、情感发展中的基础作用和宏观社会生产力对人类科学、道德、法律、艺术等上层建筑、意识形态发展的决定作用。马克思并未否认（广义）审美是沟通真与善的桥梁（"人也按照美的规律来建造"这句马克思的名言虽然广为传颂，真正理解其深刻含义者恐怕并不多），但却向人们展示出另一座沟通真、善、美的现实桥梁，这就是微观个体的劳动技术和宏观人类社会存在与发展的基础和动力——生产力。在人类社会的宏观发展中如何追求真、善、美的现实统一，这已由马克思创立的唯物史观从哲学高度做出了详尽而成功的理论阐述，并正在被社会历史的进程所不断完善、充实和发展。然而，如何追求真、善、美的现实统一，马克思没有更多地专门涉猎。正如黑格尔所说："社会和国家的目的在于使一切人类的潜能以及一切个人的能力在一切方向都可以得到发展和表现。"[1]所以，教育应该是人类获得"解放"和"最完满的生存"

1　[德]黑格尔. 美学（第 1 卷）[M]. 北京：商务印书馆. 1996：59.

的桥梁[1]，最终使人成为一个全面的完整的人。

（二）马克思关于人的全面发展学说的含义

"德、智、体、美全面发展"似乎来自马克思，但事实上是最早来源于西方18世纪到19世纪上半叶的"一切能力的和谐发展"的观念。这些观念都是从"孤立的个体的人性论"出发的。到了马克思那里才从社会生产关系入手赋予全面发展以新的内涵。今天对于"德、智、体、美全面发展"的理解常常会脱离马克思"普遍"的人的全面发展这个背景。台湾地区对于五育的提法是"德、智、体、群、美"，"群"在我国的教育目的中却是应有之义。下面具体回顾马克思关于人的全面发展学说来体会。

🔊 教育哲学家语录

我的初等教育思想，在于依照自然法则，发展儿童道德、智慧和身体各方面的能力，而这些能力的发展，又必须顾到它们的完全平衡……初等教育的职责，就在于使这些不同的方法和自然的和普遍的法则协调起来；不管人类能力运用的各个方法如何，都使这些不同的能力得到完全的发展。

——[瑞士]裴斯泰洛奇. 我的初等教育思想//赵荣昌，张济正，主编. 外国教育论著选[M]. 南京：江苏教育出版社，1990：153~154.

第一，人的体力和智力同时获得充分的自由发展。这主要是由于人作为劳动力这一本质决定的。劳动使人从动物转化为人，使人把自己从某些必然规律的支配下解放出来，开始作为自己的自由的主体而存在于社会上。本来，劳动产品作为人的目的和能力的结合，是人的本质的一种具体体现和肯定。可是劳动对象和劳动产品的异化，劳动者自身体力和智力的异化，使劳动者生产的财富越多，他自己反而越贫困，体力和智力的劳动越畸形。马克思说，人作为劳动力就是劳动能力，即人在生产活动中所"运用的体力和智力的总和"。人在劳动中，不论缺乏相应的体力和智力，还是原有的体力和智力受到摧残，对人来说都是痛苦和损失，都是一种异化和不自由。所以，个人的全面发展首先应该是使人克服劳动异化，使"体力和智力获得充分的自由发展和运用"。

第二，人的才能和志趣获得充分的多方面发展，成为"各方面都有能力的人，即能通晓整个生产系统的人"[2]。这是大工业生产发展的客观规律对人的劳动能力提出的要求。马克思认为人的才能的全面发展，同现代大工业的技术基础的革命性联系在一起，是一种社会生产

1　丁学良. 丁学良集[M]. 哈尔滨：黑龙江教育出版社，1989：134.
2　中共中央马克思恩格斯列宁斯大林著作编译局. 马克思恩格斯选集（第1卷）[M]. 北京：人民出版社，1995：243.

的普遍规律。虽然大工业的资本主义形式再生产了旧的分工，阻碍着人的才能的全面发展，但这种规律像马克思所说的那样，"带着自然规律在任何地方遇到障碍时都有的那种盲目破坏作用而为自己开辟道路"。所以，他对资本主义社会条件下的人的发展方向，明确指出："就是现在的工业也渐渐不能使用只熟悉某一个生产部门或某一个部门的一部分的人了"，至于"由整个社会共同地和有计划地来经营的工业，就更加需要各方面都有能力的人"。即"能通晓整个生产系统的人"，只有这样的人，才有条件"根据社会的需要或他们自己的爱好，轮流从一个生产部门转到另一个生产部门"。不再受固定职业的束缚，才能从机器的单纯附属品中解放出来，就能基本上体现人的本质。人的智力和才能的全面发展，虽然是个人的全面发展的重要方面，但并不是它的全部含义。

第三，人的道德精神和审美情趣的发展。马克思在分析劳动过程时，并没有忽略人的道德因素。他认为，人在劳动过程中"除了从事劳动的那些器官紧张之外，在整个劳动时间内还需要作为注意力表现出来的有目的的意志，而且，劳动的内容及其方式和方法越是不能吸引劳动者，劳动者越是不能把劳动当作他自己体力和智力的活动来享受，就越需要这种意志"。[1]目的和意志都属于道德范畴。可见即使从人是劳动力的角度出发，也不能把道德排除在个人的全面发展含义之外。此外，当马克思把人作为劳动力同时又作为"社会关系的总和"进行分析时，就可以明显地看到道德是个人的全面发展不可缺少的含义。"一个人的发展取决于和他直接或间接进行交往的其他一切人的发展。"[2]"只有在集体中，个人才能获得全面发展其才能的手段，也就是说，只有在集体中才可能有个人的自由。"[3]马克思说的"人的自我丧失"，不仅指智力和体力的丧失，而且也包括道德和审美需要的丧失。在这方面，连资产阶级也不例外，"精神空虚的资产者为他们自己的资本和利润欲所奴役"[4]，"庸人把唯物主义理解为贪吃、酗酒、娱目、肉欲、虚荣、爱财、吝啬、贪婪、牟利、投机，简言之，即他本人暗中迷恋着的一切行为"[5]。大量的事实表明，一个极端自私自利的人，不仅在真理面前会利令智昏、惶恐不安，而且在人与人之间、人与自然之间的伦理关系和审美关系面前，也会丧失真正人的愉悦和幸福的感受。"人和人之间除了赤裸裸的利害关系，除了冷酷无情的'现金交易'，就再也没有任何别的联系了。"人的纯朴感情"淹没在利己主义打算的冰水之中"，"把人的尊严变成了交换价值"[6]。在资本主义条件下，"忧心忡忡的穷人甚至对最美丽的景色都没有什么感觉；贩卖矿物的商人只看到矿物的商业价值，而看不到矿物的美和特性"[7]。这都说

1 中共中央马克思恩格斯列宁斯大林著作编译局. 马克思恩格斯全集（第23卷）[M]. 北京：人民出版社，1979：202.
2 中共中央马克思恩格斯列宁斯大林著作编译局. 马克思恩格斯全集（第3卷）[M]. 北京：人民出版社，1979：515.
3 中共中央马克思恩格斯列宁斯大林著作编译局. 马克思恩格斯全集（第3卷）[M]. 北京：人民出版社，1979：84.
4 中共中央马克思恩格斯列宁斯大林著作编译局. 马克思恩格斯选集（第3卷）[M]. 北京：人民出版社，1995：642.
5 中共中央马克思恩格斯列宁斯大林著作编译局. 马克思恩格斯选集（第4卷）[M]. 北京：人民出版社，1995：323.
6 中共中央马克思恩格斯列宁斯大林著作编译局. 马克思恩格斯选集（第1卷）[M]. 北京：人民出版社，1995：275.
7 中共中央马克思恩格斯列宁斯大林著作编译局. 马克思恩格斯全集（第3卷）[M]. 北京：人民出版社，2002：305.

明，人作为社会关系的总和，必然是一定道德和审美的主体。

第四，人利用客观规律改造自然和社会的自觉程度，达到了"从心所欲，不逾矩"的境界，真正获得了自由，成为自身的主人。自由是人的价值和个人的全面发展的根本标志。马克思肯定自由是人的价值、人的本质的体现。不过这种自由不是人的恣意妄为，而是从对客观规律的自觉认识和运用中获得的。"人们周围的、至今统治着人们的生活条件，现在却受到人们的支配和控制，人们第一次成为自然界的自觉的和真正的主人，因为他们已经成为自己的社会结合的主人了。人们自己的社会行动的规律，这些直到现在都如同异己的、统治着人们的自然规律一样而与人们相对立的规律，那时就被人们熟练地运用起来，因而将服从他们的统治。人们自己的社会结合一直是作为一个自然界和历史强加于他们的东西而同他们相对立的。现在则变成他们自己的自由行动了。一直统治着历史的客观的异己的力量，现在处于人们自己的控制之下了。只是从这时起，人们才完全自觉地自己创造自己的历史；只是从这时起，由人们使之起作用的社会原因才在主要的方面和日益增长的程度上达到他们所预期的效果。这是人类从必然王国进入自由王国的飞跃。"[1]从马克思恩格斯对人的自由的本质所做的精辟分析中，我们就能比较容易理解个人的全面发展的这个极为重要的含义。即"个人的全面发展，只有到了外部世界对个人才能的实际发展所起的推动作用为个人本身所驾驭的时候，才不再是理想、职责等，这也正是共产主义者所向往的"[2]。也只有这时才能使"人以一种全面的方式，也就是说，作为一个完整的人，占有自己的全面的本质"[3]，才能"把人的世界和人的关系还给自己"，使自己真正获得解放，使人的本质真正得到复归，使人的个性真正获得自由和谐地发展，成为文明幸福的人。

（三）"德、智、体、美全面发展的人"作为教育目的在现代社会的确立

社会主义为什么把培养全面而和谐发展的人作为教育的目的呢？若将教育系统放在社会这一大系统中考察就不难看出，知识的传授和学习不仅是为了造就博学多才的个体，而且是为了提高人类知识，改造自然和社会的能力；对个体进行道德教育决不只是为了独善其身，而是为了创造出一个有利于个体和社会和谐发展的道德环境；培养审美能力不单纯是为陶冶个体的情感、发展其艺术修养和鉴赏力，更重要的在于"按照美的规律来建造"，把整个社会建设得更加美好。总之，人的全面和谐发展必须在改造社会的实践中才能够实现，也必须在这一过程中展现出来。当前，教育理论界中围绕教育目的的探讨更多的集中在如何才能使受教育者获得全面发展的教育目标上，而没有使理论中探讨的人的全面发展根植于个体和社会关系的现实土壤之中，结果往往由于脱离实际而落空。教育工作者或者将这种人的全面发

1　中共中央马克思恩格斯列宁斯大林著作编译局. 马克思恩格斯选集（第3卷）[M]. 北京：人民出版社, 1995: 633～634.
2 3 中共中央马克思恩格斯列宁斯大林著作编译局. 马克思恩格斯全集（第3卷）[M]. 北京：人民出版社, 2002: 303.

展看作是可望而不可即的教育目标，或者是孤立的在学校教育狭窄范围内寻找使受教育者获得全面发展的手段和途径，结果既无法了解在现实社会条件下人的全面发展所能达到的水平，也不可能找到使受教育者在可能条件下获得全面发展的现实道路。

马克思从研究人的学说入手，以人的问题为中心，他指出人作为历史的、社会的、实践的人，具有人性和阶级性，人性与神性、兽性的区别，人道主义和封建主义、法西斯主义的区别。按照马克思所说："共产主义是私有财产即人的自我异化的积极的扬弃，因而是通过人并且为了人而对人的本质的真正占有；因此，它是向人自身、向社会的（即人的）人的复归，这种复归是完全的、自觉的而且保存了以往发展的全部财富的。"[1]换言之，共产主义革命的最终目的，不仅在于推翻资本主义制度，消灭一切剥削阶级，还在于消灭无产阶级自身，高度发展社会生产力，创立一个能够满足人们日益增长的物质需要和精神需要的新世界。也就是最终扬弃人的异化，使全社会的成员都得到彻底解放和全面发展，成为自由的文明幸福的人。

由此可以看出，马克思主义关于人的学说的核心问题就是真正的人性论和人道主义。只有马克思主义关于人的学说，才能全面地、历史地揭示人的本质，关心人的命运，把人真正当作人来看待；认为人不是被任意肢解、愚弄和运用的工具，人自身的自由和幸福就是人最高价值之所在。所以，应该使人以一种全面的方式，也就是说，作为一个完整的人，占有自己的全面的本质，作为一切共产主义者终生为之奋斗的崇高目标。

二、对新课改三维目标的哲学审视

🔍 **案例研究**

"背影"的教学目标可以这样表述（认知目标、情感目标和技能目标渗透整合）

1．知识：了解作家、作品，掌握生字新词。（内在心理变化）

搜集阅读有关资料，陈述朱自清简况与其主要作品，其中包括"民主战士"、《欧游杂记》等；会读会解文中16个生字新词。（外显行为表现）

2．理解：理解生动传神的"背影"细节描写的美感。（内在心理变化）

诵读课文，找出描写生动传神的细节描写，对重点动词美感的理解。（外显行为表现）

3．综合：体味并准确理解文章所表达的父子深情。（内在心理变化）

诵读、默读课文，依据课文顺序找出最令你感动的文字，并描述你被感动时的真实心态，其中应有"父亲"怜子、亲子的至诚无私和作者善解人意、人情的真实真切，尤其是作

1　中共中央马克思恩格斯列宁斯大林著作编译局. 马克思恩格斯全集（第3卷）[M]. 北京：人民出版社，2002：297.

者面对"父亲"背影，"泪很快地流下来"的深层原因。（外显行为表现）

4．运用：掌握本文借助父亲背影串联情节和以真情、真感著真文的特点。（内在心理变化）

反复朗读、默读、齐读课文，找出四处"背影"的描写和作者三次"落泪"感情之间的内在联系，其中应有"朴实无华的语言""细致入微的细节""情感的真挚""事情的真实""观察的仔细"等。（外显行为表现）

5．活动：体验感人至深的亲情美和真情真感著真文的写法。（内在心理变化）

选读一篇或几篇写"父亲"的散文，从情感内容和写法方面比较体味，或课后以笔记形式书面完成。选择父亲和自己的生活片段，自拟题写篇文章表现父子深情的文章。（外显行为表现）

——徐武汉，朱学坤．对新课程教学目标的反思（上）[N]．中国教育报，2003-08-06（B01）．

教育目的是一个复杂的系统，是一个逐级实现的过程。教育目的包含教育目标、课程目标、教学目标等。长期以来，我们国家的教育目的虽然几经变更，但是其基本精神并没有改变，那就是培养德、智、体、美全面发展的建设者和接班人。新课程改革是为了更好实现教育目的而采取的教育领域的综合变革和行动，新课改的三维教育目标被确定为"知识与技能，过程与方法，情感、态度与价值观"，"'三维目标'是新课程的'独创'，是新课程推进素质教育的根本体现，它使素质教育在课堂教学中的落实有了重要的抓手和坚实的操作性基础"。可以说，"知识与技能"维度的目标立足于让学生学会，"过程与方法"维度的目标立足于让学生会学，"情感、态度与价值观"维度的目标立足于让学生乐学，任何割裂"知识与技能，过程与方法，情感、态度与价值观"三维目标的教学都不能促进学生的全面发展。[1]那么，新课程改革何以确定这样的目标，它的依据是什么，也就是说它的来源和理论基础是什么，这成为教师落实"三维目标"的前提性问题。

（一）新课改三维目标是在对社会现实深刻把握的基础上确立的

长期以来，在我国的教育目标确立中有两种倾向占据了主要地位，那就是"社会中心论"和"知识本位论"，前者产生的后果是个体在教学中地位的抹杀，后者导致了学生单一素质的形成，即只注重学生的知识形成与培养，而忽视学生的能力、情感、态度与价值观的养成。特别是在应试教育的驱动之下，这种倾向愈演愈烈，学校和教师成为知识的仓储器，学生成为知识的容器，学生学习兴趣下降，"高分低能"现象的产生就是这一追逐的结果，这远远地背离了我们"培养德、智、体、美全面发展的人"的教育目标。随着社会的发展，这样的方式越来越不能适应社会的需求，尤其是随着信息社会的来临，社会各个领域都发生

1　余文森．"三维目标"就像一个立方体的"长、宽、高"[N]．中国教育报，2007-04-20（006）．

着深刻的变化和转型，这也对教育的发展提出了新的要求，教育必须随着这种要求而发生深刻的改变。信息社会的特点是科技的快速发展和知识的快速更迭，"一劳永逸"式的学习在这一社会形态中根本没有生存的空间，"终身学习"是这一社会赋予教育的发展理念。为此，学会学习的能力变得异常重要。掌握学习的方法与具备独自学习的能力成为现代社会对人提出的必备，人的培养不仅应该重视知识的累积，更应该重视方法的传递。同时，现代社会对人的素质的要求更为全面，以往我们的教育中更多的关注学生科学素养的形成，而较少的关注学生的人文素养，这造成了学生素质的单一性，这种单一素养的人越来越不能适应现代社会高效、融合和复合型的发展，因此，对学生情感、态度等人文素养的追求也应成为教育的目标。此外，由于现代社会的高节奏运转，人更容易产生心理危机，健全的人格结构和素养才能从根本上回应现代社会对人心理形成的挑战，这也凸显了合理的情感、态度、价值观形成的重要性。

（二）新课改三维目标确立的理论来源

新课改三维目标提出的重要依据是教育目标分类理论。该理论的提出者为美国当代著名的心理学家、教育家布鲁姆（Benjamin Bloom，1913—1999）。他1956年主编的教育著作《教育目标分类学：认知领域》是20世纪影响比较深远的教育理论著作之一，在他的教育目标分类中，有三个一级目标存在，这就是认知、情感与动作技能。新课程三维目标的简要表述则为"知识与技能，过程与方法，情感、态度与价值观"。新课程的三维目标与布鲁姆的教育目标分类的关系如下所述。

在布鲁姆的教育目标分类理论中，"情感目标依据受教育者接受的程度分为五个层级，分别是：接受或注意，反应，价值评价，价值观的组织，品格的形成。"[1]如下图4-1所示。所以，布鲁姆的教育目标分类与我国三维目标的关系是它并未单独列出态度和价值观这一目标，这一目标是包含在情感这一目标下的一个层级。而新课程的三维目标则是把"情感、态度与价值观"作为并列的教学目标而存在。

在知识目标的分类中，布鲁姆的关于知识类型的分类很具有代表性，布鲁姆在《教育目标分类学：认知领域》中把知识分为四种类型，分别是事实性知识、概念性知识、程序性知识与反省性知识。在此书中，布鲁姆详尽介绍了各种类型知识的含义，通过对布鲁姆对于各种知识内涵的分析可以看出，"依照当前认知理论的最新成果，依照布鲁姆的目标

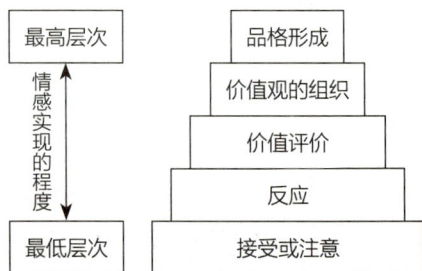

图4-1　布鲁姆情感目标的五个层次

1　魏宏聚. 新课程三维目标表述方式商榷——依据布鲁姆目标分类学的概念分析[J]. 教育科学研究，2010（4）：10.

分类学，作为教学目标的能力实际上是知识的一种，没有单独列出。"[1]也就是说，在布鲁姆的分类框架当中，知识目标是包含能力目标的，这一点与新课程的三维目标有所不同，在新课程中，知识与能力是作为平等的目标而呈现的。

新课程的"过程与方法"目标与布鲁姆的教育目标分类体系的关联是三维目标借鉴了布鲁姆将"方法"（方法相当于布鲁姆概念中的程序性知识）作为课程目标的主张，而将"过程"也作为目标而表述，这是新课程三维目标的创造。

（三）新课改三维目标确立的哲学基础[2]

1. 三维目标体现了人类科学的诉求

教育是一种技术，更是一种艺术，教育工作兼具技术性和艺术性。教育研究不能没有人类科学的视野。何谓"人类科学"？人类科学的对象是人。作为人类科学的对象——人类现象，不仅有"确凿侧面"，也包含"混沌侧面"。因为，人类现象有其生物学构造的"确凿侧面"，也包括了人类的心理的、意义侧面的"混沌侧面"。研究人类的"混沌侧面"的领域统称"软科学"。例如，解释学的案例、研究文化人类学的野外研究等。这样，所谓"人类科学"是涵盖了人类现象的"确凿侧面"的"硬科学"和"混沌侧面"的"软科学"的一种集合领域。通常所谓"科学"被视为"客观性"的活动。因此，软科学根据其"主观性"的方法获得的见解，往往被视为同客观世界存在"不一致"的所谓"差距"问题。因为，主观解释介入的程度越大，越是会远离客观世界的描述。这样，基于解释学方法的案例研究往往会受到来自硬科学的"缺乏客观性"的批判。人类学是不能无条件地认可这种"客观性"批判的。"正如不能'见树不见林'一样，我们也不能见科学不见人类。"[3]同样，教育问题的研究不能满足于硬科学的线性研究，还需要软科学的非线性研究。事实上，"三维目标"是当今世界各国课程标准或教学大纲的共同元素。从泰勒、布鲁姆倡导"行为目标"论，到艾斯纳主张"行为目标、问题解决目标、表现性目标"并列论[4]，清晰地体现了国际教育界统整地把握"软目标"与"硬目标"或是"开放目标"与"封闭目标"的诉求。

2. 三维目标立足于新的知识哲学

知识不是纯粹客观的，而是主观建构的。客观主义知识观认为，世界是实在的、有结构的，这种结构是可以被认知的。因此，存在着关于客观世界的可靠知识。知识是独立于人之外而存在的。学生只能通过教师的传授被动地习得知识。不同于客观主义知识观，建构主义认为，世界是客观存在的，但对于世界的理解和赋予的意义不过是知者的心中之物，是知者

1　魏宏聚. 新课程三维目标表述方式商榷——依据布鲁姆目标分类学的概念分析[J]. 教育科学研究，2010（4）: 12.
2　钟启泉. "三维目标"论[J]. 教育研究，2011（9）: 64~65.
3　钟启泉. "三维目标"论[J]. 教育研究，2011（9）: 64.
4　[美]艾斯纳. 教育想象——学校课程设计与评价[M]. 北京：教育科学出版社，2008: 113~130.

构造了现实至少是按照自己的经验解释了现实。建构主义认为，学习是建构内在心理表征的过程。教学并不是教师把知识从外界搬到学生的记忆之中，而是以学生既有的经验为基础通过与外界的交互作用来建构新知识的。这种建构不是外界刺激的直接反应，而是借助既有的认知结构对新的信息进行主动加工而建构的。就是说，知识是作为学习者的主体"能动地建构"的，而不是灌输的。两种知识观，形成了两种根本不同的教学：听命于教师的"灌输式教学"与尊重学生能动性的"建构式教学"。

建构主义知识观是由认知主义发展而来的知识哲学。不过，建构主义作为一个整体，正在从"个人建构主义"过渡到"社会建构主义"。就是说，其射程从个人扩展到社会与文化。个人建构主义的代表人物是皮亚杰。皮亚杰的认知发展论主张：人是能动地建构知识的。以往谓之"建构主义"者大多属于这个范畴。它把个人置于中心地位，所以谓之"个人建构主义"。在个人建构主义看来，"我思故我在"。作为认知结构的主体的个人，是借助同作为客体的环境的能动的交互作用，使得认知结构（知识结构）发生变化和建构的。而这种变化和建构，就是学习和发展。可以说，这是基于认知结构的建构主义。认知结构发生质的变化可分若干时期，这就是所谓"发展阶段"。社会建构主义知识观认为，"我们思故我们在"。人的知识广泛地播散于社会文化的环境之中，借助于个人之间的交往而得以"社会地建构"。社会建构主义的第一个代表性理论是社会心理学家格根的交往理论。格根有一句格言："我们交往故我们存在。"在网络化社会的今日，仍然拘泥于个人的知识和孤立的个人主义，是无法应对的。因此，他主张"借助相互合作来社会地建构必要的知识"。第二个代表性理论是维果茨基的发展理论。维果茨基强调，人是通过学习和经验获得知识，并在认识和问题解决中发挥知识的作用的。

建构主义主要术语

社会学习：儿童的学习是在与成人专家和优秀同伴的交互作用中完成的。儿童在互动中得到专家的示范和反馈，或者从小先生那里得到知识经验，称为"认知学徒"。

最近发展区：儿童对处于最近发展区的知识学习得最好，每个儿童都会有一位同伴，后者能在更高的水平上完成特定任务。建构主义重视"合作学习"。

中介性学习：给学生现实的、完整的、复杂的、困难而富有挑战的任务，然后给予他们行为或观念的不完全的帮助来完成任务。而非基于点滴积累希望某一天独自面对困难时完成此任务。这种教学称为"自上而下的教学""支架式教学"。

发现学习：鼓励学生通过做实验、调查研究发现概念与原理来学习。唤起学生好奇心，并鼓励其坚持不懈地探索，直到获得结论。

自我调节学习：受学习活动本身的吸引力去学习，而非为了得到分数、奖赏或避免惩罚。能根据不同的环境和内容使用不同的学习策略。

3. 三维目标彰显了心智活动的法则

按照维果茨基的高级心智活动发展的法则，第一，儿童是借助同周边的成人展开集体性、社会性的活动，特别是在教师的帮助之下获得作为历史的、社会文化的知识的。第二，这种知识的获得过程是儿童自身的内在过程。作为文化遗产的知识，唯有在儿童自主地把它置于自身既有的知识体系之中加以结构化，并且能够适当地用来解决问题或是应用于新的情境，才能达到理解，加以掌握。当学习者在同既有知识息息相关之际，即在同所传递、所观察的一连串事实和概念之间发现了一贯性、整合性之际，才会感受到"理解"的境界，才能形成"科学概念"。"科学概念不是自发发生的，而是基于学校的教学过程中所确立起来的概念间的共通性关系之中而自觉产生的"。容易掌握的新的知识，是充分结构化了的知识。知识越是丰富，借助同既有知识的关联，新的知识的获得与保存就越是容易。在问题解决中，来自既有知识的推理是有用的。当新的信息同既有知识的体系不具有整合性之际，就会产生好奇心。通过提示不同于儿童既有观念的信息和观点，可以唤起好奇心，激发学习的需求是必要的。我们需要重视兴趣、动机和态度，而知识和理解的实现，也是提高兴趣、动机和态度的一个必要条件。在这里，我们需要谨防两个极端。其一，谨防片面的知识灌输。学习者是借助同外界的交往来积累知识的。倘若不是自主地同知识发生关系（联系）、重组先行知识，用来解决问题，那么，这种知识是不会有用的。无视学习者的既有知识体系和经验，片面地灌输知识的"灌输式教学"，是不可能达于"理解"的。其二，谨防轻视概念性知识的"体验式教学"。因为它不能实现知识的结构化。在学校教育活动中，关键的课题在于，如何调动学习者的实践经验，去习得从经验中不能自然掌握的科学概念。

本章小结

1. 目的性是人类活动的根本属性，人类的一切活动都是有目的的。教育作为一项以人的培养为宗旨和核心的活动，其目的性表现为是预想中人们对教育活动培养人才的素质和规格的总的设想和规定。

2. 教师作为连接教育目的与学生之间的桥梁与纽带，他对于教育目的的理解与诠释在教育目的的实现的过程中具有重要的意义与价值。

3. 教育目的的确定不是主观随意的过程，对于当前与未来，个人与社会等不同矛盾关系的理解影响着教育目的的确定。

4. 就教育目的的获得途径而言，大体上可以分为三类，即从演绎哲学的角度、从分析哲学的角度和从科学实证的角度。

5. 培养德、智、体、美全面发展的人作为教育目的，在历史上的不同国家和地区，体现了普世的教育目的价值追寻，它是有其深刻的思想渊源的。

6. 我国新课改的三维目标"知识与技能，过程与方法，情感、态度与价值观"立足于新的知识哲学，体现了人类科学的诉求，彰显了心智活动的新法则。

总结 >

Aa 关键术语

教育目的 Aims of Education	个人本位论 Theory of Children as Standard for Education	社会本位论 Theory of Society as Standard for Education

教育准备生活说
Education as Preparation for Life

教育适应生活说
Education as Adjustment to Life

章节链接

在这一章，你读到……	在其他章节中，你将发现相关的讨论……
关于教育目的与教师的问题	在第八章"教师"中会有更加深入的了解
关于教育目的的多维性问题	在第三章"儿童是什么"中会有更加深入的了解
关于对新课程改革三维目标的反思	在第七章"教学"中会有更加深入的了解

应用 >

批判性思考

1. 幸福是教育的终极目的吗？

许多人认为幸福是教育的终极目的。这或许无可厚非，但是对于"幸福"还是要做具体的分析。首先，幸福是谁的幸福？是教师的、学生的、未来公民的还是所有教育场域中的个体的？幸福其实是一个含糊的词，或许正是由于它能够跨越个体幸福、社会幸福和人类幸福而被选中为终极目的。其次，幸福是教育唯一的目的吗？有没有同等重要的价值？我们发现，自由也同样重要。从马斯洛的需求层次理论出发，物质幸福/自由、社会幸福/自由、精神幸福/自由的体验是互补的。幸福感和自由感的强弱趋势恰恰相反，所以常有"物质幸福"和"精神自由"的说法而非相反。还有真理这一认识价值，也可以作为教育追求的终极目的。最后，幸福仅仅是教育的终极目的吗？这牵涉另一个要害问题就是：幸福可教吗？从才、德、力、命、欲五个影响幸福的因素来看，幸福并不完全可教。所以，幸福也是人类众多实践活动的一个共同目的。

2. 普通教育学的逻辑架构是教育与人、教育与社会，那么除却历史已有的个人本位论和社会本位论，在教育目的的价值取向上能否有教育本位论的提法？

个体和社会的需要规定了教育目的以及教育的内容和任务。但是学校教育和教师却不可以在教育目的的规定中拥有"话语权"。教育能否给自己留一点"私心"，出于教育发展而非个体和社会发展的需要去培养人？比如，将培养善于给予他人良好影响的社会人作为教育目的，将培养良好素质的新式家长作为教育目的，将培养重视教育吸引最优秀的人才投身教育事业作为教育目的。这样教育产品即毕业生就能通过其外围效应，反过来减轻学校的负担，发挥辐射效应。教育本位论也能和个人本位论和社会本位论有很好的融合。教育本位论的提法在今天学习型社会的背景下，在教育不再局限于仅仅作为工具、手段而要进一步提升自我地位的背景下，如何具有可能性并产生应有之意义呢？

✎ **体验练习**

1. 现在，青少年负担过重已经成为困扰青少年成长的重大社会问题之一。家长们"以特长教育促全面成长"的愿望，纷纷将孩子送入各种艺校、校外专门的辅导机构等。甚至，一些教育机构也以推进素质教育的名义，开设了五花八门的特长班、兴趣班等，有的机构的广告上竟公然打出了"分不够，特长凑"的标题，这更加助长了家长们对此的巨大热情。你如何看待这一现象？造成现象的原因是什么？有什么好的对策和建议吗？

2. 对身边学生"受教育的目的"，家长"送孩子受教育的目的"和教师"教育学生的目的"进行实证统计。可操作的方式如进行"上学是要成为什么样的人，学校在哪些方面能够予以实现"之类的访谈等。归纳概括并比较三者的差别。试着结合教材分析各种目的是如何在教育场域中直接和间接彼此作用的？是如何冲突、竞争和妥协的？作为教师，你所综合确定的自认为合理的教育目的是什么？该如何努力达成？

3. "培养德、智、体、美全面发展的人"这样的教育话语常常回响在我们的耳边，结合教材相关内容，谈一谈你是如何看待这一教育目的的？在实践中这一教育目的对广大教师确实具有指导和约束作用吗？哪些因素影响了我国教育总目的的具体落实？

🔍 案例研究 ::

阅读新闻材料《A县县委常委会向全县人民道歉，C中学领导班子全体停职待岗》，尝试利用教育目的的相关理论回答后面的问题。

因为今年高考成绩大面积滑坡以及由此暴露的教育问题，A县县委常委会通过电视公开向全县人民道歉，同时宣布对C中学领导班子实行全员停职待岗。

据了解，A县今年一共有1406名高考学生，本科上线人数为107人。与去年相比，考生人数多出近300人，但是上线人数却减少了58人，为近年来最差的一次，在该地区所辖的11个县里排倒数第一。而与此相对应的是，该地区今年高考上线总人数比去年多了600多人。

6月25日，高考成绩揭晓以后，这一问题成为该县街谈巷议的热点话题，很多家长因此担忧、气愤和埋怨。7月1日，A县县委召开了长达6个多小时的常委会议。会议决定：当晚以常委会的名义在县电视台发出公告，向全县人民道歉；同时，对C中学领导班子实行全员停职待岗，对县教育科技局领导班子成员进行诫勉谈话，并在全省范围内以年薪10万元公开招聘校长，每年拿出100万元奖励优秀教师和学生。以县委书记为组长，"教育改革领导小组"承诺：用6年时间，让A县教育大翻身。

1. A县县委常委会向全县人民道歉，在他们那里，教育的目的是什么？

2. 在家长那里，教育的目的又是什么？"高考成绩大面积滑坡"主要是教育层面的问题，还是教学层面的问题？

3. 请你为"A县教育大翻身"出主意。

📝 教学一线纪事 :::

如何实现教学过程中共性与个性的统一？窦桂梅对此的理解是：开足基本课程是基础，但仅仅满足于此还远远不够，要适应孩子个性发展的需求，就必须有更加丰富、多元的课程。本着这样的理念，窦桂梅带领全校教师研发出一整套"1+X"课程。"1"是指整合后的国家基础性课程，"X"是指个性化发展的拓展性课程。举例来说，三年级《科学》中的"温度变化"与四年级《数学》中的"折线统计图"，两个看似风马牛不相及的课程内容，被科学老师与数学老师"硬"整合在一起。而整合的契合点就放在"统计"上，因为尽管学科研究的重点不一样，但在收集、整理、分析数据、解决问题的本质上是一致的。整合就像"润滑剂"，它让课程、教学更加立体、"丰满"，更加适合学生个性化发展的需求，"这条道路没有终点，我们一直在探索。"窦桂梅说。"X"课程中，清华附小很早就从语文课程中延伸出书法课，之所以如此，是因为书法同中华民族传统文化、母语之间有着千丝万缕的联系，而这恰恰符合小学阶段教育"综合"的特点……40门"X"课程都与基础教育的元素相关，旨在利于孩子一生的发展。课程优化后，由于不同课型要求的课长不一样，课时整合提上了日程。比如，整本书阅读，40分钟显然不够，形体课、体育课、综合实践课，面临同样的困境，这就意味着，要适合孩子的发展需要，就要打破40分钟"一刀切"的界限。清华附小尝试着把原来的40分钟一节课减少5分钟，整合为"小课时"，也叫"基础课时"。基础课时要求老师们做到向课堂要效率，要求知识结构更加精要、简洁。而节省下来的时间，被放到60分钟的大课时当中去，开展让孩子们自己动手操作与实践的内容。除了大小课时，清华附小还有"小小课时"，比如10分钟、15分钟，利用这些"弹性"时间，孩子们一起晨练、练习书法、诵读……正是在这样充满活力的课程表中，孩子们的创造力、教师的生产力全部被激发与再造了。

窦桂梅常说："教育的目的就两件事，让人聪慧，使人高尚。这两点就是生命的内核，聪慧像人字的一撇，高尚像人字的一捺，它们支撑起大写的人，人的一生由这两个词奠基。"

见《校长谈教改：教育目的就两件事让人聪慧使人高尚》，《人民日报》，2014年9月10日.

拓展 >

补充读物

1　[英]约翰·怀特. 李永宏，等译. 再论教育目的[M]. 北京：教育科学出版社，1997.

　　这本书试图勾画出教育目的的全貌、其中的重点以及内在联系。第一章讲授的是我们是否需要教育目的的问题；第二章着重于把追求知识及理解力本身作为目的的问题；第三章把我们引入以学生为中心的目的之中，探讨我们应该如何理解学生的利益；第四章和第五章实际上可以合二为一，着重讨论以社会为指向的教育目的；第六章把前面的各种线索综合起来，全面勾画出受过教育的人的特征；最后的第七章解决在实际中如何实现教育目的的问题，特别注意了当代英国教育的发展状况。

2　[英]怀特海. 教育的目的[M]. 北京：生活·读书·新知三联书店，2002.

　　这本书是怀特海有关教育的演讲论文集，比较全面地反映了他的教育观念。他主张教育应该充满生命与活力，反对向学生灌输知识，而应引导他们自我发展；他强调古典文学艺术在学生智力发展和人格培养中的重要性，倡导使受教育者在科学和人文方面全面发展；他还重视审美在道德教育中的意义，认为受教育者"如果不能经常目睹伟大崇高，道路教育便无从谈起。"怀特海的教育思想对今天提倡的"素质教育"有很大的参考与指导价值。

3　夏正江. 教育理论哲学基础的反思——关于"人"的问题[M]. 上海：上海教育出版社，2001.

这本书在对"人"的相关问题进行理解与反思的基础上，对教育目的形成中的相关问题及价值分歧进行了研究。具体来讲包含这样几个部分：第一章介绍了人与教育理论的相关问题；第二章对教育目的形成的相关范式进行了梳理与总结；从第三章到第五章对教育目的价值分歧论问题进行了探讨，主要包括分歧之一的个人主义与社会主义，分歧之二的理性主义与功利主义，分歧之三的精英主义与平等主义，分歧之四的现时主义与未来主义。

🖥 在线学习资源

1．中国基础教育网，http://www.cbe21.com/

教育部基础教育司、教育部基础教育课程发展与研究中心与北京师范大学主办，是面向全国基础教育工作者、学生、学生家长的专业服务网，是基础教育领域的综合性网站。着重强调在基础教育改革发展、基础教育观念、素质教育、特色学校建设方面的导向性。

2．爱思想网，http://www.aisixiang.com/

为终身学习平台和思想门户，致力于传播常识、追求真知、分享资讯，旨在推动学术繁荣、塑造社会精神。设有数百位资深学者的专栏。阅读哲学、史学、社会学、教育学等方面的论文和杂谈，可以洞悉不同的价值观念，体会他们对共识的追求。结合相应内容，反思学校教育的教育目的问题。

3．天涯社区，http://bbs.tianya.cn

天涯论坛被称为"全球最具影响力的论坛"，也提供博客、相册、个人空间等服务。天涯社区"教师版""教育园地"等版面能使你有更多"高手在民间"的感受，能增加你"教育社会"之阅历，促使你从更广的视野和不同的视角去审视教育问题。

第五章

知识

本章概述

　　本章介绍了知识的概念及其基本类型，呈现了知识的演进历程。厘清了知识与经验、常识、智慧、能力的关系。对知识在教科书、隐性课程、经典名著和新媒介中的呈现进行了说明。

结构图

ⓐ 知识的基本概念　ⓑ 知识的类型　ⓒ 知识的演进历程
什么是知识

1

知识

2

3

知识与诸要素的关系

ⓐ 知识与经验、常识　ⓑ 知识与智慧、能力

学校教育中知识的呈现

ⓐ 知识在教科书中的呈现　ⓑ 知识在隐性课程中的呈现

ⓒ 知识在经典著作中的呈现　ⓓ 知识在新媒介中的呈现

学完本章，你应该做到：

1. 掌握知识的概念和类型划分，了解知识的演进历程。

2. 对知识与经验、常识、智慧、能力诸要素的关系有清晰的认识。

3. 体会知识在教科书、隐性课程、经典名著和新媒介中的不同呈现方式。

学习目标

读前反思

　　阅读本章之前，请反思一下自己的学习和教学经历，哪些知识对你产生了影响？这些知识是通过什么途径获得的？思考以下问题。

1. 只有科学知识是知识吗？日常的感知和文学的幻想是知识吗？到底什么是知识？

2. 对知识进行"随意联想"，能想到哪些要素？它们和知识到底是何关系？

3. 如何理解"知识就是力量"与"知识就是权力"？

第一节
什么是知识

🎯 **学习目标**

理解知识的基本概念，明晰知识的类型，了解知识的演进历程。

"依据哈佛大学谢弗勒的看法，知识论在讨论五个基本问题：什么是知识？何种知识最为可靠而重要？知识的来源为何？应如何追求知识？什么是传授知识最好的方法？"[1]本章讨论的正是谢弗勒命题中的一些问题。教育离不开知识，知识是教育的源泉和根本。知识的内涵、类型复杂而多样，其演进带有时代印痕。因此，明确知识的基本内涵，对知识的基本类型进行划分，了解知识的演进历程，就成了首要解决的问题。

一、知识的基本概念

所谓知识，在英文学界"多用episteme，泛指人的一切阅历、见闻与学习心得。具体包含着学识、智能、有系统的体系三个方面的含义"[2]，而关于知识的研究则是"episteme"与"logos"的结合，即"epistemology"，译为知识论，又译为认识论。

在《说文解字》中"知，从口矢"。段玉裁在《说文解字注》中指出："识敏，故出于口者，疾如矢也。从中可获得的信息有：第一，有其内容；第二，可外传；第三，了悟；第四，意向……'识，常也，一曰知也，'段玉裁补充云，'常，当为意字之误也……心有所存谓之意。'从中我们可以获得的信息有：

> **知识**
>
> 知识是人类在人与自然、人与社会、人与自我的交互作用过程中的观念成果。传统哲学中知识的定义为：能被充分证实的真的信念。而现代知识作为构念，和情感感性、情境氛围、主观意志发生了很多交融，知识的内涵变得模糊起来，在不同语境中知识拥有不同的语义要素。

第一，意味着记存于心；第二，与知同意。"[3]"知识的定义是人类认识的成果或结晶。包括经验知识和理论知识……知识通常以概念、判断、推理、假说、预见等五种形式和范畴体系表现自身的存在。人的认识（包括才能）属于人的认识范畴，是在后天的社会实践中形成的，是对现实的真实或歪曲的反映……辩证唯物主义则从实践的社会性来了解知识的本质，把社会实践作为一切知识的基础和检验知识的标准……知识（精神性的东西）借助一定的语言形式，或物化为某种劳动产品，可以交流和传递给下一代，成为人类共同的精神文化财富。"[4]

1　林重新. 教育学[M]. 台北：扬智文化事业股份有限公司，2001：54.
2　邬昆如. 哲学概论[M]. 北京：中国人民大学出版社，2005：31.
3　邬昆如. 哲学概论[M]. 北京：中国人民大学出版社，2005：33~34.
4　冯契. 哲学大辞典[Z]. 上海：上海辞书出版社，1985：1010~1011.

综上所述，"知识"的基本概念应该具备以下本质：首先，知识是一套系统的经验，不是任何信息都可以称为知识，不是任何个体经验都可以成为知识，任何知识都必须进行合理性辩护；其次，知识是一种被社会选择或组织化了的经验，是得到某种知识制度认可，并被整合到整个社会知识传统中去的个体经验和个体思想，它必须在宏观体系当中占有合法席位，在整体叙事中具有价值，即必须进行合法性确证才是知识；再次，知识是一种可以在主体间进行传播的经验，传播过程可以是显性的，也可以是隐性的，但一定是可以通过模仿、学习的途径获得的；最后，知识是一种可以帮助人们提高行动效率、更好达成行动目的的经验，即能够发挥帮助人完成有目的的行动之功用的经验集合。

二、知识的类型

（一）感性认识—理性认识

一种具有代表性的关于知识类型的分类是理性主义的。以柏拉图、笛卡儿、康德等为代表。柏拉图将"知识"和"意见"相区分，认为"知识"是人类理性认识的结果，是人们对于事物"本质"的反映和表述，不同于人类感性认识所产生的"意见"。[1]笛卡儿认为由感官获得的知识是混乱的，是人与动物共同具有的；只有由思想获得的知识才是清晰可靠的，是人类所独有的。斯宾诺莎、莱布尼茨以及康德等也都强调知识构成中的逻辑成分及知识形成中的理性作用。

笛卡儿对感官认识的怀疑

笛卡儿在"知识"概念问题上，对感觉经验的可靠性持怀疑主义的态度。他举"蜂蜡"的例子来说明这一点。蜂蜡有很多感觉特性，如吃起来是甜的，闻起来有花的香味，看起来有某种颜色、有一定大小和形状，摸起来还有一定的硬度和温度，等等。但是，当把这块蜂蜡靠近火的时候，这些属性就都改变了，尽管蜂蜡还在。笛卡尔就此得出结论：人们所感觉到的东西不是真正的蜂蜡，真正的蜂蜡是由广延性、柔韧性等性质构成，而这些性质不是由感官获得的，而是由思想获得的。

——石中英. 教育哲学[M]. 北京：北京师范大学出版社，2007：109.

这涉及感性认识与理性认识的关系。人们对任何具体事物的认识，都是从感性认识开始的。它是客观外界作用于人的感觉器官而产生的。人们通过眼、耳、鼻、舌、身等接触客观事物，形成对客观事物的感性认识。感性认识在发展中要经历感觉、知觉和表象三种基本形式。感觉是客观事物的个别属性在人脑中的反映，是客观事物的现象、表面的个别特性作

1　石中英. 教育哲学导论[M]. 北京：北京师范大学出版社，2004：135.

用于人的感官而产生的最初的反映结果。知觉是把种种感觉综合形成的客观事物的整体形象，是对整个对象的反映。表象是过去感知的事物在记忆中的再现，表象是感性的认识中较高级的形式。理性认识是认识过程的高级阶段和高级形式，是人们凭借抽象思维把握到的关于事物的本质、内部联系的认识。理性认识以抽象性、间接性、普遍性为特征，以事物的本质、规律为对象和内容。理性认识是在感性认识的基础上，把所获得的感觉材料，经过思考、分析，加以去粗取精、去伪存真、由此及彼、由表及里的整理和改造，形成概念、判断、推理。理性认识是感性认识的飞跃，它反映事物的全体、本质和内部联系。理性认识包括三种形式：一是概念[1]，概念的形成表明认识

> **感觉、知觉与表象**
>
> 一种感觉只反映苹果的一个侧面，圆、红、大、硬或者甜。知觉则把对苹果的种种感觉综合起来，"一个大的、甜的、有一定硬度的红苹果"。表象是在记忆中再现过去的感知过的事物，眼前没有苹果，我们仍可以在头脑中产生苹果的形象。

已由感性思维直观上升到理性思维；二是判断[2]，它在逻辑形式上表现为概念之间的联系或关系；三是推理[3]，它反映事物之间的内在联系和发展趋势。概念、判断和推理是相互联系、相互促进的。概念是浓缩了的判断，判断是展开了的概念，推理则是判断之间矛盾的展开。同时，概念和判断又总是推理活动的结果。

人类的感觉经验所把握到的只能是认识对象的种种"现象"，人类的理性思维所把握到的则只能是认识对象的内在"本质"。因此，便构成了人的感觉经验与理性思维的矛盾：对人的感觉经验来说的"存在"，对人的理性思维来说却只能是"非存在"；反之，对人的理性思维来说的"存在"，对人的感觉经验来说也只能是"非存在"。感性"看不见"本质，理性"看不见"现象。[4]

感性认识和理性认识有着密不可分的辩证关系，理性认识依赖于感性认识，这是认识论的唯物论；感性认识有待于发展到理性认识，这是认识论的辩证法。感性认识和理性认识互相渗透、互相依存、相互包容，二者的区分是相对的，不能把它们截然分开，割裂感性认识和理性认识，在哲学史上表现为唯理论和经验论。唯理论和经验论又各有唯物主义和唯心主义的区别。唯理论和经验论在实际工作中的表现是教条主义和经验主义。

（二）直接经验—间接经验

相对于理性主义的知识论，另一种较有代表性的是经验主义的知识论。它反对任何先验

---

1 概念是反映事物本质属性的思维形式，是构成科学体系核心的逻辑要素。它的本性是辩证的，是主观与客观、共性与个性、确定性与灵活性的对立统一。
2 判断是反映事物关系的思维形式，是对事物的状况和性质有所判定的思维形式。判断发展的形式是由特殊到一般、又由一般到特殊，以往返流动的形态日益深刻地反映现实。
3 推理是由已知合乎规律地推出未知的思维形式，是通过对某些判断的分析和综合再引出新的判断的过程。
4 孙正聿. 哲学通论[M]. 沈阳：辽宁人民出版社，1998：345.

的观点和范畴，认为人类所有的知识都来源于感觉经验，都是对外部世界各种联系的反映。例如，培根就认为，真正的知识就是对外界事物的忠实反映，观察和实验是获得这些知识的最可靠途径。洛克提出人的心灵如同一张白纸，没有任何先验的观念，所有的观念都是通过感觉得来的，感觉是人们获得知识的唯一通道，知识就是对两个观念之间"一致性""相似性"或"因果性"的认识。

这就涉及另外两个概念——直接经验与间接经验。直接经验是指亲身参加变革现实的实践而获得的知识；间接经验是指从书本或别人那里得来的知识。认识来源于实践，从亲身的实践中才能得到直接经验。但是这种实践经验，对自己来说是直接经验，对别人来说就是间接经验，没有直接经验就没有间接经验。要知道梨子的滋味，就必须亲自尝一尝，所以，直接经验是很重要的。但另一方面，又不能否认学习间接经验的重要性，因为一个人的实践总是有限的，一切事情都靠自己直接经验是不可能的。事实上，一个人所接受到的知识，绝大部分都是间接经验的东西。为了继承历史遗留下来的精神财富和学习外域的知识，接受间接经验是完全必要的。每代人都把前人的认识当作自己认识的起点，又都以自己的认识成果充实人类知识的宝库，作为下代人认识的基础。人类通过世世代代的知识积累和交流，推动着认识的发展。如果每一代人都摒弃前人的认识成果，一切都从头开始，那么人类的认识就会永远停留在原始的最低水平上，得不到发展和提高。因此，就个体而言，经验可分为直接和间接两类，而真正的经验——知识，都是从实践中获得并经过实践检验的。在人的认识过程中，在实践中取得直接经验和虚心学习间接经验是一致的，缺一不可。

间接经验是他人在实践中总结出来的，要真正消化它，把它变成自己切实掌握的知识，就必须在实践中使用它。使用间接经验的过程，是加深理解的过程、深入学习的过程、实现认识目的的过程，发展、完善、丰富间接经验的过程。因此，我们要在实践中把书本知识真正转化为实际知识，必须正确理解直接经验和间接经验的关系，正确处理参加实践和认真读书的关系，把二者有机地结合起来。

在"直接经验和间接经验"关系上的三个误区

1．误区一：直接经验和间接经验是认识的两个来源

认识的来源只有一个，即实践。直接经验是本人参加实践而获得的经验，间接经验是他人参加实践而获得的经验。实践是认识的唯一来源。直接经验和间接经验只是人们获得知识的两种途径。

2．误区二：直接经验比间接经验更可信

直接经验是一个人亲自参加实践总结出来的经验，也指实际知识；间接经验是一个人从他人那里获得的经验，其中最重要的是书本知识。不管是直接经验，还是间接经验，都既包括感性认识，又包括理性认识，也都有正确和错误之分。

3．误区三：直接经验比间接经验更重要

直接经验和间接经验都重要。间接经验是人类积累下来的宝贵精神财富，个人由于生命、精力、实践条件的限制，不可能事事亲身实践去获得知识；而且，从人类认识的发展看，每一代人都处于知识的承上启下的历史环节上，要在虚心学习前人留下的知识基础上，根据新的实践，总结出新的知识以发展认识。因此，间接经验对一个人也是非常重要的。

（三）显性知识—隐性知识

隐性知识是迈克尔·波兰尼（Michael Polanyi）在1958年提出的重要概念。按照波兰尼的理解，显性知识是能够被人类以一定符码系统（最典型的是语言，也包括数学公式、各类图表、盲文、手势语、旗语等诸种符号形式）加以完整表述的知识；隐性知识和显性知识相对，是指那种我们知道但难以言述的知识，是在行动中所蕴含的未被表述的知识，是高度个人化的知识，具有难以规范化的特点，不易传递给他人，深深地根植于行为本身和个体所处的环境，包括个体的思维模式、信仰观点和心智模式等。

哲学家语录

人类的知识有两种。通常被描述为知识的，即以书面文字、图表和数学公式加以表述的，只是一种类型的知识。而未被表述的知识，像我们在做某事的行动中所拥有的知识，是另一种知识。

——Michael Polanyi. Study of Man, 1958. 转引自郁振华. 波兰尼的默会认识论[J]. 自然辩证法研究，2001年第8期.

隐性知识的价值必须通过与显性知识的转化来实现，知识正是通过这种循环转化而形成了一个螺旋式上升的知识创新过程。隐性知识与显性知识的转化历经四个循环阶段。[1]

1. 社会化阶段

社会化阶段是指从个体的隐性知识到另一个体的隐性知识的传播过程。这是人类知识传播最古老也最有效的方式。在知识管理的过程中，我们不遗余力地将隐性知识通过信息技术显性化，但总有部分有价值的隐性知识难以实现转化，通过隐性知识的社会化阶段将隐性知识进行传递、共享及创新。这一过程中，参与者不使用语言也可以从别人那里获得隐性知识，如徒弟仅凭经验、模仿和实践就可以学会手艺。

1　方明. 缄默知识论[M]. 合肥：安徽教育出版社，2004：124.

2. 外化阶段

外化阶段是通过类比、隐喻、假设、倾听和深度谈话等方式将隐性知识转化为容易理解和接受的形式。将隐性知识转化为显性知识是典型的知识创新过程。人们将自己的经验、知识转化为语言可以描述的内容，是从感性知识提升为理性知识，将经验转变为概念的过程。知识显性化的目的在于知识的共享，通常情况下，只有那些具体的、操作性强的或常规的知识才可以进行传播，深层次的知识则不易为他人获得。

3. 组合阶段

该阶段是隐性知识到显性知识的转化，是一个建立重复利用知识体系的过程。它重点强调的是信息采集、组织、管理、分析和传播。在这一过程中，信息是在不断聚合过程中产生新的理念。私人知识并不能直接共享，可以进行传递的仅仅是知识中的有关观点和信息。他人在接受信息后，要对其进行深入的感知、理解和内化，然后才能形成自己的新知识。

4. 内化阶段

内化意味着新创造的显性知识又转化为组织中其他成员的隐性知识。显性知识隐性化的目的在于实现知识的应用与创新。知识的应用与创新是知识管理的终极目标，组织能否在竞争中占有优势取决于组织能否充分利用组织的知识，能否不断地创造出新的知识，进行知识的更新。经过内化阶段，组织竞争力得到提高，知识管理完成一个基本循环。

在上述四种转化过程中，隐性知识向显性知识的转化是核心，是知识生产的最直接和最有效的途径。个人的隐性知识是新知识生产的核心。如何有效地激发个体的隐性知识，避免转化过程中的障碍，增加四种转化方式的互动作用，将影响新知识的产生水平。

（四）人文知识—科学知识

人文的含义来源于拉丁词"humanitas"（人性，教养）的英文词"humanity"。汉语的"人文"一词最早出现在《易经·贲卦》中，"关乎天文以察时变，关乎人文以化成天下"。人文及人文知识视野中的世界，是一个以人的内在精神为基础、以文化传统为负载的意义世界和价值世界。作为知识文化，文科知识自从独立于自然科学以来，就有着不同于自然科学的对象和含义。"人文"给我们展示了这样一个世界：这里有人的参与，有精神的作用，有以不确定性和主观性为主导的复杂现象，有与"物性"相牵连又相疏导的"人性"的多面孔的展现。卡西尔指出，人文领域的成果不是别的，不过是一种强化自身的人类行为的结晶。

汉语中"人文"的含义

1. 作为某类存在物来讲，泛指人事，与人之外的自然现象相区别，是人本身或与人有关的种种现象，即与"自然景观"相对应的"人文景观"。

2. 作为某类学问、知识讲，它和"科学"相对应，尤其和自然科学不同，因此形成"人文学科"。

3. 作为某种倾向性的思想观点来讲，它与（现代）人文主义、人本主义等相联系，尤其是在科学文化与人文文化形成一定的人类性分工之后，如果只偏重于后者，就难免或多或少地走向这种思想观点。

——肖峰. 论科学与人文的当代融通[M]. 南京：江苏人民出版社，2001：129.

科学是个外来词。19世纪末，日本人把"science"译成日文"科学"，意为"分科之学"，后被引用到中国一直沿用至今。英文的"science"一词基本上指"natural science"（自然科学）。最早的科学知识一产生就专注于自然本身的运行。古希腊的自然哲学家爱奥尼亚首先创立原初形态的科学：关于基本元素的学说。亚里士多德最早对古代的科学知识进行了整理，也是最早对科学进行规定的人。他认为科学是一种从观察上升到一般原理，然后再返回到观察的活动。科学的重要功能在于解释，科学解释就是从有关某种事实的知识过渡到关于这个事实的原因的知识。

一般而言，科学具有客观性、系统性、普遍性、精确性、预见性和探索性等基本特征，归结为一点则是其具有实证性。科学在本质上是一种理性的事业，其最基本的使命是认识客观世界。作为一种社会活动，它本质上是精神的、智力的活动，其成果是发展着的知识系统，科学活动的成果是一种精神产品，是对客观世界的理论表达，其最高价值在于求真，即达到对客观世界的真理性认识。随着自然的数学化、研究的方法论化、科学建制的分科分层化，近代科学完成了其理性化过程，并构成日后科学发展的基本精神气质。著名科学社会学家默顿在其经典之作《科学社会学》（*The Sociology of Science*）中将之概括为：普遍主义（universalism）、公有性（communalism）、无私利性（disinterested mess）和有组织的怀疑（organized scepticism）。这四条精神气质[1]是对希腊所倡导的科学理性精神的一个很好的注解：

1　根据[美]默顿《科学社会学（上）》（鲁旭东，林聚任，译. 北京：商务印书馆，2003：363～376）具体论述介绍如下：

一、普遍主义。也称普适性，指一种学说是否被划归为科学均与提出此学说的个人特征无关，即与他的种族、国籍、宗教、阶级和个人品性无关。普适性表明，科学原理与方法以其特定的内容反映客观的过程和关系，而不接受任何强加的特殊有效性标准和法令。

二、公有性。默顿认为，公有性是科学之精神气质的第二要素，它是从财产公有性的非专门的和扩展的意义上使用的，科学上的重大发现都是社会协作的产物，因此它们归属于科学共同体，是其共同的遗产。用人名命名的定律和理论并不表明它们为发现者及其后代所独占，科学界的惯例也没有给他们以特权去随意使用和处置。

三、无私利性。它既不等于利他主义，也与利己主义无关，这一规范要求的是实事求是、公正和无欺诈。默顿原文为："在科学的编年史中实际上很少存在着欺诈行为，这与其他活动领域的记载相比似乎是个例外，这种情况有时被归因于科学家的个人品质。这意味着科学家是那些具有不寻常道德修养的人。但事实上没有令人满意的证据来证明这一点。从科学自身的某些特征中却可以找到更合理的解释。"

四、有组织的怀疑。它既是方法论要求，也是制度性要求。科学在怀疑过去和现在的过程中发展进步，但不是无根据地胡乱怀疑。首先，科学要发展，就必须怀疑现存的理论，这是一种革命性的要求。科学旨在寻求关于事实的答案，科学研究者清楚科学事物与世俗事物之不同，前者要求做客观的分析，后者要求绝对的尊崇。没有怀疑就不会有科学发展，怀疑是科学创新的前提之一。但是，不是只要怀疑就足够了，怀疑应当是有节奏的、审慎的。对于科学界现有的理论，在没有新经验事实和理论推导之前，则要持信任的态度。这讲的便是科学上有组织或者有条理的怀疑。

有条理的怀疑主义是自由的怀疑和批判精神；公有性是自由发表和自由探索精神；无私利性是不计利害只求真理的精神；普遍性也就是普遍理性精神，把理性的能力和可能性做了最大限度的扩展，发挥到于希腊人而言远未达到的地步。在科学化的世界图景中，人们逐渐认识到"思想的眼光永远不能脱离事物本身，应该如实地看待它们的影像。过去一事无成，它的方法、基础和结果都是错误的；我们必须重新开始，使我们的头脑摆脱流传下来、因袭的偏见和意见……要以自然科学为基础，归纳法为方法，发明的技术为目的。"[1]并强调"把得到的真理应用到人类的福利上，是始终要记在心里的目标"[2]。

科学体现了人类理性的进步，"代表着一条抽象的思维能力迅速进步的指示线。他已导致具有最高完善性的纯粹理论结构……它已把人类的思维训练到能够理解以前几世纪中有教养的人所不能理解的逻辑关系"[3]，使得人类不断地从中学习到新的思维方法。科学的根本魅力在于将人们引入了"各种首尾一贯、秩序井然的对策符号系统和概念框架去理解和解释经验世界"[4]。

《谈谈方法》中探寻真理方法的四项基本原则

1．凡是我没有明确地认识到的东西，我决不把它当成真的接受。

2．把我所审查的每一个难题按照可能和必要的程度分成若干部分，以便一一妥为解决。

3．按次序进行我的思考，从最简单、最容易认识的对象开始，一点一点逐步上升，指导认识最复杂的对象；就连那些本来没有先后关系的东西，也给他们设定一个次序。

4．在任何情况之下，都要尽量全面地考察，尽量普遍地复查，做到确信毫无遗漏。

——[法]笛卡儿．谈谈方法[M]．王太庆，译．北京：商务印书馆，2011：16．

科学知识和人文知识是人类进步的双翼或双轮，哪一翼太弱也无法顺利起飞，哪一轮太小了亦不能平稳行驶。没有人文知识，科学知识是盲目和莽撞的，没有科学知识融入的人文知识是蹩脚的和虚浮的。因此，必须使科学知识与人文知识比翼齐飞，必须使它们并驾齐驱。（见表5-1）

1　[美]梯利．西方哲学史[M]．葛力，译．北京：商务印书馆，2005：286～287．
2　[美]梯利．西方哲学史[M]．葛力，译．北京：商务印书馆，2005：287．
3　[德]赖欣巴哈．科学哲学的兴起[M]．伯尼，译．北京：商务印书馆，1966：96．
4　孙正聿．哲学通论[M]．沈阳：辽宁人民出版社，1998：93．

表5-1　科学知识与人文知识比较[1]

科学知识的特点及其例证	人文知识的特点及其例证	二者的共同点
具有可证伪性、可重复检验性、可积累性等特点，例如：电磁学	具有找到了反证也不能说错、语境和状态依赖性、多音同义词等特点，例如：性善论、诗词、神	都依赖文字符号系统来表达
基于理性	基于情感	二者互相依赖
指向物质世界或者具有一定稳定性的社会关系	指向精神世界或者具有动态性的人情关系	都是反映关系，没有不反映任何关系的知识
具有推理性、外显性以及自洽性，受众没有心理投射现象	具有判断性、暗示性以及比喻性，受众有心理投射现象	都是大脑的思维表现
具有实用主义特点，真理有用才会推广	具有理想主义特点，"真理"就是为了推销理想的	都具有很长久的甚至永远的生命力和影响力
理论正确才能指导实践：托勒密的地心说就是伪科学	理论不正确结论也可指导实践，例如：一些励志心灵学	指导实践都以理论为依据
能定量研究和准确的预测	难以定量研究和准确预测	都可以数学表达
知识的产生越来越依赖仪器和团队合作	知识的产生仍然像以前依靠个人的觉悟和总结	都需要人和人的沟通
不具有阶级性，只反映是什么和为什么	要说明应该是什么	人文学者和科学家都是具有阶级民族感情的人
科学的积累是扩大实用边界，特殊向一般的演进，例如：量子力学对牛顿力学的发展	古今中外人文知识的关系类似盲人摸象，彼此互补才能接近真相，如性善论和性恶论就是互补的关系	都具有自组织的生态进化特性

三、知识的演进历程

考察知识的历程，特别是显性知识的发展历程，将不仅有助于对知识的理解，而且可为认识人类社会由传统经现代至后现代的进程提供一个新的视角。[2]

（一）远古时期，只有隐性知识

在隐性知识中又包含有相对客观的部分和主观的部分，前者主要是日常生活中的经验，后者有种种独特的甚至神秘的体验等，处于二者之间的是想象。在语言和文字形成后，在日常经验继续积累扩充的同时，也开始发生已有相对客观的隐性知识向显性知识转化的过程，出现了口诀，如木工的"勾三股四弦五"，以及与农时气候有关的谚语，如"日晕风、月晕雨"，等等。

四大知识体系

中世纪末，世界上大致形成了四大文明圈：基督教文明、伊斯兰文明、印度教文明与儒家文明。它们都有自己相对于更久远和个别文明的较为普遍性的知识体系，如嵌入的编码知识、隐性知识和想象（特定神话等）。然而它们在达到各自扩张的极限后，就需要更具普遍性的知识来穿透文化间的壁垒。

1　科学知识与人文知识之异同[EB/OL]. http：//bbs. pinggu. org/thread-1143620-1-1. html.
2　吕乃基. 论知识的演进历程[J]. 科技导报，2003（7）：16～17.

这些最初的显性知识存在以下不足：其一，个别、零碎，彼此间没有联系；其二，处于表象的层面，只是对现象的描述，不知现象背后的实体，更不知现象之所以发生的原因；其三，带有或多或少的主观、拟人色彩，例如：亚里士多德的四要素和四因说，中世纪的炼金术和炼丹术，文艺复兴初期哲学家的学说等；其四，这些编码知识往往用比喻、格言的方式表达出来。古人不仅通过哲学和科学来认识世界，"而且以诗的、艺术的形式去领悟世界"，在不同程度上还带有隐性知识和想象的印记。

（二）近代之后，一种不同于四大知识体系的新的知识体系兴起

这种知识体系具有如此巨大的穿透力，不仅能够越过海洋、山脉或沙漠的阻拦，而且能穿透地域和历史的重雾。这种新的知识体系主要由以下内容组成：科学、技术、文艺复兴和启蒙运动所包含的理念与价值观、市场经济及其规则，以及以此为内容或背景的文学艺术作品，等等。

科学之所以能穿透屏障，是因为它提供了关于人类生成之前，至少是人成为社会中的人之前的自然界的知识体系，因而，对于各民族、对于四大知识体系基本上具有"放之四海而皆准"的影响。技术之所以能穿透屏障，是因为它背后的科学，并且以"黑箱"的形式存在和起作用。文艺复兴和启蒙运动所包含的理念与价值观的穿透力，是因为它们符合人——不论其处于什么知识体系之中——的本性中最基本的底线：个人本位和对利益的追求。同期的文学艺术大师，从薄伽丘到歌德、巴扎克，从达·芬奇、米开朗琪罗到莫扎特、贝多芬，他们的作品之所以具有穿透力，首先在于揭示了人类的本性或者说具有"典型"性，因而不同于后现代的个性；其次，这些作品都具有基本的形式，即使浪漫主义的作品也是如此，因而既不同于古代没有共同标准的作品，也不同于后现代对形式的背叛或走向极端的形式主义。

（三）现代社会，知识不断扩展、更新

一方面，知识正在进一步扩展并提升其水平。首先，科学、经济学和启蒙运动的观念进一步渗透到人文社会科学领域，以及渗透到广大第三世界。其次，更重要的是，当代包括科学在内的人类的知识正在走向新的综合。随着高技术特别是信息技术和生物技术的发展，随着种种危机的加深，以及随着生态学的发展，在启蒙运动提出的有关个人的知识的基础上，将个人综合起来论述全人类的知识正在拥有越来越多的话语权，如网络、克隆技术、人类的命运、人类在与自然的关系中的地位，等等。另一方面，知识在向其他领域渗透的过程中，正逐步与新的语境、新的生存背景结合起来，创造出新的知识。新的语境和生存背景主要不再是自然，也不是与自然相分离、相对立的社会，而是自然与社会的融合；不再是传统和历史，也不是没有时间感的现在，而是目的和未来，同时又包含有对传统和历史的频频眷顾；更重要的是，不再止于部落或民族的语境和生存背景，而是既有个人又有由兴趣、爱好和习俗所形成的人群的语境和生存背景，同时又包含了对人类命运的共同关注。

所谓知识的演进，实际上核心探讨的是人类把握世界的方式问题。人类认识世界和把握世界的方式多种多样，但在人类文明史不断地发展的过程中，在把握人与自然、人与人、人与自我的关系的过程中，产生了不同的知识。"人与世界的现实关系是极其丰富的，这既是因为世界具有无限的丰富性，也是因为人类具有把握世界的各种基本方式。以人类的实践活动为基础的人类把握世界的基本方式主要包括：神话、常识、宗教、艺术、伦理、科学和哲学等。正是由于人类以这些'基本方式'去把握世界，才构成了人的'神话世界''常识世界''宗教世界''艺术世界''伦理世界''科学世界'和'哲学世界'。"[1]上述世界反映了人与世界的多种关系。"人类把握世界的概念体系既是纷繁复杂的，又是历史发展的。但是，从人类用以把握世界的概念框架的层次性上看，却可以从总体上区分为三个最基本的层次。这就是常识性质的概念框架、科学性质的概念框架和哲学性质的概念框架。"[2]人类在探索世界的过程中往往执着于真、善、美三个领域，如著名的康德的三大批判——纯粹理性批判、实践理性判断、判断力批判，也同样对应了真、善、美三个领域的人类探索世界的三类问题。但仔细分析，研究者发现："不同层次的概念框架中具有不同的性质：常识之'真'即是'真的'（不是假的），科学之'真'是经过'验证的'的'普遍必然性'，而哲学之'真'则是指'思想的客观性'；常识之'善'即是'好的'，科学之'善'是指行为对人和社会的正面效应，哲学之'善'则是指人的思想与行为的'应然性'；常识之'美'就是'美的'，科学之'美'是思想的合乎逻辑，哲学之'美'则是'是'与'应当'的统一。"[3]"常识的、科学的和哲学的三个层次的概念框架，为人们提供了三种不同性质的世界图景、思维方式和价值规范。"[4]因此，在常识、科学、哲学三个思维框架下，人类的思想与行为也得到了不同层次的理解和规范。

第二节
知识与诸要素的关系

🎯 **学习目标**

掌握知识与经验、常识、智慧、能力诸要素的联系与区别。

当我们想到知识的时候，必然会联想到一系列概念，它们与知识有着密切的联系，如经验、常识、信息、理论、智慧、能力等，弄清楚它们与知识的联系和区别，是帮助我们进一步把握知识本质的有效途径。下文择取其中四个和知识最密切、最易发生

1　孙正聿. 哲学通论[M]. 沈阳：辽宁人民出版社，1998：47～48.
2　孙正聿. 哲学通论[M]. 沈阳：辽宁人民出版社，1998：52.
3 4　孙正聿. 哲学通论[M]. 沈阳：辽宁人民出版社，1998：53～54.

混淆或重此薄彼的范畴予以讨论。

一、知识与经验、常识

（一）知识与经验

1. 什么是经验

什么是经验？《现代汉语大辞典》中经验有两个含义："① 由实践得来的知识或技能；② 经历；体验。"[1]其中，第一方面是从类主体的角度谈的经验的含义；第二方面是从个体的角度谈的经验的含义。从人作为人类社会的类主体的角度而言，经验是人类在解决人类自身面临的人与自然、人与社会以及人与自我的问题的过程中，产生的各种解决问题的办法和路径，并传递给下一代的知识和技能。因此，"所谓经验，就是从这种相互作用中产生的。在人与环境相互作用的过程中，由于环境始终处于变动不居的状态之中，所以，为了能够不断地适应环境以求得与环境的平衡，人就必须改造或改组其既有的经验。所以，经验的改造或改组乃是使生活得以继续的手段。而这种经验的改造或改组，既能增加经验的意义，又能提高后来经验进程的能力。"[2]从经验与人类社会的关系看，经验有个人与社会之分。"经验的改造可能是个人的，也可能是社会的。"[3]经验有个体经验和类经验之分。那些能够被人类传承的解决人与自然、人与社会、人与自我的知识和技巧，是类经验；而那些仅适用于某个具体情境的技巧及心灵体验，则属于个体经验。

📢 **教育哲学家语录**

每种经验都是一种推动力。经验的价值只能由它所推动的方向来评断……教育者的任务就在于看到一种经验所指引的方向。

只有当客观条件从属于具有这种经验的个人内心情境时，那种经验才是真正的经验。

连续性和交互作用彼此积极生动的结合是衡量经验的教育意义和教育价值的标准。

教育必须以学习者已经具有的经验作为起点；这种经验和在学习过程中发展起来的能力又为所有的未来的学习提供起点……教育经验的连续性原则要求用同等的思想和注意去解决这一方面的教育问题……教育者的责任就在于，从现有经验的范围内，选择那些有希望提出一些新问题的事物，这些新问题能激起新的观察和新的判断的方式，从而扩大未来的经验的范围。

——[美]约翰·杜威. 我们怎样思维·经验与教育[M]. 姜文闵，译. 北京：人民教育出版社，1991：263，265，268，291～292.

1　现代汉语大辞典[Z]. 北京：商务印书馆，2005：718.

2　陆有铨. 现代西方教育哲学[M]. 郑州：河南教育出版社，1993：45.

3　[美]约翰·杜威. 民主主义与教育[M]. 王承绪，译. 北京：人民教育出版社，2001：89.

2. 知识与经验的关系

科学哲学家赖欣巴哈（Hans Reichenbach，1891—1953）认为"知识的本质是概括，概括的目的是解释"[1]。概括的对象则是人类的经验，解释的对象则是人类的生产生活实践。从类的角度而言，人类需要把附着在个体身上的经验概括为类经验的需要，在个体经验转化为类经验的过程中，有些类经验在完成了上述三个命题的证明后，被人类称之为知识。因此，知识源于经验，知识高于经验；知识是对经验的高度概括。"知识是什么？知识在本质上是一种结果，可以是经验的结果，也可以是思考的结果。"[2]源于经验的知识，是经验的结果；高于经验的知识，是思考的结果。

但有关知识的研究，从来没有离开一些主题，如经典的柏拉图主义的命题，即"一条陈述能称得上知识必须满足三个条件，它一定是被验证过的、正确的，而且被人们相信的。"[3]从这三个条件出发，人类在不断地追问的问题有：知识是什么、知识如何被确证、人类如何获得知识、人类如何检验知识、对人类而言何种知识有价值等。站在不同的知识论立场，不同的人给出了不同的答案。如近代西方哲学史上的经验主义、理性主义；现代西方哲学史上的胡塞尔的现象学、柏格森发展的生命哲学以及杜威发展的教育哲学，以及当代西方哲学中的后现代哲学、东方学等。各哲学派别的区别在于其对上述几个问题的回答不同而已。

因此，我们需要追问的问题有："第一，知识与认知者的关系。认知者在获得知识的过程中是以个体身份出现还是以社会身份出现？究竟是积极主动的还是消极被动的？究竟是理性起主导作用还是感性起主导作用？究竟如何处理知识陈述与自己的知识信念之间的关系？第二，知识与认知对象的关系。知识是不是对外部世界的镜式'反映'？真正的知识是不是与外部世界相符合？确定一种知识真理地位的经验证据是不是充分的？认识的对象是不是在认识之前就客观存在？第三，知识作为一种陈述本身的逻辑问题。知识有没有统一的或标准的形式？如果有的话，是什么？如果没有的话，又因为什么？概念和命题仅仅是一种逻辑的构造还是一种历史文化的产物？不同领域知识的概念和命题又有什么不同的特征？如何为一种知识陈述辩护？第四，知识与社会关系问题。知识是价值中立的吗？科学研究活动是一种纯粹理智的行为吗？知识与利益、权力、意识形态、性别等是什么关系？社会生活中知识的生产、传播、配置优势怎样受到社会因素制约的？对这四个方面问题的不同回答就产生了不同的知识论立场。"[4]

---

1 孙正聿. 哲学通论[M]. 沈阳：辽宁人民出版社，1998：85

2 史宁中. 关于教育的哲学[J]. 教育研究，1998（10）：13.

3 知识[EB/OL]. 百度百科：http://baike.baidu.com/，2014-02-24.

4 王澍. 寻求恰当的知识论立场[D]. 上海：华东师范大学博士学位论文，2007：26.

🔍 案例分析一：教师经验的作用、局限及改进路径

什么是教育？

又是一年实习季。我，教育学专业的大三学生，和其他8名同学被称为某小学的实习教师。今天是我们实习的第一天。我内心很雀跃，终于能"大展拳脚"了，要知道，我给家里的亲属看孩子，那可是受到好评的呀。

我班级里的豆豆特别调皮，班主任老师说他是调皮大王。今天他没有带水，总想抢同学的水喝。我灵机一动，想"这不是一个好的教育机会吗？"于是对他说："如果你表现好，一节课都没有同学反映你调皮了。那么老师奖励你一瓶矿泉水。"他欢喜地答应了，并开始好好表现。一节课过去了，豆豆表现不错，我想，豆豆可能是太渴了。当我履行诺言，把水放在他的课桌上时，班主任老师看见了。

班主任老师把我叫到了办公室，问我为什么给乐乐水。我如实回答。

班主任老师严肃地说"你这样做不对。带水是他自己的事儿，他需要为他自己的行为负责任。你这样，尽管让他在这几课表现不错，但告诉他的是什么？教给他的道理是什么？"

我无语，心想，"这么大点儿的小事儿，至于吗？"

班主任见我并没有明白，又说："你在告诉他交换。并没有教会他承担。如果这样，下节课他还表现好，你还买水吗？如果他天天不带水呢？你抓住教育的契机，非常好，但方式方法不当。你需要让孩子明白承担自己行为的后果。"

哦！我恍然大悟，原来这就是教育。我今天，成长了。

——宁宁的实习日记

第一，经验是教师专业成长的基础。从案例中我们可以发现新手教师和专家型教师的区别在于对于教育生活中的事件的处理的导向和方法不同，导致这一区别的本源则是新手教师和专家型教师的经验不同。案例中的专家型教师比新手教师更清晰地理解教育的真谛，并能运用于日常教育生活之中，这就是经验的作用。

第二，学生的经验是教师的研究对象。教师在从新手到专家的不断地走向卓越的过程中需要研究学生的经验。教师的教学策略、教学方法、教学内容等都需要根据学生的经验不断地调适。也就是说，学生经验的差异性是"教无定法"的现实基础。

第三，反思是教师突破经验固化的一种有效方式。在日常教学生活中，很多教师出现了经验固化，即教师的教育理念、教育方法等都固化在已有的成熟经验的基础上。固化的经验导致了教学的僵化。因此，反思是教师突破经验固化的有效方式。因为，一方面，反思促使教师对日常教学生活永葆新鲜。另一方面，反思促使教师对自己的教学行为永持批判性态度。

第四，研究"学生经验"是教师走向教学卓越的基本能力，否则，教学与学生脱节。这

种研究"学生经验"的教学被古德莱德称为"学生经验的课程"[1]，而忽视学生经验的课程被称为"教师运作的课程"。研究学生经验的基本特点就是"把日常教与学中随时都可能发生的现象作为问题提出来"[2]，并加以研究和改进。

案例分析二：学生经验的作用

经验与学习

故事一：一天，老师在海伦·凯勒的手心写了"water（水）"这个词，海伦·凯勒不知怎么搞的，总是没法子记下来。老师知道海伦·凯勒的困难处在哪儿，她带着海伦·凯勒走到喷水池边，要海伦·凯勒把小手放在喷水孔下，让清凉的泉水溅溢在海伦·凯勒的手上。接着，莎莉文老师又在海伦·凯勒的手心，写下"water（水）"这个字，从此，海伦·凯勒就牢牢记住了，再也不会搞不清楚。海伦后来回忆说："不知怎的，语言的秘密突然被揭开了，我终于知道水就是流过我手心的一种物质。这个喝的（水）字唤醒了我的灵魂，给我以光明、希望、快乐。"

故事二：为了克服海伦·凯勒聋、盲导致的听不见别人说话的声音，看不见别人说话的嘴型的障碍。莎莉文老师替海伦·凯勒找了一位专家，教导她利用双手去感受别人说话时嘴型的变化，以及鼻腔吸气、吐气的不同，来学习发音。当然，这是一件非常不容易的事，不过，海伦·凯勒还是做到了。

——见海伦·凯勒（Helen Keller）. 假如给我三天光明[M]. 李汉昭，译，北京：华文出版社，2003.

第一，原有的经验是学生学习的前提和基础。从上述两个案例中得知，经验是学习的前提和基础。在经验缺失的条件下，真正的学习活动不能产生。相反，建立在经验的基础上的学习活动，会使教学者感觉到"师逸而功倍"，使学习者感受到心灵的震撼，如案例中海伦·凯勒的豁然开朗的学习体验。

第二，学生的学习过程要经历经验的变迁。学习的产生源于学生原有的经验与新的情境的冲突，而学生的认知的变化必然来自于学生经验的变迁。因此，经验是学生学习过程必须改变的对象，学习的过程，就是学生经验从原有经验变迁为新经验的过程。

第三，新经验是学生学习的目的和结果。学习的起点是学生的原有经验，而学习的结果是学生获得了一个新的经验。从起点的经验到结果的经验中，学生亲身经历和感悟归纳推理、演绎推理、类比推理等人类思维的基本方式。学生的学习的起点是已知经验，通过亲历人类思维的基本形式来提出问题、分析问题、解决问题的过程中获得的经验就是学生学习的结果。正是基于这一原因，有学者提出重视过程的学习理论。

1　"学生经验的课程"是美国课程专家古德莱德等在《课程探究》（1979）一书中提出的问题领域。
2　陈桂生. 聚焦"学生经验的课程"[J]. 江苏教育学院学报（社会科学版），2006（1）：1.

（二）知识与常识

1. 什么是常识

常识，即"普通知识"[1]。是人所共知的事实或命题。还可以理解为常理，即基本事实或事实中所包含的道理。因此，"常识又指自然而然的理解，以及依于这些理解而生的基本的判断力"[2]。英语中的常识为"common sense"。但学者认为，含义有些许差别。"相对而言，汉语更偏重于明面的事实，英语则更偏重于事实里所含的道理。如此说来，英语的'common sense'与常理一词更贴近。"[3]常识主要涉及感官所及的经验现象，换言之，常识是一种最基本、最普遍的人类把握世界的方式，是人类其他各种把握世界的方式形成、发展的基础。常识具有直观性、表象性、经验性、有限性、凝固性、传承性、非批判性、非反思性的特点。常识的最本质的特性就在于它的经验性，它源于经验、适用于经验。

在常识世界中，不存在反思性。相反，"人总是倾向于把他生活的小圈子看成是世界中心，并且把他的特殊的个人生活作为宇宙的标准。但是，人必须放弃这种虚幻的托词，放弃这种小心眼儿、乡下佬式的思考方式和判断方式。"[4]为了超越这种自我中心式的思维方式，就需要诉诸科学和哲学。科学和哲学都具有批判性，他们都源于对常识的批判，并在对常识的批判中和对自我的批判中实现自己的发展。

在常识与教育中的关系中，我们需要思考两种关系：第一，教育教学生以常识。第二，做有常识的教育工作者。

我国常识教育经历的阶段

第一阶段，蒙养教材中的常识。《三字经》《千字文》中有许多古代社会人们生产生活需要的常识，具体包括伦理道德常识、历史知识常识。

第二阶段，新教育中的常识。清末，教育担负起了"师夷长技以自强"的时代任务，因此，"在《奏定学堂章程》（癸卯学制）中规定初等小学堂和高等小学堂开设历史、地理、格致科目；在中学堂开设历史、地理、博物、理化。"可以说，清末大量科学类书籍的出版，开启了我国科学常识教育。

第三阶段，常识教育课程走入教育。1922年壬戌学制后，小学课程体系的设计趋于完整，具体变化是将理科改为自然；将卫生、公民、历史、地理等科目合为社会。自此，自然、社会，作为两个独立的常识教育课程走上了我国小学教育的舞台。1932年后，自然、社会又被合称为常识。

---

1 现代汉语大辞典[Z]. 北京：商务印书馆，2005：454.
2 陈嘉映. 说理[M]. 北京：华夏出版社，2011：31.
3 陈蓉霞. 科学与常识：如何走向渐行渐远[J]. 中国政法大学学报，2013（1）：96.
4 [德]卡西尔. 人论[M]. 甘阳，译. 上海：上海译文出版社，1985：20.

第四阶段，现代常识教育。现代常识教育包括社会、科学、健康。在新中国历史上的很长时间里，小学有《自然》，教授自然常识；在我国新课改后，小学的常识课以《品德与生活》《品德与社会》为主。同时，我们需要注意的是在初中、高中阶段，仍有常识教育，如初中阶段的地理常识、历史常识、物理常识、化学常识的学习；高中阶段的政治常识、经济常识、哲学常识的学习等。

教学生以常识，一是教材中的常识教育。"世界各国的教育者普遍认为，除去母语、数学（算术）、艺术等学科之外，小学阶段的儿童还应该掌握一些自然常识和社会常识，这将有利于他们的人格和智力培育。"[1]二是通过学校生活教学生以社会生活常识。学生的常识的获得除了在课堂上，还有一个重要途径就是学校生活中。第一，学生在学校生活中学会了与他人共处的常识。第二，学生在学校生活中学会了共同生活。第三，学生在学校生活中学会了学习，如认知策略等。第四，学生在学校生活中学会了基本的人生观、世界观、价值观。第五，学生在学校与教师、同学互动的过程中学会了关心他人。学会与他人共处、学会共同生活、学会学习、学会关心以及学会基本的人生观、世界观和价值观，是学生在学校生活中学习到的社会生活常识。如果学生脱离学校生活，则脱离了学生的同辈群体中的社会化的环境，则会在同辈群体的交往过程中容易出现偏差或障碍。

2. 知识与常识的关系

常识是众所周知的知识，一般的知识。一是指与生俱来、无须特别学习的判断能力，或是众人皆知、无须解释或加以论证的知识；二是指对一个理性的人来说是合理的知识，即"日常知识"。

缺乏知识是所有人的困境，缺乏常识是个体的困境。缺乏知识的状况可谓比比皆是，乃一切人的困境，"知道的越多，不知道的也越多"，这句话生动地反映了这种状况。当前人类活动范围的拓展，客观上也遭遇了更大的未知；但缺乏常识就不同了，一般人人皆有的看法你却不知道，这可就成了个人的困境。

常识与知识有着复杂的关系。在哲学史上，为常识定义既是一件吃力不讨好的差事，常常又使许多人身败名裂。柏拉图—唯理论—黑格尔—马克思，与亚里士多德—经验论—洛克/休谟—波普，正是唯理发展到独断与经验发展到怀疑这样两条

> **对常识特征的描述性看法**
>
> 1. 常识是大家的看法，被假设为人人知道；2. 常识是不纯粹的知识，混杂了无知与偏见；3. 常识一般来源于生活和实践经验，而非观念的产物；4. 有常识不一定更好，但没有常识一定麻烦多多，常识某种程度上就是一种生存技巧；5. 常识不讲逻辑、自相矛盾，不能较真；6. 常识是拿来用的，不是拿来想的；7. 常识可以是知识的原材料，但不是知识；8. 过于丰富的常识使人狡猾而懒惰。

1　王颖. 民国时期的常识教育与"常识"教科书[N]. 中华读书报，2012-07-04（014）.

人类思想的路线，他们的争论，恰恰反映出知识与常识的复杂关系。

对知识探索中存在着对常识的需求。首先，知识的形而上的假设，除了逻辑可靠的证明，还需要其他支撑物，科学理论不仅需要自身的逻辑自洽性，也需要人类经验对其可信程度的反复检验，没有了常识的支撑，逻辑不过是一根滑稽的擎天柱；其次，思想家们大多数人还是希望自己的理论思考能为人类实际生活做出贡献，而完全蔑视一切人类实际经验与常识的理论将不会有任何获胜的机会。常识的作用在于不把事情办砸，知识的作用在于使事情办得更好。常识最大的问题是混在事实与经验之间，产生不了新的知识，等有了事情才会有对事情的经验和常识；知识的作用可以超越常识，人们对知识的最大要求体现在预测性——预言上，知识的作用在此，危险也在此。我们毕竟必须承认，虽然理智的探索与智慧的游戏是人类文化最为美好与灿烂的事物，但这仍然不是人类生活的全部，甚至不是人类精神生活的大部。知识的使命本不应与生活的使命相冲突。

知识与常识，本是同根生。人与外界的交往有三种方式，人与人之间通过将心比心推己及人，人与社会之间通过"吃一堑，长一智"积累社会经验，人与自然之间通过举一反三格物致知。失去本能联系的人类依然要与外界（自然、社会）发生联系，大脑的进化与行为方式的变化使我们产生了新的认识方式：原生性的常识与再生性的知识。伴随着主体的自我意识的产生，文化的产生就是必然的，人与自然的自然交换就要让位于文化交换了。人类与外界的纽带与其说是生物性的，不如说是文化性的或知性的。人类认识需要的产生是人类进化尤其是文化进化的产物，伴随着主体化的发展，其中最为重要与奇特的是对象化、符号化的出现，当儿童学会区分你、我、他、爸爸、妈妈、桌子的时候，他已经具备了这种主体意识。人会发现他自己是有着与外界及自己广泛联系的动物，他不得不思考这种联系、处理这种联系并发展这种联系。一方面，生活与世界的大部分景象并不经常发生翻天覆地的改变，因此，一些具有稳定性的本能、习俗、传统转变为了常识。另一方面，人类的冒险精神又使自己的活动范围不断扩大，人类也不断从这种扩大中得益，过去的知识（常识）往往显得不够，许多突如其来的问题总是挑战着我们现有的认识。一般我们总是倾向于用老的看法来认识和解决问题（保守是传统，传统亦是保守），但无数次的无能为力，无数次在无能为力时出现的灵光一现，特别是无数次无法总是使用本能去达到目的，逼迫他必须发展出能够帮助他前进的指南。凡此种种，催生了新知。

知识地位的确立：怀疑主义的经验论PK独断论的唯理论

当常识不够用时，知识的时代就开始了。近代以来，系统化的理论知识的意义是不言而喻的，我们的受益程度本身就产生出了一种对知识的非理性追求。我们的历史教育基本上是一种器物阐释，知识的意义也就停留在物质决定意识、意识具有反作用、如何利用好反作用的水平上。为此，我们发疯似地找寻那些能给我们带来好处的"硬道理"——那些一旦获得了就可以让思想解放得高枕无忧的教育启示，于是独断论的唯理论所具有的那种狂妄与深奥迷惑了我们。我们忘记的恰恰是近代知识最为重要的两个基本气质：怀疑论与经验论。反映知识进步的事实却是，在独断论的唯理论与经验论的怀疑论之间的较量中，前者一败涂地。世界著名学府的变迁可为佐证。二百年前的世界著名大学排行榜与现在的分布情况是截然不同的，欧洲大陆德、法两国的大学在当时是占了相当比重的。即便在20世纪初，波恩大学、维也纳大学这样的欧洲大陆大学仍然赫赫有名，后者更贡献出了波普尔这样的思想巨匠，然而今天，环顾全球，英美系大学已大获全胜。黑格尔主义的深刻性根本地掩盖了德国哲学达至登峰造极之地步后的空洞与狂妄。而点滴积累之中，英美系的知识成就早已蔚为大观。人们今天在局部、分散研究中所取得的认识成就，恐怕是唯理论者们都难以想象的。如今他们的深刻性，只能表现在反现代、反科学、反文化的刻薄批判与所谓人文关怀之中了。

二、知识与智慧、能力

（一）知识与智慧

1. 什么是智慧

所谓智慧，是"辨析判断、发明创造的能力"[1]。从字典中对智慧的解释，我们可以得知，智慧和能力一样，是专属于个人的，具有主观性。也就是说，当一个人用其已具备的能力创造性地解决一个未知的问题的过程，就是一个智慧的过程。智慧主要包括两个方面，一方面是分析判断能力；另一方面是发明创造能力。这两方面的能力的指向方向是不同的，分析判断能力是对已知事情的综合分析、总结、判断；而发明创造能力则是在对已知事物的分析的基础上对事物发展方向的直觉判断，对任何人而言都是未知的，是一个全新的领域和世界。"在本质上，智慧并不表现在经验的结果上，也不表现在思考的结果上，而表现在经验的过程中，表现在思考的过程中；再究其原本，在生存过程中，智慧表现于对问题的处理、对危难的应付，对实质的思考以及实验的技巧等。"[2]也就是说，智慧体现在活动的过程中。

2. 知识与智慧的关系

🔍 **案例**

教人以智慧

小张老师在学生学完圆的周长的公式后，问学生半圆的周长公式是什么？

1 现代汉语大辞典[Z]. 北京：商务印书馆，2005：1759.
2 史宁中. 关于教育的哲学[J]. 教育研究，1998（10）：13.

班级同学都表现得很活跃，有的孩子说是πr，有的孩子说是1/2*πd。

亮亮说是πr+2r。

同学们有的哄然大笑，有的若有所思。

这时，老师向亮亮投去了赞许的目光，但并没有制止、批评其他同学。课堂安静了，过了一会儿，若有所思的同学们表示赞同亮亮的结论。并说理由是：πr是半圆的弧长部分，但是还有直径部分。所以，亮亮的半圆的周长等于πr+2r是对的。

分析：张老师的教学行为就是启发学生思考的过程；也就是教人以智慧的过程。一是学生经过思考得出了不同的结论。二是在发生分歧的时候，还是学生通过自己思考，得出了大家所一致认同的结论。

"智慧并不完全依赖知识的多少，而依赖知识的运用、依赖经验，你只能让学生在实际操作中磨炼，自己去感悟、去积累、去反思。"[1]智慧的增长需要的是"注重过程、启发思考、总结经验、教会反思"[2]，即智慧的增长需要的是"过程的教育"，即学生探究的过程、思考的过程、抽象的过程、预测的过程、推理的过程、反思的过程等。

（二）知识与能力

1. 什么是能力

所谓能力，日常生活中的理解即是"能胜任某项任务的主观条件"[3]。由此，我们可以得知，能力具有主体性、主观性。即能力是附着在某一个具体的人身上的能够胜任某项任务的主观条件。在心理学领域，将能力视为"是一种个性心理特征，是顺利实现某种活动的心理条件。"[4]在英语中，能力有"ability"和"capacity"两个词汇，其中"ability"指对某项任务或活动的现有成就水平，即某人现有的成就；"capacity"是指容纳、接受或保留事物的可能性，即某人具有的潜力或可能性。日常生活中，我们的能力概念基本包含了"ability"和"capacity"这两个方面。

2. 知识与能力的关系

知识是一切能力的来源，没有知识，就不可能具备能力。知识是种子，能力是树干。只有种子发芽，才能长成参天大树。两者之间是辨证关系。

主观能动性是知识转化为能力的"催化剂"。为什么知识水平相当的人，实际能力的差别却很大？其原因在于是否善于实践和总结。所谓主观能动性，就是能够将掌握的科学理论

1 2 史宁中.《数学课程标准》的若干思考[J]. 数学通报，2007（5）：3.
3　现代汉语辞典[Z]. 北京：商务印书馆，2005：990.
4　彭聃龄. 普通心理学[M]. 北京：北京师范大学出版社，1988：537.

知识与实践经验创造性地糅合起来。在糅合的过程中，善于修正、完善、发展相互的长处，使彼此更加适应、吻合。这就是知识转化为能力的科学方法。我们只有掌握、运用这种科学的转化方法，我们的能力就会不断得到提高。

学校教育有利于学生能力的提升。对于学生而言，发展能力和学习是密不可分的。"我们不要死记硬背，但是我们需要用基本事实的知识来发展和增进每一个学者的思考力"[1]。因此，掌握知识对发展能力具有重要作用。

素质教育中知识与能力的关系

传统应试教育的弊端最主要的表现是重知识、轻能力，这种教育方式压抑了学生的学习兴趣，压抑了学生的个性发展，不利于培养学生的创新能力；忽视了学生各方面能力的培养，割裂了知识与能力的关系，不利于把我们的下一代培养成为德才兼备的社会主义现代化建设的合格接班人。

为消除应试教育的上述种种弊端，我国已经对传统教育体制进行深入的改革。在这些改革措施实施的过程中，一些教师中又出现了另一种倾向，他们把基础知识同素质教育中要求的能力对立起来，认为能力比基础知识更重要，片面强调能力的培养，忽视基础知识的训练，走入了另一种误区。

反思：知识与能力是既对立又统一的关系。知识是提高能力的基础和前提，离开知识，能力就成了无源之水、无本之木；能力又是学习知识的目的，没有能力，知识也就丧失了其应有的作用。同时能力的提高又有助于对知识的全面掌握、深刻理解和创新，绝不能片面强调一个方面而忽视另一个方面。

正确处理知识与能力的关系，首先要重视基础知识的学习、积累和巩固，为提高能力打下坚实的基础，创造良好的条件。知识的学习绝对不能靠死记硬背，但是熟练地掌握各种基本知识，是形成能力的一个前提，因而也绝对不能不记一些必备的基本知识。同时，必须要让学生掌握学习基础知识的技巧，为学生学习基础知识创造生动活泼的课堂气氛，采用灵活多样的教学方法和手段。对学生取得的成绩，哪怕是一点的进步都要多表扬、多鼓励，充分调动学生学习基础知识的兴趣和积极性。在知识的巩固方面，不布置简单、重复、机械的作业，要少而精，有针对性、目的性地训练学生，提高学生的动手能力，及对知识的总结、归纳能力。

正确处理知识与能力的关系，可以实现以下几个方面的转变[2]。

1　中共中央马克思恩格斯列宁斯大林著作编译局. 列宁选集（第4卷）[M]. 北京：人民出版社，1960：367.
2　张永朝. 素质教育中知识与能力的关系[J]. 青海教育，2003（1-2）：21

第一，实现教育、教学观念的转变，积极研究和探索新时期和新形势下教育、教学的新特点、新思路，正确指导工作实践。

第二，实现教育、教学方式的转变，将过去那种只教书、只考虑升学率的做法真正转变到注重学生全面发展、提高学生综合能力，特别是创新能力的素质教育上来。

第三，实现师生角色的转变，改变过去那种教师作为教学活动主体，学生被动接受的状况，变教师"授之以鱼"为"授之以渔"，使教师成为学生的服务者，教学活动的组织者，学生学习方法的指导者。

第四，实现教学手段的转变，改变过去那种"一支粉笔，一块黑板"的单一的教学手段，代之以教学手段的多样化、多媒体化。

第五，实现知识与能力的互动，改变过去那种重知识、轻能力的做法，以知识为基础，以提高能力为目的，全面提高学生的综合素质。

第六，实现教学评价标准的转变，改变过去那种以高考升学率为唯一标准的评价方法，全面考查教师在德、智、体、美等方面对学生教育的效果，尤其要注重对教师在教育、教学创新能力方面的评价，鼓励教师刻苦钻研，积极探索教育教学工作的新思路、新途径、新方法，全面提高教育教学质量和水平。

第七，把减轻学生负担落在实处，积极组织学生参加丰富多彩的课外活动，让学生更多地接触社会，了解实际，给他们更多的时间去阅读一些课外书籍，丰富他们的知识，开阔他们的视野。

第三节
学校教育中知识的呈现

🎯 学习目标

了解学校教育中知识的不同呈现形式和载体，反思"知识与教育"诸议题。

明确了知识的本质、知识的外延，进一步需要了解知识的价值，对于知识价值的认识，需要通过知识在教科书中、在隐性课程中、在经典名著中以及在新媒介中的呈现来获得。即知识作为教育内容在学校教育中应该如何呈现，这个问题不是确定无疑的。究竟"什么知识"以及"谁的知识"能进入教科书？隐性课程中有什么潜在的秘密？经典著作和大众文化在学校场域是如何"抢夺地盘"的？新媒介的知识呈现和传统纸媒、概念文化中的知识呈现有什么区别？都值得思考。

一、知识在教科书中的呈现

（一）教科书在人和社会发展中的作用

教科书在人的发展乃至社会发展中起着重要作用。首先，教科书对人的一生影响至深。"教科书这一小小的文本是读者最多、最特殊，又最被读者信赖，甚至依赖，最耗费读者精力和时间，对读者影响最为深远持久的文本。一代又一代的年轻人就是手捧着这小小的文本成长起来的。"[1]教科书是启蒙的工具，它是民族文化、社会进步和科学发展的集中反映。在个体最一般的知识、思想和信仰的形成中，教科书起着举足轻重的作用。个体的社会化过程，个体要成为现代人，是离不开"教科书"的学习的。

其次，教科书是各类学校实现其培养目标的最直接的手段，因而能够间接作用于社会，甚至在有些时期成为社会变革的策源地。"在一定意义上，有什么样的教科书，就有什么样的年轻人，也就有什么样的国家未来。"[2]教科书影响的不仅仅是上层社会或知识精英，它更在普通大众中拥有广泛的辐射力。在清末民初期的西学东渐中，官办学校、教会学校[3]以及民间的学堂书馆大量引进了西方的教科书，这在中国社会的变革中的作用显然不容小觑。后来的中共苏区也编订了自己的教科书，禁止以基督教的、国民党的书籍和四书五经作为教科书，这为社会走向新民主主义与社会主义前途奠定了基础。而当今世界，每个国家都会组织大量人力来编写教科书以促进社会改良，修订教科书成了经由教育变革社会的首要手段。

（二）教科书政治学：谁的知识进入了教科书

正如前文所言教科书的大众影响力，所以教科书成为不同"利益"群体的角力场，大家都争当教科书知识的"守门人"。首先，教科书中的权力斗争包括宏观的政治权力斗争。无论是美国教科书中的谎言[4]，还是日本对教科书的篡改，都有力地证明了这一点。教科书及其中的知识不是中立的，而是有立场的，是代表一定阶级和集团的利益的。其次，教科书作为"真理的化身"，还是更多其他微观权力斗争的场所。这些微观权力包括男性对女性、城市对农村、主要族群对少数族群、年长者对年轻人、精英对民间及大众等诸方面。因此，当我们反问哪些知识进入了教科书？我们会发现，教科书中更多都是男性知识、城市知识、主要族群的知识、年长者的知识和精英的知识。紧接着的问题是，这些知识一定是最优、最有效、最合乎善的吗？如果不是，为什么要强迫他者去学习和接受呢？

1　吴小鸥. 中国近代教科书的启蒙价值[M]. 福州：福建教育出版社，2011：序.

2　吴小鸥. 中国近代教科书的启蒙价值[M]. 福州：福建教育出版社，2011：序.

3　可联想到中国教育史上著名的"学科与教科书委员会"（1877年），它实际上是在华基督教联合组织，后更名"中华教育会"（1890年）。

4　如美国畅销书作家洛温所著《老师的谎言：美国历史教科书中的错误》（马万利译，中央编译出版社，2009年），即对美国历史教科书出于爱国主义教育的目的而美化历史人物的做法给予了批评。

对于教科书中知识的选择问题，有三位哲学家的思想值得参考。首先是后现代主义思潮的代表人物福柯（Michel Foucault，1926—1984），福柯十分关注知识与权力的关系，关注权力是怎样通过话语权表现出来，并配合各种规训的手段将权力渗透到社会的各个细节中去的。福柯生造了"知识—权力"（或译为知识/权力）一词，表明知识就是权力，权力就是知识。知识在后现代语境中不再具有客观性、普遍性和中立性，而相反具有文化性、境遇性和价值性的特征，以福柯为代表的后现代主义者要求克服知识上的科学中心主义、西方中心主义、权威主义和各种霸权主义。[1]如果说凡是存在强弱势力差异的地方都存在权力，而凡是权力游戏都会付诸真理游戏，教科书正是这样一种文本载体、知识载体（也即规训权力），每种势力都会通过它来占据意识形态斗争的"制高点"。

第二位给我们启示的哲学家是同为法国人的布迪厄（Pierre Bourdieu，1930—2002）。布尔迪厄通过其偏向社会学的研究揭示了这样一个事实：来自农村和社会下层的学生，在进入学校之初就处于不利地位，并持续处于不利地位。首先，在教科书中所呈现的文化一开始就是不属于"他们的世界"的，他们不像城市中产和上层社会的孩子那样，从小就在家庭中接触经典文化。其次，在非在校的时间，城市和家庭富裕的孩子通过参加课后班、夏令营，参观博物馆、在图书馆阅读和外出旅游获得持续的进步，而他们仅仅是"放羊"（散漫地闲逛）。最后，在进入大学之后，下层社会出身的学生又会被大学教师认为缺乏研究的天赋和资质，而他们进入学校知识体系后一直所处的知识上的不利地位却被忽略了。布迪厄发展出场域、习性、资本、再生产等概念来解释这一切。在学校场域中，教科书作为文化资本再生产的"杰出道具"，和社会与家庭中形成的个体习性相互作用，从而再生产出了不同的阶层，维持了社会结构的稳固不变。

哲学家语录

人注定是要死的，而这一结局不能成为一种目的，所以，人是一种没有存在理由的存在。正是社会，而且仅有社会，在不同程度上给予存在以辩护和理由；也正是社会，通过产生据说是"重要的"事情或位置，而产生出被自己以及他人视为"重要的"行动和行动者——由此，各色人等在客观上和主观上都获得自己的价值，并因此摆脱了无关紧要和微不足道的状态。

——P-Bourdieu. In Other Words: Towards a Reflexive Sociology, 1990. 见[法]皮埃尔·布尔迪厄. 科学的社会用途[M]. 刘成富，张艳，译. 南京：南京大学出版社，2005：前言7~8.

---

1 石中英. 教育哲学导论[M]. 北京：北京师范大学出版社，2004：150~163.

最后一位学者是批判教育学代表人物之一的阿普尔（Michael W. Apple，1942— ）。对于斯宾塞"什么知识最有价值"之问，阿普尔提出"谁的知识最有价值"[1]。较之福柯和布迪厄，阿普尔对学校课程进行了更为直接的思考和批判。他促使我们思考，课程知识是不是客观的、普遍的真理？课程知识究竟代表的是谁的利益？知识与权力之间存在怎样的关系？学校在经济、文化与社会中到底起到一种什么样的作用等。在他那里的结论是，学校课程是主流阶级的权力、意志、价值观念、意识形态的体现和象征，其中的知识实际上是一种官方知识，是一种法定文化。[2]课程是政治的、经济的和文化活动的产物，是不同阶级、种族、性别和宗教群体之间的权力斗争和妥协的结果。课程知识的选择和分配是社会权势者依据某一选择和组织原理而做的意识形态上的抉择，它赋予某个群体文化资本而剥夺另一个群体的文化资本。某阶级能接近其他阶级分配不到的知识，某些团体只能接近其他团体分配剩余的知识。知识被不均匀的分配给不同的阶级、职业团体、年龄阶层和拥有不同权力的人。

（三）知识型与编码理论：教科书是如何呈现知识的

第二部分我们主要讨论的是"谁的知识进入了教科书"（主体问题），它和"什么知识进入了教科书"（形态问题）是密不可分的两个问题。这里要假设教科书的设计是公平参与的，不具有意识形态性，比如"当下即共产主义社会"，"什么知识进入教科书"的问题仍不得解决，因为知识有不同的类型（如前文所述）。教科书到底更多介绍人文知识，还是更多介绍科学知识呢？更多介绍普遍性知识，还是更多介绍地方性知识呢？是更多介绍经典，还是更多介绍当前大众实用的知识呢？但假设不是现实，现实是正是不同类型的知识的选择体现出了教科书知识编排的意识形态性。人文和科学、中央和地方、精英和大众体现的恰恰是不同阶层和社会地位主体的权力关系。所以本部分综合起来要讲的问题其实是，"教科书是如何呈现'当权者的知识'的"。这里的当权者包括种族、阶层、性别、性向、年龄、国别、地域等一切方面的强势群体。

问题一，什么是知识型，知识型如何体现权力差异，教科书中的知识型是什么样的，又是如何进行知识"剪辑"的。"知识型"和"知识类型"有一些差别，知识型是在社会历史时空中去审视知识的，而知识类型可以是一种抽象的划分。典型的知识型理论来自福柯，在他那里，知识是一种实践活动，知识型则是"一套在任何既定时刻决定能够思想什么，不能够思想什么，能说什么和不能说什么的先验规则"[3]。根据福柯的启示，知识型按阶段可以分为原始知识型（神话知识型）、古典知识型（形而上学知识型）、现代知识型（科学知识型）和当代知识型（文

1　[美]阿普尔，克丽斯蒂安-史密斯，主编. 教科书政治学[M]. 侯定凯，译. 上海：华东师范大学出版社，2005：1.
2　黄忠敬. 意识形态与课程——论阿普尔的课程文化观[M]. 外国教育研究，2003（5）：1～5.
3　[英]路易丝·麦克尼. 当代世界前沿思想家·福柯[M]. 贾湜，译. 哈尔滨：黑龙江人民出版社，1999：61.

化知识型）[1]，但知识型的转变不是逐渐的过程，而是有着突然的、完全的断裂。知识型这一概念给我们的启示是，在学术和教育中的主流知识，或者被称为"知识"的知识不是固定不变的。今天被称为"知识"的知识不是自古以来就是如此，也并非是"自然合理"的。

例如，人文知识就是不同于科学知识的知识型，而缄默知识也是不同于显性知识的知识型。人文知识在学校中的边缘化不仅仅是由于"科学知识最有价值"，而且也是由于新兴资产阶级在19世纪夺取了国家政权，而传统的人文知识是封建贵族的乃至原始部落的。缄默知识之所以不对应显性知识而称隐性知识，是由于缄默知识经常是"行动者的知识"，是操作性、情境化、没有表达空间的知识，而显性知识每每是精英的、书斋的，允许大肆传播的。正因为如此，现代教科书中经常充斥着的是科学知识和显性知识，人文知识在夹缝中生存，缄默知识仍要保持缄默。

再如地方知识，教科书中更多的是官方知识、上层社会知识、普遍性知识，而非地方性知识，这也事关权力。"地方性知识"是美国人类学家格尔茨（Clifford Geertz，1926—2006）在阐释人类学中的核心概念。格尔茨认为地方性知识"是一种具有本体地位的知识，即来自当地文化的自然而然的东西，固有的东西"[2]。地方性知识的特性有：① 地方性知识总是与西方知识形成对照。② 地方性知识还指代与现代知识相对照的非现代知识[3]。③ 地方性知识一定是与当地知识掌握者密切关联的知识[4]。地方性知识的最大问题当然是"地方性知识无法普遍化，无法具有普遍性知识所具有的地位"[5]。但"地方性知识的确认对于一元化知识观和科学观具有潜在的结构和颠覆作用"[6]。地方性知识给我们的最大启示是"学会容忍他者和差异，学会从交叉文化的立场去看待事物的那样一种通达的心态，不再盲从'用归纳法则探索原则这类社会物理学的老方法'"，并认识到"每一个特定地点和场合中关于'思想'的认识都具有彼时彼地的合理性，它们之间可以相互参照，相互补充。"那种"我们富有逻辑，你们是糊涂的乡巴佬"[7]自我中心主义的文化优越观应加以放弃。而教科书中的现实显然是普遍性知识占优势，尽管地方课程和校本课程教科书包括部分地方知识，却由于权力的事实而不被更好地传授——地方课程和校本课程的社会意义应被重视。

---

1 石中英. 知识转型与教育改革[M]. 北京：教育科学出版社，2001：83.
2 吴彤. 两种"地方性知识"：兼评吉尔兹和劳斯的观点[J]. 自然辩证法，2007（11）：88.
3 现代的叙事框架表现为：世俗化、专业化、统一化、理性化、科学化、西方化等。
4 这里把知识分为西方与非西方两极。也就是说，吉尔兹的概念中的知识的地方性，是与西方知识的关系而言的。
5 吴彤. 两种"地方性知识"：兼评吉尔兹和劳斯的观点[J]. 自然辩证法，2007（11）：88～90.
6 甚至在科学实践哲学中也开始引入地方性知识的概念，并开始注意科学知识、普遍知识和地方性知识的关系，并认为"科学的技术运用就是一种科学知识在实验室之外的拓展，而这种拓展就是地方性实践经过'转译'以适应新的地方性情境之后产生的。这并不是说科学知识没有普遍性，而是说它所具有的普遍性是一种根源于专门建构的实验室场所的地方性之实际技能的成就。"（叶舒宪. 地方性知识[J]. 读书，2001（5）：123.）
7 [美]吉尔兹. 地方性知识：阐释人类学论文集[M]. 王海龙，张家瑄，译. 北京：中央编译出版社，2004：200.

地方性知识示例

1. 巴厘人按照出生的顺序将孩子命名为"头生的""二生的""三生的""四生的"，老五又开始新的循环，即第五个孩子也叫"头生的"，第六个孩子则叫"二生的"。这种循环式的称谓序列并不能真正反映同胞之间的顺序，但对局外人而言，它不可翻译，是一种具有文化特质的地域性的知识。

2. 爱斯基摩人表示"雪"的词有五十多个。"aput"（"雪在地面"），"qana"（"下落的雪"），"piqsirpoq"（"低吹雪"），和"qimuqsuq"（"随风飘飞的雪"），以及"akerolak"（"最近漂移的雪"），另一个表示漂移的雪是"perksertok"（"漂移的雪"），"pokatok"（"粒状，盐像雪"），"mauyak"（"软的雪"），"ayak"（"雪在起动"），"patu"（"霜"），"minu"（"轻的霜"），"illuyak"（"霜在窗口"）。"kekreyok"或"koangoyok"的地方，英语只有一个（"雪"并且/或者"霜"）。

教科书以知识"剪辑"的方式编排教材，剪辑后的"媒介真实"却并不反应知识的全貌，或不能公正地对待各种知识型。正如电视新闻的剪辑，人们下意识地倾向于认为视像是真实的，但却忘记了那只是"被剪辑的媒介真实"，媒介真实不同于真实本身。同样，教科书对知识进行剪辑，教科书的知识或许被承认为是知识，但却是被剪辑的知识。但这却造成了假象，即普通大众将部分知识型认定为知识本身，"除此之外无他"，这种状况的"想象的再现"构成了"意识形态"。

问题二，教科书中的当权者知识是如何编码并寻求认同的。编码和解码是传播学、信息学、符号学及文化研究中常用的术语，编码就是对信息、话语的加工组织，解码则是对编码的识读。英国教育社会学家伯恩斯坦（Basil Bernstein，1924—2000）以其编码理论阐述了课程及教科书中的知识和控制。伯恩斯坦发现中产阶级孩子的语言中含有系统性、逻辑性、文学性和文化的修养性四个主要特征，他为之取名为精致的文化编码。劳工阶级孩子的语言中没有系统性、逻辑性、文学性和文化的修养性，他为之取名为粗制的文化编码。任何一个国家的课程及教科书都是精致的文化编码。每一个国家的课程都具有系统性、逻辑性、文学性和文化的修养性，都饱含着中产阶级的语言特点。这就导致了中产阶级的孩子在学校教育中容易获得成功，而劳工阶级的孩子却很难获得成功。因为劳工阶级家庭文化背景的粗制编码不能与学校课程及教科书中的精致编码沟通，而中产阶级却刚好暗暗沟通了。而劳工阶级之所以认同中产阶级的课程知识，是由于他们无可选择。中产阶级在社会中占据优势，他们使用各种方法使一切显得"从来如此"，劳工阶级只能被动地将自己纳入中产阶级的教育体系。

总之，我们可以看到，用作教育的"教育知识"（尤其是教科书知识），是一种社会建构。[1]对于进入教科书中的知识及其形式我们应该做出反思。这些知识从何而来？是哪些人的知识？这些知识的传授意味着什么？它们是以什么形式陈述的？哪些知识型在教科书中占优势？这些知识将如何经由个体发挥社会效力？

伯恩斯坦实验

抽样：

伯恩斯坦从中产阶级（每人每月收入≥3000美元）和劳工阶级（每人每月收入≤500美元）两个不同阶层7~17岁的青少年中各选取10个代表，进行模糊抽样调查。

内容：

请两个阶层的孩子来描述下面的4幅画：1．一群孩子在踢足球；2．足球打在了足球场旁边的一住户家的玻璃上，玻璃碎了；3．一位中年妇女抱着足球出来，张着嘴巴在说话；4．孩子们抱着足球跑了。

结果：

中产阶级的孩子在描述时经常这样说：在一个风和日丽的下午，我们去踢球。一不小心，我们把球踢到了邻居家的玻璃上，打碎了玻璃，我们赶紧上前去赔礼道歉，并要求赔偿。但是她不要。我们把球抱回来又开始踢球了。

劳工阶级的6个孩子这样说：我们去踢球，一不小心，我们把球踢到了胖女人家的玻璃上了。胖女人一出来就骂我们，我们也骂了她。后来我们把球偷跑了。另外4个孩子说：我们踢球，踢到她的玻璃上了。她出来之后让我们赔，我们2个人跟她说，另外2个人声东击西把球偷跑了。

二、知识在隐性课程中的呈现

（一）隐性课程和隐性课程中的知识

隐性课程是一个有着不同界定的概念，即使名称也不一而足，如"非书面课程"（unwritten curriculum）、"隐含课程"（implicit curriculum）、"非学习课程"（unstudied curriculum）、"内隐课程"（covert curriculum）、"隐蔽课程"（hidden curriculum）和"潜在课程"（latent curriculum）。隐性课程对学校来说不是明确的教学计划，对学习者而言是未明确或公开确认的潜在影响或学习结果，隐性课程涵盖了学校生活的方方面面，很难与其他相关的概念区别开来。这个概念缺乏明确性，却非常流行，因为隐性课程在很多方面可能比显性

1 [美]麦克·F．D·扬．知识与控制：教育社会学新探[M]．谢维和，朱旭东，译．上海：华东师范大学出版社，2002：2.

课程更加行之有效。[1]

对"课程"有不同理解，对"隐性课程"及其中的知识也可以有不同理解。课程是学科或科目，隐性课程就是教科书中和常规教育内容之外的"附带学习"的知识。课程是目标或方案设计，隐性课程就是环境布置和教育"伎俩"，是学校有意识地通过"间接方式"传达给学生的知识信息。课程是教学活动，隐性课程除却教师教育内容隐在的"非常规知识"，就是教育方法手段、组织形式中潜在的教育知识。课程是学习者经验，隐性课程就是学生对教育内容的个性解读，以及学生经由环境获得的作为"在场者"关于如何"在场"的知识，如何在学校社会空间中生存和生活的知识。课程即社会再生产，隐性课程就是一种意识形态知识，是保守思想观念、行为规则和社会期许的默会知识。课程即社会改造，隐性课程就是自由精神和抵抗意识，是批判和解放的意识。

（二）内含与混溶：隐性课程中知识的呈现方式

隐性课程渗透在学校的文化观念、日常制度、物质环境和人际关系中。隐性课程所传达的知识性内容多是关于应该怎样想、怎样做、怎样共处、怎样看待自我这样的知识。这样的知识大都是实践知识，一部分会显性化为技术性知识，但大都是缄默的。可以想象，隐藏于显性课程之中的意识形态、学校的校风学风，有关领导与教师的教育理念、价值观、知识观、教学风格、教学指导思想等，这些"观念性隐性课程"许多都是潜在的、未经概括提炼的，然而作为认识的确实存在。校园环境、学校建筑、教室的布置等作为"物质性隐性课程"，学校管理体制、学校组织机构、班级管理方式、班级运行方式等作为"制度性隐性课程"，学校人际关系状况、师生特有的心态和行为方式等作为"心理性隐性课程"，对它们的认识都不是完全经由显性知识的，但作为内含的"场性因素"，它们又无时无刻不在潜在地濡化、规训和陶冶着学生。

隐性课程中的知识成分往往和情感态度的、意志的乃至能力的因素混杂在一起。作为间接的布置或再生产的手段，它需要在无形中"入脑入心"，所以必须是美学的、情感化的，才能不为防备。作为"如何做"的知识，无论是生存还是抵抗，它必然是混沌的、即时的、非逻辑的——在行为上有效即是真理。正是由于这种内含和混溶的知识呈现方式，隐性课程才最为当代教育学家和政治社会学家所重视。

（三）对隐性课程及其知识的三种研究

对于隐性课程的研究，可以概括为濡化理论、再生产理论、抵制理论三种观点，代表人物分别是杰克逊、阿普尔和威利斯。杰克逊（Philip W. Jackson, 1928— ）被认为是隐性

1　吴刚，主编. 教育社会学的前沿议题[M]. 上海：上海教育出版社，2011：80.

课程的最早提出者。他通过公立小学的课堂观察，指出显性课程是学校教育中有计划、有组织地实施的正式课程（formal curriculum）或官方课程（office curriculum）的话，那么隐性课程则是学生在学习环境中所学习到的非预期的或非计划的知识、价值观念、规范和态度等。杰克逊关注的是班级生活或学校生活中非正式的社会关系结构所包含的隐含信息。隐性课程由如何在群体、褒扬和权力的环境中学会生活的知识构成。学校中的隐性课程强调特定技能，例如，安静等待、学会容忍、不断尝试、完成所交付的作业、保持忙碌状态及循规蹈矩等。[1]

> **隐性课程**
>
> 学校政策及课程计划中未明确规定的、非正式和无意识的学校学习经验，与"显性课程"相对。隐性课程存在于各种学校环境和情境中，以间接的内隐的方式影响学生，具有非预期性、潜在性、多样性、不易觉察性。

阿普尔那里的"隐蔽课程"（hidden curriculum）是指向学生潜移默化传授规范、价值和倾向的学校规则和服务于意识形态需要的学校知识体系。阿普尔研究的问题是官方的知识怎样代表了社会中起支配地位群体的意识形态结构，学校怎样把这些有限的、部分的知识标准合法化，将其视为不容置疑的真理。学校不过是观念的开发市场，特定的社会集团倾向于把特定种类的知识筛选出来，并结合到课程中去，这些内容以隐含的方式影响学生的思想、情感与态度，发挥着维持、复制、再生产现存社会制度的作用。所以，"有些隐蔽课程并不隐蔽"，是在"显性课程"中"躲藏着"隐蔽的目的。阿普尔认为教师有义务对隐藏在课程背后的价值观和意识形态进行分析。

威利斯（Paul Willis, 1945—）和后期的阿普尔属于抵制理论的代表。学校教育有着强大有害的潜在信息和阶级再生产作用，但是学生对隐性信息的敏感性也超乎想象，并且会有意识地反对隐性信息。威利斯的《学做工》（1977）[2]中的汉默镇男校的十二个"家伙们"就清楚透彻地了解学校的支配功能，尤其是其隐性课程。他们不做作业、逃课、戏弄老师、歪曲学校规则、制造滑稽场面，他们将那些对学校规则唯命是从的中产阶级的孩子称作"书呆子"和"软耳朵"，确立自己为一个反对姿态的群体，而把向学校权威告密当作是最大的罪过。他们形成了一种"男子汉气概"或"硬汉风格"的亚文化，老练地开玩笑、尽可能逃避惩罚、吹嘘性能力。然而，这种对学校隐性课程的"抵抗"却在事实上完成了同资产阶级的"合作"，他们吸收自己父辈的工人阶级文化，而为着体力劳动的世界"训练自己"。[3]无独有偶，布迪厄事实上也以关系的方式思考问题，认为权力不是实体的而是关系的，所以抵抗可能会沦为合作，所以要在更高的层面上思考抵制问题。

1　吴刚，主编. 教育社会学的前沿议题[M]. 上海：上海教育出版社，2011：81.
2　[英]保罗·威利斯. 学做工——工人阶级子弟为何继承父业[M]. 秘舒，凌旻华，译. 南京：译林出版社，2004：121.
3　[英]鲍尔德温，朗赫斯特，麦克拉肯，等. 文化研究导论[M]. 陶东风，等译. 北京：高等教育出版社，2004：347.

三、知识在经典名著中的呈现

（一）经典名著与知识——兼论"有文化"

首先，理解一下经典的含义。在《说文解字》中有"经，机纵丝也"，"从丝为经，衡丝为纬，凡织，经静而纬动"，从织布的过程上看，经线具有先在性、主导性、永恒性[1]，因此，《广雅》中认为"经，常也"。也就是说，"经"字被抽象为不变的事物。对《左传·昭公十五年》中的"王之大经也"的"经"字的注疏为"经者，纲纪之言也"。因此，"经书"就是历来被奉为典范的著作。《说文解字》中的"典"是"五帝之书也……庄都说，典，大册也"。因此，典的本义是重要的书籍。《尔雅·释言》中认为"典，经也"。由此可见，从字面上理解，"经典"合在一起就可以引申为人类历史上的永垂不朽的重要著作。经典名著在中国首先是古代的诸子百家、经史子集，然后是近现代的一些文学作品、学术精粹，在西方则是指自然科学、人文社会方面具有永恒影响力的书籍。经典名著经常是知识和文化的代称。

知识和经典名著相提并论，文化浮现出来。"文化"在日常语境中经常是经典名著中的知识在个体身上内化的结果。在中国，"文化人""有文化""有知识"这些用法，除却就初级的识字能力而言，大都指代"读过很多书""肚子里面墨水多"。中国人重视现世有形的东西，在中国的教育文化中，有知识常常就是对经典著作的复述和掌握这种外在表现。在东西方交融的现代，日常口语"有知识、有文化"这些基本的含义发生了一些变化。不仅仅指"通晓一些经典"（经史子集），现在也时常指"有学历""有科学知识"。总之，都是就在基本或较高层面上继承了"人类的文明遗产"（经典著作是其重要载体）而言。这也是为何要读经典的原因之一。

但是，经典著作不是知识的全部，更不是文化的全部。"有文化"可以按照雷蒙·威廉斯（Raymond Williams，1921—1988）对文化的经典释义来做不同理解。在威廉斯那里，文化可以在三种相对独立的意义上被使用[2]。第一种文化是带有符号"C"的文化，有文化意味着从事知识活动，懂得文学、艺术（音乐、雕塑、绘画、戏剧、电影等），意味着是有教养的（cultured）、优雅的。这种文化可以看作是精英化的文化，事实上，科学也加盟其中。第二种文化受到人类学和社会学的影响，认为文化无处不在，文化就是使一种特定的生活区别于另一种生活的符号的创制与使用。文化可以属于一个民族、一个时期、一个群体乃至普遍意义的人类。"有文化"表示拥有一定区别于"他者"的生活方式特征，这种文化是"适应性"的产物。在此意义上，一个人可能并不知性，但是却以其对孤寡老人的赡养行为显示出

1　从织布的过程看，经线先排列于织机之上，因此，经线相对纬而言，具有先在性；布匹的质量由经线的质量决定，因此，经线相对于纬线而言，具有主导性；经线是静态的，而纬线是动态的，因此，经线相对于纬线而言具有永恒性。

2　[英]鲍尔德温，朗赫斯特，麦克拉肯，等. 文化研究导论[M]. 陶东风，等译. 北京：高等教育出版社，2004：4～8.

中国传统的"文化"。第三种文化是历史学的关照对象，文化（culture）最早的含义是庄稼的种植和饲养，后来被转用来描述人的心智的培养。"历史的"就成为"文化的"，"有文化"还表示对于历史的了解和基于历史的理性的生成。如过去的巫师是有文化的，在他们那里有部落、族群的历史。从这里可以看出，知识和文化来源于多处，经典名著只是来源之一。

（二）阅读政治：经典名著与知识权力

承接上文，经典名著属于威廉斯所言的文化中的第一类，即大写的"C"。在一个凡人时代，似乎大家离经典名著越来越远了。当今没有经典似乎只是大家不愿意承认经典，或者说经典成为"走马灯"，也就取消了经典。经典中承载着民族文化，但是在一个大众化的社会，大家都不堪这种重负了。但是"经典"并不罢休，它们"见缝插针"。经典普及工作也从未停止，有很多教育家和民间组织在不遗余力地推广经典。事实上不仅在中国，在西方也是如此，下面我们将介绍其中的阿诺德、利维斯以及赫钦斯三位人物。看一看，阅读如何也是一种政治。

马修·阿诺德（Matthew Arnold，1822—1888）是英国近代诗人、教育家、评论家。阿诺德认为在他的时代，传统的精神价值、道德价值和文化趣味受到了直接威胁，濒临灭绝，他们甚至害怕国家政治解体。为了解决这些问题，他们向高级文化中寻找答案，他们要用现有的伟大经典著作培训领袖与大众，为大众社会来解毒。[1]对这一愿景做出出色表述的却是利维斯（Frank Raymond Leavis，1895—1978）。利维斯认为文化是少数人的，不同于大众文明，商业和科技的发展削弱了文化的健康发展，应通过文学培养人在智力和道德方面高度敏感的感受力，来抵制低劣的大众文明。他在大学、中小学和教师培训领域发挥了自己应有的影响力，要以经典（文学）作品抵消假想的大众文化的"隔音"效果。利维斯对文化的理解是精英的、保守主义的（以阿多诺为代表的法兰克福学派也是如此），类似他的这种文化主义被称为利维斯主义。他深信人是通过"语言"理解世界的，语言创造了心理范畴，人通过这些范畴理解世界（事实上行动和实践或许更重要），而将改变社会现状寄望于经典著作。于是，阅读经典被赋予了和功利、机械的资本主义文化"斗争"的政治功能。相对应的，远在大洋彼岸的美国教育家赫钦斯（Robert Maynard Hutchins，1899—1977）也同样强调经典著作与理智训练的作用，他作为永恒主义教育流派的代表人物推行"名著教育计划"，并专门设立了"西方名著编纂咨询委员会"。赫钦斯心目中教育的政治功能是统一人的思想。人类在不断地变化，但是其基本原理和主要观念却是"永恒"的，教育不应依从"环境适应论""直接需要论"和"社会改革论"做出改变。他反

1　[澳]约翰·哈特利. 文化研究简史——文化研究的指南针与路线图[M]. 季广茂，译. 北京：金城出版社，2008：60.

对大学里的踢踏舞、速记和美容课程，认为这或许是一个训练制度、一个教学制度，却不是一个教育制度。教育的真正目的在于改善人。教育应使人们有一个共同的理想，以推动世界文明的真正繁荣。阅读经典，正是为了寻求理想、理性、德性、共识，如此才能成就一个民主、自由、公正的美好世界。

🔊 教育学家语录

一切人都有能力学习。只要一个人活着，学习就不停止，除非因为他不运用学习的能力以致学习能力衰退……我们所期望的法律和正义的世界，全球性的政治共和国，没有全球性的学习共和国是不能实现的。当一切人整个一生都是世界法律和正义的共和国和学习共和国的公民的时候，我们所寻求的文明，将会实现。

——[美]赫钦斯. 教育中的冲突[M]. //王承绪，赵祥麟，编译. 西方现代教育论著选[M]. 北京：人民教育出版社，2001：228.

然而经典阅读却不是人人可能，从经典著作的稀缺到普及，知识权力的问题又浮现出来。

其一，知识权威确立"什么是经典"。普及"经典"就意味着必须在低级文化和高级文化中做出区分和选择。莎士比亚戏剧过去是民间文化，人人皆可享有，而今天成为高雅文化，成了只有少数人才能享用的精英文化。理解莎士比亚需要接受教育，而教育并不均衡，教育仍然是维护阶层划分的有力武器。相反，一些出版公司则为知识民主化做出了有效的努力，比如企鹅公司的企鹅书系，就致力于经典著作的普及化，廉价的平装书使"借书人"成为"买书人"。当经典普及之后，知识权威也就不成为知识权威了。正如印刷术造成的《圣经》的普及，每个人都可以解读《圣经》，就意味着上帝的死亡，人们不再崇信神父。现在的尴尬局面却是，通过教育"大众心目中的经典"已然形成或被塑造，但在一个经典可以廉价获取的时代经典却少人问津。当下的口号是"大众的才是经典的"，但传统经典不是经典，那么已然"大众了"，经典阅读和经典教育又有何强化的必要呢？

其二，知识权威制造"经典的权威解读"。尽管经典普及打破了知识精英垄断知识的格局，但知识普及者由于散播知识权力而将成为新的知识权力拥有者。所有人平等地占有经典是一种不可能，但知识占有并不是最终目的，自由批判和自由发展是最终目的，却总有人妨碍这种目的。另一方面，教育也没有真正培养出"理解力"，知识普及了，公民却不思考了……

其三，知识霸权批判产生"知识霸权批判的经典"。在西方，文化研究是一种知识大众化、平民化的策略，要克服知识方面的精英与大众的对立。但是文化研究自身却产生了霍尔、福柯等一批新经典、新知识权力（研究知识权力的知识权力）。

在中国，经典阅读的提倡常常来自于道德恐慌。大众文化、青年亚文化普遍流行，人们为个体化社会彼此倾轧，如何寻求人生的意义和信仰？除却宗教，只有求助于经典（经常是儒家经典）。于是民间的和现代学校的读经运动如火如荼。但是正如李泽厚所反思的，要警惕国学最优、传统万岁，警惕新老左派、后现代和前现代的合流（民族主义加民粹主义就是纳粹）。国学经典并不决定历史方向（国学概念自身就不清楚），西方自然科学和人文社会经典中诞生的理性、人权、民主、自由、平等、法制等也不是完全无用的宏大叙事，中国的发展要"西体中用"。[1] 所以在某种意义上，永恒主义思潮还是有启发的，中国人也应继承人类的文明成果到自身的文化积淀中去，才能有一个理想的未来。而经典阅读除却广博，重点在培养"理解力"和"批判力"。

四、知识在新媒介中的呈现

（一）作为信息环境的新媒介批判

新媒介对知识的呈现优势首先在于其能做到的全方位立体空间化，然而，新媒介时常只是作为信息环境，未能更有效地作用于人的发展。相对于经典阅读，大众文化经由新媒介对当代的学校和儿童实现了"全包围"。然而正如《如何阅读一本书》作者阿德勒的反思，它们只传递咨询、信息，不培养理解力[2]。不可否认，我们正生活在一个信息越来越多，而意义却越来越少的世界，信息在不停地围攻人。而信息和知识最大的不同或许是，信息不能养成智慧，只是原封不动地纳入头脑中，不用过多思考，更不用对思考本身进行思考。想一想学校教育面对的形势：电脑依赖症——"电子保姆"绝不是好保姆；手机依赖症——大众文化经由新媒介不仅占据了课余生活，也涌进了课堂，"攻营拔寨"（表面上有教师在授课，而实际上供给学生营养的却是一条条悬垂的大众文化的"脐带"）；即使有文学，也只是仅仅满足于情绪体验的快餐文化，校园言情、灵异、腹黑、穿越等主题格外流行，显然在阅读结构上存在问题。

所以，通过新媒介传播知识，首先要掌握的恰恰是关于新媒介的知识。媒介知识包括实用知识和批判知识两方面，实用知识似乎不用教导，批判知识却急需补充。对于新媒体信息，很多中小学生谈不上"中弹即倒"，却也"涵化其中"，缺少识读技巧和反思精神。新媒体对于社会民主的贡献不言而喻，对于教育民主的影响探讨却较少。尽管媒介提供了教育民主的条件，但是更多人尤其下层社会群体却仍然未曾获得终身学习的意识和观念。知识民主化大大加强，每个人都可以成为某一方面的专家。但是教育民主化不足，又对知识民主化构成了极大的限制，限制了学习型社会的形成。比如，在学校教育中"制造"的对学校教育

1 李泽厚. 该中国哲学登场了？[M]. 上海：上海译文出版社，2011：166～173.
2 [美]莫提默·J·艾德勒，查尔斯·范多伦. 如何阅读一本书[M]. 北京：商务印书馆，2011.

的依赖，使学生无法获得一种灵活的学习方式。

（二）新媒介中知识的呈现

新媒介具体说来，是相对于报纸、期刊、广播、电视这些传统媒体而言，依靠新技术支撑的媒介形式，包括数字杂志、数字报纸、数字广播、互联网、手机信息、桌面视窗、数字电视、数字电影、触摸媒体等。在学校里，电子白板、网络课程、翻转课堂、微信授课、虚拟交互这些基于新媒介的新事物，给教育教学带来了翻天覆地的变化（这在后文多有涉及）。但到底该如何看待新媒体及其作为知识载体，还应该去细致地探讨。

媒介能改变知识的形态，是知识的有机构成部分，所谓媒介即信息[1]、方式即意义、物质即思想。首先，不同的知识媒介塑造出不同的思维方式、生活方式。比如，概念文化下人们更倾向于理性，而视觉文化下更倾向于感性。读图时代过多的视像文化使现代人缺乏深度，难以严肃对待真理，在一个"快速闪光的时代"陷入主次不分、"一看就信"，认识的碎片化造成思维和话语失去逻辑等。过多视像输入还间接打击人的心理努力，使人接受文字性知识的意志变得薄弱。过多通过视像呈现知识，对知识本身是一种伤害。在教学中使用图片展示和视频播放，强调必须要和教师必要的讲解结合起来，正在于此。反过来，一定程度结合视像信息则可以激发人的"创感"，对于知识创造有益，这离不开教师对学生的合理引导。

其次，不同的媒介方式创生出不同的传播效果和意义感。知识意义的建构是知识学习的重要前提，如通过多媒体可以提供知识情境，这种情境对于学生结合个人经验建立知识的意义帮助很大。同样的知识，口传、纸质与符码传播、肢体表现、电子传播、多媒体传播，效果是不一样的。多种呈现可以照顾学生不同的智能结构，使更多的学生获得更好的发展。

最后，物质性媒介的变革会引发出新思想，生成新的思想范式和知识范式。如印刷术的产生促进了自传和随笔文体的流行，也产生了个人概念或者新的个人主义（"谁写过什么"和"谁干过什么"变得一样重要了）[2]。相对于过去语言文化时代知识的线性组织，多媒体的知识是非连续的、弱分区的，因而会使人的思维更为发散，更适应跨界思维、有机思维。抽象的原理辅以实物、真实细节的随时展现，将改变人们日常的知识表述习惯、表述方式，增强学生对于历史本体、物质空间和身体主体的重视。信息激增也使学生或者养成求实的探索的作风，加深对系统思维和复杂理论的理解（但也同时会造成相反的效果，即思维的懒惰，所谓网络是人神经系统的"延伸"，然而同时亦是其"截除"）。总之，"新媒介与知识形态"已成为新时代教师要长期思考的重要命题。

1　[加]马歇尔·麦克卢汉. 理解媒介——论人的延伸[M]. 北京：商务印书馆，2000.
2　[美]尼尔·波兹曼. 童年的消逝[M]. 桂林：广西师范大学出版社，2004：31.

本章小结

1. 对于知识可以给出这样的一般界定：知识是一套系统经验，一套被社会选择或组织化的经验，它可以在主体间传播，也能帮助人们更好地行动。知识的分类是对同一对象的不同分法，但是知识总体的集合事实上也不稳定。知识史上出现的知识分类有：感性认识和理性认识、直接经验与间接经验、显性知识与隐性知识、人文知识与科学知识等。这些理想类型的知识在教育中都是无处不在的。

2. 知识的历史演进大致可以描述为：古代社会隐性知识逐渐显性化，发展出的知识多具地方性，近代社会"更具普遍性"的科学知识强势突起，现代社会知识走向精致化、综合化、再情境化。知识的发展体现出人类对世界的不同把握方式，神话、常识、宗教、艺术、伦理、科学和哲学等，其中以"真"的方式把握世界的是常识、科学和哲学，这形成了知识的疆界。

3. 知识高于经验，经验是知识的来源之一，经验的普遍性和确证性不及知识。但在广义上讲，知识也是一种经验，甚至可以说知识最终都可以回归到经验（作为动名词）。常识是普通知识，是基于日常约定或日常经验的个体的相关性知识或地方知识，而知识狭义上仅仅指普遍性更强的科学和哲学知识。"转识成智"或化知识为能力则阐明了智慧、能力和知识的关系。智慧和能力都是在实践、行动中体现出来的，但知识的呈现可以不依赖实践与行动，但它却是智慧和能力的前提。

4. 学校教育中，知识如何"入场"？本书选择了教科书、隐性课程、经典名著和新媒介四个切入点。教科书作为启蒙读物对个体和社会影响至深，但是教科书有其政治学。谁的知识能成为国民的基本知识，教科书如何协调各种知识型以及如何编码，这事关个体自由和社会民主。隐性课程中也有政治哲学主题，通过隐性课程进行规训、控制，以及潜在的对学校隐性课程的抵制都值得关注。经典名著并不是知识或文化的全部，经典阅读亦可以和知识权力、知识民主化联系起来。新媒介中的知识则改变了知识和思维的形态，如何通过新媒体促进个体完善需要每位教育者认真思考。

总结 >

Aa 关键术语

知识	经验
Episteme/Knowledge	Experience
智慧	隐性课程
Intelligence	Informal/Hidden Curriculum

章节链接

在这一章, 你读到……	在其他章节中, 你将发现相关的讨论……
直接经验与间接经验	在第六章 "学习"中的第二节"哲学理论与学习"中会有讨论
课程知识中的权力、控制	在第七章 "教学"中的第三节"教学中的自由、控制与民主问题"中会有讨论
教师的经验和常识	在第八章 "教师"中谈到教师的专业发展、教师的个体理论和教师的缄默知识
布迪厄的"场域"概念	在第九章 "班级"中也涉及布迪厄的相关概念和理论

应用 >

批判性思考

1. 从"什么知识最有价值"到"什么最有价值"。

尽管本章第三部分仿佛都是"什么知识最有价值"的讨论, 但也渗透着"什么最有价值"的讨论。本章第二部分谈及的经验、常识、智慧、能力这些相关要素, 第三部分谈及的知识传递中的自由、民主、公正, 还有未谈及的幸福等, 到底什么最有价值?

2. 外媒称, 中国政府日前曝光了部分学生在高考中使用的作弊方法, 手段之高堪比007。据英国《每日邮报》报道, 中国多省安保人员日前曝光学生使用先进的雷达背心接受场外人士的帮助。报道称, 考生通过藏在笔或手表中的针孔摄像机拍摄试题内容, 然后通过连接到衣服的铜丝天线装置传输给场外守候在接收器旁的帮手。帮手随后答出这些问题的答案, 并把答案发送到考生藏在考场的手机中。手机接收到答案后把声音传送到隐形耳机。

而由中央台曝光的, 大学生跨省高考替考事件也是最近媒体讨论的热点。替考者使用指纹膜以求顺利通过指纹识别, 但在识别器发出报警后, 监考老师却能允许替考者反复违规操作。该地司法部门在央视曝光之后, 迅速控制了组织者、替考考生、监考教师、考生及其家长等数十人, 据调查部分考生家长"很有背景"。

这其中, "知识"和"教育"之间发生了什么? 有知识有什么用? 记者、安保、考生、枪手、家长、场外人士、教师、发明家, 这其中有什么知识型? 又发生了什么样的"混战"?

✎ 体验练习 |||||||||||||||||||||||||||||||||||||||||||||||||||||||||||||||

1. 学生要学习"常识"，教师也需要了解一些"教育常识"。结合你的经验，谈谈你如何看待"男孩穷养，女孩富养""三岁看大，七岁看老"这些教育常识或教育民俗？它有没有科学和哲学的依据？如果抛开正确与错误的判断，请就这种"知识"的接受和传播说些你想说的话。

2. 教师的缄默知识研究是一个热点。优秀教师应该如何将自己的实践知识转化为显性的原理和技术性知识？如何发展出个体理论，并对其他教师产生有益的影响？结合本章具体内容谈谈你的看法。

3. ① 著名作家梁晓声写了一篇散文《父亲》，文中说，父亲跟他说话一般不超过5个字：打醋、买烟、再喝一碗，等等，都是祈使句、命令句、要挟句。父子之间的交流缺乏解释性话语，导致了家庭文化交流的缺乏。② 从大学生来源分析来看，北大清华的学生79%来自城市，特别是大城市，20%左右来自中小城市。

应用伯恩斯坦的编码理论和布迪厄的场域理论，从知识与教育的角度谈一谈这些信息说明了什么，如何评价。

🔍 案例研究 |||||||||||||||||||||||||||||||||||||||||||||||||||||||||||||||

蜜蜂靠什么发出嗡嗡声？权威专家都认为：是靠翅膀振动发声。湖北省监利县12岁的小学生聂利大胆挑战这一说法。她说："蜜蜂有自己的发音器官，不是靠翅膀振动发声。"

聂利是监利县黄歇口镇中心小学六年级学生。在甘肃省兰州市举行的第18届全国青少年科技创新大赛上，她撰写的论文《蜜蜂并不是靠翅膀振动发声》，荣获优秀科技项目银奖和高士其科普专项奖。

2001年秋，聂利从《小学自然学习辅导》一书中得知，蜜蜂、苍蝇、蚊子等昆虫都没有发音器官，但它们在飞行时不断高速扇动翅膀，使空气振动，会产生嗡嗡的声音。后来，聂利在《十万个为什么》一书中也看到这种说法。

去年春天，她到一个养蜂场去玩，发现许多蜜蜂聚集在蜂箱上，翅膀没动，仍然嗡嗡叫个不停，她因此对教材、科普读物的说法产生怀疑，并开始试验和研究。她把蜜蜂的双翅用胶水粘在木板上，或者剪去蜜蜂的双翅，都能听到蜜蜂的叫声。两种方法交替进行了42次，结果表明：蜜蜂不振动翅膀也能发声。

为了探究蜜蜂的发音器官，她把蜜蜂粘在木板上，用放大镜仔细查找，观察了一个多月，终于在蜜蜂的双翅根部发现两粒比油菜籽还小的黑点，蜜蜂叫时，黑点上下鼓动。她用大头针捅破小黑点，蜜蜂就不发声了。她又找来一些蜜蜂，不损伤双翅，只刺破小黑点，放在蚊帐里。蜜蜂飞来飞去，再也没有声音。她将这一发现写成论文，认为蜜蜂的发音器官就是这两个小黑点。

据了解，中国教育协会、小学自然教学专业委员会会刊全文发表了聂利的论文。

新闻链接：昨日省内多位从事昆虫研究的专家在接受记者采访时均称，蜜蜂是靠翅膀振动发声的。华中师范大学生命科学院副教授陈国生说，膜翅目昆虫一般没有发声器官，而蜜蜂属于膜翅目昆虫。省昆虫学会理事长、华中农业大学教授徐冠军说，还未发现有资料报道蜜蜂有发声器官。听说聂利的发现后，徐冠军教授说，由于他没有见证聂利小朋友的试验，也从未做过这样的试验，所以尚不敢对她的发现下结论。如果这位小朋友的发现是真实的话，肯定是个了不起的发现。

（《小学生论文挑战权威论断　聂利发现蜜蜂有发音器官》，作者陈龙、宋效忠，见《少儿科技》，2004年，第1期）

1. 聂利所获得的认识是直接经验还是间接经验？是理性认识还是感性认识？直接经验一定是感性的吗？而间接经验一定是理性的吗？

2. 教育应该以间接经验传授为主，还是以直接经验获得为主？在课堂教学中的情况呢？结合案例谈一谈，在聂利的发现过程中，直接经验和间接经验是如何相互作用的？

📝 教学一线纪事

教育常识

一个小学四年级的男生向父亲诉苦道："我们班都半个多学期没换座位了，我坐在靠墙的位置，又是最前面。由于黑板反光，我总是站起来伸长脖子看，但还是有一边儿的字看不清……""我们最讨厌××老师。每次下课了他还没完没了地讲，从来不考虑我们的感受。有好多次，我都差点尿了裤子……""我们班主任最没有人情味！经常一下课就到班上来讲东讲西，唠叨个没完，烦人……"初三年级一位班主任铁青着脸对一个男生呵斥道："昨晚，你一定又出去上网了！要不怎么上午第一节课就睡觉？按班规规定，你要做两百个俯卧撑！"高二年级一位年轻的女班主任严肃而认真地对一个女生说："你想想，像你这样的人能被选上班干部吗？我提拔你当班干部的目的，就是让你增强自我约束力，管好自己。可是你现在的情况太令我失望了！""我代高二年级一位班主任上课，当我清点人数时，同学们十分诧异和不解。'又不是班主任，查什么人数?'我问：'你们其他老师上课不清点人数吗?''不查!''一年多一直是这样吗?''是!'学生又异口同声地回答。"——不定时调换座位、挤占课间时间、不讲究语言艺术、无视教学常规，这些都是教师和班主任漠视教育常识的表现。（摘自《班主任应提高教育常识水平》，《天津教育》，2010年第2期）

教育常识就是"有关教育的最基本且简单的事实性的知识与道理"。"做好教育的过程，即敬畏、追寻与创造教育常识的过程，好教育的标准就是把人育好。"教育常识的原点、根源是人性常识。教育常识可以衍化为教育理想常识、教育过程常识、教育内容常识、教学常识、学生常识、教师常识等。教师的教育常识，既包括教师需要掌握的教育常识，也包括教师在具体的情境、事件中反思自己的教育常识。教育难，难就在回到常识。教师需要有的教育常识有：

1. 人始终是未完成的；2. 人只能自己去活着；3. 儿童的生长需要自有节律；4. 教育不是雕刻，而是唤醒；5. 教育即"生命—实践"；6. 教育眼光即生长的眼光；7. 教育是需要悲悯，耐心和从容的事业；8. 教育的作用是有限的；9. 孩子的内心是一个宇宙。

遗忘"教育常识"的原因有：第一，现代国家掌管的教育正在走向教育的政治立场与教育工作者的教育的人的立场的矛盾。第二，教育边界逐渐消失的现实。随着全民教育、全纳教育、终身教育思潮的涌起，教育成为人人可以言说的话题。第三，教育者难以在日常生活中落实教育常识。如要求学生"在场"与教师自己开会、培训时的"在场的缺席"的矛盾，等等。"教育不是雕刻，而是唤醒"，教师对教育常识的追寻和学生同样需要被唤醒：第一，要唤醒教师被遮蔽的探讨教育常识的愿望和能力；第二，要唤醒教师对教育常识反思的敏感性；第三，要唤醒教师对教育与社会的关系、教育与人的发展的关系的反思。（参见李政涛《教育常识》，上海：华东师范大学出版社，2012年版）

拓展 >

补充读物

1　　石中英. 知识转型与教育改革[M]. 北京：教育科学出版社，2001.

知识转型是知识型的转变，是原有知识政体的被颠覆，不仅包括了知识观念转变，而且包括了知识标准、知识制度、知识组织、知识信念以及知识分子生活方式和自我意识的转变。对现代科学知识型的普遍质量质疑已经非常鲜明地揭示了科学知识型的内在缺陷，推动了人类第三次知识转型的到来。此时，我们不能不反思知识教育中的偏见、对本土知识的遗忘和西方知识霸权的问题。

2　[美]利奥塔尔．车槿山，译．后现代状态——关于知识的报告[M]．南京：南京大学出版社，2011．

　　本书的研究对象是"后现代条件下的知识问题"，涉及了19世纪末以来，受到科学、文学、艺术行为原则影响的文化状态，对现代的评论的正确性和真实性提出质疑，指出后现代的科技发展向人们提供了权力的增长，使知识变成了商品，成了决策的因素与手段。技术标准并不能判断真实与正义，在分歧中产生了相对临时的、制约性的真理标准。

3　[美]迈克尔·W·阿普尔．黄忠敬，译．意识形态与课程[M]．上海：华东师范大学出版社，2001．

　　本书分析了霸权，介绍了意识形态与文化再生、经济再生，日常学校生活中的经济学与控制，课程历史与社会控制等，反映了在相当多的国家中那些数以百万计的、被剥夺了真正享受自由民主的学校教育基本人权的人们的期望。

💻 在线学习资源

1. 中国知识论网，http://epistemology.xmu.edu.cn/

　　由厦门大学知识论与认知科学研究中心创办，致力于为知识论学者与广大知识论爱好者提供一个学术交流的网上平台。

2. 当代文化研究网，http://www.cul-studies.com/

　　"文化研究"和"文化的研究"是不同的概念。文化不能再是精英文化，它应该是普通人的日常生活，它应该是大众的、平民的。文化研究结合了社会学、文学理论、媒体研究与文化人类学来研究工业社会中的文化现象。

本章概述

　　本章从哲学的视角探讨学习的本质及目的，介绍学习发生的哲学基础并阐述学习方式及其变革问题，旨在促使学习者掌握学习的本质内涵、现实状况和当代教育发展中关于学习的诸多理念，进而使学习者更好地学会认知和学会学习。

结构图

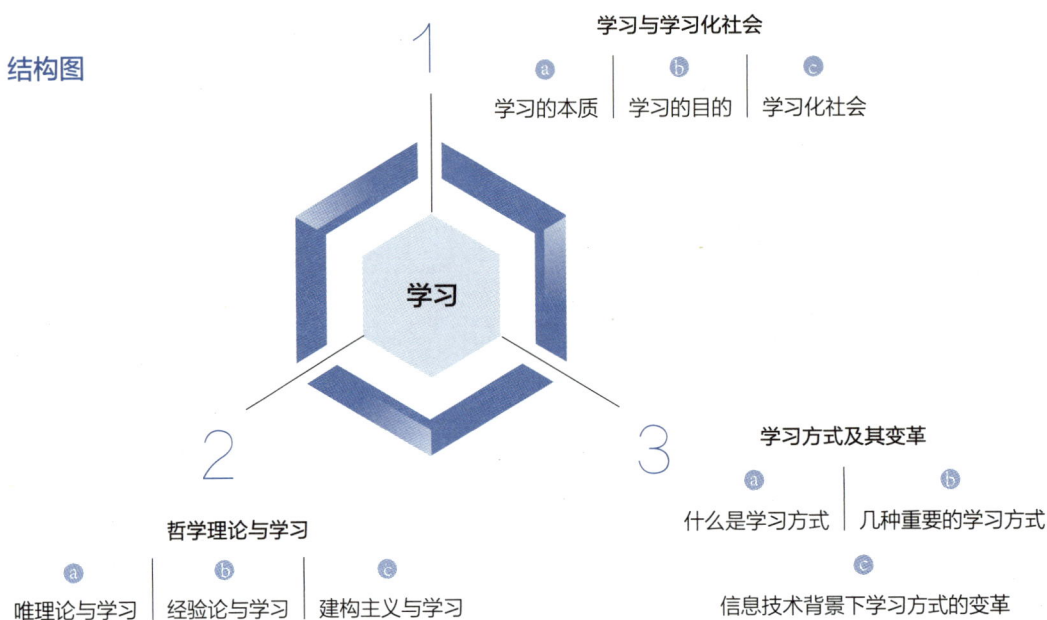

学习与学习化社会
ⓐ 学习的本质　ⓑ 学习的目的　ⓒ 学习化社会

学习

学习方式及其变革
ⓐ 什么是学习方式　ⓑ 几种重要的学习方式
ⓒ 信息技术背景下学习方式的变革

哲学理论与学习
ⓐ 唯理论与学习　ⓑ 经验论与学习　ⓒ 建构主义与学习

学习目标

学完本章，你应该做到：

1. 理解"学习"的含义溯源与流变，了解学习型社会和终身学习等当代教育思潮，反思学校制度化环境中学习行为的异化现象。

2. 从哲学视角出发，理解学习发生的哲学基础和相关学习理念。

3. 了解不同时代学习方式的特征及变革特点。

读前反思

　　一线教师常常会说，学习是学生的天职。因而，学生在学校里的第一任务是学习，少做与学习无关的其他事情。然而，"学习"是什么？如何理解学生的学习行为？教育哲学不应该回避这个问题，而是应该提供一个有效的思考路径。对于教师来说，理解学生学习的行为，促进学生的学习与发展，是其职业和责任中的应有之义。

1. 如果聚焦现实，回到制度化环境中的真实学习状况来看，当前学校教育中出现了严重的过度学习、厌恶学习等问题，且有愈演愈烈之势，成为教育工作者和家长共同的心头病。这些学习异化状况应如何看待与应对？

2. 当前，"终身学习"和"学习型社会"等提法盛行，学习在未来社会中所占据的地位将可能更为重要。如何从生存的层面上理解未来社会中学习的意义？如何在计算机网络时代，理解学习方式的变革以及个体在这种变革中可能的应对？

3. 这些与学习相关的问题或命题，也许不能一一作答，但把相关的问题串连起来，提供看待问题的一种视角和一种思考的可能，是教育哲学应该做的，也是能做到的，这是本章的写作出发点。让我们共同走进教育哲学视野中的"学习"。

　　1972年，联合国教科文组织下辖的国际教育发展委员会发表了一份著名的研究报告，题为《学会生存》，书中把"学会学习"作为未来社会生存四大支柱之一。现代社会已然物质丰富，把"学习"与"生存"直接相联，这是回到了人类进化最初阶段的状况吗？

　　其实，报告所指没错，只是现代学校中的制度化"学习"才显得与生存的关联薄弱，"学习"的最初起源和广义内涵从来都是与"生存"问题紧密相连的。从长时间的进化史来看，学习是人适应环境的手段，是与环境保持平衡并取得生存和发展的必要条件。那么，究竟该如何理解"学习"呢？本章以制度化环境中的"学习"为核心，以广义学习为背景，理解人类"学习行为"，试图回答学习是什么，关于"学习"的理论进展能够给现代提供多少智慧和帮助，学习方式的变化如何适应新时期的社会发展等问题。

第一节
学习与学习化社会

🎯 学习目标

掌握学习的本质，并从哲学视角反思学习的目的。了解终身学习教育思潮以及学习化社会的形成。

　　关于"学习"，获得知识和习得技能是当前制度化学习环境中对学生学习行为做出的精要理解，亦与教师日常经验匹配。然而，学习行为得以发生的基本前提，即"学习何以可能"却少获关注。要回答该问题，我们要从理解学习本质入手，跳出日常经验关于学习及学习目的的理解的限度，借助终身学习、学习型社会等相关概念扩大理论视野，获得通俗化理解的新路径。

一、学习的本质

　　探讨学习的本质，我们先从甲骨文中"学"与"习"的写法及含义说起。甲骨文中的"学"是"𦥑"，由"✕"及"∩"组成。其中，"✕"代表算盘，"∩"有房屋之意，两者结合即为练算习字的房屋，指教孩子们算数、习字的校舍。"学"字还有另一种写法"𢿢"，在两边加"𦥑"，有手把手教的含义。金文将"学"字写作"𨕖"，表示教的对象是孩子。中国古代文字属于象形文字，因此"学"引申为"觉悟、省悟"，学习知识。甲骨文中的

"习"是"羽"，由"羽"和"白"组成。其中，"羽"代表鸟儿的翅膀，有振翅飞翔之意。"白"像鸟窝，二者结合是指"幼鸟在鸟窝内震动翅膀"，引申为体验生活实践。

在古代，"学"与"习"二字本来各有所指，独立表达含义。从字源上看，"学"字有四个含义。第一，仿效，学习。《论语·述而》："学而时习之，不亦说乎!"第二，学校。《礼·学记》："古之教者，家有塾，党有庠，术有序，国有学。"第三，学问，学说，学派。《庄子·天下》："百家之学，时或称而道之。"第四，诉说。《醉落魄》："些儿心事谁能学"[1]与"学"的意义相关联，"习"字主要有四个含义。第一，鸟练飞。《说文》："习，数飞也。"第二，复习，练习。《论语·述而》："学而时习之，不亦说乎!"第三，学。《吕氏春秋·听言》："蠡门始习于甘蝇。"第四，通晓，熟悉。《战国策·齐四》："（孟尝

> **"学""习"二分的例子**
>
> 1. 学而不厌，诲人不倦。（孔子）
> 2. 学无止境。（荀子）
> 3. 习，数飞也。
>   ——《说文解字》
> 4. 性相近，习相远。
>   ——《三字经》
> 5. 习与性成者，习成而性与成也。（王夫之）

君）问门下诸客：'谁习会计，能为文收买于薛者乎?'"[2]总之，"学"是指人获得直接与间接经验的认识活动，兼有"思"的含义；"习"是指巩固知识、技能等实践活动，兼有"行"的意思[3]，是指多次重复某动作而获得巩固性。

除历史和语词分析视角外，教育心理学认为，学习是知识、技能或者态度的习得过程，是学习者因经验而引起行为、能力和心理倾向比较持久的变化；是人类生存的必备手段和依赖，是为了生存的"学习"，是有机体适应环境的手段[4]；是主体在某个规定的情境中的重复经验引起的这一个情境的行为或行为潜能的变化[5]。可见，知识、行为等对个体心理变化的影响是教育心理学关注的焦点。

以心理学概念为基础的这一定义深切地影响着教育实践。学校教师基本上在这一框架内以其为基础，结合日常经验来解释"学习"，认为是学生对教师每天的课堂教学讲解的接受和反应。教师围绕课程标准和教材进行的知识讲解，是学生学习的主要内容。这样的经验化理解，侧重地突出学习的知识倾向。当然，部分经验积淀丰富的成功教师在关注学生获取知识时，还关注作为主体的学生在行为方面相对持久的变化以及思想世界的完善。应该说，关注行为和思想感情的变化，是日常经验理解的学习概念的一大进步。于是，关于学习行为的想象有了一幅经典图景：正式学校制度的课堂中学生在教师的引导下，对教材的消化理解，获得本质上作为间接经验的知识。

1　商务印书馆编辑部编. 辞源（合订本）[Z]. 北京：商务印书馆，1988：0431.

2　商务印书馆编辑部编. 辞源（合订本）[Z]. 北京：商务印书馆，1988：1360.

3　桑新民. 学习究竟是什么?——多学科视野中的学习研究论纲[J]. 开放教育研究，2005（1）：8.

4　施良方. 学习论[M]. 北京：人民教育出版社，1994：2.

5　皮连生. 教育心理学[M]. 上海：上海教育出版社，2004：29.

　　然而，相对于学习的日常实践理解，"日用而不知"，学习"该是怎样"和"能成怎样"的落差难以察觉且常被忽略。这需要重视的是社会学视野中的学习。在现代社会中，必须依靠通过学习获得的个体经验，而个体经验的获得最重要的途径即为学校里的制度化学习。现代学校中的制度化学习，以课程政策规定学习内容，以作息时间表规定学习节奏，以教师课堂教学引导学习行为的发生，以评估和检测制度引导学习的方向，现代教育制度对学习行为产生了重大影响。其中的核心是"学校"这一教育组织。因而，学校环境制度的学生学习行为是我们的关注焦点；而广义上的学习，却也是理解学习必不可少的参照。

　　也有学者从生物学的意义上理解学习行为。学习作为知识和经验的传递，虽然在各种动物之间的差异很大，但大致可以认为：相对于越高等的动物，生活的方式越复杂，本能行为的作用也越小，学习的重要性就越大。在低等动物中，习得的行为很少，获得的速度也慢，学习对其生活所起到的作用极为有限，学习能力低，保持经验的时间也短。相比之下，人是高等动物，生活方式极为复杂，固定不变的本能行为最少，但学习的生存意义因这复杂性而更紧迫，其绝大部分由后天习得行为方式，学习的能力以及学习在人类个体生活中的作用也最大。学习行为本身不断地复杂化，社会化的因素越来越多，越来越精细，从家庭教育到社会教育以及越来越精细的制度化学校教育，学校教育成为专门的心理学等学科的研究对象[1]，从而把人的"学习"从本能的层次上区分开来。

　　上述关于学习的定义，从不同的视角给我们提供了认识"学习"的问题框架，但其共同缺陷在于把"学习"理解为以个体为聚焦点的行为，传统的学习心理学也将个人作为单位来研究。然而，学习问题实质上是包括时间、空间和实践等多维度的社会性行为，学生在学校里的学习，不是学生一个个孤立的自由的活动，而是有教师主导性介入，在学生、教师、学习内容（教材）、学习环境等要素共同影响下发生的。因而，认为学习是在教师的主导介入以及多种因素的综合影响下，学生自主地、合作地进行的活动，才是学校中的学习的本质。概念的本质内涵问题是一个必需的参照系。综合起来可以认为，学习的本质是学习者和教师、教学内容、教学环境、同学之间的相互交往，是在交往中进行的自主的、合作的活动。

　　综上所述，关于"学习"问题的定义理解，一方面是要以历史的中西视野理解其本来含义，要看到"学"与"习"在近现代的词汇融合和词义相连，以及西学东渐的近代背景下汉语词汇的西化影响。另一方面，也应该看到心理学、社会学和日常经验等不同维度看到的学习概念的差异与共相，为我们理解学习行为提供了多维视角。

> **学习**
>
> 从广义角度看，人与环境的所有互动都可以被看成是人的学习活动。从制度化的学校教育角度看，学习是指学习者和教师、教学内容、教学环境、同伴之间的相互交往中进行的自主的、合作的活动。

1　施良方. 学习论[M]. 北京：人民教育出版社，1994：138.

🔊 **教育（学）家语录**

　　灵魂在进入肉体以前就已经存在，并且具有关于绝对理念和本质的知识。我们生前已经知道美、善、相等这些概念。但是在出生时，我们把这些知识遗忘了。视觉、触觉或其他感觉激发我们回忆起生前已有的知识。所以，学习只不过是回忆罢了。

——柏拉图

　　学校中求知识的目的，不在知识本身，而在学得制造知识以应需要的方法。

——杜威

二、学习的目的

　　关于"人为什么学习"，即学习的目的问题，中西方思想家在历史沿袭过程中提供了相异的思考空间及想象路径。在传统人伦观念引领下，培养德性成为我国封建社会关于学习目的表达的主流意识形态，并对当今教育产生了深远影响。而西方"培养自由人""追求智慧"的学习目的则树立了另一个参照体系。

（一）中国传统的学习目的

　　简单地说，中国文化传统下的学习目的可以概括为"尊德性"与"道问学"。我国古代关于学习目的的主要矛盾是道德与知识孰轻孰重。自《中庸》起，"尊德性"与"道问学"逐渐成为知识分子治学的两条基本途径。《中庸》认为，"尊德性"是一种从内及外的体悟方式，即通过发扬自身天性从而了解外部世界，因重视内在修养，亦被称为"自诚明。"而"道问学"是一种从外至内的学习方法，即通过个体自身的外在寻求达到提升人性的目的，强调与人或自然沟通，因而被称为"自明诚"。"故君子尊德性而道问学，致广大而尽精微，极高明而道中庸，温故而知新，敦厚以崇礼。"[1]正是通过"尊德性"与"道问学"结合的学习途径，个体遵循中庸之道，不偏不倚，最终达到性情敦厚、崇尚礼义、知书达理的谦谦君子境界。作为士子学习目的的"尊德性"与"道问学"在一定时期内互补互进，毫不偏废。及至宋代理学兴起，以朱熹为首的理学大家开始将二者作为一对范畴对立起来，并提高"道问学"的地位。至此，以培养道德、提高自身修养的学习目的最终形成。

　　自诚明，谓之性；自明诚，谓之教。诚则明矣，明则诚矣。

——《中庸》

1　徐儒宗，译注. 中庸[M]. 北京：中华书局，2011：334.

（二）西方传统的学习目的

相对于培养道德的学习目的，西方的学习目的包括获得自由与获取智慧两个方面。西方追求智慧的传统由来已久，从苏格拉底的"产婆术"到培根的"知识即力量"，西方人对智慧的偏爱一以贯之，强调博雅教育。博雅教育发轫于亚里士多德，亦称自由教育、文雅教育，是一种以一般文化修养课程为主要内容来促进人的智慧、道德和身体等多方面发展的教育思想。[1]亚里士多德将人的灵魂分为三类：植物灵魂、动物灵魂与理性灵魂，相对的教育形态是体育、智育与德育。德育、智育、体育同时进行，人类的灵魂方能达到和谐统一的状态。教育的功能分为实用与文雅两类，对于那些具有灵魂高尚的自由民来说，实用的教育不足以使他们的灵魂得到自由发展。因此，亚里士多德强调区别以对待之。博雅教育对后来的文艺复兴运动及人文科学的兴起产生了巨大的推动作用。另外，博雅教育的目的是培养自由人，尊重儿童的天性，尤其强调学习的目的就是为了发展自己，它以自由学科为主要内容，重点在培养人的理性，杜绝机械化和专业化的训练。总之，博雅教育反映了学习的目的是获取自由。学习的最终目的是实现自由。

📢 教育（学）家语录

技术的发明，有些丰富了生活必需品，有些则增加了人类的娱乐；后一类发明家又自然地被认为较前一类更智慧，因为这些知识不以实用为目的。在所有这些发明相继建立以后，又出现了既不为生活所必需，也不以人世快乐为目的的一些知识，这些知识最先出现于人们开始有闲暇的地方。

———亚里士多德

所以我们必定会说，不能自制者如果有知识，也只是像睡着的人、疯子或醉汉那样地有知识。背诵知识的词句也不说明就具有知识。甚至醉汉也可以吟咏恩培多克勒的诗句。一个初学者可以把各种名言收集起来，却一点也不懂。

———亚里士多德

（三）学习的异化

无论是中国还是西方，近代以来，学习行为逐渐演变为制度化的学习，而制度化的学习成为实现社会升迁的重要手段，也就带来了一些学习的异化现象。随着制度化教育形成，越来越多的教师、家长重视学生的学习成绩，忽视学生的和谐、自主发展。功利化的价值导向

1　顾明远，主编. 教育大辞典（1）[M]. 上海：上海教育出版社，1990：46.

驱使学习的目的出现异化，从而导致厌学、逃学、过度学习等现象频频发生。因此，所谓学习异化是指过分强调以考试策略和强化训练来取得高分数和获得竞争优势，代替学习内容的实质掌握，学习过程的意义被无意或有意忽略的现象。

异化的学习导致的第一个问题是厌学。厌学在中小学已是常见现象，是学生诸多学习心理障碍中危害较大的一种。具体说，厌学的表现症状有：对学习无兴趣；上课注意力分散，不认真听讲；思维缓慢、情绪消极；作业拖拉马虎、敷衍了事；学习效率低下；考试及作业错误率高；学习不主动等。学生把学习当成一个沉重的负担，一些厌学的孩子变得不爱上学，不愿见老师，甚至每到上学前，孩子就喊"肚子疼""头痛"等；有的孩子不愿做作业，一看书就犯困；即使在没有外界干扰的情况下，注意力也常常不能集中；有的孩子虽然也在看书，却"看不进去"；不愿大人过问学习上的事情，对父母的询问常保持沉默，或者表现烦躁，或者转移话题；上课时常打不起精神，课后却十分活跃，表现为"玩不够"[1]。

异化的学习导致的第二个问题是逃学。逃学，是逃离学校并非彻底告别学习行为，实际是对学校刻板无趣的制度化教学的反抗。主观上，学习中经常遇到挫折，如考试失利、排名落后、努力难以取得成就，容易产生逃学心理；学生往往在挫败感中错误地认为自己不是学习的料，久而久之，对学习失去兴趣，失去信心；客观上，教材内容的陈旧、单调、枯燥也会引起学生的厌学进而逃离学校；教育者的教育方式的不当或不尊重受教育者，往往也会造成学生逃学。调查和经验都证明，个体的懒惰、不思进取并非造成逃学的主要原因或直接原因。

一个经常逃学的男孩

辽明富今年13岁，是读四年级开始转到我所教的班级的。他碰上喜欢的老师、喜欢的课就留在教室，否则，就会整节课睡觉，他如果不想在教室，会在任何一个老师的眼皮下溜走。平时还隔两三天就旷课，五年级有一个学期共旷课超过1/3的时间。找他谈话，他会做出让你意想不到的行为。一次，我批评了他，刚转过身，他竟然从三楼的平台跳下二楼，要知道高度足有两米多，那次真的把我吓坏了！

对待辽明富这样的学生，我用理解、宽容融化他冰封的心灵。他对我说："老师，你让我做什么事情都可以，但要我写作业就不行。"基于他的情况，我对他的要求降到最低点，只要他能上学，作业不完成，没问题，上课睡觉就睡觉吧！我对他采取了特殊的评价方式：能按时上学，就奖励他的小组30分，交一次作业，奖励50分。我认为，教育不能光看到学生的学习成绩，其实，就算他考试得0分，但能留在学校做一个不违法、肯接受教育的学生，

---

1 张春杰. 儿童厌学现象分析[J]. 南昌教育学院学报，2010（3）：34.

我想教育还是成功的。因此，只要他能坚持上学，我总不失时机地表扬他。

　　资料来源：孙云晓，等. 好习惯是怎样培养出来的——全国400所学校习惯养成活动案例精选[M]. 北京：北京出版社，2006：92~93.

　　异化的学习导致的第三个问题是过度学习，表现为题海战术、疲劳学习、惩罚式过度学习等。心理学上一般认为，过度学习实质是"过度识记"，指达到一次完全正确再现后仍继续识记的记忆，其实是以认知负荷为代价的认知超载（cognitive overload），尽管过度学习有利于识记材料的保持，然而"在问题解决和学习过程中的各种认知加工活动均需消耗认知资源，若所有活动所需的资源总量超过个体拥有的资源总量，就会引起资源的分配不足，从而影响个体学习或问题解决的效率，致使学习动机的彻底丧失和完全遮蔽，学习者无法在学习的发生过程中获得持续学习的动力"[1]。如前所提到，过度学习有意义的一面在于，人们对所学习、记忆的内容达到了初步掌握的程序后，如果再用原来所花时间的一半去巩固强化，使学习程度达到150%，将会使记忆得到强化，这是过度学习的现实源头。但是"过犹不及"，一味地重复再重复，不仅无益记忆，反而容易产生厌学，成为典型的学习行为异化。这种学习行为产生双向的消极效应，一方面是知识的低效率增加，另一方面是学习动机的丧失。过度学习也造成人格障碍，容易造成学生成长过程中的不幸遭遇，它只是聚焦于学习的过程中知识的增长和积累，忽视了学生的人格成长和社会道德与秩序的传承与再构这一过程性的重要意义。这种情况是对学生终身学习和整体学习的反动。最终成了一种"反学习"。

　　若想克服学习的异化问题，应该回到学习本身，追寻学习本真的意义。

三、学习化社会

（一）终身学习

　　"终身学习"这一术语源自"终身教育"，是终身教育思潮的产物与延续。关于终身学习的理念自古有之，柏拉图、亚里士多德的哲学著作中多有涉及，杜威的"生长论"（growth）亦为其提供了哲学范式。1965年，联合国教科文组织成人教育局局长保罗·朗格朗在第三届促进成人教育国际委员会上提出"终身教育"概念，并以《终身教育引论》一书引发世界范围内的教育思潮。1972年，《学会生存——教育世界的今天和明天》的问世扩展了终身教育的理论内涵并首次提出"终身学习"的概念。1994年，"首届世界终身学习会议"在罗马隆重举行，终身学习在世界范围内形成共识性行动。1996年，联合国教科文组织发布

1　克里斯托弗科尼，等. 孩童厌学：治疗师指南[M]. 彭勃，译. 北京：中国人民大学出版社，2010：71.

了报告《教育——财富蕴藏其中》，认为"21世纪是人类迈向学习型社会的世纪"，这是世纪末在以广阔的国际经济、政治、文化为背景对新世纪和未来教育面临的挑战和策略做出的深远思考。

🔊 **教育（学）家语录**

在未来社会里，无论是发达国家还是发展中国家，我们都应将终身教育作为教育政策的主导理念。

——富尔（1972）

当我们即将跨入21世纪的门槛时，面临着社会生活瞬息万变、市场竞争日益激烈，终身学习就成了适应这一变化要求的必要条件。只要把握终身学习这一理念，我们就能开启梦想的心扉，在人生的时空中自由穿梭，在历史的长河中翱翔。

——德洛尔（1996）

终身学习是有计划的、理性的准备，而且系统的终身学习的基本目的是快速地融合个人经验和大众积累的经验。

——劳森

一般认为终身学习包括以下要点：学习者非常明白他们在主动"学习"，而非被动的，或应付的；有明确的目标，如在某一期限内学会某项技能、达到某项标准等，而不是笼统地称之为"提高自身"；学习者将较长时间内地保持和应用其所学的知识，而非将所学视为可有可无之物[1]。

终身学习的提出，对理解"学习"这一概念具有重要意义。

其一，还原了学习的本义，学习成为时代生存的必须。终身教育与知识更新的高速化、新型职场者的需求以及对新生活方式的认同息息相关。终身学习理念，与古人云"活到老，学到老"暗合，但与在古代以"人生哲理"面孔出现的不同，在科技进步对职业演变影响越来越大的今天，终身学习更是立身之本，是必然的选择。只有不断补充、更新知识和技能，才能在竞争激烈的社会中立足，使自己有一个成功的职业生涯。它是21世纪的一个概念，把终身学习提高到"生存"概念的高度。

其二，终身学习为教师从职业群中"提炼"出职业特色。与其他职业相比，教师这门职业传递知识，与知识相连，学习是这门职业的内在要求。人类对知识经济和知识社会的积极响应，意味着知识经济时代的学习观念将发生根本性的改变，即把学习从单纯接受学校教育

1　刘雅丽. 终身教育与终身学习的现代思考[M]. 长沙：湖南人民出版社，2008：37.

中扩展开来，并从少数人的学习扩展到所有人，从阶段性学习扩展到人的终身学习，从被动学习发展到主动学习，从而使学习真正成为所有人终身的行为习惯和自觉行动[1]。教师因其职业特色在终身学习的问题上理应先迈一步。

国培计划

"国培计划"是"中小学教师国家级培训计划"的简称，它是由教育部、财政部联合于2010年开始全面实施，旨在提高中小学教师特别是农村教师队伍整体素质的重要举措。国培计划需要从两个方面去理解。首先，层次上由地方性提升为国家行动，即原来由地方教育行政机构主导的教师培训提升为中央财政支撑的国家行为（仍保留省培等地方性培训）；其二，由个别学科和部分区域到"全面实施"，也即由之前在少数薄弱学科和部分地区进行的示范性"小国培"开始成为全国性的覆盖面广泛的"大国培"。2010-2012年，中央财政每年投入5.5亿元支持"国培计划"的实施，之后逐年增加。"国培计划"已经成为教师工作司年度工作的重要内容。

"国培计划"在不断地探索和完善中。国家将建设全国教师培训管理信息系统，加强对国家级培训和各地培训的动态监测。同时，要求各地建立培训项目招投标机制，对培训经费使用等进行全程监控。国家还将制订培训质量标准，定期开展培训质量评估，发布年度监测报告。国家还将把教师培训纳入对各地教育督导的重要内容。通过该计划培训一批"种子"教师，使他们在推进素质教育和教师培训方面发挥骨干示范作用；开发教师培训优质资源，创新教师培训模式和方法，推动全国大规模中小学教师培训的开展；重点支持中西部农村教师培训，引导和鼓励地方完善教师培训体系，加大农村教师培训力度，显著提高农村教师队伍素质；促进教师教育改革，推动高等师范院校面向基础教育，服务基础教育。

——《国培文件汇编》[2]

其三，终身学习是学校制度体系外学习的另一种途径。现代社会，仅凭学校所学的知识和技能是不够的。终身学习是以"终其一生"作为时间度量，它的参照系是制度化学校中的阶段性学习，终身学习似乎是为弥补制度化学校学习的不足，更新学习的时间和年龄观念，从而获得自身的完善和个人能力的提高以及生活质量的改善。一般地，就业后应继续提高自己的知识、技能和学历层次，以适应社会的发展、时代的进步，提高职业竞争力，树立终身学习的观念，培养学习能力，不断学习。

1　高志敏，等. 终身教育、终身学习与学习化社会[M]. 上海：华东师范大学出版社，2005：53.
2　根据《国培文件汇编》（2013．4）等制作，该汇编文件为内部稿本，未公开发行，相关文件可通过国培计划网（http：//www．gpjh．cn/cms/）查阅《教育部财政部关于实施"中小学教师国家级培训计划"的通知》（教师〔2010〕4号）等文件。

"终身学习是打开21世纪光明之门的钥匙",终身教育理念应根据现实需要加以变化。一方面,要继续重视终身教育使人适应工作和职业变化的作用;另一方面,还要重视终身教育在铸造人格、发展个性以及增强批评精神和行动能力方面的意义。

(二)学习化社会

如果说"终身学习"是以时间为单位重新度量了学习,那么,"学习化社会"则在空间维度重构了学习条件和学习环境。"学习化社会"这一概念源自美国教育学家赫钦斯的著作《学习型社会》,本义是指人类未来社会应该是所有成年男女以学习成长和人格构建为目的的社会,具有发展性、综合性、理想性和未来性等特性。[1]"所有成年男女,仅经常地为他们提供定时制的成人教育是不够的;除此之外,还应以学习、成长及人格的构建为目的,并以此目的制定制度,以及更以此制度来促进目的的实现,而由此建立一个朝向价值的转换及成功的社会。"[2]在这里,我们应将学习型社会与学习型组织相区分。学习型组织是彼得圣吉在《第五项修炼》一书中提出的概念,主要应用于企业,是以提高企业效益为目的而阐发的一种管理理论。而赫钦斯提出学习型社会的目的是为了追寻人的价值,创建一个有利于个人自由实现的现代社会。这是二者在本质上的区别。另外,《学会生存》除提出"终身学习"的概念,更致力于将终身教育思想与学习化社会紧密结合。欧盟、美国、日本等先后发布政策文件,把其作为一种社会发展理念,并提出行动方案,积极致力于学习型社会的构建。

日本:1988年,日本对文部省组织进行调整,将原先排在第五位的"社会教育局"易名为"终生学习局",并升格为各局之首。1990年6月,日本制定了第一部有关终生学习的法律,同年8月,成立了终生学习审议会。

美国:1991年,美国提出了发展教育的四大战略,其中,第三项战略是"把美国变成人人学习之国",第四项战略则是"把社会变成大课堂"。

欧盟:1995年欧洲联盟将1996年定为"欧洲学习年",并发表了《教与学:迈向学习化社会》的政策白皮书,提出了迈向学习化社会的具体途径。

新加坡:1998年新加坡发表"学而思,思后再学——朝向学习型学校、学习型国家"的报告。新加坡提出要建立"学习型新加坡",并要求把政府建成"学习型政府",是亚洲最早提出建设学习型国家的国家。

学习型社会具有如下含义:

---

1 吴式颖,任钟印,主编. 外国教育思想通史(第十卷)[M]. 长沙:湖南教育出版社,2002:436.
2 吴遵民,黄欣,编. 实践终身教育论——上海市推进终身教育的路径与机制研究[M]. 上海:上海教育出版社,2008:20~21.

第一，学习型社会是一个学习共同体。学习型社会建设以改善广义的学习条件和学习环境问题为要旨。"未来的社会是一个学习型的社会，学习型社会的表述意指今后的社会关系是以教育和训练为基础的。"[1]于是，在"学习"于社会的正当性基础上，确立起其首要地位的意义意味着学习环境和学习条件的改善和改进。在学习型社会中，"学习"的意义在于学习环境和学习条件的改变。

第二，学习型社会意味着个体的生存状态是积极实践终身学习的个体。学习型社会的实质是以学习求发展，其包含的全民学习和终身学习两个维度明示了发展的公众范围和生命向度[2]。学习型社会中的个体不仅获得其个体学习行为的合理性的最终保障，并且个体的学习行为本身可能发生一系列变化，包括学习时间的分配、学习状态的影响。

第三，学习型社会的提出直接针对现代学校制度建立以来的弊端和困境。这对理解学校制度中的"学习"概念也有积极意义。在学习型社会构筑的学习环境中，不能单是"社会教育"的范围扩大，更应该指出学习的外在环境中最重要的政策因素，尤其是学习制度在教育政策和社会政策中深度融合的重要性。政策制度因素对学习及其行为的规训，集中表现为学制对学校环境中学习行为的影响。而在社会教育的范围内则表现为当前的情势。强调学习型社会、构建一种开放式的学习环境，某种程度上是对制度化环境中的学习行为变异的一种补救和完善。值得注意的是，终身学习和学习型社会在某种程度上实现了互补，这意味着"学习"的时间和空间两大维度在教育理念上的回归。

🔊 教育家语录

一切人都有能力学习。只要一个人活着，学习就不停止，除非因为他不运用学习的能力以致学习能力衰退。政治上的自由不能持久，除非已伴随着无限制地获得知识。没有持续不断的学习和再学习，真理不能长时间保留在人类事务中。除非有持续不断的、无限制的学习机会，除非人们能不断地利用这种机会，和平是不会再有的。

——赫钦斯

---

1 欧洲教育委员会：教与学——走向学习型社会[J]. 祝智庭，译. 外国教育资料，1997（6）：75.
2 连玉明. 学习型社会[M]. 北京：中国时代经济出版社，2004：133.

第二节
哲学理论与学习

🎯 **学习目标**

从哲学角度理解学习的发生过程，重点介绍唯理论、经验论和建构主义等哲学理论与学习的关系。

你在学生时代是否遇到如此状况：老师在上课，但班上的部分同学却不想听？今天，当你的角色转换成为老师，站在讲台上时也可能面临类似的场景。此时，你会不会问问自己："是不是我在哪些方面需要改进？"对这类问题的回答，如果回到"学习"理论中来，我们也许能够获得有益的启发。

从传统意义上讲，学习理论是心理学的一门分支学科。许多学习理论都把心理学的一般原理应用于学习领域，阐释和研究人类与动物的行为特征和认知心理过程。但从心理学的发展历史看，心理学最初是从哲学中分离出来的。诸如亚里士多德、柏拉图等哲学家对人的认知过程的概括与描述，对后来学习理论的发展起到了巨大的推动作用。因此，在阐释学习发生的基础时，我们必须从哲学的角度加以分析和说明。

我们是如何认识事物的？我们是怎么学会新东西的？知识从哪里来？柏拉图（Plato，前427—前347）在《曼诺篇》中的一段话或许能够说明人类学习的复杂。

曼诺，我知道你说的是什么意思——你争辩说：人不可能打听到他知道哪些东西，或者他不知道哪些东西；因为如果他知道，他就没有必要去打听，如果不知道，他就不可能去打听；因为他不知道有关他要打听的每一种主观意识。（1965，第16页）[1]

> **认识论**
>
> 探讨人类认识的本质、结构，认识与客观实在的关系，认识的前提和基础，认识发生、发展的过程及其规律，认识的真理标准等问题的哲学学说。

从哲学角度审视，学习可以放在认识论的背景下讨论，内容主要包括认识的起源、实质等问题。在哲学的发展过程中，对学习理论有所贡献的哲学观主要体现为唯理论、经验论和建构主义哲学。

一、唯理论与学习

自西方进入近代以来，哲学领域出现了由本体论到认识论的转向。认识论不关注存在或

---

1 [美]戴尔·H·申克. 学习理论：教育的视角[M]. 韦小满，等译. 南京：江苏教育出版社，2003：15.

世界何以存在的问题，而开始寻求主体认识存在的基本路径，这其中就包括唯理论与经验论。我们不能否认早在希腊时代，柏拉图与亚里士多德已开始讨论认识论的早期形式，中世纪的唯名论与唯实论之争在一定程度上反映了唯理论与经验论的主要观点。唯理论与经验论存在着巨大差别。从知识来源看，唯理论认为，知识来自"天赋观念"，是人类头脑中固有的形式产生了种种知识。而经验论则认为，知识来自于人与客观事物的接触，根本不存在"天赋观念""彼岸世界"等说法。从认识知识的途径上看，唯理论强调演绎，而经验论重视归纳。从真理标准上看，唯理论认为真理需要通过观念检验、清楚自明。而经验论则认为，知识可以还原为经验，并且必须通过经验来证实。当前学习理论中的认知学派与行为主义存在着学习方式、学习目的等方面的差别，一定程度上来源于二者不同的哲学基础。

　　唯理论发端于柏拉图，发展于笛卡儿、莱布尼茨，由康德将其推向顶峰。柏拉图把经由感觉获得的知识与借助于推理获得的知识分开。他认为，物质的东西通过感觉才能展现在人们面前，人们必须通过推理或思考自己知道的东西，才能获得思想。真正的知识或思想是与生俱来的，通过思考进入意识中，学习不过是一种错觉，是对精神中所存在的东西的回忆，人们只有在回忆心灵中已有的知识时才需要学习。另外，唯理论承认理性认识的可靠性，认为知识的基础不是感觉，而是理性、神的启示或是直觉。精神通过感觉理解外部世界，并按照主观的、内在的规律改变它们。世界永远不能像它存在的那样被认识，而只能像被理解的那样被认识。

🔊 教育（学）家语录

　　计算和算法……也都是具有把我们引向真理的性质……看来，它们正是属于我们之所以追求的那些知识之中的一种知识。

——柏拉图

　　笛卡儿不仅改造了科学，革新了哲学，他还把陈旧的成规、机械的程序、纯粹的记忆的训练，从学校逐出；他求助于刺激智慧，苏醒明晰的观念，引起判断和思考的种种纯理的方法。

——孔佩雷

　　我们所有的知识都开始于感性，然后进入到知性，最后以理性告终。没有比理性更高的东西了。

——康德

　　唯理论对学习观产生巨大影响，唯理论强调通过发展个体的演绎思维能力，实现理性能力的增长。具体来说，从学习目的上看，唯理论注重培养人的理性，尤其是演绎式思维的形成。持唯理论哲学观的教育家大多重视理智学科的学习而忽视实用学科的学习。比如，柏拉图指出，日常零碎的现象不能成为客观不变的真理，因此，仅仅关注表面而忽视实质的教育观念是不可取的。唯理论者强调人的智慧可以帮助人掌握大部分的知识,并且人类认识的潜能是无限的。因此,他们强调掌握学科的内在结构,在掌握学科内在结构的基础上就具备掌握所有高深知识的前提。从学习方式上来看,唯理论主要强调演绎法,即从一个简单的概念推演出现象。自凯洛夫的《教育学》传入中国以来,这种贯穿演绎式思维的教学方式极为普遍。教师在上课时大多先给出一个概念或者公式,然后让学生做题。从学习评价上看,唯理论重视智育,认为掌握知识的多少是评价一个学生学习能力的关键指标。这一点在应试教育中表现得极为明显。

二、经验论与学习

经验论发端于亚里士多德。亚里士多德认为,认识由感觉开始,由个别事实上升到一般概念,知识是建立在由经验而获得的各种基本感觉基础上。没有经验,就没有知识。及至英国唯物主义者培根,经验主义被明确提出并开始作为认识论的支流与唯理论相对立。培根认为,知识就是力量,抨击经院哲学死记硬背,提出归纳法。可见,经验论重视在经验中学习,强调现实经验为知识提供素材与认识途径。洛克认为,不存在什么与生俱来的观念,人类的所有知识都来源于两种经验:即外部世界的感觉印象和个人的意识。人刚出生时就像一块擦得很干净的白板,观念是由感觉印象及对它们的思考得到的。洛克说:"我们可以假定人心如白纸,没有一切标记,没有一切观念,那么它如何会又有了那些观念呢?人的匆促而无限的想象既然能在人心上刻画出几乎无限的花样来,则人心究竟如何能得到那么多的材料呢?他在理性和知识方面所有的一切材料,都是从哪里来的呢?我可以一句话答复说,他们都是从'经验'来的,我们的一切知识都是建立在经验上的,而且最后是导源于经验的。"[1]感觉中不存在的东西,在心里也不会存在。总之,经验论的主要观点包括:第一,人认识事物的起点不是观念,而是感觉。"凡悟性所有者,无不从经验来。"[2]第二,从认识过程看,人的认识过程是被动的,而非主动的。第三,经验论否定普遍存在的外在真理,任何真理都是归纳产生的,并不存在放之四海而皆准的法则。

经验主义在教育领域的集大成者是约翰·杜威。杜威提出了做中学的学习方式。杜威认为,"探索、操作工具和材料、建造、表现欢乐情绪等先天的倾向,具有基本的价值。如果这些本能所激起的种种练习是正规的学校课程的一部分,学生便能专心致志地学习,校内生活和校外生活之间的人为的隔阂因之减少,能供给各种动机,使学生注意有显著教育作用的各种材料和过程,并使学生通力合作,了解知识材料的社会背景。总之,学校之所以采取

---

1 [英]洛克. 人类理解论[M]. 北京:商务印书馆,1959:74.
2 黄济. 教育哲学[M]. 北京:北京师范大学出版社,1985:132.

游戏和主动地作业，并在课程中占据明确的位置，是理智方面和社会方面的原因，并非临时的权宜之计和片刻的愉快惬意。没有一些游戏和工作，就不可能有正常的有效的学习；所谓有效学习，就是知识的获得是从事有目的的活动的结果，而不是应付学校功课的结果。讲得更具体些，游戏和工作完全和认识的第一阶段特征相应。"[1]杜威认为，任何学习都是经验的过程。因此，他非常重视教育与生活的联系，重视儿童的兴趣、经验和需要。杜威将学习看作是一个动态发展的过程，重视对学习过程的关注，他反对只注重学习结果，被动接受知识的学习方式。同时，他还注重通过活动进行学习。杜威认为，有意义的知识或经验，不是从现成的知识中学到的，而是通过学生主动、积极地参与活动而获得的，他特别重视儿童亲身实践活动和主动发展。

📢 教育（学）家语录

从经验中学习，就是在我们对事物有所作为和我们所享的快乐或所受的痛苦这一结果之间，建立前前后后的联结。在这种情况下，行动就变成尝试；变成一次寻找世界真相的实验；而承受的结果就变成教训——发现事物之间的联结。

——杜威

想象力不是要运用事实上不可能的教材，而是在一种通行观念的影响下处理任何教材的建设式的方式。重要之点是不要停留于令人厌烦地重复熟悉的东西，不要以实物教学课为借口使感官针对它们已经熟知的材料，而应当通过利用它去扩大和理解以前所不清楚的和新异的情况，从而使平常的、常识性的、家常便饭的东西变得生动活泼，闪闪发光。

——杜威

经验论为解放儿童天性做出巨大贡献，杜威的做中学更是当代教育改革的核心内容。从学习观上看，经验主义所倡导的学习目的是学生通过动手、经验的获得与外界接触，培养学生的归纳总结能力。儿童学习是自己获取知识的过程，而不是被灌输的过程。在学习方式方面，经验主义者重视教育的作用，以提高学习效能为目标，倡导学生自行归纳总结。教师在教学过程中往往起到辅助的作用，而最终的结论还需要学生自己去活动。总之，经验主义重视感知觉的培养，倡导教具的使用与直观教学，在一定程度上促进儿童感官的和谐发展。经验主义者否认理性、诉诸经验，促进了自由主义和个人主义的发展。但经验论过分强调学习环境，忽视学生形成理性思维，这样使直观教学停留在感觉论的基础之上，而不是当作理性认识的手段。[2]

1　[美]约翰·杜威. 民主主义与教育[M]. 王承绪，译. 北京：人民教育出版社，1990：207～208.
2　黄济. 教育哲学[M]. 北京：北京师范大学出版社，1985：133.

三、建构主义与学习

20世纪80年代后期，建构主义迅速成为影响巨大的教育流派，它并不是一个单一的流派，而是拥有众多的分支流派，它提供了关于学习的新观点，对教学观、评价观等产生了广泛的影响。建构主义不仅仅是一种哲学认识论，也是一种教育心理学，因此，对教育实践产生了广泛的影响。

建构主义最直接的理论来源是心理学上的建构主义。皮亚杰是建构主义的代表人物。他的建构主义理论被称为"发生认识论"，即把哲学认识论转为科学认识论。他认为学习是个体自我建构、个体思维的发生过程，就是儿童在不断成熟的基础上，在主客体相互作用的过程中获得个体经验与社会经验，从而使图式不断地协调、建构（平衡）的过程。按照皮亚杰的理论，建构（平衡）是指认识结构与环境之间生成一种最佳均衡状态。因此，建构（平衡）是认知发展的核心因素，它和认知发展的其他三个因素（生物性成熟、有关物理环境的经验和有关社会环境的经验）协同作用，使内部心理结构与外部环境相互统一。建构主义的另一个代表人物是维果茨基。他认为，学习是一种社会建构，强调认知过程中学习者所处社会文化历史背景的作用，重视活动和社会交往在人的高级心理机能发展中的地位。维果茨基在20世纪30年代提出"文化历史发展理论"，主张人的高级心理机能是社会历史的产物，受社会规律的制约，强调人类社会文化对人的心理发展的重要作用，以及社会交互作用对认知发展的重要性。他认为，人的高级心理机能是在社会的交互作用中发展起来的，或者说人的高级心理活动起源于社会的交互。高级心理机能的实质是以心理工具为中介，受到社会历史发展规律的制约。"无论是在社会历史发展过程中，还是在个体发展过程中，心理活动的发展应被理解为对心理机能的直接形式，即'自然'形式的改造和运用各种符号系统对心理机能的间接形式，即'文化'形式的掌握。"[1]维果茨基认为，人所特有的心理机能不是从内部自发产生的，它们只能产生于人们的协同活动和人与人的交往之中，社会建构主义的核心在于对认识活动的社会性质的明确肯定，认为社会环境、社会共同体对于主体的认识活动有重要作用，个体的认识活动是在一定的社会环境中得以实现的。

因此，建构主义的学习不是习得现成的知识和技能，而是意味着学习者以事物与人物为媒介，通过活动建构意义与关系的学习。在建构主义看来，学习的对象——客观世界，并不赋有现成的意义，而是学习者借助语言给予命名才建构了意义。知识的意义并不存在于教科书中，而是通过学习者的工具性思维以及同他者的沟通才得以建构的。[2]

---

1 余震球，选译. 维果茨基教育论著选[M]. 北京：人民教育出版社，2005：2.
2 Philips, D. C. , The Good, the Bad, and Ugly: The Many Faces of Constructivism, Educational Researcher, 24(7), 1995, pp. 5–12. 转引自：[日]佐藤学. 学习的快乐——走向对话. 北京：教育科学出版社，2004：55.

　　建构主义强调学习的主动性、社会性和情境性方面的特征，认为学习使学习者以已有经验为基础，通过与外界的互动来建构对世界的新理解，学习的过程不是把外界的知识搬到记忆中的过程。建构主义认为，知识不是通过教师传授得到的，而是学习者在一定的情境即社会文化背景下，借助其他人（包括教师和学习伙伴）的帮助，利用必要的学习资料，通过意义建构的方式而获得的。也就是说，知识无法传递，学习知识就不是人纯粹主观努力的结果，也不是客观传递的结果。因此，建构主义特别强调学习者的主动性。

第三节
学习方式及其变革

🎯 **学习目标**

理解学习方式的概念与特征，掌握几种重要的学习方式，了解信息技术背景下学习方式的变化。

　　当今时代，学习已经成为人的基本生存方式之一。学习方式的变革成为教育改革与发展的重要纽带。因此，在这一节中，我们将集中探讨新时期学习方式的变革路径与价值走向。

一、什么是学习方式

　　学习方式是一个内涵十分丰富的概念，它有着多方面的规定，是学习者在学习过程中经常表现出的相对稳定的认知与行为的方法、策略以及倾向的综合。它不仅包括学习的操作形式，如感知偏向、思维方式、学习方法与学习策略，而且也包括学习的基本品质和学习习惯、学习态度、学习情感等。[1]一般而言，学习方式具有如下特征。

> **学习方式**
>
> 学习方式是一个内涵十分丰富的概念，它有着多方面的规定，是学习者在学习过程中经常表现出的相对稳定的认知与行为的方法、策略以及倾向的综合。

1　潘洪建. 有效学习与教学[M]. 北京：北京师范大学出版社，2013：5.

（一）综合性

学习方式是一个整体性、综合性的方法系统。尽管伴随着时代的发展，学习方式展现出不同的倾向性，但对于学习者而言，在使用学习方式的过程中，必将综合运用自身掌握的各种学习方式，使学习方式在作用于学习的过程中，呈现出整体性和综合性。学习者之间的差异在于他们所拥有的学习方式的数量和综合程度上的差异。在学习过程中，学习方式本身不仅包括认知因素，还包括一定的情感、态度因素。因此，学习方式的综合性是学习者价值判断和价值选择的结果，与学习者的个人倾向密不可分。当学习者将所选择的多种学习方式综合运用在学习过程中时，知识的掌握和意义的建构才能获得最佳效果。

（二）个体性

学习方式是学生独特的学习生活方式，是学生学习生活的重要组成部分。每个学生都有自己的内心世界、精神世界和感受，学生的学习方式本质上都有独特的个性差异。在许多学生的学习生活轨迹中，独特的学习方式成为区别自己与他人的特有形式。成人可以通过工作方式获取生存资源和社会地位，而学生主要通过自己独有的学习方式完成学习中的自我实现。在现实学习生活中，学习方式因人而异、各不相同，具有鲜明的个体性。因为学生个体的认知基础、情感准备、学习能力、价值倾向存在差异，所以，学生所运用的学习方法、学习策略、学习的进度与效果就会有所差异。学习方式的个体性，也体现了学生个体的差异性。

（三）相对性

学习方式本身没有优劣之分。每种学习方式都有其优势，也存在不足，都拥有一定的使用条件。同时，学习方式并不像智力和能力所表现出的高低、优劣差异。学习方式存在多种维度，当学生的学习内容介于某种区域时，就可以使用不同的学习方式来学习。如，有些学生倾向于采用演绎思维，有些学生趋向于使用归纳思维，但我们并不能说，演绎思维比归纳思维更好。在学习中，应该努力使各种学习方式相互补充、相互渗透。充分考虑学科特点、学生的差异性以及学习目标，根据学习情境实时调整，灵活运用，避免学习方式的绝对化。

（四）稳定性

学习方式表现出了学生一贯、稳定的认知倾向和行为倾向，体现了学习的稳定特征。学生的学习方式受个体生理素质的影响，具有一定的稳定性。同时，学习方式是个体在长期的学习过程中逐渐形成的习惯，一经形成就相对稳定。但应该说，学习方式也不是一成不变的。在一定条件下，学习方式可以改变，其目的是为了获取最好的学习效果。

二、几种重要的学习方式

（一）接受学习和发现学习

接受学习，指人类个体经验的获得，来源于学习活动中，主体对他人经验的接受，把别人发现的经验通过掌握、占有或吸收，转化成自己的经验。接受学习和发现学习是教育发展过程中争论较多、对比较多、受用人群较广泛的两种学习方式。接受学习区别于发现学习之处在于主体所得到的经验是来自经验传递系统中他人对此经验的传授，并非来自他自己的发现与创造。在接受学习中，要学习的全部内容是以现成的、或多或少是定论的形式呈现给学生，学习任务不依靠学生本身的独立发现。学生只需要将学习材料加以内化，以便这些材料在日后的某个时刻可以利用或重现。在接受学习的方式下，教师直接讲解，学生无需进行任何发现，只需要去接受，教师对知识加工后，将完整的知识内容传授给学生。

值得注意的是，接受学习并不等同于机械学习。机械学习是在不理解学习材料的情况下，无意义的死记硬背，但接受学习更加强调学习过程没有经过探索和发现，只是接受和掌握。接受学习可能是有意义的，从而成为有意义的接受学习，也可能是机械的，从而成为机械的接受学习。同时，必须将接受学习与被动学习相区别。被动学习是与主动学习相对的，是指学习者在缺乏学习动机、学习兴趣、学习需要、学习能力的前提下，不积极主动参与学习活动，没有学习主动性的勉强学习。在这里，接受学习可能是主动的，也可能是被动的，关键在于接受学习的过程是否伴随自我的发现与探究。

从学校产生开始，接受学习几乎一直占据着主导地位。可以说，它的历史与教学的历史一样悠久。但20世纪以来，接受学习逐渐受到美国心理学家布鲁纳所倡导的发现学习的挑战。

菠萝的学问

一位母亲从市场上买回一个菠萝，好奇的孩子被这个从未见过的东西吸引住了。这位母亲可能会有两种方式对待孩子的好奇：一种是告诉孩子"这是菠萝，它的外面很硬，有很尖的刺，你不要去摸它！它很重、可以滚动、可以吃、很香。"另一种方式是母亲告诉孩子"这是菠萝"，然后，就把菠萝放在孩子面前的地板上，自己先去把买回来的东西处理好。

好奇的孩子一定会对这个菠萝"采取行动"，比如，他可能伸手摸了一下，又赶紧把手缩回来，并且对着妈妈喊："妈妈，这个菠萝很刺手，我被他刺了一下。"妈妈回应："是的，孩子，菠萝会刺手，不要紧的。"于是，孩子又尝试抓起菠萝的叶子，想把它拎起来，可是菠萝很重，只好又把它放下，"妈妈，这个菠萝很重，我拎不动它。""是的，菠萝很重。"孩子可能又尝试着滚动菠萝，结果真的把它滚动了，高兴极了，"妈妈，我把菠萝滚动了。"妈妈也很高兴："你真能干！""妈妈，我闻到了一股香香的气味，菠萝是不是可以吃的？""对，孩子，菠萝是一种水果，是可以吃的。""怎么吃呀？""把皮削掉，切成一片一片的，再用盐水泡一泡，就可以吃了。"

第一种方式，孩子很快学会了，菠萝是多刺的、很重、可以滚动、可以吃、很香。这是妈妈直接告诉的结论，不是孩子自己发现的，如果将来妈妈又带回一件新奇的东西，孩子也可能会像这次那样等着妈妈告诉他关于这个东西的知识。第二种方式，孩子最终明白了菠萝是多刺的、会刺手、很重、能吃、很香、可以滚动。这一切都是孩子通过自己的尝试发现的，孩子不仅懂得了菠萝的特性，而且还学到了认识菠萝的方法——摸、拎、滚、闻、切、尝。下一次妈妈可能带来一只螃蟹，孩子当然又会尝试去摸，可是很快被螃蟹钳了一下，于是孩子知道了这个东西跟菠萝不一样，它会咬人，妈妈可以建议："你可以用筷子来动一动它，这样就不会被咬了。"孩子自己试着用筷子翻动螃蟹，又会发现螃蟹的许多有趣之处。再下次，妈妈可以买回玻璃制品，孩子可能又会用他用过的方法去摸、滚，结果可能玻璃制品碎了。经过自己对不同物品的试验，孩子明白了菠萝、螃蟹、玻璃制品是性质不一样的东西，要用不同的方法去认识它们。

学生学习也与上面认识物品一样，有被动学习与主动学习之分。在被动学习的背景下，课堂情景是教师怎么讲，学生就怎么做，答案尽量往教师所期望的标准答案上靠拢。在主动学习的背景下，学生则以自主、主动、探究学习为基本形式，充分发挥自己的能动性，通过自己的操作与探讨获取知识。

资料来源： 言育洪. 课堂焦点：新课程教学九辩[M]. 北京：首都师范大学出版社，2007：162~163.

发现学习，就是通过学习者的独立学习，独立思考，自行发现知识，以获取知识并发展探究性思维的一种学习方式。在实验室里，你可能"发现"一条化学家们早已熟知的原理，但由于事先没有老师告诉过你这个知识，你也没有从书本中学习过，那么，这个知识就是你自己的发现，对这个知识的记忆，要比你从别人那里获得知识深刻得多。发现学习的方式有很多，如调查、实验、查阅资料等。在这一过程中，教师不是将学习的内容直接提供给学生，而是给学生创造问题情境，引导学生主动对某一问题进行探究。发现学习的优势是："第一，发现法有利于提高学生的智慧潜能，培养学生的直觉思维；第二，发现法有利于培养学生的内在动机，使学生对知识和学习过程本身存在兴趣；第三，发现法有利于学会发现的技巧；第四，发现法有利于知识的记忆、保持和提取。"[1]

🔍 **案例分析**

一位教师是如何使用发现学习的？

张老师在教一个关于热量的自然科学单元时，问她四年级的学生："什么是热量?"通过

---

1 刘世瑞，胡蓉晖. 从人的发展角度对接受学习与发现学习的思考[J]. 教育研究，2004（1）：1~3.

这个问题，她想让学生根据自己的亲身经历给出答案，学生们正是这样做的。他们回忆说，热量来自太阳、火焰和暖气，还列举了其他来源。然而，一个男同学回答说，热量来自衣服，比如外套和毛衣。同学们都同意他的说法。张老师意识到，对于这些十岁左右的孩子来说，得出这样的结论似乎是意料之中的。毕竟，当他们穿上"暖和"的衣服，感觉更温暖了。但如何纠正这一错误观点呢？应该告诉学生真相吗？不，她觉得让学生自己去发现真相是更加恰当的做法。于是全班同学做了一个实验。他们把温度计包在外套和毛衣里面，满以为温度会上升。当温度没有发生任何变化时，他们又把衣服和温度计密封在塑料袋里。可温度计仍然没有显示任何热量的变化。

经历了无数次失败后，学生们愿意尝试另一个假设——衣服仅仅使穿衣人身上传出来的热量不会丧失。这些四年级的学生通过自己的探索了解了什么东西产生热量，什么东西保持热量。

研究该案例想一想：

1．张老师运用了本章的哪些理论？

2．你在教什么样的内容时，发现学习的方法极大地帮助了你的教学？

在对这两种学习方式的处理上，传统的教育理念倾向于运用接受学习的方式，而我国新课程改革一直大力倡导发现学习。事实上，两种学习方式的运用很难非此即彼。教师在具体教学实践中，即便努力给学生创设发现和探究的教育情境，也不可能让所有知识的学习都使用发现法。两种方法的运用一定是相互交叉、相互补充的。学生应根据教学内容选择恰当的学习方法，切勿跟随潮流，不伦不类，最终影响学习效果。

（二）个体学习与合作学习

个体学习是指个体在行为过程中和通过行为的结果获得新的技能和知识。个体学习的实现或者是通过直接的实践，或者是通过他人经验的提示，或者通过理论知识的学习。合作学习是以学习小组为单位的共同学习，通过教学主体之间的互动，促进学生的学习，同时因集体成就而获得嘉奖的学习方式。

在学习过程中，个体学习的学习者一般不与其他学生发生联系，个人能否达到目标与他人无关，学习者只注重自己的学习情况和自我发展，不参与同伴之间的交往，排斥在群体学习活动之外。但伴随着教育改革的不断深入和学习研究成果的科学化、系统化，学生的学习观也发生了根本性的变革。学习的主体是学生，但单一主体的学习对于学习质量的提高和学生综合能力的提升，所发挥的作用是有限的。因此，有必要将学习方式从个体层面的学习向群体学习拓展和延伸。

相对于个体学习而言，合作学习更注重利用团队学习的效应。21世纪初，我国第八次新课程改革在全国范围内实施后，合作学习被广泛地应用在学校教学之中。合作学习与个体学习的主要区别是，合作学习鼓励学习者为了小组的共同利益和个人利益而合作，即"我为人人，人人为我"。合作学习的特点是：① 组成混合能力小组，每个学习小组中，学习者的才能要平等分布，因此，每个成员将得到公平的学习机会。② 教师布置给合作学习小组的任务，通常是掌握知识和完成一定项目。③ 合作学习要求组内的每个成员，都有高度的责任感，要有个人责任感和对合作小组全体成员的责任感。要求成员间积极互助，相互信赖、支持和鼓励小组成员，通过同伴帮助、辅导、合作的方式，共同完成任务。④ 合作学习需要有一套独立的评价、奖励机制。个人不会因为自己的努力得到针对个人的分数或评价。这里的评价和奖励完全基于小组所取得的成就。⑤ 合作学习非常注重组内学习伙伴的人际关系和社交能力的培养。因为学生必须同时完成学科任务和小组活动，因此，合作学习的成员之间需要建立信任感，需要有效解决组内矛盾，建立良好的人际关系。

在当下的学校教育中，从个体学习向合作学习方式的转变已经屡见不鲜。教育者无不努力营造促进学生合作学习的教育氛围和环境。合作学习既有效地培养了学生的社会适应性，又较好地促进了学生主体性的发展。学生在合作学习中，既获得了积极参与、平等参与、民主沟通的机会，又有利于形成符合实际的自我评价、自我体验和主动的自我调控能力，获取知识的过程，变得生动而有趣。

表6-1 优秀的合作学习领导者和成功的合作学习的特点[1]

优秀的合作学习领导者	成功的合作学习
★相信让学生为了个人和共同利益进行合作的重要性 ★能够让有差异的学生共同合作 ★是称职的讲解者，有效使用独立学习的作业 ★尤其擅长组织和协调学生的合作 ★是有效的诊断师和治疗师，即能够辨认和帮助遇到困难的学生和小组	在准备阶段： ★为讲解做准备 ★为小组作业做准备 ★通过教给学生有效的人际交流技巧，让学生为将来更好地参与合作学习做准备 在实践阶段： ★准确讲解 ★设置小组的目标 ★让学生做好和组员合作的准备 ★将任务布置给各小组 ★对学生进行测试 ★奖励取得进步的小组 在结束阶段： ★提醒学生已学到哪些知识 ★将新知识和以往的知识或将要学到的知识联系起来 ★制造运用所学知识的机会

1 [美]唐纳德·R·克里克山克，德博拉·贝纳·詹金斯，金·K·梅特卡夫. 教师指南[M]. 祝平，译. 南京：江苏教育出版社，2007：94~95.

三、信息技术背景下学习方式的变化

随着知识经济的到来，我们的学习模式受到了前所未有的冲击，各种新的学习模式如潮水般涌现。在所有学习模式中，最具冲击力的便是随着网络技术发展而出现的在线学习。在线学习，是通过计算机互联网，或者手机无线网络，在一个网络虚拟学习平台或者学习社区进行网络授课和学习的方式，是一种基于技术的学习。目前，在线学习大多借助网络学习平台，通过利用学习平台中的学习资源库，完成学习者需要完成的学习目标。例如，学生可以在网络学习社区中在线学习与自己学习同步的课程体系，然后同步作答，作答完成后由系统智能为学习者呈现正确的解题过程，进而提高学习者的学习效率和成绩。

在线学习

所谓E-Learning，即在线学习。是指在由通信技术、微电脑技术、计算机技术、人工智能、网络技术和多媒体技术等所构成的电子环境中进行的学习，是基于技术的学习。企业的E-Learning是通过深入到企业内部的互联网络为企业员工提供个性化、没有时间与地域限制的持续教育培训方式，其教学内容是已经规划的、关系到企业未来的、关系到员工当前工作业绩及未来职业发展目标的革新性教程。

E-Learning概念一般包含三个主要部分：以多种媒体格式表现的内容；学习过程的管理环境；由学习者、内容开发者和专家组成的网络化社区。在当今快节奏的文化氛围中，各种机构都能够利用E-Learning让工作团队把这些变化转变为竞争优势。企业通过实施E-Learning具有的优势包括：灵活、便捷，员工可以在任何时间、任何地点进行；通过消除空间障碍，切实降低成本；提高了学习者之间的协作和交互能力。

伴随着世界互联网的发展，教育领域在十年前就开始推广远程教育，通过网络虚拟学习社区实现远程授课、电子资源共享，从而让教师与学生在网络的全新学习环境中形成一种授课与学习的互动。可以说，当今时代教育现代化的实现，主要在于教育信息化的发展。3G网络时代使学习者的学习变得更加便捷，只要学习者拥有大流量的手机，就可以通过网络学习平台，实现在线学习。与其他学习方式相比，在线学习具有许多不可比拟的优势。它使学习者更容易实现一对一的教与学之间的交流；它可以充分尊重学生的学习兴趣和学习动机，根据学生个体的学习需要，完成学习过程，提高学习效率；它可以不受时间、地点、空间的限制，学习者可以移动学习、做到每时每刻想学就学；它可以通过技术手段，实现学习者在网络环境下的亲自参与与联系，使学习者更好地把握学习内容，并且有效控制学习的节奏。2012年在全球范围内兴起的在线课程新模式"MOOC"（慕课），就是利用开放的网络资源学习平台，对传统课程体系展开的翻天覆地的革新。

但是我们也看到，在线学习与传统学习相比，也存在局限性。在线学习缺乏人性化的沟通，网络上的课程学习方式不能给学习者带来情感上的交流与沟通，无法使学习者亲身感受到教师的示范性而修身养性。因此，应该说，传统学习模式和在线学习模式，在当今时代需要共存，它们相互之间都不可取代。

在家上学

2012年的冬天，以色列女摄影师 Rachel Papo抓着摄影机走进了美国卡茨基尔山区小镇的几个家庭，她将要完成一个私人拍摄项目，主题有点非主流——在家上学的孩子。

"在家上学"是美国19世纪末开始萌芽的一种独特的教育方式，并于 20 世纪 50 年代蓬勃发展。当时一些中产阶级家庭认识到学校教育的程序化、机械化弊端，同时出于宗教和安全等方面的考虑，不愿再将孩子送入学校，从而选择了自己在家教育孩子的方式。随着中产阶级不断壮大，这种理念逐渐被生活在其他地区的家长所接受。

在当地一家咖啡馆里，Rachel 经人介绍又认识了几对正让孩子"在家上学"的父母。这些家庭和传统家庭有何不同？下面就让我们借Rachel的镜头，走近那群孩子的生活。

Morgan 房间的墙壁上有一张彩色日程表，上面画满童趣的蜡笔画：上午的时间，Morgan学习基本的学科知识，周一是单词课和森林探索，周二是音乐和图书馆阅读，周三是诗歌和自由玩耍，周四是音乐盒玩耍，周五则是音乐和手工。每天下午，Morgan 享受"午时冒险"，除了运用智力外，还都需要点体力，比如周一是烘焙，周二是足球，周三、周四是缝纫，周五则是自行车。Iris 和弟弟 Roan 跟着爸妈生活在一个家庭农场里。平日，父母教授孩子数学、阅读和词汇，日常学习的内容还包括劈柴生火、准备餐食、喂养农场的动物等。"在家上学的孩子比同龄人更成熟。"Rachel说，"我不清楚这种方式是否会对他们的将来具有积极影响，但在我眼中，他们自由、快乐、充满创造性，偶尔也会感到生活有点无聊。"她用"拒绝美国教育系统，决定在家中自己教育孩子"来概括这些家庭的不同："美国的教育系统一直饱受家长们的批评和担忧，尤其在这个变化节奏越来越快，世界通过互联网联通的时代，自己在家中教育小孩开始成为一种看似诱人的选择，认同并实践这一方式的家庭数量也迅速增加起来。"

资料来源: http://forum.home.news.cn/detail/131058516/1.html.

本章小结

1. 甲骨文中的"学"意思是练算习字的房屋，指教孩子们算数、习字的校舍。金文的"学"引申为"觉悟、省悟"，学习知识的意思。甲骨文中的"习"意思是"幼鸟在鸟窝内震动翅膀"，引申为体验生活实践。

2. 从广义角度看，人与环境的所有互动都可以被看成是人的学习活动。狭义的学习是学习者和教师、教学内容、教学环境、同学之间的相互交往，在交往中进行的自主的、合作的活动。

3. 中国古代的学习目的可以概括为"尊德性"与"道问学"，西方古代的学习目的可以概括为成为自由人。

4. 制度化的学习方式在一定程度上导致了学习的异化，表现为厌学、逃学和过度学习。

5. 我们已经进入到终身学习和学习型社会的时代。唯理论、经验论和建构主义对学习有不同的看法。唯理论强调通过发展个体的演绎思维能力，实现理性能力的增长；经验主义所倡导的学习目的是学生通过动手、经验的获得与外界接触，培养学生的归纳总结能力；建构主义的学习不是习得现成的知识和技能，而是意味着学习者以事物与人物为媒介，通过活动建构意义与关系的学习。

6. 接受学习和发现学习、个体学习和合作学习是当前典型的学习方式。

7. 信息技术的发展出现了在线学习的方式。

总结 >

Aa 关键术语

学习 Learning	终身学习 Life-Long Learning	学习型社会 Learning Society
唯理论 Rationalism	经验论 Empiricism	建构主义学习论 The Constructivism Learning Theory
发现学习 Discovery Learning	合作学习 Cooperative Learning	个体学习 Individual Learning

章节链接

在这一章，你读到……	在其他章节中，你将发现相关的讨论……
关于信息技术背景下学习方式的变化	在第七章 "教学"中有翻转课程的相关论述

教学一线纪事 ||||||||||||||||||||||||||||||||||||||||||||||||||||||||||||||||||||||||||||||||||||||||

自主探究学习方式中对探究主体的审视

案例：学习圆柱体体积公式（人教版第十二册）时，我拿出等底等高的圆柱和圆锥教具，让学生把准备好的水装满圆锥体容器，分次倒进圆柱体容器。通过操作，学生发现倒三次正好把圆柱体容器倒满；再拿出等底不等高的圆柱和圆锥教具，按上面所说的过程再次操作，有部分学生发现三次没有把圆柱体容器倒满，也有的发现水溢出了；再拿出等高不等底的圆柱和圆锥教具，按上面所说的过程再次操作，有部分学生发现三次没有把圆柱体容器倒满，也有的发现水溢出了。于是得出探究结论：等底等高的圆柱和圆锥，圆锥的体积是圆柱体积的1/3。

现象分析：通过上述教学过程，我们不禁要问：这究竟是学生的演示还是探究？自主探究到底是为了学生，还是因为教师的需要？就像案例所示，很多时候所谓学生的自主探究是在教师的指导下，学生进行着"流水线"式的操作，在形式的探究上进行着"漂亮"的接受。众所周知，自主探究应以学生为主体，学生所处的生活层次不同，他们对数学感受也不尽相同，在引导学生自主探究时，我们也应提出不同的要求。

1. 设置层次梯度

学生的自主学习首先需要有动机激励，应在学生"想学"的基础上，进而"会学"并"坚持学"。因此，自主探究性学习作为一种崭新的学习方式，在小学数学课堂教学中的实践，首先要注意它的层次性。低年级学生只要在特定的情境中能初步认识对象的特征，获得一些经验即可。而高年级学生，可以逐步让他们独立或分组加以探究，并总结简单的规律，甚至可以让他们根据问题自己设计探究的情境，提出假设或猜想，通过观察、实验、推理等发现对象的共同特征，或与其他对象的区别与联系。

2. 选择探究方式

学生的差异性决定了他们探究目标的层次性，同样，探究的方式也应具有针对性。低年级学生由于生活经验丰富却又无序，数学基础知识又相对较少，在实际操作中应以指导性探究为主，高年级学生则应以开放性探究为主。

引自：刘伟. 小学数学自主探究学习方式的案例分析与反思[J]. 新课程，2011（2）.

应用 >

批判性思考

1. 有人说，终身教育、学习型社会里，人们都不得不不断地学习才能应对各种挑战，这带给人的是生命不能承担之重，会增加人的生存的焦虑感，你如何看待这个问题？

2. 曾经出现这样两个场景，在医院里，一个小朋友的妈妈问生病的孩子，是打针还是上幼儿园，如果打针就不用上幼儿园，如果不打针就得上幼儿园，孩子恐惧地伸出了小手。还有一小学生的家长，对孩子吼道，如果不去上学就揍揍，到底是揍揍还是上学，自己选择。对于儿童的"厌学"现象，你有什么看法呢？

体验练习

1. 在终身教育时代和学习型社会中，学习的终极意义是什么？
2. 结合自己的亲身经历谈谈对发现学习和接受学习的看法。
3. 结合自己的亲身经历谈谈对厌学问题的看法。

案例研究

阅读以下案例材料，分析如下问题。

适当搞搞"高效"学习日

魏书生

我自己经常有这样的体会，某一天抓得紧，一件接一件地做实事，顾不上惆怅，没时间犹豫，来不及拖拉，就这么不停地在做中享受实干的幸福与自豪。今天星期六，早起便抓紧，到下午6：30，已写完了8200字的书稿，7：00看了新闻联播之后，又轻松地完成了1800字。可春节期间，因离交稿时间远，便原谅自己，一天平均还写不完2000字。可见"高效"和"低效"相差甚远！

为提高自己的写作效率，20多年来，我经常给自己规定高效日。

为提高学生的学习效率，我也经常在班级规定高效日。

设立高效日，一般先引导学生在前一天定出高效计划，各学科书面练习共完成多少页，复习和预习的任务量也落实到具体页数，执行起来，可操作性强。

高效日这一天，教室内一般规定为无声日，即课间也不说话，需要说话时，到走廊、到操场，这样可以给人一种节奏紧张的感觉。

设立高效日还要为自己创设更多的外部和内部条件。

外部条件：如重大考试即将来临，父母施加了压力，老师下达了非完成不可的学习任务，同学们你追我赶的学习气氛……

内部条件：想到要实践自己的诺言、计划，要超越自己的竞争对手，要争取有远大的前途，要考取名牌大学，要成为杰出的人物，要对得起父母，要报答父母的养育之恩，要为祖国、为社会尽责任，要为创造理想的社会而奋斗……

实践证明，对规定的"高效日"，同学们表现出极大的热情。几个平时贪玩、爱说闲话的学生也把时间抓得特别紧，连下课时都顾不上说一句话。有的说："我写出了一身汗。"有的说："我的几支钢笔都写得没墨水了。"还有的说："以后咱们天天这样高效率吧！然而，高效日不能搞得太多，多了，违反规律，造成不良后果。"

1．为什么"高效"学习日里，学生的学习效率很高？

2．为什么魏书生老师说，"高效日不能搞得太多，多了，违反规律，造成不良后果。"会造成哪些不良后果呢？

拓展 >

☕ 补充读物

1　联合国教科文组织．学会生存——教育世界的今天和明天[M]．北京：教育科学出版社，2008.

　　《学会生存——教育世界的今天和明天》是曾在联合国教科文组织供职的法国教育思想家埃德加·富尔于1972年向教科文组织总干事长递交的一份研究报告。富尔虽然被认为是继朗格朗之后终身教育理论的又一代表，但由于其提出的学习化社会理论，并由于其倡导学习在人的一生中的重要意义，所以，又被尊为终身学习思潮的代表人物。富尔的《学会生存——教育世界的今天和明天》一书，把学习化社会的概念推向了世界，并推进了人们对终身学习的思考。

2　雅克·德洛尔．教育——财富蕴藏其中．北京：教育科学出版社，2009.

　　《教育——财富蕴藏其中》内容涵盖了未来教育改革和发展的主要方面，并从理论与实际相结合上提出了迎接挑战的对策建议。其内容之丰富、新颖、深刻，堪称是里程碑性的教育文献，实属每一个教育工作者和关心教育事业的人们所不可不读的经典之作。

3　[法]保罗·朗格朗．周南照，陈树清，译．终身教育导论[M]．北京：中国对外翻译出版社，1985.

　　《终身教育导论》系统阐述了终身教育思想。这是作者及时而深刻地捕捉了战后科技革命的新时代对教育的挑战的结果，而且是长期在成人教育实践中进行探索的结果。作者独创性地发现了成人教育与终身教育的关系，终身教育与教育平等的关系，终身教育与个人实现的关系，终身教育与"生命周期"的关系；较全面地阐述了终身教育的概念、意义、原则、内容、方法、发展战略等，为后来终身教育实践与理论发展奠定了一定基础。但是，本书仍属于"探索""尝试"，因而在系统性、逻辑性、科学性等一些方面有待于进一步思索完善，此外，本书中提出的民主、平等、个人实现等一些观念也有待于加以分析。

4 [日]佐藤学. 钟启泉，译. 学习的快乐——走向对话[M]. 北京：教育科学出版社，2004年版.

本书是日本东京大学佐藤学教授的代表作三部曲之一。以"学习"为主题的专著，重点论述了"学习"作为一种对话性实践，不仅引导我们从独白的世界走向对话的世界，而且借助这种对话性的、合作性的实践，为人们提供了构筑起"学习共同体"的可能性，而基于"学习共同体"构想的学校改革作为一种"静悄悄的革命"，将会形成21世纪教育改革的一大潮流。本书作者融会东西方教育哲学的思想所着力重建的"学习"概念及其对于一系列传统教育观念的超越，无疑是一席丰盛的心灵盛宴，万千读者将会从中得到莫大的启迪和激励。

🖥 在线学习资源

网易公开课，http://c.open.163.com/coursera/home.htm#/courseraHome

本章概述

　　本章主要包括三部分内容。第一部分内容从对当前我国教育理论和实践领域流行的有效教学反思入手，指出有效教学并不一定是"好"的教学，并在此基础上提出了"好"的教学的几个标准；第二部分内容主要是对几种不同教学方式的反思和批判，包括启发式教学反思、为什么要向孩子学习以及"翻转课堂"反思；第三部分内容主要讨论的是教学中的自由、控制与民主问题。

结构图

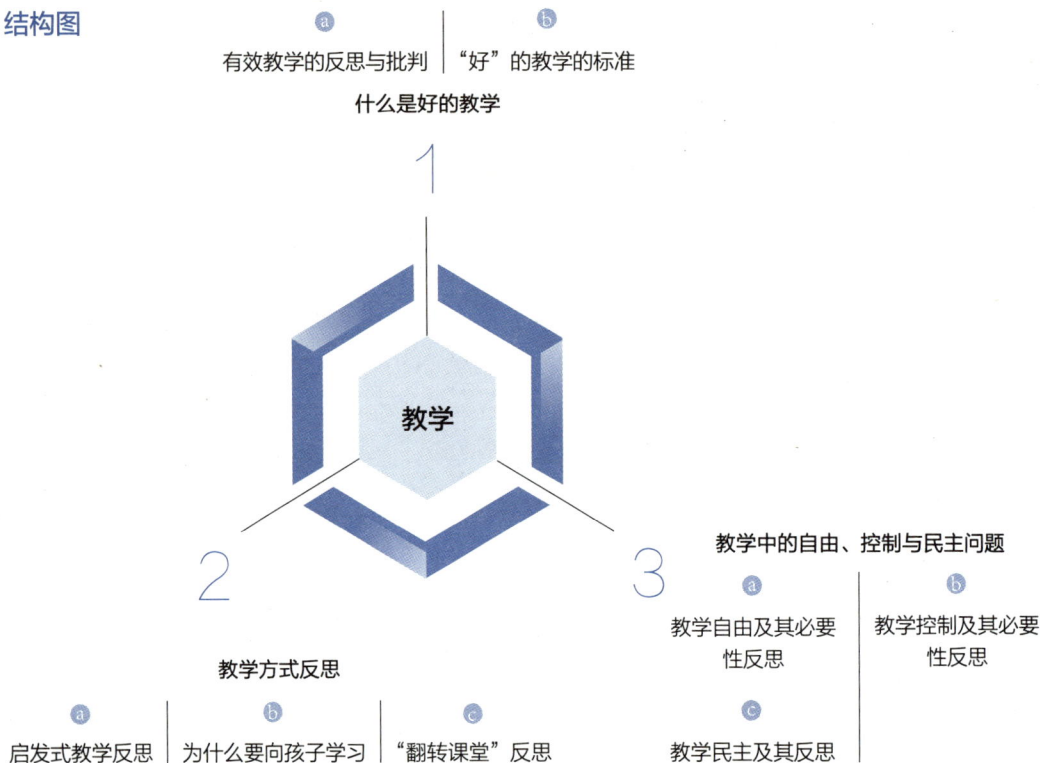

ⓐ 有效教学的反思与批判 | ⓑ "好"的教学的标准

什么是好的教学

1

教学

2

3 **教学中的自由、控制与民主问题**

ⓐ 教学自由及其必要性反思

ⓑ 教学控制及其必要性反思

教学方式反思

ⓐ 启发式教学反思 | ⓑ 为什么要向孩子学习 | ⓒ "翻转课堂"反思

ⓒ 教学民主及其反思

学习目标

学完本章，你应该做到：

1. 思考并提出你认为"好"的教学的标准。
2. 对自己日常教学工作中常用的教学方式进行反思和辩护。
3. 深入理解教学中自由、控制与民主的关系。

读前反思

　　教学，对于每一位教师而言，都是自己的基本功。教学的好坏不仅直接决定着学生的成长与发展，而且也是衡量和评价教师优劣的重要标准。作为一名即将从事教师职业的你，请在阅读本章之前，回忆一下自己以往的教学实习经验或经历，思考一下教学中有没有让自己困惑或疑虑的问题，这些问题有没有可能的解决办法。

1. 如何评价自己的教学？你认为好的教学的标准是什么？
2. 日常教学实习工作中，你常用的教学方式有哪些？这些教学方式的适用条件是什么？不同的教学方式能否应用于所有的教学情境？
3. 好教学的实现需要哪些外部保障条件？你是如何看待和处理教学中的自由、控制及民主问题的？

充满智慧的反思能够发现事物，而未经反思的行动是"缺乏智慧"的、没有机智的。因此，对过去的教育经历进行反思的体验，丰富了我未来的教育经历并使其更具思想性。

——[加]马克斯·范梅南. 教学机智——教育智慧的意蕴[M]. 李树英，译. 北京：教育科学出版社，2001：269.

教学是教师的核心工作。谈到教学，每个教师可能都会觉得这是自己最熟悉不过的事情了，自己每天从事的主要工作就是教学。但"熟知"就一定是"真知"吗？显然不是！所谓"日用而不知"描述的就是这种情形，反映的则是我们对熟悉的事物缺乏应有的反思和批判意识。既然"熟知"并非"真知"，只有经过反思和批判的"熟知"才可能成为"真知"，那我们就从对"熟知"的反思和批判开始我们的"求知"之旅吧。

第一节
什么是好的教学

🎯 **学习目标**

对"有效教学"进行反思并提出你认为"好"的教学的标准。

一、"有效教学"的反思与批判

（一）"有效教学"产生的背景反思

有效教学是近年来教学论理论研究的热点问题之一，也是基础教育领域的重要实践课题之一。有效教学最初兴起于20世纪上半叶的美国，其产生的主要推动因素有两个：一是美国进步教育运动之后，针对当时美国学生学习成绩普遍下降的状况，为提高教学质量而开展教学有效性研究；二是受当时教学科学化运动的影响，人们开始摒弃20世纪以前占主导地位的教学是艺术的观念影响，试图用科学的实验方法来研究和开展教学。由此我们可以发现，有效教学最初是指教学如何更好地提高传授知识的"有效性"，目的是大范围、大幅度地提高学生的学习成绩，因此，它重点关注的

> **有效教学（Effective Teaching）**
>
> 一种观点认为"有效的教学活动是教师遵循教学活动的客观规律，以尽可能少的时间、精力和物力投入，取得尽可能多的教学效果，从而实现特定的教学目标、满足社会和个人的教育价值需求而组织实施的活动。"另一种观点认为有效教学是指"通过教师在一定时间的教学之后，学生所获得的具体进步和发展。"

是教学方法或教学技术的科学化问题。[1]显然，有效教学研究最初就是工具技术取向的，一开始就带有很强的技术理性色彩，是工业社会追求效率、讲求量化的价值观念在教育领域中的折射和反映。在工具技术取向的指引下，教学活动变成了类似工厂生产或管理的活动，教学亦可以按照工厂生产或管理的模式分解为各个环节、各项流程，然后找寻最有效的方法来达到最高的效率。不难发现，当下对于教师大量的有效教学行为分析的背后，是当年美国人泰勒（Taylor，F.）对钢铁厂工人进行"时间—动作"研究的影子。"简言之，方法已经成为一切教学的意义载体——这是不言而喻的，它得到了彼得·拉莫斯（Ramus，P.）的点头赞同与微笑认可。他在四个世纪之前就开始了通过'方法化'来解释'如何教一门课程'这一当今仍摆在我们面前的问题。"[2]但正如后现代学者多尔所言，"无论是根据教学和方法的本质还是根据教育和教学的本质，我们都会提出质疑"[3]。不是说教学应该反对方法研究，问题在于研究的技术取向思维：找到一种足够"有效"的方法，以便让所有的教师模仿。当方法或技术不再是构成教学的某一方面或环节而成为教学的核心，成为我们思想的虔信，教学便走向了技术化。技术化衍生自"脱离时空与情境，追求'普世之效'"[4]的普遍主义母体，将可操作的技术或模式作为某种活动存在的根本依据，在机械化、程式化的过程中实现控制取向是其基本特征。可见，有效教学研究之初，即存在的方法论偏失和技术化倾向直接影响到了有效教学的理论和实践。

（二）"有效教学"的概念反思

关于有效教学的研究和实践轰轰烈烈，但到底什么是"有效教学"，学界尚未达成一致的认识。在国外，对有效教学的解释主要可以归结为三种基本取向：目标取向、技能取向和成就取向。[5]目标取向的有效教学认为判断有效教学的标准是看教学目标达到的程度。技能取向的有效教学认为教学是一项复杂的工作，有效教学是通过一系列可获得的、可改进的和可发展的教学技能来实现的。成就取向的有效教学则认为有效教学的目标在于全面提高学生的学业成绩。在国内，对有效教学的理解从理论层面上来看，主要偏重于目标取向，即关注

1　因有效教学早期关注的是如何提高知识传授的有效性，因此关注的是对教师"教"的研究，如教学效能、教学行为、教学技能、教学组织设计、教学策略等方面。在后期，有效教学的研究逐渐突破单纯对教师"教"的研究，开始突出对学生的有效学习及师生互动的综合性研究，特别是着重于对教师教学反思以及学生发展的研究。可以说，有效教学是一个动态的、发展的概念和过程。在我国，有效教学的兴起主要依托于新课程改革的大背景。新课程改革针对"应试教育"的痼疾，倡导课程知识的建构性、教学过程的生成性、师生关系的交往性、教学目标的统整性、教学评价的多元性等，指向学生发展的理念和实践变革，在这个意义上，我们说有效教学后期的发展与新课程改革理念具有内在的一致性。但实际上，有效教学的理念在进入我国教学研究和实践场域后，其对教学实践产生的广泛影响主要不在于其对学生发展的关注和促进，而是因其关注知识传授的有效性与"应试教育"的追求不谋而合所致。这样，有效教学在某种程度上备受基础教育领域的认可和欢迎。一方面，有效教学的引入可以在理念上满足新课程改革的需要；另一方面，有效教学的引入可以在实践中名正言顺的为学校的"应试教育"服务。

2 3 [美]小威廉姆·多尔. 超越方法：教学即审美与精神的探求[J]. 华东师范大学学报（教育科学版），2003（1）：34.

4　张华. 反思对话教学的技术主义倾向[J]. 教育发展研究，2011（20）：60~69.

5　陈晓端，等. 当代西方有效教学研究的系统考察与启示[J]. 比较教育研究，2005（8）：56~57.

教学目标的达成。从实践层面来看，主要偏重于成就取向，即主要关注通过有效教学，提高学生的学习成绩。这可以从有效教学的概念界定中得到说明。

一种观点认为："有效的教学活动是教师遵循教学活动的客观规律，以尽可能少的时间、精力和物力投入，取得尽可能多的教学效果，从而实现特定的教学目标、满足社会和个人的教育价值需求而组织实施的活动。"[1]

这是"有效教学"舶来之时的代表性解释，是典型的"经济学"效率观。在《现代汉语辞海》以及《现代汉语大词典》里，"有效"被释义为能实现预期的目标，有效果。学界对"有效"的理解主要是有效果、有效益、有效率。"有效"最基本的含义是有效果，"效果"是指某种功用或是某种力量的作用所产生的结果。"效率"和"效益"是经济学里的基本概念，学者们借用经济学里的概念来界定"有效"。"效率"指的是单位时间完成的工作量，"效益"就是效果和利益。按照这种理解，"教学效率"表示单位时间完成教学任务的多少，"教学效益"指教学活动不仅要达到预期的教学目标，而且这个效果使个人或社会受益。这一观点在教育实践领域很受欢迎，常常被教育领导部门或学校行政部门视为考核与评价教学的重要依据，所谓"堂堂清""周周清""月月清"之类的流行即为此表现。然而，这一观点却是需要我们深入反思和批判的。

因为教学不是"工业生产"，教学活动面对的不是无生命的冰冷的"物"，而是有生命的活生生的"人"。对"物"的操作和对"人"的培养是两个完全不同的领域，所谓"十年树木，百年树人"。教学或教育从某种角度讲，更多的是一种"慢的艺术"，是"慢工出细活"之事业，从根本上讲是"非效率"，有时甚至应当是"反效率"的。

🔊 教育（学）家语录

我们愈是不急求获得什么，往往愈能迅速而稳妥地得到什么。
　　——[法]卢梭. 爱弥儿[M]. 李平沤，译. 北京：商务印书馆，1978：81.

因为教学是教师与学生共同参与其中的生命实践活动，教学并不只是实现特定目标的手段，其自身就是目的本身。而凡是追求效率的活动，追求的是在"规定的"时间内一次性完成任务量。衡量效率高低与否的主要甚至是唯一的标准，就是从"外部角度"出发，看"外部规定好的目标"有无达成，达成多少。这种"效率本位"的教学观，实际上是对"人是目的而不是手段"最高尊严的挑战，是把学生作为"容器"，任意填塞外部规定的有一定量的要求的货物（知识）。这种基于技术崇拜导致的工具技术取向，把制度、计划、秩序、组织

1　刘立明. 国外有效教学研究述评[J]. 现代中小学教育，2002（12）：40.

形式等视为教学的法宝，而把"人类精神"，尤其是"人的自由"践踏到无以复加的程度。也许雅斯贝尔斯的话语能让我们警醒："在我们这个以群体秩序、技术和经济为主的时代里，当必然性被绝对化时，那么人类存在的精神就陷入危险的境地，精神的基础就将被毁灭。"[1]

退一步讲，假设教学活动可以用"效率"或"效益"来衡量，那么，教学更应考虑的是长期效益还是短期效益，或者说教学要达到的目标是长期目标还是短期目标，如果效率是判断教学的唯一依据，那么，教学的有效性就与教学评价的方式，尤其是教学量化的程度密切相关，而教学能够被量化到什么程度？教学可以被无限精确地细化和量化吗？

另一种观点认为，有效教学是指"通过教师在一定时间的教学之后，学生所获得的具体进步和发展"[2]。

这种观点是有效教学理念引入之后的发展性理解，"学生有无进步或发展是教学有没有效益的唯一指标。教学有没有效益，并不是指教师有没有教完内容或教得认真不认真，而是指学生有没有学到什么或学生学得好不好。"[3]与前一种观点相比，这种观点看似将关注的重点从"教"转到了"学"，考虑了教学活动中学生的发展，而不只是单位时间内的教学产出，在理论上更容易被人们接受，其实不然。如果作为衡量教学有效与否的唯一指标——学生的发展与进步是全方位的，不仅有学业水平，又有生活能力、精神和道德发展、交往能力等，那么这种观点是值得赞赏和提倡的。而实际上，现实版的学生发展与进步确实是具体的，这意味着学生的发展与进步要具有直观性和可测性才能说是具体的，学生的发展和进步在何种意义上是直观的和可测？最直接的检验手段莫过于考试，最有说服力的进步莫过于分数的提高，因此，这种界定在实践中就将有效教学指向学生学习成绩的提高。或者更确切地说，是指向与"中考""高考"直接相关的学科成绩的提高上。这也使得这种观点在实践领域被更多的人所支持，如基于学生学业成绩迅速提升的"导学案"之类的流行便是证明。

显然，现实版的这种基于学生学业成绩或升学率的"有效教学观"是存在问题的。早在20世纪上半叶，著名教育家小原国芳就针对当时日本国内单纯的智能施教，为了升学考试的教育，提出了著名的"全人教育思想"，他认为，教育的目的是培养人格，是育成多方面和谐发展的完美的人，而不是单纯的智能施教，更不是为了升学考试竞争……教育内容必须包含人类文化的全部，理想的人必须是全人，要具备文化的全部，即由六个方面组成：学问、道德、艺术、宗教、身体、生活……全人教育就在于培养智（真）、德（善）、美、圣、体（健）、劳（富）全面发展的人。[4]阿德勒曾说教育便是"改变一个人的心智和品格"，赫钦斯则认为受过完备教育的人会成为一个具有"理性、道德和精神力量"的人。因此，教学的目

---

1 [德]雅斯贝尔斯. 什么是教育[M]. 邹进, 译. 北京：三联书店, 1991：102.

2 3 崔允漷. 有效教学：理念与策略（上）[J]. 人民教育, 2001（6）：46.

4 [日]小原国芳. 小原国芳教育论著选[M]. 刘剑乔, 等译. 北京：人民教育出版社, 1993：4.

标应是要培养心智、心灵和精神，而不仅仅是学科知识的学习。

由此我们可以提出这样的问题，即使某种教学可以高效的完成教学目标或者可以快速地提高学生的学习成绩，这种教学就一定是"好"（"美善"）的教学吗？显然未必！"'美善'兼具'道德的'和'认识论'的两种力量。从'道德'的角度问'什么是美善的教学'这样的问题，就是问哪些教的行为为道德的原则所支持？哪些教的行为可以引发合乎道德原则的行为？从'认识论的'角度问'什么是美善的教学'这样的问题，则是问所教的东西是否在理性上站得住脚，而最终极的目标，则是要看对于学生获得的知识、信念或理解有无价值。"[1]所以，现有的教学"有效性"充其量诠释了教学认识的有效，学生获得的进步和发展也仅仅是认知层面的教学效果，教学本身所承载的道德承诺却被悬置。试问，如果灌输能使教师在单位时间内尽可能多地传授知识、使学生在单位时间内尽可能多地接受知识，那么，这种扼杀和限制学生反思意识和批判能力的行为是否就可以被允许呢？试问，如果仅仅为了追求效率或者分数而将教学简化为一种应用工具，忽视或漠视教学过程是师生双向互动的生命过程，将教师与学生退缩为统计意义上的以效率化为表征的行为符号时，教学的"善"性何在？试问，如果为了追求教学的效率或考试的分数，那些侵蚀教学公平、损害学生身心健康、冒犯学生尊严和人格的行为是否就可以堂而皇之的盛行？[2]

可见，教学必然追求"有效性"，但"有效"的教学却并不一定是"好"的教学。由此我们不禁要问，"好"的教学的标准到底是什么呢？

🔊 教育（学）家语录

当我们问自己，什么是好的教学?我们试图确证那些特别有效的教学方法或内容中的技巧与手段。然而我们发现的作为所有必要的技巧、方法与手段，只有在它们被人性化地运用到学生身上时才是有效的。即使所谓"好"的展现内容的手段或是高效的技巧也可能会对学生的求知欲以及学习中的尊严造成伤害。因此，我们深信，教学论知识必须是责任、专业意向以及伦理关怀结合在一起的。

——（美）奥瑟．引自刘万海．"有效教学"辨[J]，全球教育展望，2007（7）：21．

---

1 单文经．教学引论[M]．上海：上海科技教育出版社，2003：12～13．
2 有效教学是以效率优先的教学，在追求教学效率的过程中必然会对教学公平有所侵蚀。如教学效率的提高是以学业较好的学生为标准，而学业不良的学生在教学过程中则会受到不公平的对待，他们的参与机会会被轻视；他们的受关注机会被忽视；为了实现有效教学，学生的尊严、身心健康等都是可以被伤害的，如惩罚和变相惩罚的实行，题海战术的运用，"打吊瓶班"的现象，等等。

二、"好"的教学的标准

所谓"好"的教学的标准，实际上揭示的是所有的教学都应具备的一些基本要求。这意味着所有教学都需要从以下诸方面着手而不只是单独地重视某个或某些方面，忽视或漠视其他方面；也不是说教学在这些方面达到某种水平或程度，就是好的教学，而是说教学必须致力于在各方面都追求更高的水平和境界，且对各方面要求的达成是一个不断实现的过程，简单地说，对教学而言，只有更"好"，没有最"好"！

（一）教学意向的合理反思

教学意向是教学活动展开的前提和基础。教学意向是指"意在引起学生的学习行为以达到某种特定的发展目标"。教学意向可以从两个维度进行划分：一个是形式维度，一个是实质维度。教学的形式意向主要是指教学必须"引起或指导学生的学习行为"；教学的实质意向是指教学必须"达成一定的发展目标"，如知识、技能、态度、信念等。无论从事何种形式的教学，如果没有一个明确的教学意向，教学就不成其为教学。因此，从某种意义上来说，不存在无意向的教学。

但这里的问题在于，教学应该具有什么样的意向才是合理的？这是一个有关教学的根本问题。考察人类的教育发展史我们会发现，古今中外，关于教学的意向从来都是多种多样的。比如，就形式意向而言，有的倾向于使学生成为接受的知识"容器"，有的倾向于使学生成为主动的知识发现者，还有的介乎其中；就实质意向而言，有的倾向于实现对学生的控制和规训，有的倾向于使学生得到全面的发展，有的介乎其中。到底什么样的教学意向是合理的，这就需要我们为自己所持有的教学意向进行反思、质疑、辩护和理解。

📢 教育（学）家语录

教学的目的是什么？是积累有用（而所谓'有用'又是什么）的知识？是教学生去学习？是教学生去创新、了解以及生产任何有关领域内的新东西？是教学生怎样核查，怎样证实？或是只教他们重复背诵？等等。

　　——[瑞士]皮亚杰. 教育科学与儿童心理学[M]. 傅统先，译. 北京：文化教育出版社，1981：12.

教师能否自主地对自己所持有的教学意向进行反思、质疑、辩护和理解是判断教学"好""坏"的首要标准。这种教学意向反思的结果是重要的，它可以帮我们纠正教学可能偏离的航向，防止我们在教学开始之初就出现南辕北辙的错误。同时，这种教学意向反思的过程本身则是更重要的，这种反思意味着教师不再是教学活动中的"客体"或"工具"，教师不是特定教学意向的被动接受者——"教书匠"，而成为真正意义上的教师——作为"主体"的教师。

对教学意向的反思、质疑和辩护、理解是一个动态的过程，也是一个开放的过程，贯穿于教学过程始终。教师对教学意向的反思、辩护可以从以下几方面展开：① 自己所持的教学意向是什么？② 这种教学意向来源于何处？③ 为什么是这种而不是其他的？④有其他类型的教学意向吗？不同的教学意向间有什么区别？⑤ 自己所持的教学意向合理吗？如何判定？⑥ 自己所持的教学意向是如何在教学实践中体现出来的，效果令人满意吗？等等。

🔍 案例

黄江一中有两个风格迥异的老师，一个是黄老师，一个是文老师。

高三年级一共有8个班，一班和二班是重点班。黄老师与文老师分别担任一班和二班的班主任。开学了，第一节课是班会。黄老师面目慈祥地站在讲台上说："同学们，明年你们就要站起来，接受祖国的挑选了，希望大家努力学习，把握这来之不易的学习机会，以优异的成绩接受祖国和人民的挑选。当然了，如果高考失利，那也没有什么关系，条条大路通罗马，在平凡的岗位上，我们照样可以做出不平凡的事业。"二班的学生们找到自己的座位坐定，文老师突然指着最后一排和最前一排的两个学生说："余强、林可，请你们想象一下，如果余强骑着自行车，和开着'大奔'的林可在高速公路上相遇，那么，谁应该给谁让路？"余强和林可都直溜溜地站在那里，不知如何回答。"你们回答不出是吧，我来给你们答案。余强应该给林可让路，为什么呢？因为高速公路是为汽车修建的，你一个骑自行车的，没有资格在这条路上奔跑。这虽然是想象，但有一天可能就是事实，它可能发生在二班的每一个人身上！显然，骑自行车的是在高考中的失败者，开'大奔'的是高考中的胜利者！"文老师又说："大家或许注意到了，你们的座位都被我划定好了，请原谅我不给有些同学面子，我对座位排列的标准是，成绩好的坐前面，成绩差的坐在后面。当然，如果你想坐到前面，离这辆'大奔'近点，你就必须战胜一个个对手，让他们灰溜溜地坐到后排的自行车旁边。"

高考如期来临。二班以绝对优势战胜了一班，全班56人，55人达线，唯有余强一个人名落孙山，上全国重点大学的有32个人；而一班虽然也只有高潮一个人落榜，但达重点线的只有10个人。

一晃15年过去了，同学聚会的时候，二班的学生中有三个人没有来，一个是林可，身为副市长的他为了确保坐上市长的宝座，竟然买凶杀人，将另外一位副市长刺杀，现已被拘留审查；第二个是陆彩霞，她因为窃取另外一家公司的核心技术机密触犯了法律，进了监狱；最后一个是余强，这5年里，他左突右奔，还是没有出人头地，连个"大奔"的司机也没有混上，他焦虑、他愤恨，终于，他的精神崩溃了，住进了精神病院。一班有两个人没有来，一个是杨柳，年初，这位刚正不阿的大记者，因为曝光一个黑社会团伙，被人暗杀，以身殉职；第二个是高潮，去年，德国一家自行车制造公司看中这个技术精湛的修车匠，高薪聘请他去了德国，做高级技工，天高路远，他实在没有时间飞回来聚会。

聚会散后，黄老师说："文老师，不是所有的人都必须成为英雄，平和的生活和工作是大多数人的人生状态。我更想说的是，英雄不是建立在将对手踩在脚下的基础上——英雄不是打出来的。"文老师抬起头来，已是泪眼婆娑。

资料来源：余文森，等. 有效教学的案例与故事[M]. 福州：福建教育出版社，2011：18~19.（有删改）

（二）师生关系的良好互动

教学活动是一种师生共同参与的双边活动，这使得教学区别于单独的"教"或单独的"学"，强调教学不仅是一种特殊的认识活动，更是一种师生双边的交往活动。教学过程中师生之间的良好互动和交往保证了教学意向实现的可能。在一定意义上可以说，没有师生之间的交往或互动，就没有教学；而没有师生之间的良好互动或交往，就没有"好"的教学。因此，良好的师生关系既是教学得以可能的重要前提，又是衡量和检验教学"好""坏"的重要标准。

良好的师生关系是一种师生之间的双边互动关系，所谓双边互动即双方共同参与，互动共生的关系。需要强调的是，这里的双边互动不仅包含形式上的特征，还包括目的上的特征。双边互动在形式上是指教师和学生共同构成和参与教学，这种形式上的特征是几乎所有教学都能够满足的特征；但双边互动的目的性特征则是指这种互动不是教师与学生形式上的问答与对话，而是精神的交流、沟通和契合[1]。因此，良好的师生关系绝不是"人—物"的操作关系，也不是"我—他"的分离关系，而是"我—你"的融合关系。正如雅斯贝尔斯所言："训练是一种心灵隔离的活动，教育则是人与人精神相契合，文化得以传递的活动。而人与人的交往是双方（我与你）的对话和敞亮，这种我与你的关系是人类历史文化的核心。"[2]在"我—你"关系的对话与敞亮中，师生关系中"操作与训练"逐渐消弭，师生之间"分离与隔阂"渐趋弥合，教师成为"作为'学生'的教师"，以自己的精神召唤学生的精神，以自己的生命润泽学生的生命；学生成为"作为'教师'的学生"，以自己的发展推动教师的发展，展现生命的蓬勃动力和生机。

对于教师而言，仅仅认识到教学是一种师生之间的双边活动，或者认识到良好师生关系的建立是衡量教学好坏的标准还远远不够，教师还必须认识到师生双边互动与一般意义上的人与人之间互动的独特性。这种独特性主要体现在两个方面：从互动的形式方面而言，教师

1　现实的教学生活中，有不少教学形式上搞的轰轰烈烈，课堂热热闹闹，师生"互动性"强，但实质上这样的教学并未能真正实现教学的双边性，并未能从精神上引领学生的发展，只是教师或学生的"表演课"罢了。

2　[德]雅斯贝尔斯. 什么是教育[M]. 邹进，译. 北京：三联书店，1991：2.

与学生之间的关系虽然是平等的"我—你"关系，但教师要对师生之间的互动交往负主要责任；从互动的目的方面而言，虽然"我—你"互动交往是一个共同成长的过程，但教师要时刻牢记师生互动的终极目的——即教学意向的实现。因此，教师要全心致力于帮助学生克服学习态度上、认知方式上和行为习惯上的障碍，激发、激励、维持和更新学生的学习行为，而不能满足于实现一般意义上的交往。

🔊 教育（学）家语录

师生关系缭绕于校园的每个角落，伴随着每位教师的教学生涯。"每个学生内心深处都有他自己的一根弦，弹出自己的调子，因此要想让那颗心与心的话语相呼应，就得使我们自己能和上这根弦。"师生关系是这根弦上心与心的音符，吟咏出教育教学永恒、迷人的主旋律。师生关系是课堂成功的基本元素，"上课，这是教师和儿童的共同劳动，这种劳动的成功，首先是由师生关系确定的"。师生关系是一种精神的对话，"教育必须在对话中进行"。基于平等对话，达成师生精神世界的敞亮，完满人格的生成，人性智慧的显发，独特个性的塑造。

——[苏]苏霍姆林斯基. 引自余文森，等. 有效教学的案例与故事[M]. 福州：福建教育出版社，2011：193.

（三）教学伦理的实现保障

教学伦理是指不管是教学意向的确立还是师生双边互动的形式和内容，都必须符合特定文化体系中伦理规范的要求，采取一种在道德上能够接受的方式进行。这使得教学区别于"教唆"，强调教学不仅是一个知识传递的过程，更是一个价值引导的过程。在以往的教学研究中，人们往往关注教学的认识论特征，忽视教学的伦理性特征，但现在人们越来越多的开始关注教学的伦理性。在某种意义上可以说，教学伦理的保障和实现是衡量"好"的教学的核心标准。因为德国教育家赫尔巴特曾说，"我不承认有任何'无教育的教学'"，教学必然具有教育性。教学的教育性主要体现为教学对学生价值方向的引领，即引导学生"崇善""向善"。或者更简单地说，教学的教育性主要体现为教学的伦理性。

在教学的伦理性问题上，一直都存在一种悖论：不道德（"善"）的教学行为却能够产生善的结果。如经常有老师认为，教学过程中打骂学生是为了学生好。事实上，也确实有一些学生是在教师的打骂声中走上了正确的人生道路[1]。但是，这种不道德的行为到底符不符合教学伦理性的要求呢？这就需要我们从不同的伦理观去考察。功利主义的伦理观认为，一种

1　这种认识实际上影响着我们整个生活，如日常生活中我们所熟悉的"打是亲，骂是爱，不打不骂不成才""棍棒底下出孝子"等反映的都是人们对用不道德的手段达到好的结果的行为的认识。在某种程度上，这种认识和传统伦理文化影响有关，但在当下这样一个重视民主、自由、人权的时代和社会背景下，显然这些认识都是需要接受检验、反思和重新认识的。

行为之所以是善的行为，是因为这种行为带来的预期或实际结果是善的或有用的；康德的实践伦理观则认为，一种行为之所以是善的行为，并不是因为这种行为所可能带来的善的或有用的结果，而是因为这种行为本身包含的"善良意志"[1]。这种善良意志构成了人们行为的"绝对律令"，是一切善的根基和源泉。显然，从不同的伦理观出发我们会得出不同的结论。但教学伦理性的标准究竟何在？

我们认为，人们对伦理的认识是一个不断发展变化的过程，尽管在当下不同伦理认识之间的冲突和矛盾依然不断，但是伦理必须要与特定的社会和时代发展背景相适应，在当下这样一个重视民主、自由、人权的社会背景下，康德的实践伦理观更能满足社会的伦理需求，因为将人看作目的而不是手段，这是对人的基本尊重。因此，教学伦理性的标准不是看教学结果的优劣，而是体现在教学过程中的"善良意志"或"绝对律令"。根据这一标准，那些侮辱、体罚学生的行为是不道德的，而那些即使没有打骂学生，却在思想上将学生看作实现自己某种目的的教学等行为也是不道德的。

对于教师而言，要保障和实现教学的伦理性，就必须从教学意向的确立、师生关系的建立、教学过程的展开以及教学过程的评价等教学全过程中遵循相关伦理规范的要求，要保证所有的教学工作都必须围绕和体现"人是目的，而不是手段"的伦理准则。同时，对教学伦理性的实现而言，这是一个不断展开的过程，而不是一个一蹴而就的过程，教师要不断对自己的教学行为进行伦理反思和改进，如此，教学才可能成为"好"的教学。

🔍 案例

瓦拉赫刚读中学时，父母为他选择了一条文学之路。不料一个学期后，老师为他写的评语是"瓦拉赫很用功，但过分拘泥。这样的人即使有完善的品德，也不可能在文学上发挥出来。"此后，父母只好根据瓦拉赫自己的意见，让他改学油画。可是瓦拉赫既不善于构图，也不会润色，不久又得了个全班倒数第一的成绩。老师给的评语是："你是绘画艺术方面的不可造就之才。"

从此，瓦拉赫在学校绝大部分老师眼中是个不可造就的笨学生，只有化学老师发现了他的闪光点——做事一丝不苟，具备做好化学实验应有的素质，就建议他学化学。对瓦拉赫几乎绝望的父母只好接受了老师的建议。果然，得到老师重视的瓦拉赫变得格外用功。不久，他在同班学生中成绩遥遥领先，老师给的评语是"前程远大的高材生"。

瓦拉赫的成长经历告诉我们，教师除了要善于发现学生的"闪光点"之外，还要对孩子

---

1 所谓"善良意志""并不因为它所促成的事物而善，并不因它所期望的事物而善，也不因它善于达到预定的目的而善，而仅是由于意愿而善，它是自在的善。"

充满爱心和信任。化学老师正是发现了瓦拉赫"一丝不苟"的闪光点，给予充分的肯定和信任，让瓦拉赫获得了自信。同时，它还告诫老师千万不要过早地给学生下定论，特别是对学生前途的"失望性"结论。因为它只会给学生带来麻烦与遗憾。请记住，给学生下不良定论的老师是世界上最缺乏远见的、最愚蠢的老师。

资料来源：李廷宪. 教育伦理学的体系与案例[M]. 芜湖：安徽师范大学出版社，2010：141.

（四）教学创新的反思实践

教学的创新性是指教学不仅是一个传递知识的过程，更是一个对知识进行批判、反思和创新的过程。教学的创新性使"教学"区别于"教书"，强调教学不仅是一个传授或认识"确定性"知识的过程，更是一个发现、创造新知识的过程。教学的创新性是在教学意向达成、师生互动良好、教学伦理保障基础上实现的，在某种程度上说，教学的创新性不仅保证了教学活动本身的不断进步，而且促成了知识的创新、人的创新。创新是发展的灵魂，教学是否具有创新性是衡量教学"好""坏"的重要标准。

🔊 教育（学）家语录

教学的艺术不在于传授的本领，而在于善于激励、唤醒、鼓舞。

——[德]第斯多惠. 引自张焕庭，主编. 西方资产阶级教育论著选[M]. 北京：人民教育出版社，1979：367.

在教学问题上，我们熟悉的一种认识是"做经师易，做人师难"。"经师易"易在教学是一个复制过程，教师是知识的复制者，学生是知识的接受者。"人师难"难在教学是一个创新过程，教师和学生要成为知识的创新者。"教师的职责现在已经表现为越来越少的传递知识，而越来越多地激励思考；除了他的正式职能以外，他将越来越成为一位顾问，一位交换意见的参加者，一位帮助发现矛盾论点而不是拿出现成真理的人。他必须集中更多的时间和精力去从事那些有效果的和有创造性的活动：互相影响、讨论、激励、了解、鼓舞。"[1]教学如何成为一个创新的过程？简单地说，教学使人成为"人"——理性人的过程就是教学创新的过程。"理性人"是具有理性意识、理性能力、理性精神和理性观的人，其核心是具有理性精神的人。理性精神的实质是对理性的信仰，具有理性精神的人，就是用理性审视一切的人，不管是知识还是道德。具有理性精神的人，在认识上就绝不是知识的接受者，而是知识的批判者、反思者、创新者。教学要使人成为人，就是要成为像亚里士多德那样"吾爱吾

---

1 联合国教科文组织. 学会生存——教育世界的今天和明天[M]. 北京：教育科学出版社，1996：108.

师，吾更爱真理"的具有理性精神的人。

教学创新性的实现是一个复杂的过程，要实现教学的创新性，就是要培养学生的理性精神，要培养学生的理性精神，教师首先要成为具有理性的人。这意味着教师应该有健全的理性意识、基本的理性能力、强烈的理性精神和正确的理性观。有了这些，教师就不至于接受和应用那些经不起理性反思和辩护的权威观念，就不至于堵塞学生理性精神生长的道路，而成为学生发展理性精神的榜样。要实现教学的创新性，培养学生的理性精神，教师还需具备"理智上的诚实"和"理智上的宽容"。理智的诚实要求教师在教学过程中要允许学生对知识进行质疑和思考，不能以个人的权威压制学生的反思权利，从而为教学的创新提供可能的空间。理智的宽容要求教师要宽容教学中的异见或歧见，也要宽容教学中的错误，因为真理是一个不断追寻的过程，创新也是一个不断试错的过程，只有宽容，才能更好地实现教学创新，使教学成为"好"的教学。

🔍 案例

美国教师如何教《灰姑娘》

老师：你们喜欢故事里面的哪一个？不喜欢哪一个？为什么？

学生：喜欢辛黛瑞拉（灰姑娘），还有王子，不喜欢她的后妈和后妈带来的姐姐。辛黛瑞拉善良、可爱、漂亮。后妈和姐姐对辛黛瑞拉不好。

老师：如果在午夜12点的时候，辛黛瑞拉没有来得及跳上她的南瓜马车，你们想一想，可能会出现什么情况？

学生：辛黛瑞拉会变成原来脏脏的样子，穿着破旧的衣服。哎呀，那就惨啦。

老师：所以，你们一定要做一个守时的人，不然就可能给自己带来麻烦。

……

老师：下面，请你们想一想，如果辛黛瑞拉因为后妈不愿意她参加舞会就放弃了机会，她可能成为王子的新娘吗？

学生：不会！那样的话，她就不会到舞会上，不会被王子遇到，王子也不会认识和爱上她了。

老师：对极了！如果辛黛瑞拉不想参加舞会，就是她的后妈没有阻止，甚至支持她去，也是没有用的，是谁决定她要去参加王子的舞会？

学生：她自己。

老师：所以，孩子们，就是辛黛瑞拉没有妈妈爱她，她的后妈不爱她，这也不能够让她不爱自己。就是因为她爱自己，她才可能去寻找自己希望得到的东西。如果你们当中有人觉得没有人爱，或者像辛黛瑞拉一样有一个不爱她的后妈，你们要怎么样？

学生：要爱自己！

老师：对，没有一个人可以阻止你爱自己，如果你觉得别人不够爱你，你要加倍地爱自己；如果别人没有给你机会，你应该加倍地给自己机会；如果你们真的爱自己，就会为自己找到自己需要的东西，没有人可以阻止辛黛瑞拉参加王子的舞会，没有人可以阻止辛黛瑞拉当上王后，除了她自己。对不对？

学生：是的！！！

老师：最后一个问题，这个故事有什么不合理的地方？

学生：（过了好一会儿）午夜12点以后所有的东西都要变回原样，可是，辛黛瑞拉的水晶鞋没有变回去。

老师：天哪，你们太棒了！你们看，就是伟大的作家也有出错的时候，所以，出错不是什么可怕的事情。我担保，如果你们当中谁将来要当作家，一定比这个作家更棒！你们相信吗？（孩子们欢呼雀跃）

资料来源： 余文森，等 . 有效教学的案例与故事[M]. 福州：福建教育出版社，2011：36～38.（有删改）

"好"教学是所有教学追求的目标，实现"好"教学的影响因素是复杂多样的，教学方式是其中最重要的一个。问题是那些我们或熟悉或陌生的教学方式能否真正达成"好"教学的目的，这些教学方式本身或者我们对教学方式的运用是否有值得我们反思的问题呢？

🔊 教育（学）家语录

在一定条件下适用而有效的方法，在另一些条件下，对另一课题和另一形式的教学工作可能完全不适用。因此，教师应当十分了解每一种教学方法的性能。

——[苏]巴班斯基 . 论教学过程最优化[M]. 吴文侃，译 . 北京：教育科学出版社，1982：90.

第二节
教学方式反思

🎯 学习目标

思考不同教学方式的优劣和适用条件。

一、启发式教学反思

启发式教学在我国不仅有着悠久的历史，而且也是当今新课程改革所倡导和鼓励的教学方式，教师们对此熟悉有加，但实际教学中学生的"启而不发"却让不少教师伤透了脑筋，缘何如此呢?

（一）启发式教学的前提反思

子曰:"不愤不启，不悱不发，举一隅不以三隅反，则不复也。"[1]朱熹将此解释为"愤者，心求通而未得之意；悱者，口欲言而未能之貌。启，谓开其意；发，谓达其辞。"[2]可谓对"愤""悱"的正解。朱作仁主编的《教育辞典》中也作此注"愤，心求通而未甚通；悱，口欲言而未能言，意即不到学生'愤''悱'之时，不进行启发开导。"[3]"愤悱"作为一种状态，从教学的功能意义而言，我们可以从两个方面来理解，一方面，我们可以从非认知的角度将"愤悱"理解为学生的"求知欲""需要"或"内在动机"。如郑玄所言:"孔子与人言，必待其人心愤愤，口悱悱，乃后启发为说之，如此，则识思之深也。"[4]另一方面，我们可以从认知的角度将"愤悱"理解为学生在认识上的一种困惑状态，即似懂非懂，有所知而非全知。朱熹、张载等人将此解释为"疑"，强调"学贵有疑"。由此而言，学生的"愤""悱"状态应是实施启发式教学的先决条件，或者说启发式教学要求学生必须充分发挥主体性与主动性，达至"愤悱"状态，以得启发。这同时说明，启发式教学不是普遍适用的，启发式教学不是万能的教学方式，启发式教学的实施必须要掌握恰当的时机，如果不管什么情况随意滥用，则只能事倍功半，"干启不发"，如程子所言:"不待愤悱而发，则沛然矣。"[5]

进一步的问题是如果将"愤悱"作为启发式教学的第一先决条件，在学生未达"愤悱"之状时，教师便不启不发，那么教师的作用何以体现? 进言之，学生的"愤悱"状态如何达至? 是自觉自发的吗? 显然，要解决这个问题，我们就不能仅将"愤悱"作为启发式教学的第一前提，而应把它看作是启发式教学过程中的一个环节。启发式教学首先要使不愤者有求通的要求，不悱者有欲言的愿望，然后才是对"愤悱"者开意达辞的启发。

如何才能使不愤者求通，不悱者欲言呢? 或者说如何才能激发学生的学习动机，启迪学生的独立思考呢? 这就涉及启发式教学的运用问题。

（二）启发式教学的过程反思

日常教学工作中，为了使学生达至"愤悱"状态，或者说为了激发学生的学习动机，教师们通常采用的方式便是"提问"，这种提问或是形式上的一问一答，提出的多是一些简单

1 《论语·述而》.
2 《朱子全书·论语六》.
3 朱作仁，主编. 教育辞典·启发诱导[M]. 南昌：江西教育出版社，1987：367.
4 《论语集解》.
5 刘震，编著.《学记》释义[M]. 济南：山东教育出版社1984：53.

的是或不是、好或不好、对或不对的封闭性问题。[1]学生无需思考钻研，只需跟着老师的思维节奏"回答"就可以了；或是教师提出一个问题，只待学生答出预定的"正确"答案，对学生的"非正确"答案则强调或不予理睬。

🔍 案例

教师上《乡愁》一课，设计了"如果有个人到了一个遥远的地方，时间一长，开始想念自己的亲人，这叫作什么"的导语，意在启发学生说出课题。作答学生先回答了"多情"，在教师进一步"启发"中又相继说出了"月是故乡明""举头望明月，低头思故乡""月亮走我也走"，最终在教师的满脸阴云和"命令"式的要求中，嗫嚅地回答了"深情"，好在有其他同学接口"乡愁"，教师才如释重负。课后反思讨论中，该教师被问及当时为什么不换掉这个开头，教师说"都是事先设计好的，否则这堂课不完整也不新颖了"。

资料来源： 叶波. 反思"有效教学"的技术化倾向[J]. 课程·教材·教法，2013（6）：36～37.

在此背景下，教学中教师提出问题的多少以及学生回答问题的多少，声音的高低、整齐，课堂表面气氛的活跃程度等就成为启发式教学运用效果的评价标准。但这就是启发式教学吗？回答是否定的。如果肯定启发式教学的前提条件是学生的"愤悱"状态，那么在上述的教学过程中，学生"愤悱"状态很难看到，没有"愤悱"状态的出现，何谈启发式教学呢？再者，假使教师希望通过启发使学生达至"愤悱"状态，那必不能通过忽视、强迫、威胁等手段获取，而必须以学生的主体性和主动性发挥为前提，引导学生的思维，让学生独立思考。在这个过程中，教师既不能越俎代庖，也不能请君入瓮[2]，而要"道而弗牵，强而弗抑，开而弗达"。为什么要这样做呢？《学记》里回答说："道而弗牵则和，强而弗抑则易，开而弗达则思。和、易、思，可谓善喻矣。"[3]这就是说，在教学上必须做到"和、易、思"才算是善于启发。所谓"道而弗牵则和"是指教师如果能够引导学生而不牵着学生走，便可使师生间和悦相处；"强而弗抑则易"是指教师如果能勉励学生而不是压制学生，学生就会感到教师平易近人。在此前提下，启发式教学便会出现"开而弗达则思"之果。正所谓时雨之化。"譬如种植之物，人力随分已加，但正当那时节欲发生未发生之际，却欠些小雨，忽然得这些小雨，生意岂可御也。"[4]也就是说，在启发式教学中，教师要和学生构建起良好的

1　这里举一个非常普遍的教学案例，如教师问"小红同学表现很好，我们一起给她鼓鼓掌，好不好呀？"学生齐答"好！"
2　如案例所示，教师不是以学生为主体，启迪学生的思维，帮助学生学会思考，"以学定教"，而是以教师为中心，以教学设计为中心，"以教定学"牵制学生跟着自己走，这样的"启发式"教学效果可想而知。
3　《学记》.
4　《朱子全书·论语六》.

师生关系，要让学生体会到教师平易近人的作风，才能促使学生进入"愤悱"状态，此时的启发就会成为"及时而无声之雨"，润泽学生心田，启迪学生思维。

如此而言，启发式教学大体可分为三个阶段，在不同的阶段，教师的任务各不相同，体验也不同。第一阶段是学生"无愤悱之状"时，教师需要做大量的工作，以此来激发学生的学习动机、学习兴趣，促使学生尽快达至"愤悱"状态。此时如果方法运用不当，极易出现"启而不发"的现象，教师需要付出极大的努力，需对教育事业充满热诚和奉献精神；第二阶段是学生处于"愤悱之状"时，学生有心求通、口欲言之望，这时教师只需做少许工作，但其艺术性要求极强，"举一"能否产生所期待的"反三"效应，依赖于教师的博学多才。学生若"反三"以对，教师便会有得英才而教的快乐体验。第三阶段是学生处于"情知并足之状"，学生因乐而始，由疑而思，最终"识思之深"得到了认知和情感的双重满足，对学习产生乐而为之、自觉为之、勤奋为之的持久动力，此时教师只需稍加点拨，教学便事半功倍，"教是为了不教"的快感油然而生。

在启发式教学的最高阶段，学生处于"情知并足状"，教学实现了"教是为了不教"的目的，或者进一步说学生可能超越了教师的"术业"范围，达至"青出于蓝而胜于蓝"之态。古语云"教学相长"，此时，教师就需摆脱权威的观念影响，俯下身来向孩子学习了，但这样可能吗？为什么要向孩子学习呢？

二、为什么要向孩子学习

美国著名人类学家玛格丽特·米德（Mead，M.）将人类文化传递现象大致划分为三种类型：前喻文化、并喻文化和后喻文化。前喻文化是指晚辈主要向长辈学习；并喻文化是指晚辈和长辈的学习都发生在同辈人之间；后喻文化则是指长辈反过来向晚辈学习。[1]第二次世界大战后，科技革命的蓬勃发展使整个社会发生了巨大的变革，"如果说过去存在若干长者，凭着在特定的文化系统中日积月累的经验而比青年们知道得多些，那今天却不再如此。"[2]相反，社会由此进入了长辈反过来向晚辈学习的"后喻文化"时期，原先处于被教化者地位的晚辈之所以能够反客为主充当教化者的角色，是因为古往今来没有任何一代能够像他们一样经历如此巨大而急速的变化，也没有任何一代能够像他们这样"了解、经历和吸

1　关于米德对人类文化传递现象的划分，目前存在两种不同的翻译和解释，一种是周晓虹译本，前喻文化是指晚辈主要向长辈学习；并喻文化是指晚辈和长辈的学习都发生在同辈人之间；后喻文化则是指长辈反过来向晚辈学习。一种是曾胡译本，前象征文化是指长辈向晚辈学习，后象征文化则是指晚辈向长辈学习。因周晓虹译本在国内日常生活领域形成了一定的影响，因此，这里暂采用周译本中的用法。

2　[美]玛格丽特·米德. 文化与承诺：一项关于代沟问题的研究[M] 周晓虹，周怡，译. 石家庄：河北人民出版社，1987：21.

收在他们眼前发生的如此迅猛的变革"[1]。"代表未来的是孩子，而不是父母或祖父母"[2]，"年轻人按照自己的首创精神自由行动，他们能在未知的方向中为长者引路"[3]。而且，"在这个世界中，人们普遍乐意接受各种观点相互冲突的局面，而不是正统观念"[4]。

国内学者周晓虹早在1988年就提出了"文化反哺"的概念，并运用"文化反哺"这一概念对"后喻文化"做了很好的诠释。"文化反哺即那种由年轻一代将文化及其意义传递给其生活在世的年长一代的新的传承方式。"[5]他认为，在文化传承过程中，年长一代正在向年轻一代学习，这种社会文化现象是改革开放30多年来中国在经济社会发展转型的同时中国人所经历的价值观和社会心态的巨大转变，是当今时代当今中国"只此一地""只此一次"的文化传承方式变革。从社会学角度看，"文化反哺"是一个"反向社会化"的过程，即传统受教育者对教育者反过来施加影响，向他们传授社会知识、价值观念和行为规范的一种自下而上的社会化过程。

🔍 **案例**

一位教员在玩电子枪战游戏中，总是闯不过关口。因为模拟士兵刚刚迈步出门，就被模拟敌人乱枪击倒，毙命而终。一天，他发现正上小学四年级的儿子玩着同一游戏，而且令人难以置信的是儿子竟然能不断闯关，得分很高。于是他向儿子"不耻下问"："你是怎么出门的？""趴下！"儿子说。"那你又是怎么闯关的？""卧倒。"儿子说。"敌人四面埋伏怎么办？""撤退！"儿子说。事后，教员得出一个结论：得向孩子学习！孩子的"指导"让他悟出了一个道理；在枪林弹雨的战场上，不能只想到冲锋陷阵，还得学会隐蔽、侦察和防御战术。智力游戏，孩子比成人灵巧、有办法。

资料来源： 李致博. 论家庭教育的逆向互动原理——向孩子学习[J]. 陇东学院学报（哲学社会科学版），2003（1）：100.

"文化反哺"的文化传承代际颠覆现象对教育提出了诸多新的要求，最直接的要求就是"向孩子学习"。[6]向孩子学习绝不意味着成人的幼稚，恰恰相反，这标志着成人真正的成熟与睿智。因为在后喻文化时代，孩子们出生、成长在新时代，他们对时代有天然的适应能力，在这种情况下，成人不得不向他们学习，以便更好地适应社会变化。另外，信息时代的来临使孩子通过网络或其他手段会比成人更早、更多地获得信息，当孩子对事物的感知与成

1　[美]玛格丽特·米德. 文化与承诺：一项关于代沟问题的研究[M] 周晓虹，周怡，译. 石家庄：河北人民出版社，1987：85～86.

2　[美]玛格丽特·米德. 代沟[M] 曾胡，译. 北京：光明日报出版社，1988：84.

3　[美]玛格丽特·米德. 代沟[M] 曾胡，译. 北京：光明日报出版社，1988：89.

4　[美]玛格丽特·米德. 代沟[M] 曾胡，译. 北京：光明日报出版社，1988：81.

5　周晓虹. 文化反哺与器物文明的代际传承. 中国社会科学[J]. 2011（6）：109.

6　孙云晓. 改变学校、家庭教育的28个观念（下）[J]. 中小学管理，1998（6）：4.

人所教知识发生冲突时，孩子就会大胆或无情地对成人的"教育"进行批判。在后喻文化时代，学生会表现出与以往不同的时代特征。第一，学生具有更强的自主意识。当代学生自主意识更强，更追求个性，渴望表现自己，喜欢独立处理自己的事情，有自己独特的生活方式，不愿接受教师和同学的帮助。第二，学生具有更强的民主意识。当代学生更追求自由、民主和人权，呼吁信任、理解和尊重。第三，学生的反叛精神比较鲜明。当代学生往往表现出反传统、反权威的特点。反对父母和教师的说教，不喜欢枯燥乏味的书本知识，对网络兴趣较浓，对现代科技、文化等知识感兴趣。他们往往反对传统的、固定不变的知识学习。

在此背景下，成人包括教师还能维持自己的绝对权威吗？传统的长幼之序和师道尊严既已受到猛烈冲击，那么，我们依靠什么来维持成人对孩子应有的权威和影响呢？我们还能做到学为人师吗？在互联网越来越普及，知识来源越来越多元化的今天，既然我们已经做不到"学富五车"，那么，我们应当如何应对来自孩子的越来越难以应付的提问呢？我们还能继续维护传统的学生观、儿童观吗？在社会越来越进步，个人权利及其主体性越来越受到关注的今天，如果我们承认孩子是具有自我意识的学习主体和发展主体，有其独立的人格和自我价值，那么，我们应当如何来重构新型的师生关系呢？学校还能发挥原有的功能吗？在高度信息化、一体化的社会中，学校显然已经不是唯一的知识来源和社会化场所，各种超文本的知识信息通过各种媒介充斥着社会的各个场所，新的交往形式，大大地拓展了一代人的学习与交往空间，在这种情况下，学校如何适时应变，对来自各个方面的影响加以选择，发挥其组织、调控的作用呢？可能的答案是教学方式的变革——"翻转课堂"的尝试！

三、"翻转课堂"反思

"翻转课堂"起源于美国科罗拉多州落基山的"林地公园"高中。2007年春，该校化学教师乔纳森·伯尔曼（Jon Bergmann）和亚伦·萨姆斯（Aaron Sams）开始使用录屏软件录制PowerPoint演示文稿的播放和讲课声音，并将视频上传到网络，以此帮助缺席的学生补课。后来，这两位老师让学生在家观看教学视频，在课堂上完成作业，并对学习中遇到困难的学生进行讲解。这种教学模式受到了学生的广泛欢迎。[1]2011年，萨尔曼·可汗（Salman Khan）在TED（Technology Entertainment Design，美国一家私有非营利机构）大会上的演讲报告《用视频重新创造教育》中提到：很多中学生晚上在家

> **翻转课堂（The Flipped Classroom）**
>
> 一种新型的课堂教学模式，学生晚上在家通过观看教学视频学习，第二天回到教室做作业，遇到问题时则向老师和同学请教。这与传统的"老师白天在教室上课、学生晚上回家做作业"的方式正好相反的课堂模式被称之为"翻转课堂"。

1　张跃国，张渝江. 透视"翻转课堂"[J]. 中小学信息技术教育，2012（3）.

观看可汗学院（Khan Academy）的数学教学视频，第二天回到教室做作业，遇到问题时则向老师和同学请教。这与传统的"老师白天在教室上课、学生晚上回家做作业"的方式正好相反的课堂模式被称之为"翻转课堂"（The Flipped Classroom）。由此，"翻转课堂"成为教育界关注的热点，被比尔·盖茨认为"预见了教育的未来"，并被加拿大《环球邮报》评为2011年影响课堂教学的重大技术变革。在我国，上海、南京、重庆、广州等地中小学也相继开始了翻转课堂的教学实验。

借助现代信息技术，"翻转课堂"教学实现了对传统课堂教学知识传授和知识内化在时间和空间上的颠倒。传统课堂教学知识传授是通过教师在课堂上的讲授完成的，知识内化则是学生在课后通过作业、操作或实践来完成的。"翻转课堂"则实现了二者的颠覆，知识传授是在课堂外，学生通过观看教师事先录制的"教学视频"，自主选择学习时间完成；知识内化则是在课堂上经过教师的帮助与同学的协作完成。教师设计开发精简、明晰、个性化的"教学视频"上传网络平台，并提供在线辅导，"学生在家里观看介绍概念的视频，然后去上课来展示他们的学习。这样就不需要老师在全班同学面前再次讲授"[1]。这种利用网络在线学习的方式实现了教师角色的转换，"教师转换了角色：'从讲台上的圣人转变成身边的指导者'"[2]。在现代信息技术支持下的个性化学习中，学生也实现了角色的转换，学生成为自定步调的学习者，自主选择学习的时间、学习的地点。课堂的翻转实现了从知识传授与互动的课堂空间扩大至网络空间的传授与互动，延伸了课堂教学对话，实现教学对话主体的多极化，扩大了传统意义上"教"与"学"的空间。课堂的翻转，还转变了传统教学中家长独立于教学之外的局面，实现了家长角色的转换，家长成为学生学习的主动参与者和监督者，通过观察学生在家学习"教学视频"的情况对其进行更深入的了解，更好地配合教师的教学工作，促进学生的全面发展。

🔍 案例

艾尔蒙湖（Lake Elmo）小学，一所位于斯蒂尔沃农村地区的学校，该校教师于2011年暑期接受了有关翻转课堂的相关训练，并于2011年9月至2012年1月进行了翻转式教学。该校的特色之处在于教师能很好地将Moodle平台应用到教学中，使得翻转教学活动能在学生间、师生间的课余时间内进行良好的互动交流。

在小学5年级的数学课中，学校为学生配备了iPad和耳机，并要求学生先观看10～15分

1　Graham R. Commentary: The Khan academy and the day — night flipped classroom[J]. *Biochemistry and Molecular Biology Education*, Vol. 40, Issue5, 2012 (9): 337～338.
2　Baker J. Wesley. The classroom flip: using web course management tools to become the guide by the side[A]. In: Chambers, Jack A., Ed. *Selected Papers from the 11th International Conference on College Teaching and Learning* [C]. Florida: Florida Community Coll., Jacksonville, 2000: 3～9.

钟的视频教学，再通过Moodle学习管理平台来完成一些理解性的问题。学生对于问题的回答都将被保存到Moodle平台上，教师在第二天上课之前就可以了解到学生的答题情况，然后再针对课堂活动设计教学。此外，他们还鼓励学生在Moodle平台上进行协作学习，开展同学之间的互助讨论，促进学习共同体的形成。

在斯蒂尔沃区共有13所学校（艾尔蒙湖小学作为其中之一）的13个班级（包括10个小学班级、2个初中、1个高中）52门课程8900名学生参与了翻转课堂的试点教学改革，虽然最终教学成果分析要到2012年底才能获得，但大多数教师表示他们不愿再使用传统方式教学，因为翻转课堂的学生接受度高且家长也很满意。

资料来源： 张金磊，等. 翻转课堂教学模式研究[J]. 远程教育杂志，2012（4）：47～48.

"翻转课堂"实现了知识传授与知识内化在时间和空间上的颠倒，可谓教学领域的颠覆性变革，但这种形式上的变革对于教学而言一定是积极的吗？或者说这种教学方式与传统教学方式相比，就一定是更"好"的吗？也不尽然！

首先，"翻转课堂"可能仅仅是概念的偷换，虽说学生学习的时间从课堂转到了课后，学习的内容却仍然是固定不变的，只不过学生由直接面对教师的讲授变成观看教师事先录制好的"教学视频"，因此，这种翻转只是时间的简单转换，基础都是相同的讲授教学法，所谓"新瓶装旧酒"，"换汤不换药"，充其量是陈旧教学方法的一个高科技版本而已。[1]

其次，"翻转课堂"将课堂教学内容提前录制成"教学视频"供学生在课后自主学习，但实际上观看"教学视频"就是学生的家庭作业，看似学生可以随意选择学习的时间、学习的内容，可以减轻学生的学习负担，实际上学生可以选择的余地很小，甚至需要投入更多的时间、更多的精力完成更多的"作业"，因此，"还没有消除数字鸿沟，翻转作业仍是家庭作业，更多的时间更坏的教育"[2]。另外，学生在观看教学视频后，自己完成课余练习并在互联网中查找资料，总结问题，然后在课堂中与教师、同学进行讨论。这一切都是建立在学生具有良好的自主学习能力和信息素养的基础上的，问题是，学生的自主学习能力和良好的信息素养如何形成？

再次，"翻转课堂"对信息技术的依赖使得其应用的范围也有很大的局限性。翻转课堂的实施需要信息技术的支持。从教师制作教学视频、学生在家观看教学视频到个性化与协作化学习环境的构建都需要计算机硬件和软件的支持，如Ipad等电子移动设备，对于缺乏相应硬件条件的学生和家庭来说，这会不会给一些家庭带来额外的经济负担，给学生制造人为的不公平？教学视频从前期的拍摄到后期的剪辑都需要有专业的技术支持，这对教师而言是否意味着更大的挑战，或者加重了教师的负担？

---

1 Ash, Katie. Educators View 'Flipped' Model With a More Critical Eye[J]. *Education Week*, Vol. 32, 2012(2)：6～7.

2 Nielsen, Lisa. Five Reasons I'm not Flipping Over the Flipped Classroom[J]. *Technology & Learning*, Vol32, 2012(10)：46.

最后，从国外开展翻转课堂教学试验的学科来看，多为理科类课程。理科课程知识点明确，很多教学内容只需要讲清楚一个概念、一道公式、一道例题、一个实验就可以了，这样的学科特点便于翻转课堂教学的实施。"复杂程序性知识，通过'翻转课堂'的策略，至关重要的是建构和拆解步骤：不仅要确保视频简短，同时也要保证每一步骤都合理得当、能为学生完全理解。"[1]而政治、历史、语文等人文类课程则不仅知识内容纵横交错，且更需要教师与学生进行情感上、思想上甚至是眼神的交流、沟通才能起到良好的教学效果。那么，如何在文科课程教学中应用翻转课堂模式？

另外，在"翻转课堂"教学模式引进的过程中，国内兴起了一股"微课"或"微课程"热潮。"微课"是从"翻转课堂"中引申出来的概念。前述可汗学院的课程是一小段一小段教师讲授知识点的"小课程"（微视频），这种供学生自主学习的教师授课的"微视频"被称为"微课"或"微课程"。在国内，"微课"这一概念最早是在2011年出现的，此后这一概念逐渐引起众多学者的关注，较早开始研究的是广东佛山教育局教育信息中心的胡铁生老师，佛山中小学还举办了国内最早的微课大赛。而"微课"到底是什么，目前学术界尚没有一致界定，"微课是指时间在10分钟以内，有明确的教学目标，内容短小，集中说明一个问题的课程。"[2]"微课是以阐释某一知识点为目标，以短小精悍的在线视频为表现形式，以学习或教学应用为目的的在线教学视频。"[3]"微课是以微型教学视频为主要载体，针对某个学科知识点（如重点、难点、疑点、考点等）或教学环节（如学习活动、主题、实验、任务等）而设计开发的一种情景化，支持多种学习方式的新型在线网络视频课程。"[4]……不过不管如何界定微课，微课的出现都对当代教育变革具有重要的现实意义。对学校教育而言，微课是一种新型的、可共享的、不受时间地点限制的教育资源，通过微课，学校教学模式的变革成为可能；通过微课，新一轮基础教育数字化变革成为可能；通过微课，优质教学资源共享成为可能；通过微课，学校教育与微时代同行成为可能。

但"微课"目前尚属新生事物，微课的建设和应用还有诸多问题需要我们反思和改进。首先，"微课"是教师教学"微视频"，但如果仅将教师课堂实录视频切片而做成一个个教学片断，教师组织课堂教学的方式没有变革，这样的"微视频"不是真正意义上的"微课"。因为"微课"不是教师上课的辅助视频教学资源，也不同于促进教师专业发展和教学反思的"微格教学"。"微课"是翻转课堂教学模式中供学生自主学习的重要资源，它与传统意义上课堂教学视频片断有根本区别。在"翻转课堂"教学模式中，"微视频"需要与学习单、学生的学习活动流程等结合起来，才是一个完整的"微课程"。如果离开了学生的学习活动，

1 Milman, Natalie B. The Flipped Classroom Strategy: What Is it and How Can it Best be Used? [J]. *Distance Learning*, 2012(9): 85~87.
2 黎加厚. 微课的含义与发展[J]. 中小学信息技术教育, 2013 (4): 11.
3 焦建利. 微课及其应用与影响[J]. 中小学信息技术教育, 2013 (4): 13.
4 胡铁生, 等. 我国微课发展的三个阶段及其启示[J]. 远程教育杂志, 2013 (4): 37.

仅仅是录制的一段教师上课讲授活动的内容，并没有形成"微课程"的系统。在这个意义上，微课并不是一个孤立的教学环节，而是一个完整的教学系统。目前国内出现的各类"微课"，大部分停留在简单地课堂教学视频录制阶段，"微课"质量有待提升。微课质量提升涉及微课的科学性、技术性和艺术性。微课的科学性提升与教师对翻转课堂以及微课的认识、理解和应用有关；微课的技术性提升与教师设计、开发微课的技能有关；微课的艺术性提升则与教师的教学专业素养有关。

"微课"是翻转课堂教学模式中学生学习的重要资源，微课的发展不仅在于微课的设计、开发和建设，更重要的在于微课的应用。因此，我们在建设微课资源的同时，必须要考虑微课的应用问题，以建设促应用，以教学需求与应用实践来引领和促进微课的有序发展，忌重建设而轻应用。但目前国内微课资源的应用情况令人担忧，有研究者在中国微课网微课资源的使用情况调查中发现，微课的点播查看率很低，且点播查看主要集中于微课的制作人本身；微课的使用率很低，且主要是作为教师课堂教学辅助资源呈现，而不是翻转课堂教学模式下学生自学的资源。因此，通过各种途径和形式加强微课的推荐宣传，通过大力推进翻转课堂教学模式的变革等途径来强化微课的应用是今后微课发展的重要内容。

"好"教学的实现离不开恰当教学方式的选择，而与教学方式选择密切相关的则是教学中的自由、控制与民主问题，如何认识、处理和协调这三者之间的关系，直接影响到"好"教学能否实现的问题。

第三节
教学中的自由、控制与民主问题

🎯 **学习目标**

深入理解和认识教学中的自由、控制与民主问题。

一、教学自由及其必要性反思

（一）教学自由

教学自由顾名思义包含了"教的自由"和"学的自由"，但鉴于教师的教和学生的学是两类主体和性质都不相同的活动，且关于学生的"学的自由"问题在第六章中已重点讨论，我们这里将重点关注教师"教的自由"问题。在这个意义上，我们将教学自由界定为一种教师在职业生活中的"职业自由"或"教授自由"，它不仅意味着教师在教学过程中所享有的一系列权利，而且还指教师在教学活动中所追求的一种自主思想或行为状态，同时也是他们自觉运用教学规律开展教学活动的状态或结果。[1]教学自由是一个内涵和外延都很宽泛的概念，教学自由包含的内容亦十分丰富，我们可以大致从两个方面来理解，一是教师的教学选择权，二是教师的拒绝权。教师的教学选择权是教师教学自由的主要内容，这主要包括教师对教学目标、教材、教学内容、教学方式方法、教学评价等的自主选择权利。教师的拒绝权是指教师在专业范围内，依据自己的专业判断，不受他人强迫，可以拒绝参与与教学无关或不利于教学的工作。

（二）教学自由的必要性

为什么需要教学自由呢？或者说为什么教学自由是保证"好"教学实现的必要条件之一呢？其原因在于自由是教学活动本身的内在要求，是教学活动在逻辑上和实践上之所以能够成立或发生的必要条件。"好"的教学，如前所述，是一种关涉意向反思、师生互动、伦理建构和创新的社会活动。由此可以说，教学自由是保证教师教学意向合理反思、保证师生良好互动、保证教学合乎伦理和教学创新的必要条件之一。

1. 教学自由是保证教师形成真正教学意向的必要条件

教师能否自主地对自己所持有的教学意向进行反思、质疑、辩护和理解是判断教学"好""坏"的标准之一。对教师而言，能否自主地进行教学意向反思的首要前提就是教师是否拥有教学自由。如果没有教学自由，教师就只是教学的"机器人"，一切都按事先预定的程序进行，教学目标是给定的，不管是使学生成为接受的知识"容器"，还是实现对学生的控制和规训，这些都与"我"（教师）无关，教师所做的只是执行"命令"而已。如此，教学意向的反思如何可能？对于教师而言，没有他们对教学意向自由自觉的思考、理解、反思和辩护，就等于没有形成真正的教学意向，没有真正的教学意向作为教学活动的前提和基础，所谓"教学"充其量就只是照本宣科的"灌输"，盲目机械的"训练"或鹦鹉学舌的"宣传"而已。

2. 教学自由是保证师生良好互动的必要条件

没有师生之间的良好互动或交往，就没有"好"的教学。教学自由则是保证师生良好互动的必要条件。因为教学中的师生互动不同于一般意义上的人与人之间的互动，师生之间虽说是平等的关系，但教师在教学活动中仍然处于主体的地位，要对师生互动负主要责任。如果没有教学自由，教师在师生互动中处于从属或者被动的地位，他又如何能承担起师生互动的责任？又如何才能实现对学生成长的指点和引领？没有教师的教学自由，师生交往就沦为一般意义上的交往，教学的"教育性"如何得到保证？如此，教学就不成其为"教学"，充其量是人际交往或交流。

1　石中英. 教育哲学[M]. 北京：北京师范大学出版社，2007：226.

3. 教学自由是保证教学合乎伦理的必要条件

如前所述，教学伦理性的保障和实现是衡量"好"的教学的核心标准。教学伦理性主要体现为教师在教学中所担负的伦理责任。责任是与自由相联系的，只有一个人能够从一开始就自由地行动时，我们才能对他实际上所做的事情追求责任，也就是说，责任必须以自由为前提。因此，如果我们要求教师要对自己教学中的行为负伦理责任的话，那么就必须给教师教学自由，必须保证教师的教学行为是自由、自愿的行为；如果教师的教学行为是被迫的或者不自由的，就不应该要求他们对自己的行为负责。总之，教学自由保证了教师可以担负起自己所应承担的教学伦理责任，反之，要求教师承担教学的伦理责任，就必须给他们以教学自由。

教育（学）家语录

自由与道德：总有一些人千方百计地割裂二者之间的关系，企图把自由奠基于权利和快乐的领域而不是奠基于义务的领域。始终如一地坚持二者的一致性吧！自由是良知的统治得以成长的条件。自由就是让良知来指导我们的行为，自由就是良知的主宰。

——[英]阿克顿. 自由与权力[M]. 侯健，等译. 北京：商务印书馆，2001：310.

4. 教学自由是保证教学创新的必要条件

如前所述，教学是否具有创新性是衡量教学"好""坏"的重要标准。而教学创新与教学自由之间有着密不可分的关系。自由是创新活动的前提，没有自由，人就不可能进行创新；而创新活动的展开，也是在实践着人的自由，提升着人的自由。"除非人们得以按照他们的希望，'按照只与他们自己有关的方式去生活'，否则文明就不会进步，真理也不会显现，因为我们会缺少自由的观念市场；人类的自动自发、原创力、天才、心智能力、道德勇气等，也将无从发挥。"[1]对教学创新而言，教学自由不仅是教学创新的前提和必要条件，教学自由的获得和运用本身就是教学创新的体现。

二、教学控制及其必要性反思

教学自由是教学活动本身的内在要求，是教学活动在逻辑上和实践上之所以能够成立或发生的必要条件。同样，教学控制亦是教学活动本身的内在要求，是教学活动在实践中能够完成的必要条件。教学是一个不断发展、变化的动态活动过程，在这个过程中，每一个因素

---

1 [英]以赛亚·伯林. 两种自由概念[A]. 陈晓林，译. //刘军宁，王焱，贺卫方. 市场逻辑与国家观念[C]. 北京：生活·读书·新知三联书店，2005：207.

都存在着多种变化的可能性，为了保证教学意向的达成或者说为了保证"好"教学的实现，必然离不开控制，而且也只有通过控制才可能实现"好"的教学。

（一）教学控制

所谓教学控制是指教师对教学活动进行管理和调整的方法与行为的集合。[1]教学控制的对象广义上包括影响教师教和学生学的所有要素，狭义上主要是指对学生学习活动过程的控制。不过这种对学生学习活动过程的控制并不是简单地追求效率而填鸭式地"一刀切""一锅煮"，也不是要强制学生接受教师的一切观点，控制学生的思维活动，限制学生的理性发展，而是为保证教学活动的顺利进行而对学生实行的必要引导和适度约束。

📢 教育（学）家语录

在教育中为个人自由而斗争的自然的逻辑的结果是，教师应当改进他对学生的控制，而不是放弃控制。

——[美]斯金纳. 引自瞿葆奎，主编. 教育学文集·教学（上册）[C]. 北京：人民教育出版社，1988：523.

（二）教学控制的必要性

为什么说教学控制是教学实践的必要条件？教学控制会不会导致诸如限制学生自主发展，导致教师课堂霸权或者教学方式单一呆板等问题，或者说教学控制是不是与教学自由相矛盾和冲突呢？

1. 教学控制是保证教学目标实现的必要条件

学生的自主发展，既是好的教学的目标（教学意向），又是衡量好教学的重要标准（学生的自主发展是学生创新精神的重要表现）。如果教学控制必然阻碍了学生的自主发展，或者说教学控制阻碍了教学目标的达成，那么教学控制对教学而言就是不必要的障碍，须予以清除。事实是否如此呢？答案是否定的。从教学控制的目的来看，教学中实施教学控制的目的并不是要操纵和限制学生的自由学习活动，使学生的学习陷入僵化、封闭的境地，教学控制只是对教学活动的过程进行必要的规范和引导，以保证教学活动实现预期的目的和维持教学活动的正常秩序。从教学控制的作用来看，教学控制具有纠偏的功能，或者说教学控制是保证教学目标实现的必要条件。教学过程是一个动态变化的过程，在这个过程中，给予教学充分的自由同时意味着教学过程中可能出现对教学目标不可避免地偏离，如果不及时调整这

1　赵婧. "教学控制"辨析[J]. 教育学报，2009（4）：47.

种偏离，偏离就可能不断累积并放大，甚至一发而不可收拾，最终影响正常的教学秩序并对教学目标的达成产生重大威胁。如果教师能够及时把握教学过程中出现的偏离信息，及时采取有效的教学控制策略和措施，那么可能的偏离就会得到恰当的应对，教学活动得以顺利进行，教学目标得以实现。从教学控制的方式来看，无论从伦理的角度还是从操作的角度，教学控制都应是对教学过程中学生活动的一种引导、一种推动，其目标是保证教学意向的实现（即学生的自主发展）。因此，教学控制不是教学强制或教学压制，不是教师使用强制手段对学生思维、个性和行为实行操纵，教学控制不必然导致教师霸权。教学控制是一个中性的概念，任何类型的教学都需要实施教学控制，只不过教学控制的方式不同而已。那些限制学生思维、扼杀学生个性的行为不是教学控制，或者说那些行为背离了教学控制的初衷，是对教学控制的误解和误用。

2. 教学控制是保证教学方式合理运用的必要条件

如前所述，教学方式是影响好教学的重要因素之一，教学方式的多样化和适切性也是教师教学的重要目标之一。那么，教学控制会不会限制教师对教学方式多样化的追求？教学控制会不会必然导致教学方式单一呆板呢？答案是否定的！因为教学控制是教学系统良性和有序开展并最终达成教学目标的关键性要素。在具体的教学过程中，为了达到特定的教学目标，教师需依据不同的教学需要选择不同的教学方式，而任何类型教学方式的运用都离不开教学控制的支撑，即使是像我们一贯认为的给学生以极大自由的探究学习也离不开恰当的教学控制。就探究学习而言，"要使这种学习活动避免流于散漫和轻率，并最终指向一定的价值目标和实现某种教学期望，教学控制的意义就显得格外重大。因此可以说，探究学习需要教学控制，教学控制也因探究学习而使其意义更加彰显。"[1]其实，不仅是对探究学习，对合作学习、自主学习等在内的其他教学方式而言，教学控制都为它们的合理运用提供了必要的保障。那种认为摆脱控制，就可以激发教师巨大创造潜力，就会促使他们大力推广各种新型的教学方式的想法只是一厢情愿而已。在实际的教学过程中，教学控制并不是要控制教的方式或学的方式，只是要控制教学的展开过程符合相关规范的要求，只是要控制教学方式与教学目标达成的一致性。因此，教学控制与教学方式之间的关系是，教学控制通过规范学生的行为，为学生的学习活动指明一个具体的方向，并维护一个学习活动开展的可能性空间；反过来，教学方式的多样化又对教学控制提出了更多、更高的要求，推动教学控制的进一步发展和完善。

🔍 案例

在一所小学听数学课。女教师40多岁，胖胖的。讲完厘米、分米和米的概念后，她让

---

1 阳泽. 探究学习中如何"控制"课堂[J]. 人民教育，2003（21）：25.

学生们测量桌子、铅笔和手臂的长度。两分钟后，被点名的同学报出答案，都得到了表扬，一张张小脸涨得红红的，嘴巴笑成了一朵朵花。那些没被点到名的学生着急了，有的站起来，有的跳着脚，有的甚至爬到凳子上，高举着手："老师，快叫我，快叫我！"

桌子、铅笔和手臂的长度都量过了，老师说，我们再找找别的东西测量一下。老师的话刚说完，我旁边的那个一直没有得到机会的瘦男孩"噌"地站起来："老师，我想测测你的腰围。"

教室里一下静了，同学们都转过头或测过身看着这个瘦男孩，而后又把目光对着老师。老师低头看了一下自己的腰，然后静静地看着那个学生，笑道："好啊，你来量吧。"

小男孩拿着尺子，飞快地跑到老师跟前。他用手按住尺子的一段，让尺子在老师的腰上翻着跟头，翻了好几遍，他说出了一个答案："87厘米。""不错，他量得很认真，答案也比较接近。但是，其他同学有没有更好的办法，测得更准确些？"她的话音刚落，一个胖乎乎的女孩站起来说："老师，我有，我用手。"

小女孩已经开始往老师跟前跑了。老师问："你用手怎么量呢？"小女孩说："我一掌是11厘米，我看是几掌就知道了。"老师笑了。小女孩的手在老师的腰上爬，爬了一圈之后，她就报出了答案："89厘米。"

"有没有更好的办法？"笑容在老师的脸上绽放。教室里静悄悄的。片刻之后，前排的一个小孩站起来："老师，你把腰带解下来，我们一量就知道了。"

我没有想到这个小小的孩子会想到这种聪明的办法。老师肯定也没有想到，我看到她在大笑，真正的开怀大笑。老师一边笑，一边真的解下了腰带。

小同学量出的是90厘米，这当然是最准确的一个答案。老实说，这位老师并不漂亮，但这节课却是我听过的最漂亮的一节课。

资料来源：余文森，等. 有效教学的案例与故事[M]. 福州：福建教育出版社，2011：172.

三、教学民主及其反思

（一）教学民主

> **教学民主（Teaching Democracy）**
>
> 所谓教学民主是指在教学过程中，师生人格平等，共同参与，各自发挥不同作用，从而实现一定教学目标的一种机制。

民主是时代的潮流，教学民主是民主教育的核心，也是当代教育教学追求的目标。关于什么是教学民主，学术界尚未达成一致的共识，如"所谓教学民主是指在教学过程中，师生人格平等，共同参与，各自发挥不同作用，从而实现一定教学目标的一种机制。"[1]"教学民主就是在课堂教学中坚持民主平等的

---

1 王萍. 素质教育与课堂教学民主[J]. 现代大学教育，2002（1）：55.

原则，师生平等参与、合作学习，促进学生学习的一种教学方式。"[1]教学民主就是"突出学生的主体地位，创设民主、和谐氛围，激发学生的主动参与意识，开发学生的学习潜能，指导学生学会学习的一种现代教学过程。"[2]教学民主是指教师在教学中"对学生人格、个性、主体地位及其他方面全面尊重的状态、现象。"[3]但无论教学民主的具体界定是什么，谈到教学民主问题，我们必须首先回答的一个问题是，如何处理教学民主中的自由与控制问题，或者说上述关于教学民主界定中所提出的平等、尊重等理念的具体操作都需要以恰当处理教学中的自由和控制问题为前提和基础。

（二）教学民主中的自由与控制问题

一方面，自由是民主的核心，没有自由就没有民主。因为自由是与多元相连的，一个自由的社会必然是一个多元的社会。多元是自由的结果，多元是民主的表现，只有自由的人才能成为民主的主体。在这个意义上，教学自由是教学民主的核心，没有教学自由就没有教学民主。如前所述，教学自由包括教师教的自由和学生学的自由。如果教师没有教的自由，只是某种"既定程序"的执行者，那么教师的教学就谈不上教学民主的问题，这在以往的教学过程中表现的尤为明显；如果学生没有学的自由，学生只是被动的"知识接受者""规范执行者"，同样也谈不上教学民主。同时，教学民主中教师教的自由和学生学的自由又是相互制约的，如果师生任何一方过分地夸大和强调自己的自由，忽视、漠视或剥夺另一方的自由，则教学民主亦不可能实现。在当下的学校教学过程中，教师教的自由虽然仍存在较多问题，但相较之下，学生学的自由问题是当前教学民主实践中更重要的一个问题。具体而言，要真正落实教学民主，就必须让学生有充分的思想自由和表达思想的自由。让学生有思想的自由，就是允许并倡导多元思想的存在，给学生一片高远的天空，让学生尽情地放飞他们的思想。这些思想也许是幼稚的、不成熟的，甚至还有不少错误的地方，但它们是学生自己的，它们充满着不囿于定论与成见的年轻而鲜活的气息。只有这样，教学才不会钳制学生的思想，才会有利于学生学习主动性和创造性的发挥。让学生有充分的表达自己思想的自由就是让学生有充分的发言权。教学是师生平等合作，共同参与的过程，学生理所当然地有自由表达思想的权利。学生有了自由表达思想的权利，教学民主中所包含的平等、尊重、交流才得以真正体现，没有学生的思想自由及表达自由，所谓平等、尊重就只能是空中楼阁，可望而不可即。

另一方面，自由是民主的核心，但自由是有限度的自由，不是毫无节制的放任自流，教学自由亦是如此。重视和强调教学民主中的自由问题，尤其是学生学的自由问题并不能走极

1　张国民，周春爱. 浅析民主教学[J]. 教学与管理，2003（1）：37.

2　庞大镇. 关于课堂教学民主的思考[J]. 人民教育，2000（9）：32.

3　李年终. 关于课堂教学民主性的思考[J]. 广西社会科学，2002（2）：215.

端。这意味着教学中学生有思想自由权和表达自由权，学生能自由地展示自己的个性，发展自己的个性，但是这种自由的运用和发挥不是无边界的，不是任意的，而是有限度的，有约束的，这个限度和约束就是教学控制。教学控制是教师为达成特定教学目标而对教学过程所做的规范、引导和调整，这意味着教学中不仅要给学生充分的自由，同时要对学生进行必要的规范管理和引导，教学民主不仅以教学自由为前提，而且以教学控制为保障。不给学生以充分的自由，就成了绝对的师道尊严，与时代潮流格格不入，就失去了教学民主的前提；只强调学生在教学中的自由，导致教师不严格要求学生，就会流于放任，失去了教学民主的保证。因此，教学民主是给学生充分自由与教师对学生规范管理、严格要求的统一，二者缺一不可。在实际的教学过程中，学生可以自由表达思想，自由发言，但这种自由表达不能漫无边际地无限制地进行下去，教师必须要把握教学的时机和节奏，适时协调、引导学生的发言，处理好"放"（学生自由）与"收"（教学控制）的关系，否则教学就不可能顺利进行，"好"教学的实现更无从谈起。

🔍 案例

我刚在黑板上写下课题《老树的故事》，正准备按常规讲课时，教室里炸开了锅："老师，老师，你看，老树爷爷是双眼皮呢。""才不是呢，这是老树爷爷笑眯了眼，看上去像双眼皮。""那老树爷爷为什么笑呢？"……

望着乱哄哄的教室，我非常生气，手中的教鞭就要狠狠地敲在讲桌上——是顺着孩子们的思路展开教学，还是将孩子们的学习思路扭到我原来的教学思路上来？我扫视着一双双表情各异的目光，寻找着答案——我们学新教材，学生为什么不可以从课文的插图进入阅读呢？对！我必须尊重学生的选择，调整教学思路。待孩子们平静后，我说："这堂课老师和你们一起当学生，听一听你们关于老树的故事。"

"这棵老树年轻的时候可漂亮了，现在，老了，长满了皱纹。"

一位胆大的学生举手了。我让他上讲台为大家讲老树的故事，我坐到了这位学生的座位上。孩子们见我真做起了"学生"，都专心地听起故事来。

"鸟儿是老树的好朋友，老树可喜欢它们了。"

"老树爷爷可爱听歌了，鸟儿们在它身上唱呀，跳呀，老树乐得笑眯了眼。"

我像小学生一样专心地听着孩子们心中关于老树的故事。我惊叹孩子们如此奇妙的想象。我为什么不给他们创造一个想象的自由空间呢？乘势而进，我又向"小老师"们提出了一系列问题，把学生的思维引向深入。"你们还有没有问题要向老树爷爷请教呢？"刷！一双双小手迫不及待地举起来，问得也千奇百怪。

"老树爷爷，是谁把你栽下的？"

"老树，老树，小鸟在你头上玩，你痒痒吗？"

"你生病了，谁给你治病呀？"

……

孩子们畅所欲言，自由想象，从他们脸上，我看到了畅快淋漓的神情。我为学生真正成为学习的主人而骄傲！

我在教学后记中写道：是啊，作为教师，我们不仅要自由教学，更要善于调控教学。只有尊重学生的体验和想法，给学生以自由，才能真正激发学生的学习激情；同时，只有善于调控教学，给教学以方向，才能真正实现"好"教学的目标。

资料来源：百度文库——教育专区——案例赏析.（有删改）

本章小结

1. 有效教学并不一定是"好"的教学，好教学的几个可能标准是教学意向的合理反思、师生关系的良好互动、教学伦理的保障实现和教学创新的实践反思等基础上的有效教学。

2. 教学方式的选择是保证"好"教学实现的因素之一。启发式教学不是适合于所有教学情境的教学方式，启发式教学必须讲求启发的时机和启发的艺术。后喻文化时代的到来促使我们在教学方式上必须做出相应的变革，我们不仅需要教育孩子，而且也需要向孩子学习。信息化时代的到来以及现代信息技术的进步催生了新的教学方式，翻转课堂就是在此背景下出现的一种新型教学方式，但其合理性和适用性尚待进一步质疑和拓展。

3. 教学民主是"好"教学实现的重要影响因素，教学民主的核心是正确处理教学中的自由与控制问题。一方面，教学自由是教学民主的核心，没有教学自由就没有教学民主。另一方面，重视和强调教学民主中的自由问题，尤其是学生学的自由问题并不能走极端。教学中不仅要给学生充分的自由，同时要对学生进行必要的规范管理和引导，教学民主不仅以教学自由为前提，而且以教学控制为保障。

总结 >

Aa 关键术语

有效教学	翻转课堂	教学民主
Effective Teaching	The Flipped Classroom	Teaching Democracy

📎 章节链接

在这一章，你读到……	在其他章节中，你将发现相关的讨论……
关于教学中的自由、控制与民主问题	在第九章"班级管理"中有关于班级管理中的自由、规训与民主问题的讨论
关于教学自由问题	在第八章"教师"中有关教师教育自由的讨论

应用 >

✏️ 批判性思考

　　在教学过程中，有的老师强调教学自由，主张充分发挥学生个性，对学生放任自流；有的老师强调教学控制，严格限制学生的学习活动，压制学生的个性；有的老师则强调教学民主，主张教学自由与教学控制的和谐。您的教学属于哪种风格？您是如何协调和处理教学自由与教学控制之间关系的？

📝 教学一线纪事

啊，那一瞬间

　　某日，我到高一（4）班教《〈呐喊〉自序》，当我读到鲁迅先生说的"药店的柜台正和我一样高，当铺的是比我高一倍，我从一倍高的柜台外送上衣服或首饰去，在侮蔑里接了钱"时，教室里突然爆出一声："老师，为什么不丢个手榴弹进去？"

　　一室皆惊！五十多双目光先聚向那个调皮男生——方刚强，又灼灼地向我铺天盖地射来。教书二十余载，这次可真是"老革命遇到了新问题"，不由得一惊。还成，我立即坦然了。在众目睽睽之下，我徐徐来到方刚强桌边。五十多双目光被我牵到他身上，他有些惶然了。我的眼睛在他桌上桌内搜索了两三秒，然后牵着道道目光，牵着方刚强的砰砰心跳，回到讲台。

　　我语气舒缓地问："刚才，我到他那里做什么？"扫描全班，面对一片目光弯成的疑问号，声调一抑："我去看他那里有没有手榴弹。"一顿之后，音调高扬："如果有，我要和他一起，丢到那个'柜台'里去。"

　　群情振奋，我语言激越，"方刚强对少年鲁迅满怀同情，对黑暗旧社会充满愤恨，可贵！可贵！"方刚强眼睛亮得燃铁熔石一般："老师向那个'柜台'丢了手榴弹？""对，对，丢了！"一个女生说："《药》就是的！"另一个接腔：

"《狂人日记》也是的!"

下课后,方刚强几步冲上来,喊:"彭老师!"眼睛是湿的。我拍拍他的肩膀,眼睛也是湿的。

多年后,我得的这个奖那个奖和称号都渐渐模糊成远景了,唯独这件小事赖在记忆里,怎么赶也赶不走,那突然的一惊到胸有成竹的坦然,那"化险为夷"的兴奋,那"柳暗花明又一村"的愉快,那因势利导的喜悦,那师生互倾心海的欢欣,至今还在激荡心灵。

事后一想,如果在那一瞬间束手无策,强行将课"教"下去,味道将如何?甚至若认定方刚强那"家伙"是调皮捣蛋而痛加训斥,后果又将怎样?

想着,想着,脊背凉了。

资料来源: 余文森,等. 有效教学的案例与故事[M]. 福州:福建教育出版社,2011:44~45.(有删改)

✏️ 体验练习 ││

1."好"的教学的可能标准有哪些,请根据你的理解进行选择。(   )

A. 教学意向合理   B. 师生关系融洽   C. 符合教学伦理

D. 教学有创新性   E. 学生分数高

2. 假设你所任教的班级有一名学生很调皮,近来学习成绩不断下滑。以往的经验表明这样的学生属于"不打不成才"的孩子,一旦他遭受体罚,学习成绩就会有提高。这时你会怎么做?为什么?

3. 学校要集中征订一批教辅材料,要求各位教师必须动员和组织好学生集中购买。作为专业的科任老师(如数学老师),你认为这套辅导材料不好,不适合学生的需要,这时你会怎么做?订还是不订?为什么?

4. 假设一堂课上,学生们争相发言,非常踊跃,但学生们讨论的话题却离教学核心内容越来越远,快下课了,你会怎么做?

🔍 案例研究 ││

学完"声和光"的有关知识后,学生正在做教师布置的作业,突然一位学生把课前准备的糖拿出来吃。取糖时发出了糖纸摩擦的声音,把同桌的视线也吸引过去了。尽管这位学生小心翼翼,还是被教师发现了。此时教师稍作沉思,扫视了一下"目标"处,然后开始向学生提问,"你们听到了一种声音吗?"一个学生说,"听到了。"教师又问:"是什么声音?"学生说:"好像是塑料纸摩擦发出的声音。"教师又问:"后面的同学听到了吗?"学生说:"没有听到。"前面的学生解释道："因响度随距离的增加而减弱。"教师问："前面的学生虽听到了声音,但知道这位同学究竟在干什么吗?"学生说："他在塑料包装纸里取糖。"教师问："你是怎么知道的?"学生说："因为声音沿直线传播,只有我和他右边的同学才知道。"说到这里,这位吃糖的同学已是面红耳赤,一番看似有趣实则充满教育智慧的教学引导和控制,使课堂教学中出现的"异常情况"得到了及时的控制和疏导,实现了教学自由与教学控制的完美融合。

1. 在课堂教学过程中,您遇到过类似的情境吗?您是如何处理的?

2. 在本案例中,教师的处理方式主要体现和运用了我们学过的哪些教学理论?运用的效果如何?还有更好的处理方式吗?

资料来源: http://www.chinateacher.com.cn/news/2006/0222/323.asp,有删改.

拓展 >

☕ 补充读物

1　[美]斯特赖克,索尔蒂斯.洪成文,等译.教学伦理[M].北京:教育科学出版社,2007.

　　该书是一本教学伦理著作,主要以案例分析的形式讨论了教学中的惩罚与正当程序、学术自由、学生平等、文化多元和教师专业化等伦理问题。该书最大特点是以教学中生动、具体、鲜活的案例为基础,讨论复杂的伦理问题,极具启发性。

2　石中英.教育哲学[M].北京:北京师范大学出版社,2007.

　　该书是教育学基础系列教材,是国内教育哲学研究的重要著作之一。该书从哲学与教育的关系入手,依次讨论了什么是教育哲学,教育哲学简史,人生与教育,知识与课程,理性与教学,自由与教育,民主与教育以及公正与教育等问题。该书内容丰富,逻辑清晰,极具思想性与可读性。

3　张立昌,等.教学哲学[M].北京:中国社会科学出版社,2009.

　　该书从哲学的视角研究教学本质、教学目标、教学内容、教学主题、教学过程、教学评价等问题,提出了教学哲学的科学定位,提出了教学哲学的对象、任务、方法等的独特性。该书特点是视角独特,涉及面广。

🖥 在线学习资源

中国价值教育在线,http://jiazhijiaoyu.com/

第八章

教师

本章概述

　　本章从哲学的角度讨论成为教师的相关前提性因素，主要分析了三个方面的问题：第一，分析了教师为人师表的结构性因素；第二，分析了教师专业成长的本质性因素；第三，分析了理解教师个体教育理论的内涵及形成的方法论因素。

结构图

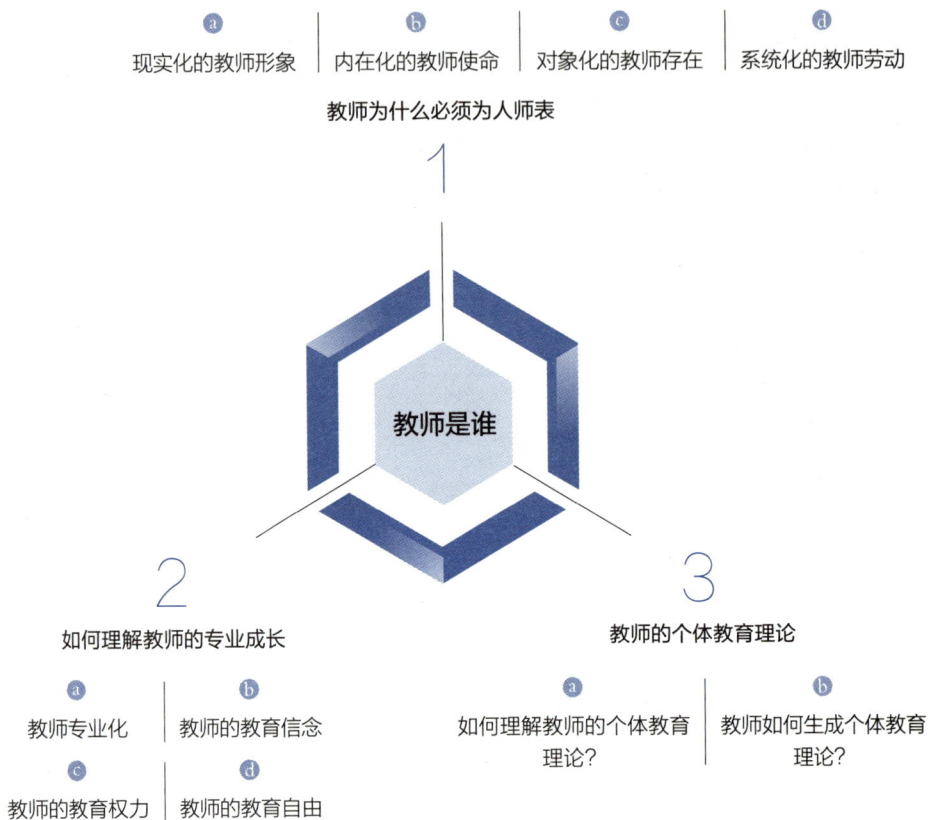

a 现实化的教师形象 | **b** 内在化的教师使命 | **c** 对象化的教师存在 | **d** 系统化的教师劳动

教师为什么必须为人师表

1

教师是谁

2
如何理解教师的专业成长

a 教师专业化 | **b** 教师的教育信念

c 教师的教育权力 | **d** 教师的教育自由

3
教师的个体教育理论

a 如何理解教师的个体教育理论？ | **b** 教师如何生成个体教育理论？

学习目标

学完本章，你应该做到：

1. 了解教师为什么必须为人师表的基本原因。

2. 理解什么是教师的专业成长，掌握教师专业成长的基本内涵。

3. 明晰什么是教师的个体教育理论，掌握教师生成个体教育理论的方法论。

读前反思

　　对于每一个人来说，教师都是个体成长过程中难以忘怀的人。对于教师的印象，都会勾起很多人对学校教育生活的深刻回忆。而未来的我们，也将在历经这些学习过程之后成为一名人民教师。那么，未来的你将要成为什么样的教师呢？阅读本章之前，请你首先阅读下面一些关于教师的名言。

案例1：俄国著名教育家乌申斯基曾经说过："教师们把自己的全部精力和血汗，把他所有的一切宝贵品质都贡献给自己的学生，贡献给本国人民。但是，同志们，既然你们今天、明天、后天都得把你们所有的一切都贡献出去，但同时你们如果不日新月异地补充自己的知识、力量和精力，那你们就连什么也不会剩下来了。所以，教师们一方面要献出自己的东西，另一方面又要像海绵一样，从人民中、生活中和科学中吸收一切优良的东西，然后再把这些优良的东西贡献给学生。"

——你是否可以想象作为教师，你不仅要面向学生，而且还要面向你自己，去不断地进行专业成长呢？

案例2：我国当代著名教育学家王逢贤先生曾经说过："为什么孔夫子在他的弟子中享有那样崇高的威望，裴斯泰洛奇被奉为'爱的教育之父'，马卡连柯教育流浪儿童创立了那样光辉的业绩，陶行知在他的学生心灵中留下了那样深的印记，郭兴福教学法有那样的高效率，斯霞被誉为'教育界的梅兰芳'，王胜川办工读学校成瘾……他们教育成功的共同秘诀，用他们切身体验的话来说，就是对自己的教育对象'要有一颗以诚相待的心，真心实意地爱他们'。"

——这种"教育爱"是很多教育家成功的秘诀，你如何理解这种特殊的"教育爱"呢？

案例3：我国著名小学语文教育名家窦桂梅曾经说过："一个教师能走多远，他的学生就能走多远"；"教师因读书铸就备课灵魂，便成就了教育的永恒爱心、理想信念、社会良知以及社会责任心，这，才是一个真正的教师不可或缺的精神底子。"

——作为未来的教师，你认为应如何为未来的教师生涯储备精神财富呢？

　　教师，是很多人都再熟悉不过的一个职业。然而，"教师"究竟是谁？成为"教师"有哪些理论前提？教师为何必须"为人师表"？如何理解教师的专业发展？如何看待教师的个体理论与实践？这些对教师职业以及教师身份的本体追问，其实隐含着我们对教师职业和身份的一种思考；而对这些问题回应的含混不清，恰恰是教师研究难以深入进行的基础性因素。《国家中长期教育改革和发展规划纲要（2010—2020年）》指出：百年大计，教育为本；教育大计，教师为本。有好的教师，才有好的教育。重视教师培养及其专业发展，已成为我国深化教育改革、推动教育内涵式发展的重要途径。因此，我们有必要在教育哲学研究中审慎思考关于教师的相关理论，深入探讨教师在学校场域中真实的存在样态，深刻把握教师成长的思想轨迹，并试图发现其内隐的观念状态以及实践逻辑。

第一节
教师为什么必须"为人师表"

🎯 **学习目标**

理解教师"为人师表"的必要性与条件性。

　　在现实生活中，"为人师表"似乎成为教师的一种应然表现。那么，教师为何必须"为人师表"？这种"为人师表"究竟表现在哪些方面？其实，"教师"一词也经历了复杂的变化。随着教师所处的社会环境不断变迁，教师的权威、地位及其功能也历经时代盛衰而不断演变。"先师""塾师""业师""帝师""祖师"等诸多尊称也不断为这些从事知识与技能传授者、思想与价值引导者冠名。而贯穿其中的便是"为人师表"的共同属性。从现有文献来看，"为人师表"一词最早见于《北齐书》的"列传第二十三篇·王昕书"中"杨愔重其德业，以为人之师表"一句，其意为在人品学问等方面作为他人学习的榜样。这种特殊的称谓在教育发展史中已经逐渐成为指称一名教师身份的特殊符号。而解析这种提法就必须要从明确教师的本体功能、内在结构入手，不断辨别对教师的诸多误读，进而在历史与现实的双重维度中还原教师"为人师表"的真实价值。

> **教师（Teacher）**
>
> 教师具有广义和狭义两重含义。广义的教师泛指传授知识和经验的人；狭义的教师则指受过专门教育和专业训练，按照相关标准和要求，在学校场域中对学生进行德、智、体、美、劳等多方面教育的专业人员。

一、现实化的教师形象："为人师表"的不同隐喻

"为人师表"的道德崇高凸显了教师职业的特殊价值，也在一定意义上为教师职业增添了无形压力。特别是在经济社会飞速发展的时代背景下，教师的无私奉献与默默付出也在诸多舆论中被不断地予以演绎、解读，而这些正表现出新的历史条件下"为人师表"的不同理解，并形成了诸多具有隐喻性质的教师形象表述，如"蜡烛论""工程师论""园丁论""桶水论"等。正如石中英所说："隐喻不单单是作为一种语言修辞的手段而出现，而且也是作为一种基本的教育思维方式而存在，是研究者把握研究对象、表达自己观点的一种基本方式。"[1]因此，借助这些不同的"隐喻"，我们也能透视出教师"为人师表"在现实条件下的不同表现和基本特征。

（一）"蜡烛论"中的"为人师表"

"春蚕到死丝方尽，蜡炬成灰泪始干。"唐代诗人李商隐的这句无题诗虽然是对春蚕和蜡烛的赞扬，但在很多现代人看来，这其中所包含的基本思想正符合教师职业无私奉献与默默付出的基本特点。

教师职业与其他职业不同，教师以人的知识和道德养成为主要对象，以处于成长期的学生为"工作对象"。在师生关系的处理中，教师必须要紧密关照学生的认知水平，不断切合学生的实际发展水平。正如《国家中长期教育改革和发展规划纲要（2010-2020年）》所指出的那样：教育发展"要以学生为主体，以教师为主导，充分发挥学生的主动性，把促进学生健康成长作为学校一切工作的出发点和落脚点"。这充分肯定了在学校教育中教师对学生所施加的引领功能，重申了教育工作中教师所具有的独特价值。但蜡烛所散发出来的光芒总是朝向一定的目标，具有明确的指向。如果将教师比作蜡烛，那么教师这支"蜡烛"所散发的光芒必定是以照亮学生为目标。然而，教师在发展学生的过程中不仅要"照亮"学生，引导学生的个体成长，而且也在教育过程中实现着自身的专业发展。教师也有生命，也需要来自学生的思想启示，不断实现"教学相长"。因此，"蜡烛论"显然没有充分意识到教师在教育学生的过程中自身的专业发展问题。

同时，"蜡烛论"在将教师的精神崇高性进行赞扬的同时，也指出了教师在教育过程中所处的尴尬地位：蜡烛自身的有限性决定了蜡烛的功能必定也是有限的，如果将教师比作这种不断燃烧的蜡烛，那么教师只能依靠"燃烧"自己来实现其工作职责吗？教师一定要以"牺牲"自身的方式引领学生的成长吗？显然，我们尚需对这种"蜡烛论"中的"燃烧"现

---

1 石中英. 教育学研究中的概念分析[J]. 北京师范大学学报（社会科学版），2009（3）：34.

象进行再思考。现实生活中，虽然教师享受着较高的社会地位，受到来自社会各界的关注与尊重，但市场经济条件下，教师的实际经济地位、社会地位等却远低于很多职业。这种"师表"所体现出来的恰恰是教师道德形象的一个侧面，而对教师的物质需求与现实处境关注不够。因此，"蜡烛论"赋予教师的"师表"更多地体现为教师崇高的道德形象，在"燃烧"自己的过程中"照亮"别人。而教师不仅应付出自己的博爱，而且更应该不断充实自己，在自身专业成长的过程中成为照亮学生成长的"长明灯"。

（二）"工程师论"中的"为人师表"

"人类灵魂的工程师"是苏联领导人斯大林对作家的称谓，苏联著名教育家加里宁将这句名言引用到教育界，称"很多教师常常忘记他们应该是教育家，而教育家也就是人类灵魂工程师"。自此以后，"人类灵魂的工程师"成为对教师的特定称谓，而这往往被看成是社会对教师所彰显的"师表"的崇高赞誉。然而，"工程师论"中教师所表征出来的内涵也从两个方面引发我们的思考。

一是教师可以像工程师那样对学生进行塑造吗？工程师不同于普通职业，工程师能够依照蓝图制造产品，是机械加工与制造领域的技术能手。众所周知，工程师制造机器的过程，必须严格依照一定的工艺要求和严格的操作步骤进行有序加工，不可随意更改预定方案。然而，教育活动的整个过程却是在无形的思想引领中进行的，需要面对诸多生成性因素，难以通过强有力的预设而达成目标。如果将教师比作工程师，那么教师能够对学生形成强有力的预设吗？或者说，学生的发展能够加以按照教师的设想进行"型塑"吗？显然，工程师似的"师表"只能表现出"教书匠"一般的操作程序，而难以发挥出教育本身所特有的育人功能。教育不仅是一项科学事业，需要像工程实施那样精密细致，而且也是一项艺术事业，需要教师对学生进行心灵深处的呵护与引导。从这个意义上说，教师无法真正像工程师那样按照既定方案对学生进行塑造。

二是教师如何有效塑造学生的"灵魂"？"灵魂"作为虚拟的词汇用来比作学生的思想和精神，但工程师如何将这一无形的"灵魂"加以塑造？工程师所加工的产品处于实实在在的物质形态，能够借助科学手段有效评估其质量的优劣、性能的好坏。教育活动是师生之间的对话，是教师对学生情感的唤醒、智慧的激发与能力的提升，而不是如工程师一般去制造事先被规定好的产品。因此，工程师所表征出来的"师表"只能将教师比作无所不能的"神"，按照工程设计的意图去培养教师，而无法还原出教育过程的复杂性以及教师职责的艰巨性，工程师意义上的教师也无法实现灵魂的有效塑造。

改革开放以来，我国教育事业发展迅速，但像建工厂那样统一建设学校、像培养工程师那样统一培养教师、像购买原材料那样统一招收学生、像生产产品那样产出毕业生、像考察产品那样检验毕业生的质量的传统"工业化"教育发展模式仍然存在。这种模式在提高教育普及率、提升教育公平度等方面确实发挥了重要作用，但所产生的诸多问题也在提醒我们：决不能用单纯的工业化思维来谋划教育发展，"工程师论"意义上的"师表"需要进行深刻反思。

（三）"园丁论"中的"为人师表"

我们常说"教师像园丁一样"。但你是否想过：教师真的和园丁一样吗？有的学者认为，如果将"工程师论"中的"师表"看作一种"工业"思维模式的话，那么"园丁论"中的"师表"则是典型的"农业"思维模式。其实，很长一段时间，我们都愿意将教师比喻园丁，学生如种子一般需要由教师来浇水、培土，实现其个体成长。这种常用的表述自然、亲切，折射出教师甘为人梯的师范形象。这种隐喻既反映出学生个体发展的一般规律，描述出学生发展的可能性以及学生个体发展的差异性，又顾及教师在从事教育活动过程中劳动的复杂性。然而，当反思这种表述时，我们不难发现，这种"园丁论"意义上的"师表"形象也隐含着一定的问题。

其一，这种观点仅仅看到教师的辅助作用，而没有看到教师在教育过程中的主导作用。园丁只能在无法更改其本性的前提下，按照植物内在的价值以及品性去培养或修剪，使其更好地生长；而人的发展之所以不同于植物，就在于能够在无限的可能性中寻求一种发展的路径，而教师正是这种发展路径的选择者和引导者，在学生个体成长中发挥重要的主导作用，而不仅仅是"园丁"意义上的辅助作用。

其二，这种观点仅仅看到教师在教学过程中的外在影响，而没有看到学生内在的个体参与。园丁虽然十分尊重植物本身生长的特殊性，但对于植物的修剪更多地只是发挥教师外在的个体作用；而教育过程之所以复杂就在于有学生的主动参与，学生在教育过程中不是被动地接受（或像植物一样任由园丁修剪），而是要在教师的引导下积极参与教育过程，成为教育活动的重要参与者。同时，教师也在"教学相长"的双边活动过程中促进了自身的专业成长，师生交往的过程强化了教师学习的重要性，而这显然不是园丁能够实现的。

因此，"园丁论"意义上的"师表"更类似于传统教育所表现出来的具有更大权威的教师形象，而现代教育意义上的教师恰恰超越了传统的教师内涵，在与学生的共同成长中建构起教师身份，在师生互动中推动学生价值观和知识观的建构。

（四）"桶水论"中的"为人师表"

一段时间以来，"教师要给学生一碗水，自己要有一桶水"的"桶水论"观点深深地影响了很多教师。这种观点十分重视教师知识和能力的储备，强调教师对学生施加影响的前提首先来自对自身素质的强化，尤其表现为一种"量"上的储备。这种观点的合理性在于，教师所承载的首要任务便是"传道"，而"道"之所以"传"即在于学生本身并不具备这样的

"道"，教师需要通过"传"的过程增长学生的"道"。于是，教师只有更好地完善本身所具备的这些"道"，才能进一步落实教学目标。当前，传统的教师教育模式也更多地沿着这种理念进行，在不断对师范生或在职教师进行知识传授的过程中，试图帮助教师在"量"上实现专业成长。但"桶水论"的观点仅仅看到了教师的知识和能力在"量"上的储备，而没有看到这种知识和能力在"质"上的标准约束以及"给水"过程的方法问题。"桶水论"反映的恰恰是一种应试教育的模式，这种观点将学生当作一种承载知识的容器，被教师不断地注入各种知识，其检验标准往往是考试的成绩。

当前，经济与社会突飞猛进，个体信息来源日趋多样化、多源化，教师与学生在各种新媒介面前处于一种平等地位，教师对信息量的掌控能力也并非一定会强于学生，因此，教师的知识储备并非一定会多于学生。"教师在教学中只是一个协调人，其作用是为学生的学习尽可能多地提供资源，创造一个积极学习的环境，让学生自己健康、和谐地发展。"[1]在这一过程中，教师也应不断学习，尤其应在教育过程中主动向学生学习，与学生共同探讨问题，不断构建起知识学习的新模式。

当然，任何一种有关教师的隐喻都在传达着不同的"师表"形象，在增加有关教师表述的生动性和形象性的同时，也有助于人们从多角度审视教育现象、表达教育主张。而正是在这些日常话语中传达出社会对教师这一群体的极大关注，同时也突显出教师最为平实的群体形象。不难看到，随着社会的变迁，社会舆论对教师角色的解读也在不断进行，"师表"的内涵与功能也在不断充实和完善。尤其在新的教育环境下，更需要从事教育实践、进行教育理论研究的教师们对"师表"进行重新定位与思考。

二、内在化的教师使命："为人师表"的重要功能

教育家语录

一个教师如果不落后于现代教育的进程，他就会感到自己是克服人类无知和恶习的大机构中的一个活跃而积极的成员，是过去历史上所有高尚而伟大的人物跟新一代之间的中介人，是那些争取真理和幸福的人的神圣遗训的保存者。他感到自己是过去和未来之间一个活的环节。

——[俄]乌申斯基

引自：[苏]凯洛夫，总主编.教育学[M].陈霞，等译，北京：人民教育出版社，1957：69.

---

1 陈向明. 教师的作用是什么——对教师隐喻的分析[J]. 教育研究与实验，2001（1）：18.

　　严格来说，教师之所以呈现出不同的"师表"形象，关键在于教师所承载的功能不同。从不同的视角审视"师表"，实际上也正是基于教师所具备的不同使命而表征出的不同形象，而这也正是"为人师表"背后所潜隐的核心问题。

（一）促进和激发人类自身的潜能

　　人类社会的生生不息正在于人本身的潜能始终处于不断地发展和完善中。在人类历史的长河中，人本身的发展也历经了漫长而复杂的过程，而对经验的不断修正以及对知识的系统总结正是这一过程的关键，也是提升人类自身生存和发展能力的重要前提。因此，有序化的教育活动不仅促进了人类对于经验与知识的学习，而且进一步激发了人类自身的潜能。而教师自从诞生之日起，便承担起这项使命。

　　现代脑科学发展逐渐表明，"科学地开发人脑的潜能，让每个人的头脑都产生一种类似于物质世界的'核裂变'，从人脑深处迸发出智慧的火花，这将使人类的发展和社会的文明产生质的飞跃"[1]。而使这种"飞跃"产生的重要前提便是如何激发人脑潜能。与遗传等先天因素相比，教育在激发人的潜能过程中发挥着十分重要的功能。教育借助构建相关环境不断开发人类的潜能，形成人类向更高方向发展的坚实基础。在这一过程中，教师扮演着潜能开发者的角色，教师在教育过程中不断促进每个学生从既有的发展可能转化为现实，形成学生整体智能水平的普遍提高。正如日本著名脑科学家小泉英明所说的那样，学习和教育从生物学意义上已不再是传统的界定，"学习是通过外部环境刺激而建构中枢神经网络的过程，教育是控制和完善外部刺激的过程"[2]。教师的使命已不单单是知识传递这样单纯的过程，而应有建构相关环境的重要使命。在有利于教育和学习的相关环境中，教师不仅关注学生群体的潜能，而且更重要的是要形成学生个体潜能的正确认知。每个人的潜能具有鲜明的个体差异性，而教师正是要基于这些不同差异进行因材施教，将个体潜能所蕴含的能量予以最大化的释放。

　　教师不仅传授人类的经验和知识，而且不断促进人类本身向更加全面的方向发展，尤其将人类社会发展过程中所形成的道德观念、行为准则等传播给年轻一代，并引导学生在实践中形成良好的行为习惯。特别是在基础教育阶段，教师更要帮助学生在思想品德等方面打好基础，使学生受益终生。在这一过程中，教师不断完成着教书育人的本体使命，并呈现出关注学生差异、激发个体潜能的"师表"形象。

（二）维护和推动人类社会的不断发展

　　人类潜能的不断提升不仅保障了人类社会的繁衍生息，而且进一步推动了人类社会的向

1　朱法良. 对全面开发人脑的思考[J]. 教育研究，2001（7）：36.
2　[日]小泉英明. 脑科学与教育——尖端研究与未来展望[J]. 教育研究，2006（2）：24.

前发展。尤其在物质财富和精神财富创造过程中，教师更是发挥着关键性的作用。

物质财富的生产需要培养新型劳动者，而教师正是要担负起培养新型劳动者的职责。现代生产方式的不断变革使人类的劳动正从简易劳动向复杂劳动发展，劳动过程和劳动工具均呈现出日益复杂化的倾向，信息化、智能化的劳动方式使得直接从事生产劳动的劳动者日益减少。大批新型劳动者不断诞生，需要高素质的教师在知识经济的背景下具备开发人力资源、提升人的劳动能力、强化劳动者质量的能力，从而实现物质财富的再生产。

人类社会的发展还需要在教师的引导下生产大量的精神财富。这是因为，从事精神财富生产的人，一般都要具备专业的培养或专业训练，如作家需要专业的语言文字能力和文学鉴赏素养，艺术家需要专业的审美能力和艺术鉴赏水平。而这些素养和能力的提升都不是自然而然的，而是需要经过系统化的教育过程才能较为完整地呈现出来。虽然我们能看到文学家为一部好的文学作品、艺术家为一场精彩的演出而付出的努力，却难以想到教师所付出的前期努力。应该说，没有教师，这些专门从事精神财富创造的人才就难以脱颖而出，为人类社会创造出优秀的精神财富。

同时，在物质财富和精神财富的生产中，教师也在不断为人类社会的改革和发展提供科学理论根据以及科学研究成果。通过对科学知识的传播，教师也在不断促进学生对知识的掌握和理解，使人类千百年来所累积的知识和经验不断被下一代人所掌握，在激发潜能的过程中推动着知识的再生产。而教师进行知识再生产的过程，实质上也是探索、研究和建构新科学理论的过程。教师正是在这一过程中不断创造出新的科学理论，以理论创新推动人类社会发展，并借助科学实验获取更多的科学研究成果，为人类社会释惑答疑。当前，无论是自然科学还是人文社会科学，很多科学研究成果都是由高等院校中的教师所创造。从这个意义上说，教师不仅以培养新型劳动者的方式推动人类社会发展，而且还直接创造出科研成果来满足人类社会发展的需要；"师表"也不仅以学生这一群体为对象化的存在，而且也存在于整个人类社会。

（三）继承和创新人类文明的优秀成果

人类文明是人类社会生产和发展的重要结果，人类文明的继承与演进需要通过教师的系统化传递、组织化开发以及集成化创新来实现，而"师表"的形象也在这一漫长而复杂的过程中转化为三种角色。

一是作为人类文明系统化传递者的教师。人类在漫长的社会实践中，积累了弥足珍贵的生产生活经验，创造了辉煌灿烂的科学文化知识，并积淀了丰厚的文化遗产。人类的延续发展离不开对既有文明成果的传承，然而要想使人类长期以来所积累的经验和知识系统化地世代传承下去，就必须依靠专门从事教育活动的教师来加以实现。教师通过自身的脑力劳动，不断对人类社会所累积起来的经验、知识以及其他文化遗产加以归纳和总结，系统化地传授给学习者，形成人类文明的永续传承。反之，如果没有教师的这种系统化传递过程，人类仅仅依靠十分有限的直接经验进行生存，而无法充分利用前人的有效经验和知识，人类本身的生存和发展将停滞不前。就此而言，教师借助对人类文明的系统化总结，在人类文明的过去和未来之间扮演着十分重要的承上启下的重要作用。

二是作为人类文明组织化开发者的教师。人类文明作为一个复杂的系统，以何种方式进行系统总结进而传递给学习者呢？为了便于教育活动的有效开展，教师需要在系统化总结的基础上不断对人类文明进行有效地组织化开发。这里所说的"组织化开发"，指的是教师从不同侧面对人类文明进行解读和分析，对其内容、地位、层次等进行有序化整合和编排，以建构起有利于教学过程的知识系统。进入21世纪以来，随着新一轮基础教育课程改革的深入推进，教师在教学过程中被赋予了更多的自主权。其中，开发校本课程、研制校本教材成为很多教师的常用做法。例如，很多农村教师开发了富有地方特色的乡土文化读本，增强学生热爱祖国、建设家乡的热情；很多小学教师开发了以《百家姓》《千字文》《论语》等为代表的传统国学系列教材，提高学生热爱传统文化的热情；很多中学教师开发了许多综合实践课程，用科学知识解决现实问题。这些都是教师通过显性知识的挖掘而对人类文明进行组织化开发的一种方式，而很多教师在进行学科知识教学时也在不断地将学科知识的发展史等传授给学生，形成学生对人类文明的一种认知。因此，教师以自己的独特的方式对人类文明进行不间断的组织化开发，在彰显教师功能的同时也在不断生成教师的特有形象。

三是作为人类文明集成化创新者的教师。如果说人类文明需要教师的传递与开发，那么教师更重要的使命则在于不断促进人类文明的集成化创新。教师所从事的劳动不仅仅是一项传递的单向劳动，而且也是在师生的互动中实现的双向沟通；教师所面对的人类文明也不是某一国的地域文明，而是在时间和空间的交互中多重的文明。教师通过揭示人类文明知识和经验的科学性和系统性，燃起学生的学习热情，培养学生对人类文明的炽热追求和钻研精神，进一步提高学生运用人类已有知识解决当下问题的操作能力。因而，教师对人类文明的创新实际上是一种具有高度集成性质的创新。尤其在知识经济的时代背景下，教师对知识的不断创新和创造性运用成为一项重要的能力。教师理应具有审视、研判并辑采各种文明中的经验和知识的能力，在教育知识的传递过程中实现不同文明背景下知识和经验的系统性运用，从而进一步推动学生对人类文明的创新性理解。

综上，教师的角色功能决定了教师必然不是一个平平常常的人，而是具有优良品质的特殊个体。正如我国著名教育学家陈元晖先生所说的那样：

"一个教师，首先要具备坚定的共产主义观点和信仰，这样，他才能为新社会培养新人。

"一个教师，他必须具备丰富的知识和教育学的素养，知道如何去培养新的一代。

"一个教师，他必须是诲人不倦而又学而不厌。诲人不倦是教学成功的重要条件。世界上的知识是日新月异发展着的，如果教师没有学而不厌的精神，就很难完成教学任务。

"一个教师，他必须是坚决执行国家教育政策的人，能为国家教育政策的贯彻而努力奋斗。

"一个教师，他必须是言行一致的，他以他自己的行动去影响他的学生。

"一个教师，他要有自我批评的精神，敢于承认自己的缺点和错误，并勇于改正他的缺点和错误。"[1]

三、对象化的教师存在："为人师表"的关系逻辑

马克思认为，"社会是人们交互作用的产物"，"一个人的发展取决于和他直接或间接进行交往的其他一切人的发展"[2]。教师之所以能够具有不同的"师表"形象，正是在一定的对象化关系中被不断呈现并解读出来。可以说，"师表"的一个逻辑前提便是"为人"，即教师在与他者的关系中被对象化地呈现出来。因此，考察教师为何必须"为人师表"的一个重要前提便是厘清教师与重要他者之间的逻辑关系。这主要包括教师与学校内部的他者（如学生、同事以及学校领导等）和学校外部的他者（如学生家长、自家亲属、外校同事、教育行政部门人员、研究专家以及相关社区人员等）的关系。基于教师与重要他者关系的疏密程度，这里着重分析教师与学生、家长以及同行之间的逻辑关系。

（一）学生只能是受教育者吗？——师生关系的逻辑嬗变

"天地君亲师"是中国传统思想中的一种象征性秩序，将"师"列入这一行列，足见教师在中国传统思想中的分量之重。在知识占有成为一种财产性标志时，教师因具有一定的知识储备而成为社会中受人尊重的行业，学生在教师面前自然处于较低的地位，这种师生的尊卑关系一直影响了几千年的中国传统教育，而这种状态所形成的"师表"更具有权威性和统摄力，在强调"师道尊严"的过程中与学生产生一定的距离。然而，从人的发展本源上来看，人的发展正是根植于人本身的主动建构性以及不满足于现状而生成的超越性，压抑这种建构性与超越性的学校教育难以建构起有利于促进学生培养的民主化的师生关系。因此，中国传统封闭性的师生关系必然在教育发展过程中受到挑战，学生作为"受教育者"的制度身份与正式角色也必将超越传统"尊卑式"的"师表"，教师也在其中不断建构起民主化的"师表"形象。尤其是随着知识普及化以及知识获取方式的多元化速度的加快，教师在信息化社会中逐渐失去了对知识占有的先赋性特权，传统的"桶水论"等观点也不适应时代的发展要求。进入21世纪以来，新课程改革深刻影响了我国基础教育发展的整体态势，尤其对师生关

1　陈元晖. 陈元晖文集（上卷）[M]. 福州：福建教育出版社，1992：704～705.
2　中共中央马克思恩格斯列宁斯大林著作编译局. 马克思恩格斯全集（第3卷）[M]. 北京：人民出版社，1960：515.

系的调整进入了一个新的阶段。因此，师生关系的逻辑嬗变表明，"师表"正趋向于平等、对话的民主化关系形态，"共生、共存、共命运"的"共同体"关系形态以及"即时扮演""相互界定""随时更换"的动态角色表现正逐渐彰显出来[1]。仅仅将学生作为受教育者看待的师生关系，已经不符合现代教育发展的客观要求，更难以彰显人的培养的特殊性。

（二）如何面对家长的焦虑？——家校合作的一个前提

在教育活动过程中，教师和家长都担负着教育学生的使命，并因学生的存在而发生着某种联系。教师与家长的关系不同于师生关系或亲子关系，而是借助学生的个体性行为以及对象性评价而使教师与家长建构起进一步沟通的关系。然而，对于教育学生而言，教师与家长往往具有不同的价值取向，容易导致学校教育与家庭教育的契合或割裂。正如杜威所说："不能有两套伦理学原则，一套为学校内生活，另一套为校外生活。因为行为只有一个，行为的原则也只有一个。"[2]而造成这一状况的主要原因就在于教师与家长在教育理念上的差异。

当前，随着独子化、少子化时代的来临，家长不断加大对学生教育的重视，并表现出一定程度上的焦虑状态，"虎妈教育""狼爸教育"正是这种焦虑状态的反映。而家长的这种焦虑尤其表现在家长对学校教育在某种程度的干预上。很多家长寄希望于学校教育能够配合家庭教育，实现家长对学生的期待；但学校教育特有的发展机制无法完全满足家长的需求，于是很多家长将学生在学校教育中的不适应性或不佳表现归罪于教师。而教师如何处理好家长的焦虑，不仅关系到家校合作的有效性，而且也关系到学校教育质量的提升以及学生发展水平的提升。因此，教师一方面应尊重家长对亲子教育的选择权与知情权，主动与家长就学生的成长进行及时沟通；另一方面，教师也应积极引导家长的亲子教育，熟知不同家庭的教育方式，因材施教，从而使学生在学校—家庭一体化的模式中健康成长。不难看出，教师与家长的沟通过程其实也是一个重要的教育过程，教师应对家长进行有效教育的沟通，引导家长重新审视学生的成长，切实完善家长的教育理念。积极有效的沟通不仅可以有效化解家长的焦虑，建立起家长和教师的和谐关系，而且有助于促进家庭与学校关系的切实改善。

（三）同行是冤家吗？——教师共同体的构建

中国民间有句俗语："同行是冤家。"其意是说处于同一行业中的不同个体由于竞争等外在压力，终将会形成一种对立的局面。现实生活中，为了更好地让学生考出好成绩，在成绩榜中排到好名次或在学生群体中力拔头筹，很多教师在应试教育的背景下与同行展开竞争，不断提升学生的应试能力；为了更好地获取职称、荣誉等有限资源，很多教师也在学校场域

1 吴康宁. 学生仅仅是"受教育者"吗？——兼谈师生关系观的转换[J]. 教育研究，2003（4）：47.
2 赵祥麟，王承绪，编译. 杜威教育论著选[M]. 上海：华东师范大学出版社，1981：99.

中与同行展开各方面的竞争。这种状态下所呈现出的"师表"更多地表现为非正当性的价值观引导的教师形象。可以说，这种局面的出现很大程度上来源于教育生态的病症。随着全面深化教育改革的持续推进，教师更多地被赋予"引导者"和"学习者"的角色，需要在学校教育的改革和发展方式的不断转变中，切实增强自身专业能力、提升专业水平，而这在很大程度上依靠教师合作。富兰指出："合作对于个人的学习非常重要。如果我们不与人交往，我们能学到多少东西是有限的。合作的能力不论在小范围还是大范围内，在后现代社会正在成为十分需要的能力之一。只要他思想开放（即提倡探索），个人的力量与有效的合作相结合将变得更为巨大。"[1]因此，教师只有以合作的方式逐渐生成互动的关系形态，建构起专业发展的共同体，才能真正实现自身的专业成长。在教师教育持续改善的时代背景下，很多地方开始探索以"名师工作室"等为载体的实践平台，就是要打破传统教师个体化的工作和成长模式，改善教师之间的传统观念，形成专业互补、互动与互助，而这也在一定程度上树立起"师表"的新形象。

四、系统化的教师劳动："为人师表"的内在结构

马克思在《资本论》中指出："劳动过程的简单要素是：有目的的活动或劳动自身、劳动对象和劳动资料。"[2]教师的教学活动、教学对象以及教学手段等，构成了教师劳动的基本要素。而"为人师表"之所以能够彰显出教师的职业形象，就在于教师的劳动具有鲜明的繁重性、复杂性、示范性等特征。考察教师"为人师表"的内在逻辑结构，就必然从教师繁重的教学任务、复杂的教学过程以及无私的奉献精神着手进行分析。

（一）繁重的教育任务建构起"为人师表"的核心要素

教师劳动之所以不同于其他职业的劳动，主要在于教师的劳动对象是人，教师的主要任务是通过适当的方式完成"传道、授业、解惑"的过程。而这一过程不仅仅是科学文化知识的传授，而且还包括学生思想道德品质的培育以及良好的身体素质的养成。党的十八届三中全会通过的《关于全面深化改革若干重大问题的决定》指出：要"形成爱学习、爱劳动、爱祖国活动的有效形式和长效机制，增强学生社会责任感、创新精神、实践能力。强化体育课和课外锻炼，促进青少年身心健康、体魄强健。改进美育教学，提高学生审美和人文素养"。某种程度上说，国家关于教育改革和发展的顶层设计、社会对于优质教育的热切期待以及学校对于教育教学目标的顺利达成最终将落实到教师身上。而一名教师要高质量地完成

1　[加]迈克·富兰. 变革的力量——透视教育改革[M]. 中央教育科学研究所，译. 北京：教育科学出版社，2000：27.
2　中共中央马克思恩格斯列宁斯大林著作编译局. 马克思恩格斯全集（第23卷）[M]. 北京：人民出版社，1972：202.

好这么多方面的任务就必须付出更多的汗水。众所周知，很多中小学教师繁重的劳动已远远超出八小时的工作时间，家访、备课以及进行教育科研等常常挤占了自己的业余时间，很多优秀教师甚至常常舍去自己的业余消遣和节日娱乐，而有的贫困偏远地区的教师由于工资待遇较低还需考虑家庭的生计问题。因此，这种繁重的教学任务成为教师职业的一个重要方面，也不断建构起教师职业之所以"为人师表"的核心要素。

（二）复杂的教育对象建构起"为人师表"的存在样态

教师之所以不同于"工程师"的一个核心问题就在于：教师所面对的对象是具有复杂特点的人，而不是简单的物质。要"生成"符合相关"标准"的人，就必须耗费比"工程师"还要多的精力。随着经济和社会的发展，作为教育对象的学生也呈现出信息多源化、学习个性化等特点，尤其对于那些处于生理与心理双重成长期的中小学生而言，教师更需要根据每个学生的不同特点而采取不同的方法，来促进学生的健康成长。《基础教育课程改革纲要》指出："教师在教学过程中应引导学生质疑、调查、探究，在实践中学习，促进学生在教师指导下主动地、富有个性地学习。教师应尊重学生的人格，关注个体差异，满足不同学生的学习需要，创设能引导学生主动参与的教育环境。"在独子化、少子化的时代里，每一个学生所涉及的家庭、社区等不同社会单元都要与教师产生一定的关系。教师不仅要善于协调这些复杂的关系，而且还要因势利导，积极利用每个学生独特的家庭和社区生长环境，组织开展有利于学生成长的活动。正是在这些复杂的教育对象面前，教师不断地以自身的行动建构起"为人师表"的基本样态。

（三）鲜明的教育方式建构起"为人师表"的重要特征

德国著名教育家第斯多惠认为："教师本人是学校里最重要的师表，是直观的最有效益的模范，是学生最活生生的榜样。"很多时候，教师在分析教学知识时，不断地表达出自己对知识的社会形态的观点；教师在指导学生进行研究性学习时，不断地将自己的研究设计示范给学生；教师在对学生进行品德教育或奖惩时，也在不断地将自觉的人生观、世界观与价值观呈现在学生面前。无论教师自身是否意识到，教师在教学过程中的基本理念与思维方式，都会成为学生学习的主要模仿对象；教师自身的言行举止以及为人处世的态度、过程与方式也都会被学生所效仿。一名具有良好道德品质与生活习惯的教师，往往在教学过程中不断地将自身乐观无畏、积极向上的进取精神，敏而好学、审时度势的工作作风，任劳任怨、忠诚正直的人生品质传授给学生。而对学生的这种潜移默化的缄默教育过程正是教师彰显"师表"的重要过程。《学记》就曾指出："安其学而亲其师，乐其友而信其道。"其意是说作为教师要善于不断激发学生学习的兴趣，善于与学生相处，从而让学生感佩教师的教学行为，增强对教师的敬畏感和信任感；而教师在这一过程中也实现了"学为人师，行为世范"

的教师功能。正是这种不容忽视的示范性，建构起"师表"的日常形态。

（四）无私的奉献精神建构起"为人师表"的道德形象

繁重的教育任务、复杂的教育对象以及鲜明的教育方式决定了一名合格教师必须具有无私的奉献精神。著名教育家霍懋征生前多次表示："选择教师无怨无悔"，"教育是一项奉献爱心的事业"，"没有爱就没有教育"。事实上，社会上对教师的评价更多地倾向于教师为教育事业所付出的爱心。为了完成教学任务，很多教师起早贪黑地备课、批改作业；为了调动学生课堂积极性，许多教师精心设计教学过程；为了增强教学实效性，很多教师认真组织各种教学活动；为了促进学生全面发展，很多教师不断开展各种教育活动。教师的爱是一种大爱，是一种虽无血缘关系，但却情浓于血的大爱；教师的爱是一种博爱，是一种虽无更多对象，但却海纳百川的博爱。正是这种无私的奉献精神，使得很多偏远山区的教师不舍清贫的教师职业，很多身患疾病的教师不舍教育事业的崇高，甘当人梯，无怨无悔，在建构起社会对教师职业认同的同时，也建构起教师"为人师表"的道德形象。

第二节
如何理解教师的专业成长

学习目标

理解教师专业成长的基本内涵。

正如马克斯·韦伯所指出的那样：具有学者的资格与合格的教师，"两者并不是完全相同的事情。一个人可以是一名杰出的学者，但同时却是个糟糕透顶的老师"[1]。成为教师并非一般知识分子所能胜任，教师的专业性正是在教师教育的过程中动态生成的；而教师在这种日常的教育活动中，不断锤炼自身的教师品质，形成教师独特的信念以及教师对教育权力和自由等的认知，进而推动着自身的专业成长。

一、教师专业化：教师专业成长的历史前提

教师专业成长的一个重要前提便是要了解教师职业的形成，因此，这就需要从"师"是如何作为一项专门的职业而独立存在这一问题入手，进行历史性的思考。

1　[德]马科斯·韦伯. 学术与政治[M]. 冯克利，译. 上海：上海三联书店，1998：21.

应该说，教师作为一门职业，与人类社会的发展是密不可分的。在苍茫的远古时代，伏羲"教民以猎"（《尸子》），神农"教民农作"（《周易·系辞》），长者教幼者以食物活动，这种原始意义上的"教"正是由那些有着丰富的生产生活经验的人所承担的。而正是在这种以能者为师或长者为师的过程中，"教"的功能使得教师的原初意义得以彰显出来。这种朴素的、带有经验色彩的"教"也充分表明，能够承担"教者"身份的必定是那些有着足够知识或经验的人，而"教"的过程也必然将这类人群暂时地与被教人群分隔开来，形成截然不同的两个群体。虽然教师在远古时代尚未产生，但"教"的活动已经赋予特殊人群以表率的功能，"师表"的形象也在人类的生产生活中不断被呈现出来。

> **专业（Profession）**
>
> 专业是指专门从事某种学业或职业的专门学问，也可指在人类实践活动过程中，用以描述职业生涯某一阶段、某一群体所长期从事的具体业务规范。

而随着人类习得、创生的知识和经验不断增多，人类本身对知识和经验的渴求也随之增加，系统化地习得更多的知识和经验，自然地成为一种生命诉求。在这种背景下，教育从生产劳动与日常生活中分离出来，专门从事传授知识或经验的教育机构——学校，也随之诞生。《孟子·滕文公上》记载："学校这种教育机构最初被设为庠、序、学、校以教之。庠者，养也；校者，教也；序者，射也。夏曰校，殷曰序；学则三代共之，皆所以明人伦也。"可见，"明人伦"等习得人类社会基本生存法则、遵循人伦秩序等成为那个时代教育机构的核心内容，而能够引导"明人伦"等内容的必定是能够担当起道德"师表"身份的人员。然而，在奴隶社会，虽然具有在学校中从事教育活动的群体，但承担这一职责的多是具有一定知识或技能的"吏"或"僧"，"以吏为师"或"以僧为师"成为那个时代学校教育的主要特点，但总体上专门从事这种教育活动的群体尚未出现。因此，习得知识或技能的过程也在传达着官吏或僧侣的权威，"帝师"或"僧师"在"师表"的过程中也在传递出统治者的思想观念。正如《学记》中所写的那样："古之王者，建国君民，教学为先。"在相当长的历史阶段，教师职业都是以非独立性为特点而存在，教师的职业大都夹杂着浓厚的阶级意识与政治需求。虽然由奴隶社会的文化下移而日趋兴起的私学或书院产生了一批以教书为谋生手段的"先生"或"学者"，但这一群体只是掌握较多的文化知识，而并未具有从教的专业技能，且在极小的范围内从事供统治阶层需要的知识传授，因此，这种教师职业的专业化程度十分有限，所彰显的教师职业形象也往往受制于统治阶层而难以顾及社会和人的发展需要。

人类社会不仅需要"教"和"学"的过程来促进其生生不息，而且更需要专门以"教"为职业而系统传授知识或经验的群体来保障"教"的实效等。从这个意义上来说，教师的专业化是教育实践活动的必要结果。换言之，只有教师成为一个相对独立的职业，才能凸显教师活动的专业化价值。随着人类社会对于知识的需求急剧增加，专门对教师进行培养和训练的教师教育机构应运而生，这大大加速了教师的产生过程。1681年，法国天主教神甫拉萨尔

（La Salle，1651—1719）创立了世界上第一所师资训练专门学校，成为世界上最早的独立教师教育机构。随后，在1695年，德国的法兰克在哈雷创办了一所师资养成所，施以师范教育，成为德国教师教育的先驱。1795年，法国在巴黎设公立师范学校，1810年设立高等师范学校。从1870—1890年，世界上有许多国家颁布法规设立师范学校。而中国也在这一时期开办师范学校。1897年，盛宣怀在上海创办的南洋公学师范院开创了中国教师教育的先河。此后，我国对教师的培养经过了由清朝末期《奏定学堂章程》模仿日本型师范教育制度（1904年），到美国型教员养成训练机构（1922年），再到苏联型社会主义师资培养培训模式（1951年），一直到当前正着力构建的具有中国特色的现代教师教育模式[1]。这些师范院校除了对教师进行系统的知识教育外，普遍开设教育学、心理学等教师教育方面的课程，并逐渐引入教育实习等实践类环节。应该说，这些师范院校以及师范教育制度的出台表明，教师已经不再是经验型群体，而是具有了专业化知识的群体；教师培养也已经由重规模向重实绩、由粗放型向集约型转变。经过系统化训练的教师，所呈现出来的专业知识结构、职业素养与道德水准较以前发生了很大改变，教师职业不仅是专门化的存在，而且以其专业化的内涵而同其他职业相区别。由此，教师专业化的发展历程不仅形成着教师的身份，而且也在不断塑造着教师的价值，进而历史性地建构起教师成长的重要前提。

二、教师的教育信念：教师专业成长的灵魂

在当前的中小学，很多教师都在忙于教学、班级管理以及教师专业发展等看似"事务性职业"的日常工作，这些遵循着一定规律的常规性活动，似乎难以透视出一名教师的专业化成长过程。其实，这种现象在美国的学校也普遍存在。古德莱德在《一个称作学校的地方》一书中认为，很多美国教师的职能活动"更像工匠性质的"，"现在想要倒拨时钟，重新给教师职业戴上专业的桂冠，为时已晚"[2]。然而，正是在这些事务性的活动中，教师要面对不同的学生群体，进行不同形式的教学过程，其实也在这种对知识、技能以及学生的理解中从事着创造性的工作。而隐藏在这些事务性工作之中的，便是教师所具有的教育信念问题。在社会转型的历史时期，学校自主发展伴随着市场的激烈竞争，教育的公共性价值正在经济效益的前提下被逐渐消解，教师也被裹挟在利益的洪流中，尤其是教师教育信念危机更使得教师的专业成长受到一定的挑战。因此，研究教师的教育信念就是要寻求教师在学校场域中发生影响力的思想性诱因，不断探寻教师成长的前提性问题，进而发现教师行动的影响因素与生成机理。这对于深刻理解当前教师专业发展的现实困境、探讨教师日常教学行为、推动学

---

1 陈永明. 教师教育学[M]. 北京：北京大学出版社，2012：前言.
2 [美]古德莱德. 一个称作学校的地方[M]. 苏智欣，等译. 上海：华东师范大学出版社，2005：207.

校教育发展具有重要的理论价值。

（一）教师教育信念是一个动态生成的过程

信念是内隐于个体行动之中的一种观念状态，是个体信以为真且不断运用于实践中的一种思想因素，是"从学生时期开始积存和发展，教师个体信以为真的、以个人逻辑和逻辑重要性（'中心—边缘'）为原则组织起来的'信息库'，它们是教师教育实践活动的参考框架。"[1]因此，这种"参考框架"不仅仅指教师关于教学方面的观念状态，更主要的则是教师关于教育整体活动的系统化的信念，包括对学生、教科书、知识、学校等不同因素的信念以及对教学过程、学生管理等不同过程的信念。坚定的教育信念是促进教师行动的内在动力，也是教师意志力表现的基本过程。这种教育信念形成于教师长期的学习、工作以及生活中，并借助教师的行动逻辑不断彰显，呈现出一个动态生成的过程。

每个人对"教师"的原始认知基本上都来自学校教育。什么样的人是教师，教师与其他人有什么样的区别，如何看待教师在教学过程中的行为……这些看似简单的问题，却是个体教师观形成的逻辑前提。经过个体经验的不断累积，学生在头脑中已经勾勒出最原初的教师样态，并逐渐建构起属于自己的教师观。在我国，成为教师必须要经过教师教育阶段。在这一阶段中，个体要不断学习关于学科知识的基础性理论以及关于教学、学生、教育心理学等教师教育的学科性理论，在理论学习的过程中获得一种成为教师的知识储备，还要在教育见习、微格教学以及实地实习过程中实践作为教师的最初样态。应该说，这时的师范生对"教师"的理解仍然处于"应该是什么"的理想状态，对于学校场域中所出现的诸多现象仍充满着热情与信心。因此，师范生所秉持的教师教育信念多半带有浓重的理想化色彩，并在相关理论知识习得的过程中不断生成具有教师特点的信念。

然而，当师范生真正地进入从教阶段时，对教育过程中的诸多因素的信念必须要从理论形态进入到实践形态，"应该是什么"的理想化色彩也在不断实现"实际上是什么"的现实性转变，师范生原先对教育学生的信念、对教授知识的信念、对学校文化的信念也在不断发生变化。而新任教师在逐渐成长到成熟教师的过程中，同行、学校领导、外部专家甚至连学生、家长等都可能成为影响教师教育信念的重要因素，而教师教育信念也随着教师自身教学实践、专业培训等的增加而不断完善或转变。

当然，教师的教育信念绝不仅仅是教师对于教师知识的习得和教师身份的建构，而是基于学校场域中的一种具有复杂性的生成过程。教师的信念离不开学校场域，但又不仅仅局限于学校，而且还内含着教师对于社会、人生的一种希冀与期许，以及在这一过程中对于"教

---

1 谢翌. 教师信念：学校教育中的"幽灵"[D]. 长春：东北师范大学博士学位论文，2006：39.

师"价值的不断追寻，"教育信念确立的基石就是对于社会的理想和人生的理想"[1]。从这个意义上说，教师教育信念始终处于动态的生成过程，它起始于一个人最初对教师的观察，成长于教师教育阶段，并在职后教育实践中得以真正形成。没有任何一个阶段能够固化教师信念，因为教师的意识活动总是随实践活动而丰富，教师教育信念也始终处于一种生成的状态中。

（二）教师教育信念所遭遇的结构性困境

教师教育信念离不开教师的实践，而教师的个体实践也需要坚定的教师教育信念予以推动。然而，教师教育信念并不总是完美无缺的，对教育实践的指导也往往表现出力度上的"缺位""错位"与"越位"。因此，从教师教育信念与教师实践的关系来看，教师信念总是表现出退化、放逐以及割裂三种结构性困境。

1. 教师教育信念的退化

虽然成为教师需要具备优质而坚定的教育信念，但教育实践的现实境遇让很多教师的教育信念出现了"退化"的倾向。美国教育学家菲利普·库姆斯在描述"教师实际情况"时，将教师称为"胆怯、疲惫、谦虚、不喜欢抛头露面、顺从类型的操劳过度的人们"[2]。虽然这种表述带有强烈的贬义色彩，但也在一定程度上描述出很多教师所具有的行为弊端，而隐藏在背后的往往是教师教育信念的退化现象。在现实生活中，很多教师虽然知道对学生、教学等所应秉持的信念，但还是在忙于教学活动的过程中不愿意追求更高的教学目标，从而将日常性的教学事务作为自身发展的主要内容。那些崇高的教育信念不断湮没在琐碎的学校生活中，从而使先前所具备的教育信念在教育实践过程中不断退化。教师教育信念是一个不断提升的过程，但这一过程漫长而充满艰辛，教育主管部门、学校等应不断从外部促进教师的教育信念生成与实现，教师本身则更需要不断超越日常工作而实践自身教育信念。

2. 教师教育信念的放逐

信念是一种富于理想化的精神追求，是一种具有超越性的生命动力。但在现实的教育实践中，很多教师更愿意相信具有实用主义特点的具体解决方案，而难以坚守自身的教育信念，因而很容易造成教育信念的"放逐"现象。这种"放逐"主要指的是教师在教育实践过程中放任或不相信教育信念的力量，对教育信念实行一种"怎么都行"的态度，从而走向了一种"新蒙昧主义"的思想倾向[3]。

教育实践是复杂而艰辛的，需要教师不断制订各种问题解决方案，形成众多具体的解决

1　肖川. 教育信念确立的基石[N]. 中国教育报，2006年9月16日，第3版.
2　[美]菲利普·库姆斯. 世界教育危机[M]. 赵宝恒，译. 北京：人民教育出版社，2001：265.
3　蒙昧主义是一种反对理性和科学的唯心主义思潮。它将人类社会的诸多罪恶都归罪于文明和科学发展的结果，进而否定人类所具有的理性思维能力。近些年来，许多教师的教育信念出现这种"新蒙昧主义"的思想倾向。参见：于伟. 警惕"怎么都行"的教育观[N]. 中国教育报，2005年8月27日，第3版.

策略。而教育信念作为一种无形的力量，弥散在众多解决方案中。这些方案或策略恰恰是不同价值观念的一种实践形式，能够彰显出教师为何制订这种方案、因何采取这种策略的信念因素。因此，任何一名教师都难以放逐教育信念，只不过是在一定程度上对教育信念的一种规避。

3. 教师教育信念的割裂

虽然很多教师具有自己的教育信念，但在日常的教育实践中仍然表现出与信念不一致的情况，长期所形成的教育信念与教育实践割裂的现象大量存在。教师教育信念影响着教师的教育决策，不断调控着教师的教育认知，"当教师面对教育事件时，教育信念会以命题、符号、图像、声音等抽象或形象的方式暗暗地传递给教师各种讯息，促使教师对该事件形成某种特定的态度，在这种态度的调控下教师展开教育行动"[1]。然而，每个教师都具有自身独特的实践逻辑，教育实践的不确定性往往打破教师既有的思维模式，使得教师在很多情况下难以将自身所具有的教育信念予以贯彻。在这种情况下，教师的教育信念与其自身实践难免会发生冲突，致使教育信念呈现出断裂的样态。其实，教师的教育信念是一个动态的生成过程，每一次与教育实践的"冲突"可能会造成一种"断裂"的现象，恰恰是这种"断裂"促使教师思考出现这种现象的原因以及教育信念的发展性问题。而无法有效处理这种"断裂"现象则会使教师的教育信念陷入困顿状态，这就需要同行或外部专家的指导，促使教师及时发现并化解教育信念方面的难题。

三、教师的教育权力：教师专业成长的核心

🔍 案例

"乌鸦嘴，再插嘴的话，老师再也不请你了"[2]

在刚开学的第一个月，听了一位青年教师的课，应该说该教师素质相当不错，不管是粉笔字还是普通话都无可挑剔。课堂上也力求关注每个孩子，让每个孩子有发言的机会，一会儿同桌学习，一会儿小组讨论。但在小组汇报时，一个孩子争先恐后地边举手边喊："老师，我，我，我！""乌鸦嘴，再插嘴的话，老师再也不请你了。"……

不难想象，这个学生会受到多么大的心灵碰撞，或许他以后再也不敢举手发言了，而是按照教师的意图去做一个"循规蹈矩"的学生，并逐渐成为一名老师眼中的"乖孩子"。守

---

1 余闻婧. 论教师教育信念的危机及其内在超越——基于知行关系的视角[J]. 教育探索，2011（2）：116~117.
2 方敏. 谈师生关系的重构. 转引自：特级教师论课程改革中的教师角色[M]. 杭州：浙江教育出版社，2004：43.
（题目为编者所加）

规矩、按规则办事的行为习惯也在这种日常的教学活动中逐渐形成。这正体现出教师在运用教育权力方面的失范。那么，教师所具有的这种教育权力应如何运用才能恰到好处？我们又应如何理解教师的这种教育权力？深入探讨这些问题，不仅能够从实践上督促教师审慎使用教育权力，而且也能从理论上推动教师对自身教育权力的理性认知，形成专业成长的内在动力。

（一）如何理解教师的教育权力

"教育场域是一个权力场域，场域内的资本主要是文化资本，场域内的主要权力是以话语权力为表现形态的文化权力。"[1]而教师正是这种话语权力的主要持有者。秉持着这种特有的话语权力，教师逐渐形成了具有一定系统性的教育权力。这种教育权力辩证地体现在三个方面。

第一，教育权力确保了教师能够规制和操纵学生的"话语"，使教师和学生保持一定的距离，进而形成教师所具有的权威。但正是这种师生关系的疏离，使得高高在上的教师难以触及学生的心灵世界，真正的教育过程难以在这种"话语霸权"中得以有效进行。

第二，教育权力保证了教师教育信念的有力执行，在教师的奖励、惩罚以及其他教育措施中贯彻着教师的个体意志。然而，教师对教育过程的评价具有强烈的主观性，如何确保个体意志的公平与正义，如何通过教师的奖惩化为一种激励机制，成为影响教师教育权力发挥的重要因素。

第三，教育权力能够在一定意义上促进课堂教学的顺利进行，使知识教学能够较为顺畅地完成既定目标，但权力之下的课堂教学仅仅能够将知识作为教学内容进行传授，而知识背后所隐藏的情感、态度与价值观目标却难以在教育权力的支配下真正落到实处。

因此，教师的教育权力既是确保教师职能发挥的重要因素，也是影响教师专业成长的主要因素。在现实的教育生活中，教师的教育权力也表现出如下三种失范的现象。

一是教师"无权可用"。有些教师感觉在教育过程中没有权力可以运用，这主要基于两个方面的原因：一方面是教师对自身教育权力认识的模糊，没有形成正确的教育权力观。我国《义务教育法》《教师法》等相关法律制度都明确规定了教师的权利，但很多教师并没有明确自身的权力，往往会形成无法维护自身合法权益的现象。另一方面是，教师出于当前客观现象的考虑，不认同教师所具有的权力。很多学校出于荣誉与形象的需要，对教师的课堂教学行为、班主任的班级管理行为等都做出了有利于学生的细致性规定，缺乏对教师教育权力的有效保障，致使很多教师感到"无权可用"的尴尬局面。

二是教师"有权不用"。在现实的学校教育中，"有权不用"的现象较为常见：或出于

1　刘生全. 论教育场域[J]. 北京大学教育评论，2006（1）：78.

对法律法规的慎重，或出于少数家长的非理性态度，或出于学生的消极配合，很多教师选择事不关己的态度，对教育过程中发生的诸多事件不发表看法，不做出行动，不参与其中。这种看似"明哲保身"的理念具有一定的合理性，但在以教师为主导的学校生活中，教师"有权不用"实际上是一种严重的不作为情况，影响了教师教育权力的威严。

三是教师"权力滥用"。有些教师出于对教育事业的热情，不断地在教育过程中施加权力因素，对学生进行了较为严格的管理，以致经常会出现按成绩分等级、不尊重学生的隐私、体罚或变相体罚等现象。这些教师由于对教育权力的知之甚微，往往容易导致一系列容易引发争议的社会话题。如教师是否有权看学生的个人日记，表面上看教师有权掌握学生的思想动态，关注学生发展，但学生的个人日记中也记载了学生的个体意志，体现了学生的隐私。这种"权力滥用"影响了教师教育权力的有效发挥，也往往容易引发社会舆论对教师教育权力的争论。

（二）如何理解"规训教育"

传统的教师教育权力往往表现出知识与权力的关系，并形成"规训教育"的具体方式，因此，我们有必要探讨法国哲学家福柯所提出的"规训教育"问题。

作为福柯创造的一个新术语，"规训（discipline）"虽然具有纪律、训练、惩戒等多重含义，但更重要的则是指一种十分特殊的权力技术，这种技术既是权力用以干预肉体的训练和监视的技术，又是不断生产知识的技术。这种技术本身也是一种"权力—知识"有机结合的产物。"权力问题始终完全是个谜，谁行使权力？在什么领域？我们现在相当准确地知道谁会剥削别人，谁获得利润，哪些人与此有关……但是说到权力，我们知道，它并不在实行统治的人手里……我们也应该研究权力运作受到的限制——权力运作的中介及其对控制、监视、禁止和限制的等级网络的许多微不足道方面的影响程度。"[1]因此，这种"规训教育"正是在权力与知识的生产中产生的，并深刻地体现在现代学校生活之中。福柯在《规训与惩罚》一书中对现代学校教育中的"规训"现象进行了较为清晰地描述。福柯认为：规训教育是"一种权力类型，一种行使权力的轨道。它包括一系列手段、技术、程序、应用层次、目标。它是一种权力'物理学'或权力'解剖学'，一种技术学。它可以被各种机构或体制接过来使用"[2]。这就意味着，规训教育既是将人作为一种改造对象而不断施加的各种规范化训练的集合，又是多种机构实现其特殊目的的重要保障。在福柯看来，现代学校所进行的教育是典型的"规训"过程。

这种"规训"与"惩罚"有着密切的关系。惩罚的制度与技术的不断演进也是社会权力精心安排和有效运转的一种典型方式。学校教育的微观物理权力发生作用的规训技术主要包

---

1 刘北城. 福柯思想肖像[M]. 上海：上海人民出版社，2001：262.
2 [法]米歇尔·福柯. 规训与惩罚[M]. 刘北城，杨远婴，译. 北京：生活·读书·新知三联书店，2007：242.

括空间分配技术、时间控制技术、能力倾向编码技术以及组合编排技术等，学校通过层级监视、规范化裁决等规训手段，借助曝光、透视等全景敞视主义，对学生进行不断地"解剖"，并产生符合要求的知识体系。这样，"统治权力通过关于人的科学（如心理学、医学、教育学、犯罪学）的生产，以及相应的'微型权力'机构（心理诊所、医院、学院、监狱）的建立，来无声地控制每一个人。"[1]

这种规训教育主要通过三种保障策略加以实现。

一是"环形监督"的结构式保障。这种"环形监督"主要是指居于核心位置的权威者能够自上而下地发号施令，而其他处于不同位置的个体需要不断接受来自权力的控制和监督。现代学校充分体现出这种"环形监督"的模式，而教师权力正是这种"环形监督"的重要体现：教师处于学校整体"环形监督"的边缘，不断受到学校的监督；而教师同时也是对学生实行"环形监督"的中心，能够对学生的日常行为施加影响。

二是"规范化裁决"的制度性保障。为了弥补"环形监督"所表现出来的系统性缺失的弱点，现代学校制定了许多规范化制度，对违反制度的个体进行诸多形式的惩罚。而惩罚作为一种手段，对权力具有指引性的功能。一方面，惩罚能够发挥对个体的过程性和发展性评价，促使个体主动遵守外在约束；另一方面，惩罚通过剥夺个体的权力和"贴标签"的方式对违规者进行惩处，从而消解了个体既有的存在价值，极易造成个体的逆反与懈怠。

三是"检查"的程序性保障。"检查"作为一种综合的形式，不断将"环形监督"技术与"规范化裁决"技术结合起来，形成现代学校对人才培养过程的一种评价方式。福柯认为："检查是这样一种技术，权力借助于它不是发出表示自己权势的符号，不是把自己的标志强加于对象，而是在一种使对象客体化的机制中控制他们。在这种支配空间中，规训权力主要是通过整理编排对象来显示自己的权势。考试可以说是这种客体化的仪式。"[2]通过对学生个体成长的结果性"检查"，不断推动学校教育的发展。而教师的权力也在这一过程中得以彰显。

四、教师的教育自由：教师专业成长的追求

🔍 案例

教师的收入与自由[3]

美国的一项研究表明，从1993年到1994年，美国的公立学校教师年收入大约从34200美

1　邓志伟. 后现代主义思潮与西方批判教育学[J]. 外国教育资料，1996（4）：4.
2　[法]米歇尔·福柯. 规训与惩罚[M]. 刘北城，杨远婴，译. 北京：生活·读书·新知三联书店，2007：211.
3　Choy.S.P.*Public and private schools: how do they differ?*[M]. Washington:National Center for Education Statistics,1997：27转引自：戴双翔，等. 论教师自由[J]. 教育发展研究，2008（1）：7～8.

元增加到54900美元，而同期的私立学校则仅从22000美元增加到32000美元。表面上看，公立学校教师的个人收入远高于私立学校教师，但却有36%的私立学校教师表明对自己的工作"非常满意"，而公立学校具有这种态度的仅占11%。而究其原因，即在于私立学校教师感觉自己更加"自由"，对自己的工作更有自主权。

显然，收入的增加并没有给教师带来"自由"，对于自由的个体感受并不能随着收入的增加而增加。那么，我们如何理解这种教师的教育自由？教师又应如何追求这种自由呢？

（一）关于教师教育自由的反思

自由是人类憧憬的精神目标，也是人类的本性追求。人类从来没有停止对于自由的追寻，而究竟什么是真正的自由，人类所倡导的自由究竟指的是什么，如何实现人类的自由，这成为很多哲学家关注的热点问题。马克思认为，自由有两个层面的含义。

其一："一个种的全部特征，种的类特征就在于生命活动的性质，而人的类特征恰恰就是自由自觉的活动。"[1]

其二："（1）每个人只有作为另一个人的手段才能达到自己的目的；（2）每个人只有作为自我目的（自为的存在）才能成为另一个人的手段（为他的存在）；（3）每个人是手段同时又是目的，而且只有成为手段才能达到自己的目的。"[2]

马克思在第一种观点中认为，人本来就具有追求自由的天性，这种自由更多地表现为一种人身自由；但为了实现这种自由，必须借助社会性的实践活动来完成身份的转换，最终在手段与目的的统一中实现这种具有社会性的自由。对于教师而言，教师所追寻的自由不仅是一种人身自由，而更重要的则是教师在学校教育生活中，通过专业发展所实现的教育自由。21世纪以来的课程改革，特别强调教师的主动参与。我们看到，教师不是被动地卷入到教育改革和发展中，而是更加积极地建构起学校教育生活，不断凸显专业发展的自主性。正如休谟所说，自由是一项选择，自由的意义"只能是依照吾人的意志决定做某事或不做某事的权力"[3]。教师在专业发展中对于自由的追求，说到底也是教师的一项权力。在现实的教育生活中，教师所具有的这种自由的权力主要表现为两种形态。

第一，积极的选择权是教师自由权力的核心。教师不是被动地从事教育活动，而是在一定的选择过程中实现的。这种选择伴随着教师强烈的价值选择和价值判断，从而形成了教师自由权力的核心要素。然而，有两个方面的因素正影响着教师积极选择权的有效行使。一方面，教师不具备选择权的知识基础。当前很多教师都是一定学科知识的代表，对于学科内知

1　中共中央马克思恩格斯列宁斯大林著作编译局. 马克思恩格斯全集（第42卷）[M]. 北京：人民出版社，1972：96.

2　中共中央马克思恩格斯列宁斯大林著作编译局. 马克思恩格斯全集（第46卷）[M]. 北京：人民出版社，1972：196.

3　[英]休谟. 人类理解研究[M]. 关文运，译. 北京：商务印书馆，1995：107.

识较为熟悉，而一旦超越了学科范围，教师便难以具有选择的权力，教师的积极选择权在很多学校教育的活动中也往往不具备这种主观条件。另一方面，教师受制于现实的教育规范。现代学校教育强调教师教学行为和学生学习行为的规范化、标准化，突出效率至上，这种客观约束就使得很多教师无法将个体意志更多地渗透到学校教育之中，影响了积极选择权的发挥。因此，主客观因素在学校生活中的汇聚和交织让教师的积极选择权变得十分有限。

第二，主动的创造权是教师自由权力的关键。如果说积极的选择权标志着教师具备了自由权力，那么主动的创造权则是教师能否提升自由权力的关键。创造，是一种基于现实而进行的具有改造、变革和创新的系统活动。创造活动，无时不刻不在校园内发生。教师主导下的学校教育生活之所以呈现生机勃勃的景象，一定意义上正是由于教师主动地进行许多创造性活动而形成的；而压抑教师的主动创造权，必然会压抑教师的积极性，从而埋没了一种潜在的生命力。正如英国著名思想家哈耶克所说："人们的各种经验都是自由获得的，只有这样才会有新的知识出现以及人类认识的进步。"因此，能否具有主动创造权影响着教师进行教育活动的实际效果，成为进一步影响教师自由权力实现的关键。

（二）促进教师教育自由实现的方法论

教师为何难以实现教育自由？不是因为教师缺乏追寻自由的勇气与行动，而是因为教师缺乏对追寻自由行动的方法论反思。为此，我们有必要思考如何促进教师自由实现的方法论问题。

首先，为教师进行制度"松绑"。学校教育制度的强规范性约束着教师的个体行为，使教师只能服从并服务于制度锁定的目标，并按照一定的制度去行动。而"自由的缺失使教育仅仅成为一种强制的规训，从而在根本上堵塞了教化，也使得教育不再以培养精神人格为目的"[1]。因此，现实的学校教育制度让教师难以有效自主地发挥积极选择性与主动创造性。为教师进行制度"松绑"，就是要在学校的制度设计时给予教师更多的"自由裁量权"，不断激活教师实施教育活动的内在动力，从而为实现教师自由做出制度上的努力。

其次，搭建教师交往的平台。雅斯贝尔斯认为，"人与人的交往是双方（我与你）的对话与敞亮。这种我与你的关系是人类历史文化的核心，可以说，任何中断这种我与你的对话关系，均使人类萎缩"[2]。而这种"交往—对话"正是基于主体间的对话而实现的人类自由。教师自由的实现离不开重要他者的协助，而"同事（workmate）"正是教师实现自由过程中最为重要的他者。打破学科、学校等樊笼，为教师交往搭建良好的互动平台，必将促进教师自由的实现。

---

1 金生鈜. 论教育自由[J]. 南京师大学报（社会科学版），2004（6）：65.
2 [德]雅斯贝尔斯. 什么是教育[M]. 邹进，译. 北京：生活·读书·新知三联书店，1991：2.

　　再次，推动教师回归生活世界。"静静的深夜，群星在闪耀。老师的房间，彻夜明亮。每当我轻轻走过您窗前，明亮的灯光照耀我心房……"这首脍炙人口的歌曲道出了教师职业的艰辛，也让我们看到教师工作的艰巨性与教师劳动的繁重性。然而，教师的生成不仅需要为教育事业投入更多的精力，而且更需要教师在生活世界中找寻成为"教师"的意义，发现教学过程与生活世界的内在逻辑。为此，要积极推动教师回归到丰富多彩的生活世界，弘扬教师生命的个性和自由。

　　最后，提升教师的理性判断能力。"人拼命寻找自由，对自由的渴求常常勃发强烈的冲动；但另一方面，人却又极易做奴隶，且喜欢做奴隶。"[1]这种追寻自由过程中所出现的悖论让我们看到，教师自由具有一定的限度——不仅客观环境制约了教师自由的实现，而且主观的误判也极易扭曲自由的本意。说到底，教师是否获得自由，是一种具有个体性的价值关怀，而只有教师本人才最具有说服力。因此，促进教师自由的实现，最为核心的便是要推动教师重新审视自身的自由，形成对于自由的理性判断能力。

第三节
教师的个体教育理论

🎯 学习目标

理解教师个体教育理论的内涵以及生成个体教育理论的方法。

　　一谈到"理论"，很多人都认为"理论"十分枯燥、抽象或者难以言说，生产"理论"是一些专业人员的事情，而不是普通中小学教师能办到的。然而，"理论就像锻炼身体或者吃维生素C，有的人过分上瘾，有的人很少考虑，但是没有人可以没有它（Welcott，1995：183）。"[2]教师从事的是一种有目的的理性活动，比日常生活更需要了解其中所隐含的理论。而另一方面，教师本身也是个体理论的创建者，通过创建个体理论形成教师的教学智慧以及专业成长。那么，理论对于教师究竟意味着什么？如何理解教师的这种个体理论，教师又是如何能够创建个体理论呢？

> **教育理论**
> **(Education Theory)**
>
> 教育理论是借助一系列概念、范畴和命题等要素，以推理、归纳和演绎等形式所建构的关于特定教育现象或教育问题的系统性表述。

1　[俄]尼古拉·别尔嘉耶夫. 人的奴役与自由[M]. 徐黎明，译. 贵阳：贵州人民出版社，1994：4
2　陈向明. 质的研究方法与社会科学研究[M]. 北京：教育科学出版社，2000：318.

一、如何理解教师的个体教育理论

一位县城普通高中教师在参观完某国内知名中学后，写下了如下观感。

"听了这个观点（指有关班级管理观点——编者注）后我如梦方醒，回想起多年来我与学生的关系以及管理方式，其实与一个普通家长没什么区别，自己一直扮演着一个家长的角色，与真正的班主任（能让学生自我管理，提高自身各方面能力）相差太远了。想到这些，心中的一丝不服变成了一种愧疚，为自己多年来没有注重学生能力培养而后悔。"[1]

这段朴素的文字中包含着教师最为真实的实践感悟，而这背后恰恰隐藏着教师对自身教育教学的反思和体认。这些反思和体认不断折射出教师本身对于班级管理、学生以及教师自身的教育信念，也在不断形成教师自身的个体教育理论。教师的这种个体教育理论具有如下特点。

（一）鲜明的实践性——教师的个体教育理论与教育实践有着紧密的关系

教师的身份正是在教育实践场域中被逐渐确立的，而建构起教师身份的教育理论也是在教育实践的过程中逐渐生成的。没有教师的个体教育实践，便无法形成教师对自身课堂教学、班级管理、校园文化建设等诸多方面的深刻理解与把握，也无法形成对既有教育理论的认同或反驳。因此，教师的个体教育理论需要教育实践的关怀，教师丰富的教育实践正是教育理论生成过程中的丰厚土壤。

（二）显著的个体性——教师的个体教育理论彰显着教师的教育风格和教育艺术

任何一位教师都生活在特定的社会文化背景之中，受到来自不同方面的价值观以及社会生活的深刻影响，并在学校教育场域中表现出"独一无二"的教育实践。很多有经验的班主任对学生教育的循循善诱，在课堂教学中对知识讲解的循序渐进，在开展学生活动时的统筹兼顾，无不体现出教师独特的教育风格和教育艺术，而潜藏在教师个体差异化背后的恰恰是每位教师不同的个体教育理论。正是这种具有显著特征的个体性教育理论引领着教师教育风格和教育艺术日臻完善。

（三）强烈的内隐性——教师的个体教育理论是一座需要不断挖掘的"富矿"

教师的教育实践是一种显性的行为表现，而教师的个体教育理论则是隐藏在教育实践之中的一种内隐性表达。虽然我们无法确切得知每位教师的个体教育理论，但教师的教育实践

1　这则案例是笔者于2013年10月在一所县城普通高中指导本科生教育实习过程中，一位校长将学校教师近期的读书笔记、教学反思、育人案例等许多教师"个体资料"交给笔者。这则案例选自其中一篇。

丰富而多样，却是在一定的教育理论引领下进行的。虽然教师没有察觉自身的教育理论，但正是这种"日用而不知"的教育理论深刻影响着教师对教学、学生、班级以及自身的看法。因此，探究教师多样化的教育实践的形成过程，发现教师日常行为的生成机理，必然离不开对教师个体教育理论这座"富矿"的深刻把握。

（四）积淀的思想性——教师的个体教育理论是历经教师积淀而成的思想

经验、常识与规范性操作等一系列常规性判断构成了教师教育实践的逻辑前提，然而这种带有偶然性因素的前提却无法解读教师为何总是这样想（而不那样想）、为何经常这样做（而不是那样做）的必然性因素。而教师的个体教育理论之所以能够面对这些看似繁杂的教育实践，正是由于这种理论历经教师的长期积淀而形成，成为一种具有思想性的本质因素，有力地引领着教师的日常行为。

（五）长期的流动性——教师的个体教育理论长期处于一种生成和演变状态

如果认定每位教师都存在着一种独特的教育理论，那么这种理论则是教师长期积淀的成果。在教师教育的过程中，教师在职前便学习了大量的教育学、心理学以及学科教学知识，形成了初步的个体教育理论模型；在学校教育实践过程中，教师要不断检验、修正并完善业已存在的教育理论模型，生成符合自身实际的教育理论；在职后成长的过程中，通过教师培训、集体学习等形式日益形成较为规范的教育理论。因此，教师的个体教育理论往往呈现出一种长期的流动性，这种教育理论借助各种外在力量不断地生成和演变，并往往在教育信念变革、教育权力获取以及教育自由实现的过程中发生某种转变。

（六）表征的抽象性——教师的个体教育理论以一种抽象的样态表现出来

由于长期以来大学以及相关研究机构对于教育研究以及教育理论近乎"垄断式"地占据，很多教育理论往往呈现出一套貌似完整、严谨的概念体系，较为晦涩、生硬地逻辑关系，以及颇为宏大、"规范"的叙事方式。这些"专家"们所研制出来的教育理论往往在"元研究"的过程中将其上升为一种形而上的理论范式，在概念与逻辑中不断转换面孔、生成新的概念以及新的逻辑，而这些显然越来越远离教师真实的教育生活，更看不到教师对于教育理论的原初理解和行动化策略。结果，"教师要么被这些充斥了抽象的概念和装模作样的宏大叙事所吓倒，要么对这些以客观的、旁观式的叙事文本不感兴趣"[1]。教师的个体教育理论也往往呈现出这种较为抽象的理论面貌。然而，根植于教育实践之上的教育理论之所以

---

1 刘良华. 校本行动研究[M]. 成都：四川教育出版社，2002：129.

以"理论"的面貌呈现出来，正在于教育理论要从偶然性走向必然性，从对单一事件的解读走向对更多事件的本质性理解，即个体教育理论需要在更大范围内确立自身的合法性基础。"理论就是要张开理智的翅膀，在远离世俗的具体事务的高空中自由翱翔，即使是应用理论，它仍具有一定的抽象性和普遍性。"[1]

因此，教师个体所形成的教育"理论"是一种对教师个体而言能够对教师的教育思想和教育行为进行合理解释的理论范式。它生成于教师个体教育实践，并在长期教育实践中不断积淀，对教师个体的教育行为具有较强的指向功能和引领意义。

二、教师如何生成个体教育理论

教师个体内在的教育理论是引导教师个体实践的重要依托，也是教师专业发展的基本理念。然而，很多教师仅仅将教育理论看作是"研究专家"的事，而没有看到自身教育实践对教育理论生成的基础性作用。因此，我们需要从纠正教师对教育理论与教育实践关系的认识偏差入手，深入探讨教师生成个体教育理论的方法论问题。

（一）前提：认清教师个体教育理论与教育实践的关系

作为重要的教育哲学命题，教育理论何以生成并与教育实践具有何种关系，历来是教育理论研究的焦点问题。通过对2001—2010年国内教育理论与教育实践关系研究文献的梳理与反思，进一步发现，研究者在研究视角上达成了一致性，即：教育理论与教育实践在本质上呈现出"趋同"的倾向，在功能上表现出教育理论对教育实践的"指导"关系，在现实条件下体现出教育理论与教育实践的"脱离"关系，而有的学者对于提出"教育理论与教育实践关系"这一命题则认为是一个"劳而无功"的虚假性命题[2]。

虽然关于教育理论与教育实践的关系研究持续进行，但不难发现，这些学术性、解释力较强的理论架构中，几乎没有来自教学一线的中小学教师的身影。在教师培训中，很多中小学教师往往更愿意接受来自外部的思想疏导，不断地将个体实践的改变或改善寄托于他人（尤其是所谓"教育专家"）所提供的具体操作性指导上。而这往往容易造成教师不能意识到个人实践的改变或改善是要通过个体知识来实现的。"教师不意识自己头脑中存在着对教育行为起作用的'缄默的知识'，也不善于通过对自己教育行为的分析反观积淀在头脑中的理性观念。"[3]由此，教师即使在行为上有所变革，也会不自觉地陷入简单执行他人指令或模

1 唐莹. 跨越教育理论与实践的鸿沟——关于教师及其行动理论的思考[D]. 上海：华东师范大学博士学位论文，1995：8.
2 张聪，于伟. 近十年来教育理论与教育实践关系研究的梳理与反思[J]. 当代教育科学，2011（9）：3~4.
3 叶澜. 思维在断裂处穿行——教育理论与教育实践关系的再寻找[J]. 中国教育学刊，2001（4）：6.

仿他人的"成功经验"的范式中，不仅难以成为教育改革能动的、自觉的创造者，而且也难以在创造性的实践中实现自身的发展。而这也往往会形成教师"通常不把自己当作一个研究者，而一旦谈到教师要参加教育研究时，又通常不以为自身的教育实践（包括个体的、群体的）的改革性研究是十分重要且有多重意义的研究"[1]。

因此，根植于科学的教育理论与教育实践的关系认知，教师理应认识到：教师个体所进行的教育实践为教师个体教育理论的生成提供了丰厚的土壤，与其仅仅"向外"寻求教育理论对自身教育实践的指导，不如在他者教育理论的关怀下，借助个体教育实践，建构起符合教育生活实际的个体教育理论。

（二）关键：教师"实践性知识"的生成

"理论"在一定意义上是一种对知识的本质性解读，理解教师的个体教育理论离不开对教师知识的理性认知。一般而言，教师所具有的"知识"可分为"理论性知识"和"实践性知识"两大类。按照陈向明的观点，"理论性知识"主要有"本体性知识"（如所教授的学科性知识）、"条件性知识"（有关教育学和心理学以及学科教学论方面的基本原理知识）、"一般文化知识"（如文史哲、自然科学等一般意义的原理性知识）。值得注意的是，这类知识是被编码过的一种"知识"形态，一般被保存在书本和电子文献中，通常可以借助阅读和知识讲座等形式不断获得。这种具有外显性特征的知识，很大程度上停留在教师的头脑里和口头上，是很多教师和专业理论工作者所共享的一种知识形态，其实只是"教师知识冰山露出水面的部分"，而教师的个体教育理论不仅需要这些"露出水面的部分"，更需要那些"深藏在教师知识冰山下部"的"实践性知识"。这种形态的知识镶嵌在教师日常的教育教学情境和行动中，是基于教师的个体经验和个性化特征而展开的，是教师内心真正信奉并被实际应用在教学生活中的知识，也是教师个体教育理论的内核。这种"实践性知识"正是"教师行动时通常用身体化的方式记录和记忆自己的经验，并通过行动唤起那些被储藏在身体里的知识"[2]。而只有这种"实践性知识"，才能真正唤起教师关注并发现个体教育理论的信心和热情，进而主动建构起教师个体教育理论。因此，探讨教师"实践性知识"的形成路径无疑成为研究教师个体教育理论生成的关键性因素。

按照这种思路，我们应将教师的个体教育理论生成引向对教师实践性知识形成过程的一种分析。在这一方面，陈向明关于"教师实践性知识"研究的框架提供了一个较好地范本（如下图8-1所示）[3]。

1 叶澜. 思维在断裂处穿行——教育理论与教育实践关系的再寻找[J]. 中国教育学刊，2001（4）：6.
2 陈向明. 实践性知识：教师专业发展的知识基础[J]. 北京大学教育评论，2003（1）：109.
3 陈向明. 搭建实践与理论之桥——教师实践性知识研究[M]. 北京：教育科学出版社，2011：28.

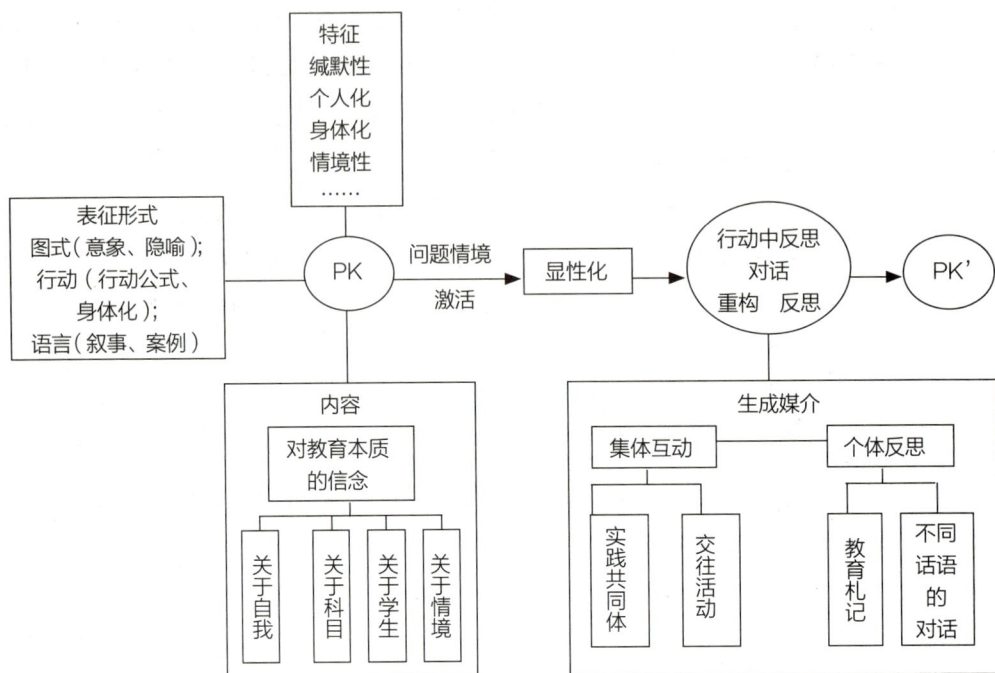

图8-1 教师实践性知识研究框架

不难看出，这一分析框架将教师原有的实践性知识（PK，Practical Knowledge）借助一定的"问题情境"予以激活，在这些既有实践性知识外显化的过程中，通过"行动中反思"不断重构教师既有经验，推动教师深刻反思，从而使教师生成新的实践性知识（PK'）。在这种由"PK"向"PK'"转化的过程中，教师也在不断生成属于自身的个体教育理论。

（三）路径：教师个体教育理论生成的方法论

教师个体教育理论的内隐性特点表明，教师个体教育理论所处的状态只有不断被发现并被解构，才能找到促进教师教育实践变革与完善的合理化路径，而这正是在一定的方法论导引下才能逐渐完成的。根据当前我国教师个体教育实践现状，至少需要做到如下三个方面。

第一，坚持教育理论生成的实践立场。

究竟是谁在进行"教育实践"？应该说，教师才是教育实践的主体，教育实践在一定意义上就是"教师的教育实践"，是教师在一定的情境中所进行的一种道德的、文化的社会性行动。"'理论'不只是普遍的、抽象的，更重要的是个别的、具体的、生动的，真正影响教师实践的，不是普遍的、外来的理论，而是教师正在履行的个人理论。"[1]

对于教师而言，教育实践是生成教师身份的过程，也是不断形成教师个体教育理论的重

---

1 唐莹. 跨越教育理论与实践的鸿沟——关于教师及其行动理论的思考[D]. 上海：华东师范大学博士学位论文，1995：23.

要场域。因此，教师个体教育理论的生成与变革离不开教育实践这一核心立场。凭空想象的教育理论只能是一种虚假的表象而无生命力，刻意模仿他人的教育理论只能陷入"人云亦云"的窘境，而生搬硬套的教育理论只能使教师产生"水土不服"的情况。教育理论是一种根植于教育实践的观念形态，只有坚持实践立场，教师才会不断生成属于自身的教育理论。

第二，完善教师的自我反思过程。

美国哈佛大学唐纳德·A·舍恩（Donald A.Schon）在《反映的实践者》一书中认为："最优秀的专业工作者内在的所知远甚于其可以言说的。在面对真实实践中独特、不确定的情境时，他们更依赖于在实践中所学会的一种即兴的方法，而不是用其在研究生院所学的公式去解决问题。"[1]在舍恩看来，"行动中反思"是专业人员的一种核心能力，是教师在错综复杂的困境中所表现出来的一种行动艺术。因此，教师需要在教育实践中不断发现、生成并修正那种属于个体的教育理论，在对自我进行反思的过程中进行教育实践。

教育实践在一定程度上是一种教师应用既有经验的过程，这一过程理应是在一定的教育理论的支撑下完成的。但教育现场的"不确定性"使得教师难以套用既定的理论、模式和技术，而是不得不根据眼前的情境去界定问题、打破原有的思维模式，这就需要教师在这种"不确定性"中对教育理论与教育实践的"冲突"进行反思。当前，很多学校在开展教师培训时，纷纷采取教育反思的方式进行，但更多地是一种针对操作性问题的思考，缺乏对教育信念的深层次反思，这种反思的结果往往"治标不治本"。因此，只有促进教师深刻反思自身的教育理论，不断完善反思过程，才能真正有助于教师的专业成长。

第三，强化教师的对话与共享机制。

在教育实践中，教师自身所处的教育难题只有作为"同事（workmate）"的教师才能更深切地体会到，教师教育理论的完善与变革需要来自"同事"的协助。然而，在教师间竞争性压力不断加大的现实情况下，教师合作似乎变得有些困难。其实，当遇到教育难题时，教师具有开展对话、共享经验的主观倾向，只不过这种倾向尚未形成相应的机制。尤其在教师个体教育理论这一内隐性因素出现变化时，"同事"往往是最好的提醒者与倾诉对象，具有协助教师个体教育理论完善和变革的推动作用。因此，需要不断强化教师的对话与共享机制，将"我的教育故事"、育人案例等不断展现在"同事"面前，在共同参与中促进教师个体教育理论的成长和变革。

本章小结

1. "蜡烛论"、"工程师论"、"园丁论"、"桶水论"等不同观点下的教师形象具有一定

---

1 [美]唐纳德·舍恩. 反映的实践者[M]. 中央教育科学研究所，译. 北京：教育科学出版社，2007：1.

的合理性，但在新的历史条件下需要进行更为深入的思考。

2. 教师具有促进和激发人类自身的潜能、维护和推动人类社会的不断发展、继承和创新人类文明的优秀成果三种功能。

3. 教师之所以"为人师表"正是在教师与学生、家长、同行间的关系逻辑中形成的。

4. 教师繁重的教育任务、复杂的教育对象、鲜明的教育方式、无私的奉献精神共同建构起"为人师表"的内在结构。

5. 教师专业化是历经漫长的历史进程不断建构的结果，是教师专业成长的历史前提。

6. 作为教师专业成长的灵魂，教师的教育信念是一个动态生成的过程，正遭受着退化、放逐以及割裂的危机。

7. 教师的教育权力是教师专业成长的核心，但"无权可用"、"有权不用"以及"权力滥用"等现象正危及教师的教育权力。

8. 积极的选择权与主动的创造权构成了教师的自由，需要为教师进行制度"松绑"，搭建教师交往的平台，推动教师回归生活世界，提升教师的理性判断力。

9. 教师的个体教育理论具有实践性、个体性、内隐性、思想性、流动性和抽象性的特征。教师生成个体教育理论需要认清教师个体教育理论与教育实践的关系，不断生成教师的"实践性知识"。

总结 >

Aa 关键术语

教师	专业	教育理论	教育信念	教育权力
Teacher	Profession	Education Theory	Education Belief	Education Authority

章节链接

在这一章，你读到……	在其他章节中，你将发现相关的讨论……
关于教师知识的观点	在第五章"知识"中会有更加深入的了解
关于教师学习的观点	在第六章"学习"中会有更加深入的了解
关于教师的教学问题	在第七章"教学"中会有更加深入的了解

应用 >

批判性思考

1. "麻辣教师"可行吗?

当电影《全城高考》一结束,影片中教师角色的扮演者方中信就被很多人称道:"麻辣教师"的形象太完美了。其实,近些年来,对于"麻辣教师"的讨论一直持续。教师的性情、相貌、教学方式、教学风格等,无论你具备其中哪一条,都可能被称为"麻辣教师"。随着人们思想观念的转变,在泛娱乐化的时代里,教师也在不断展现着自己的个性特征,在打破传统束缚与常规思维的过程中,教师形象也被进行着富有时代特点的诠释,在展现教师美的同时也为教师身份赢得了一份荣耀。然而,个别教师过分的求异心理,刻意地去标新立异,也往往成为人们非议的焦点。因此,在展现个体性与尊重普遍性的前提下,如何理性审视"麻辣教师"?"麻辣教师"究竟可行吗?

2. 教师敢于批评学生吗?

近些年来,学生因教师批评而离家出走、逃学甚至自杀等现象的事件时有发生。在这一背景下,很多教师不敢轻易批评学生,生怕伤到学生的自尊心,影响到学生的发展以及自身的职业。当教师的批评权成为一个话题时,我们可以认为这是在民主、开放的时代里的一个必然课题,但另一方面也让我们看到,教师如果连批评学生的权力都没有了,学生的缺点谁来指出?学生接受学校教育过程中的成长问题谁来负责?这样想来,教师理应履行自己的批评权,对学生的一些不良现象敢于说"不"。只有这样,教师才能真正胜任起教师的身份与责任。

体验练习

1. 当有人将教师比作"人类灵魂工程师"时,你是否赞同?为什么?

2. "小时候,我以为你很神秘,领着一群小鸟,飞来飞去;小时候,我以为你很神气,说上一句话也惊天动地。长大后我就成了你,才知道那间教室,放飞的是希望,守巢的总是你;长大后我就成了你,才知道那块黑板,写下的是真理,擦去的是功利。……"这首脍炙人口的《长大后我就成了你》歌颂着教师的辛勤、奉献以及执着的从教热情。动人的歌词、亲切的话语、优美的旋律,让很多教师为之感动。作为未来的教师,你对这些歌词有何感想?

3. 坚定教师的教育信念,是成为教师的一项必备素养。教育信念究竟是什么？我们如何审视教育信念的生成过程？请结合电影《放牛班的春天》进行探讨。

🔍 案例研究

A老师是一名四十多岁的中年教师，目前正在一个中等城市就职于某普通高中。虽然初任教师时，A老师有着强烈的工作热情，但随着时间的流逝，A老师感觉到工作热情正逐渐削减，对教学改进、教研能力提升等并不太感兴趣。用A老师自己的话说，便是"所有的教学工作都差不多，即使参加了教师培训也都没有多大改进"。其实很多教师都和A老师一样，对自身的专业发展有着类似的感受。参加教师培训，到优质高中进行教育考察，甚至前往国外名校进行教育交流，这些都没有太多地激发她们对既有教育形态进行改善的动力。"每次参观完，都是热血沸腾，但回来以后又总在想：我们能不能像他们那样做？总是感觉到我们学校有特殊性，不能盲目地去做。结果，总是不自觉地回归到原来的样子。"虽然这些教育培训、考察和交流等活动对年轻教师的触动更大一些，然而对很多中年教师则似乎并没有太多实际效用。

1. 在当前学校生活中，教师对教育培训、考察和交流等不同形式的活动有哪些看法？为什么会出现这些看法？

2. 很多研究都将这种状态归为教师专业发展的"高原期"，应如何帮助这些教师度过"高原期"？

📝 教学一线纪事

特级教师张帮群在一篇文章中指出：他在对城乡3000名教师阅读状况的调查中发现，一年中阅读5本以上图书的占1.2%，阅读3本的占2.4%，阅读2本的占4.2%，而一年没有读书的竟占92.2%。教师不读书的现象十分普遍，教师的整体阅读状况令人忧虑。

对普通人而言，读书是一种自我的选择。但对于"传道，授业，解惑"的教师来说，读书应该是一种必需的生活方式。教师只有亲近读书、走进读书、热爱读书，把读书视为一种生存方式、生活习惯和享受时，才有可能颠覆传统的惯性思维，学会探索与发现。教师的知识储备和知识结构以及思维方式，都会映射到日常的教育教学中，或多或少会对学生产生影响。

第一点：读书现状

教师想读，没时间，这确是事实。现在教师的压力不轻，比如，小学教师基本是包班，一个人教好几科，大量时间都泡在课堂上。课后要参加各种培训，要写教案、批改作业，还要管理学生的"吃喝拉撒"——负担非常重。

第二点：读书心态

当读书没有形成兴趣的时候，读书没有形成习惯的时候，"没有时间"就会成为借口，读书自然成为他们的负担。目前，大多数老师没有把读书当作生命的习惯。你想啊，虽然没有时间，那为什么依然有教师读书废寝忘食，能够做到挤时间、抢时间，"压"出时间的"油"来？所以，如果教师不爱书，你出版的书再好，也没有人阅读。没有人触摸文字中的感情和思想，那些句子还是沉睡的，或者是死亡的。

还有一种心态，就是想读的时候、想买书的时候，收获的并不直接，时间长了就厌烦了、麻木了。可能这有一个教师阅读力的问题。收获不大的原因一是教师知识结构有问题，达不到最高的阅读层次，二是教师需求的东西是形象的东西，是直接能拿到的东西，再加上没时间，教师需要的效果是"短、平、快"。如《陶行知教育名篇》，在陶行知浩瀚的文字中提炼出经典的话，老师就能马上吃到嘴里，不需要挑拣，把"皮儿"吐掉，把这好吃的细心咀嚼就是了。可我发现，更多的教育理论书籍枯燥乏味，有的内容深邃，也有的由于翻译的语言造成了我们阅读的一些障碍和一种不自然的排斥。好多中国自己的教育教学书籍不是内容艰深，就是文笔艰涩。像这样的理论书籍、教育书籍，如何让我们这些基层的老师读进去？

这些书，我们老师可能会学些皮毛。那些时髦、没见过的词汇，如"生成""范式"成了我们评课、写文章的术语。其实，真正脚踩"中国基础教育"现状，分析说理的、深刻的教育理论书籍我们并没有找到。因此，那些国外的经验，充其量成了我们写作发言的"引子"或试验的依据。想想这也是很可怕的。你想，这样嫁接的中国教育，会生出一个什么样的"婴儿"？

第三点：读书需求

由于教师的忙碌和辛苦，他们的视野就是班级墙壁的四角和天花板。现在，"中国教师读书网"有好书推荐；大夏书系"书坊"里也有推荐。可惜，像他们这样的苦心设计的精短话语的引读，没有更直接地传到普通的老师群体中。有时候虽送给领导和校长，他（她）没有认识的高度，一忙，也就忘在办公桌上了。

总之，关于如何推动和引领教师读书，我们还处于摇篮时期，任重道远。

现在都在讲教师的专业发展。其实读书就是最好的实践，读书就是最好的营养。这是看不见的，盐在汤中的养分，这是长期的内养，不是维生素加钙片。因此，必须让我们的教师们阅读起来，思考起来，实践起来！

——节选自：窦桂梅《谈教师的读书现状、心态和需求》（《陕西教育》2014年第4期）

拓展 >

☕ 补充读物 ▪▪

1   [苏]苏霍姆林斯基.杜殿坤,译.给教师的建议[M].北京：教育科学出版社,1984.

    苏联当代著名教育家苏霍姆林斯基是一位具有三十余年教育实践经验的教育理论专家。为了解决中小学的实际问题，切实提高教育质量，苏霍姆林斯基专门为中小学教师写就此书。书中所涉及的每一个问题，均具有生动的实际事例以及精辟的理论分析。全书语言通畅，文字深入浅出，对中小学教师而言，具有较强的可读性。

2   [美]威特克尔.赵菲菲,译.优秀教师一定要知道的14件事[M].北京：中国青年出版社,2006.

    作为从事多年教育行为研究工作的学者，美国印第安纳大学的威特克尔教授总结出了优秀教师所秉持的14个重要信念、行为和态度，并通过对大量日常案例进行描述和分析，以生动地语言对比了优秀教师在处理教学管理中经常出现的问题时与不成功教师的差别。因此，值得很多教师阅读。

3   教育部师范教育司中国特级教师文库.北京：人民教育出版社.

    自2003年开始，人民教育出版社出版的系列丛书《中国特级教师文库》问世以来，已先后出版五辑，引起社会各界的强烈反响。该文库从我国特级教师中遴选部分有代表性的观点进行辑录出版，对中小学教师有很好的启发功能。

🖥 在线学习资源

1．全国中小学教师继续教育网，http://www.teacher.com.cn/zhuanti/

2．中国教师教育网，http://www.teacheredu.cn/

3．中国教师研修网，http://www.teacherclub.com.cn/

本章概述

本章以哲学为基础透视并分析班级与班级管理。主要讨论了三个方面的内容：一是班级的产生与历史演变过程；二是在作为场域的班级中，行动者的角色与关系，以及班级的空间意蕴；三是从权力与民主、规训与自由、差异与公正三个重要的哲学命题出发，来探讨班级管理的价值取向。

结构图

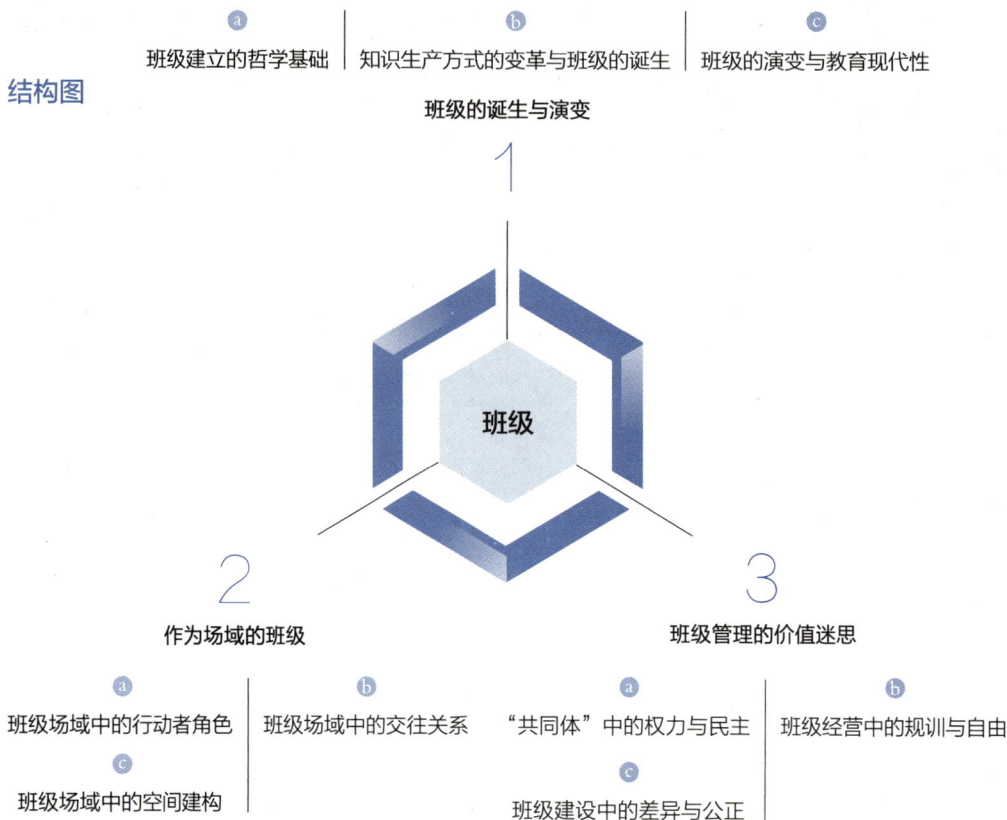

ⓐ 班级建立的哲学基础 | ⓑ 知识生产方式的变革与班级的诞生 | ⓒ 班级的演变与教育现代性

班级的诞生与演变

1

班级

2 作为场域的班级

ⓐ 班级场域中的行动者角色 | ⓑ 班级场域中的交往关系

ⓒ 班级场域中的空间建构

3 班级管理的价值迷思

ⓐ "共同体"中的权力与民主 | ⓑ 班级经营中的规训与自由

ⓒ 班级建设中的差异与公正

学习目标

学完本章，你应该做到：

1. 了解班级发展过程并从哲学层面理解其内涵。
2. 以场域为视角，分析班级的构成。
3. 在班级建设的过程中，对某些价值观念可以进行自我反思。

读前反思

　　对于每一个教师而言，班级都是重要的教学实践场域。班级中的"记忆"，也会是每一个学生对学校教育经历的重要"印刻"。作为一名教师，一名班级中的行动者，请你在阅读本章之前，反思一下自己的班级经营经验，想一想其背后的价值观念，哪些可以成为进步的空间。

1. 想想我们作为班级的一员，怎么处理班级的群体性与个体性之间的关系？
2. 在班级中，想想一名教师的角色应该是什么？这样的角色是生存在什么样的关系之中？当面对班级空间建构的时候，你的价值理念是什么？
3. 最后，面对班级中的"事件"和"规则"，我们如何掌握权力与民主、规训与自由、差异与公正之间的平衡与张力？在这样的反思过程中，你是否更厘清了你的教育价值观？

　　我们现在走进的大多数中小学，其基本构成单位就是班级。班级是一种教学组织形式，是教师和学生活动的场域，同时也应该是教师和学生共同成长的地方。本章的主要目的是介绍在教育现代化发展的过程中，班级在不同阶段的发展样态，现代教育体制下班级的构成，以及教师可能在班级经营中遇到的价值立场问题。作为班级中的一员，了解班级发展的哲学脉络，思考自己在班级场域中的角色，了解自己所处的关系。面对班级中的问题，秉承正确的、自我的教育价值理念，将帮助教师们经营好自己的班级，也有助于教师们在班级中自我成长。

第一节
班级的诞生与演变

🎯 **学习目标**

理解班级的发展过程及其存在的必要。

　　从昆体良到夸美纽斯再到苏霍姆林斯基、马卡连柯，教育思想史上的著名教育家们都论述了班级对于学生发展的重要性。当教育国家主义深入人心，教育制度化在历史长河中不断积淀，班级成了学校中的一部分，也是最重要、最基础的部分。正如帕森斯所说："无论是学校体系还是学生个人都把班级视作正规教师'事务'实际进行的场所。"[1]

一、班级建立的哲学基础

（一）人的社会性

　　启蒙思想家伏尔泰认为，人的本性之一便是"自然合群性"，"人的这种本性必然把人们导向社会生活，而人生来要生活在社会里。因为基于这种人性，必然产生自由要求，即要求自由地表现自己的本性，而要使这种本性能不受阻碍地得以表现，就需要社会组织。"[2]

　　在这里，社会性只不过是人的理性的另一种表述而已，理性要求自由，而社会是自由实现的必要条件。所以人需要群体生活。霍尔巴赫（Paul-Henri Thiry Barond'Holbach）说："社

1　[美]塔尔科特·帕森斯. 作为一种社会体系的班级：它在美国社会中的某些功能[M]. //张人杰. 国外教育社会学基本文选[M]. 上海：华东师范大学出版社，2005：254.
2　于海. 西方社会思想史[M]. 上海：复旦大学出版社，2005：254.

会对于人的幸福是有益的和必需的，人不能独自使自己幸福，一个软弱而又充满各种需要的生物，在任何时候都需要他所不能提供的援助。"[1]人比不上狮子的凶猛，不具有牛马的力量，也没有猴子的灵巧，是弱小的动物，但人有社会生活的需要，在社会中，人能得到单个人所无法取得的援助。爱尔维修（Claude Adrien Helvétius）说："人为了养活自己，或者为减少自己对狮子、老虎的恐惧，必须与别人联合起来。"[2]可见，他们都从人的需要谈人的社会性，认为有一种自然倾向，这就是需要，它使人走向社会。我们认为，人的需要，其产生和发展都是基于人与自然界、人与人的关系及其联结所提供的社会环境和社会活动。没有这种社会环境和社会活动，需要也不可能产生和满足。这里，他们颠倒了两者的关系。因为不是需要产生人的社会性，而是社会的人产生需要，需要只能从社会中产生，在社会中满足。"百科全书派"的狄德罗（Denis Diderot），坚信人生来就是要在社会中生活，因为人按照理性行动，就必然渴望与其同类共同生活，不会只顾自己。

18世纪法国唯物主义思想家研究的是超历史科学的人性论，是在彻底解决人的本质问题的基础上同时建立起来的。"人的本质，不是单个人所固有的抽象物，在其现实性上，它是一切社会关系的总和。"[3]马克思（Karl Heinrich Marx）的这句话，许多人是读过的，但不知怎的，不少人在考察和论述人性问题时，总是有意或者无意地避开它。实际上，正是这一经典性思想，科学地提供了一把揭示人性内涵的钥匙。马克思所说的"不是单个人所固有的抽象物"，是指每个人都存在和发展于整体的社会联系之中，如果脱离这种联系，置身于社会之外，人的一切思想、行为、感情等，都只能是非现实的，甚至是无从发生的。按照马克思的原意，人的本质是"现实的本质"，而人的现实性就是人的社会性，因此，人的社会性也就是人的本质属性。人性有善恶之分和美丑之别，这种分别正是来源于人的本质，来源于人同一切社会关系的整体联系。不懂得人的本质而奢谈人性，只能把人性及其现象，如人情之类，变成不可捉摸的，也就是无客观社会依据和无善恶美丑标准的"抽象物"。

班级正是在这种教育的发展过程中，形成了以人的社会性为基础的教育组织模式，班级正是人类自我构建的人与世界关系的中介。"经验与功用造就人与'它'之世界的基本关系……随着'它'之世界的扩展，人之经验能力与利用能力也持续增长。人越来越多地获得这样的能力：以'学习知识'这一间接手段来取代直接经验，把对'它'之世界的直接'利用'简化为专业性'利用'。人不得不一代代将此种能力传递下去。"[4]

1　葛力. 十八世纪法国哲学[M]. 北京：商务印书馆，1991：650.

2　葛力. 十八世纪法国哲学[M]. 北京：商务印书馆，1991：496.

3　中共中央马克思恩格斯列宁斯大林著作编译局. 马克思恩格斯选集（第1卷）[M]. 北京：人民出版社，1995：18.

4　[奥地利]马丁·布伯. 我和你[M]. 北京：生活·读书·新知三联书店，1996：56～57.

（二）人发展的交往性

人是一种非特定化、未完成的存在物，人的不完善性与未确定性构成了儿童与其周围世界差异的基本特征。儿童在教育中逐步走向完善性与确定性的过程，同样也是儿童逐渐理解与其周围世界的差异，不断达成与周围世界"共视"和"共识"的过程。马克思所言的人的本质是一切社会关系的总和，但各种社会关系不可能都强加于儿童之上，从而使他们占有这些关系。儿童正是在学校教育中，在班级组织中践行关系，班级群体的教育过程也正是践行这种社会关系的过程。人在广泛的交往中不断积累，成就自己的本质。交往越广泛、越深入，人们就越能成为人，而单独的教育，则容易使个体缺乏交往而迷失自我，甚至失去自我。人总是处在未完成之中，人生的过程就是不断与他人、与世界交往的过程。教育不仅凭借交往造就人的本质，而且要让学生学会交往，乐于交流，并积极走向更深、更广的交往。

因此，班级不仅是一个学习的组织，更是个人在走向完成的过程中重要的交往空间。在班级中，儿童逐渐践行与周围世界更多、更广的关系，进而更多地获得人的本质，并由此进入新的更深入的社会交往空间之中。人与社会的关系不会最终停止于某种已经形成的格局和已经达到的范围，人总是处在未完成之中，总是在不断地走向自我的完成性，所以，交往的过程也是一个发展的过程。班级教育较之于个体教育，就是可以通过交往造就人的本质。交往同时作为班级群体的教育手段与教育目的，统一于班级教育之中。

德国存在主义哲学家雅斯贝尔斯（Karl Theodor Jaspers）认为，在人的自我生成上存在三种不同的教育方法：第一种是训练，它与训练动物相似；第二种是教育和纪律；第三种是存在之交流。在他看来，训练是一种心灵隔离的活动；教育是一种人与人精神相契合，文化得以传递的活动。人与人之间的交往则是双方（我与你）的对话和敞亮，这种我与你的关系是人类历史文化的核心。"所谓教育，不过是人对人主体间的灵肉交流活动，包括知识内容的传授，生命内涵的领悟，意志行为的规范，并通过文化传递功能，将文化遗产教给年轻一代，使他们自由地生成，并启迪其自由天性。因此，教育的原则是通过现存世界的全部文化导向人的灵魂觉醒之本原和根基，而不是导向由原初派生出来的东西和平庸的知识。"[1]他认为，教育是人的灵魂的教育，是人与人之间的一种对话。"对话是探索真理与自我认识的途径"[2]，而不是训练和控制，不是在主客体完全疏离的情况下将"我"（即主体）的意志强加于他人身上，"教育决不能按人为控制的计划加以实行……如果超越了这些界限，那接踵而来的或者是训练，或者是杂乱无章的知识堆积，而这些恰好与人受教育的初衷背道而驰"[3]。班级所存在的教育氛围，其核心就是存在之交流。在班级的各种交往中，师生之间的交往是班

---

1 [德]雅斯贝尔斯. 什么是教育[M]. 邹进，译. 北京：生活·读书·新知三联书店，1991：2.
2 3 [德]雅斯贝尔斯. 什么是教育[M]. 邹进，译. 北京：生活·读书·新知三联书店，1991：24.

级中最基本的交往，它直接影响着其余交往的实现。师生在教育过程中结成互为角色的师生关系，双方在角色规范内展开交往，达成某种共通的感觉或共识。如果班级内形成此种交往共识，就会引导师生双方达至心灵的相通。正是因为人的发展过程中的社会性和交往性，导致学生的发展并不能很好地在个体独处的空间内完成，而需要借助群体性发展环境，而班级作为学校组织单元，恰恰提供了这样一种环境。

二、知识生产方式的变革与班级的诞生

无论是东方还是西方，教育自产生开始都是个体性的组织方式，强调个体化的"言传身教"。虽然古罗马思想家昆体良首先提出了班级授课制的相关理论，但是并没有真正影响到教育组织形态的改变。班级真正走入学校，作为一个教育教学的基本单元，是近代才发生的事情，其根本动力是个别教学已经不能满足教育的需要。

（一）古代的班级教学

在古罗马，个别教学并不能满足众多学生的需求，这引发人们对按班级授课的思考。"老师们所采用的一种有益的教学方法，他将我们分成班级（classes）。"[1]在《雄辩术原理》中，昆体良（Marcus Fabius Quintilianus）第一次对班级授课进行理论论述。

首先，他说明了班级授课的可行性。他说："教师的声音不像宴会上的食物而像太阳，分享食物的人愈多，每一个人得到的份额就愈少。而太阳的光辉却给予所有的人以同等份额的光和热。"[2]教师的声音就像太阳的光热洒向每个学生，而不会有偏颇。然后，昆体良进一步论述班级授课的必要性。他认为，班级授课具有几大优点。一是班级授课节省教师时间，降低教师劳力，教师不用每时每刻陪伴在每个学生身边。二是班级授课对学生有激励作用，他以培养演说家为例，认为学生生活在班集体中，能通过教师对其他同学的赞扬和责备而学会规范自己，不断被激励。三是班级授课有利于学生相互学习，取长补短。他认为，学生较为乐于模仿同辈。而且学生还能将从教师那里学到的知识教给另一些学生。四是班级有助于培养学生间的感情，即同学间的友谊。

昆体良还进一步提出了按班级授课需注意的问题。他指出班级授课不能忽视学生个体差

> **班级授课制**
>
> 班级授课制是把一定数量的学生按年龄与知识程度编成固定的班级，根据周课表和作息时间表安排教师有计划地向全班同学上课的一种集体教学形式，它是我国教学的基本组织形式。

1　[古罗马]昆体良. 昆体良教育论著选[M]. 任钟印，选译. 北京：人民教育出版社，1989：23.
2　[古罗马]昆体良. 昆体良教育论著选[M]. 任钟印，选译. 北京：人民教育出版社，1989：22.

异："任何一个稍懂一点儿文墨的教师，即使是为了自己的荣誉，也不会不对他所发现的专心致志而有才华的学生加以特别鼓励。"[1]他还主张按照教师能力的高低确定班级规模："好的教师也不应当超过自己的管理能力接受过多的学生来增添麻烦。"[2]这是个深刻的见解，至今有启发意义，教师不单是教学者还是班级管理者，如果教师教学或管理能力有所欠缺，那班级规模过大就会成为教师的负担，将影响教学质量和学生成长。

昆体良的班级授课思想虽然非常丰富，但是他对班级教学还没有进行系统的全面研究。

（二）夸美纽斯与班级授课制的建立

教育家语录

青年人最好还是一同在大的班级里面受到教导，因为把一个学生作为另一个学生的榜样与刺激是可以产生更好的结果与更多的快乐的。

课堂教学每天只有四小时，一个先生可以同时教几百个学生，而所受的辛苦则比现在教一个学生少十倍。

——[捷克]夸美纽斯. 大教学论[M]. 傅任敢，译. 北京：人民教育出版社，1984：50，78.

17世纪捷克教育家夸美纽斯（J.A.Comenius）在其《大教学论》中提出了班级授课制，即把一定数量的学生按年龄和知识程度编成固定的班级，根据周课表和作息时间表安排教师有计划地向全班学生集体进行教学的制度。夸美纽斯的班级制度的建立是和学年制结合在一起的。

夸美纽斯将昆体良的班级教学制的内容进一步丰富和具体化，并从理论上论证了这一组织形式的重要意义。他主张把学生分成班级，就是说把不同年龄、不同知识水平的儿童，分成不同年级，通过班级来进行教学。教师对全班而不是分别对个别学生进行教学。每个班有一定的目标和固定的教科书，使所有学生都学习同样的课本，在同一时间学习同样的课程。每个班的学习应该事先拟订好计划进行。通观夸美纽斯的教育思想，普及教育是其中的主体，他明确提出要把"一切事物交给一切人类"，使所有6至12岁的儿童，不分贫富、贵贱、男女，都普遍入学受教。但是，当时学校采取的仍然是家庭教育式的个别教学，这种教学方式成为普及教育的一大障碍，为此，夸美纽斯竭力推崇班级教学。

夸美纽斯认为实行这一制度，不但教师可以一次同时教许多学生，节省时间和精力，而且，学生良好榜样的相互作用、相互模仿，可以使他们从中得到鼓励和满足，公共活动的交

---

1 2 [古罗马]昆体良. 昆体良教育论著选[M]. 任钟印，选译. 北京：人民教育出版社，1989：22.

往也能给人以锻炼的机会,这些都不是个别教学所能替代的。他以太阳照射世界为例,说"太阳并不单独对待任何单个事物、动物或树木,而是同时把光亮和温暖给予全世界"[1]。同时,班级授课制也有利于学生在学业上"相互观摩",相互切磋。他认为"全班学生同时都做同样的功课,不仅可以'互相鼓励、互相帮助',而且全班的注意都集中在同一目标……热烈的竞争才能发生,这种竞争对学生是一种最好的刺激"[2]。夸美纽斯同时也认为班级中教师应该发挥主导作用。他认为教师如同园丁有撒种与种植的技巧和经验一样,教师掌握着教学的艺术。其中,班级教学是教师最佳的教学艺术,"教师的嘴就是一个源泉,从那里可以发出知识的溪流",学生"应当把他们的注意当作一个水槽一样,放在它的下面,一点不要让流出的东西漏掉"[3]。

三、班级的演变与教育现代性

(一)班级教学模式的发展

班级教学模式是随着社会发展而变化发展的。最早,学校采用个别教学,教师根据不同学生的学习能力和进度对学生进行个别施教,但这样教学效率很低。古罗马昆体良提出了按班级教学的思想,1632年,夸美纽斯在《大教学论》中系统地论述了班级授课制,并为其寻求理论基础。之后,班级授课制在欧洲学校广为采用。班级授课制带来了班级教学模式的发展。

"教育学之父",德国教育学家、哲学家、心理学家赫尔巴特(Johann Friedrich Herbart)在1806年的《普通教育学》一书中提出了教学形式四阶段论。他将教学分为明了、联想、系统、方法四个阶段。明了阶段,教师需要给学生明确讲授新知识;联想阶段,需要学生将新旧知识联系;系统阶段,教师要指导学生把新旧知识概括总结;方法阶段,教师指导学生将知识用于实际。赫尔巴特认为这是学习必经的几个阶段,而不是教学要划分成这四个阶段。后来赫尔巴特的弟子又将其扩为:预备、提示、联想、总结和应用五个阶段。此种教学模式影响广泛、深远,甚至现在某些学校还在采用这种模式,这使班级教学模式化、僵化。19世纪末20世纪初,欧美教育家对此进行批判,各国在不同时期纷纷发展出适合本国教学风格的教学模式,如英国的贝尔—兰卡斯特制,美国的柏克赫斯特—克伯屈制,苏联的马卡连柯工学制等,班级教学模式走向多样化。马卡连柯(Makarenko·Anton Semiohovich)是苏联教育实践家,他重视集体教育,曾说"加强了集体以后,集体自身就能成为很大的教育力量",马卡连柯十分重视班级,班级就是集体,班级中的教育就是集体教育,班级能培养学生的集

1　[捷克]夸美纽斯. 大教学论[M]. 傅任敢,译. 北京:人民教育出版社,1984:137.
2　[捷克]夸美纽斯. 大教学论[M]. 傅任敢,译. 北京:人民教育出版社,1984:139.
3　[捷克]夸美纽斯. 大教学论[M]. 傅任敢,译. 北京:人民教育出版社,1984:140.

体主义思想，学生们在共同目标驱使下，以大我实现小我，在劳动中学习、成长。

<h2 style="text-align:center">多样的班级教学模式</h2>

贝尔-兰卡斯特制

18世纪末，英国牧师贝尔（A.Bell）从印度带回了一种通过"导生"组织教学的方式；同一时期，教师兰卡斯特在伦敦创办"贫民学校"，也采用导生的教学方式以扩大教育面，解决师资不足的问题。此后，这种方式逐渐流行。导生制是在一间大教室中设许多大课桌，每桌围坐15~20人，每10个学生中委派一个年长、成绩好的学生为导生。从早晨8点至10点，教师对导生授课；10点，导生向其他学生进行复述，教师只负责纪律。

柏克赫斯特-克伯屈制

1920年，美国教育家柏克赫斯特（H.H.Park hurst）在道尔顿市创设"道尔顿实验室"，强调集体讨论，主张教师只起辅导作用；无课堂纪律、无课程表，也无年级，完全是学生自由活动，但要求有一个作业室，一个作业约定和一个作业成绩记录表。这一模式在20世纪20年代各国十分流行。美国教育理论家克伯屈（W.H.Kilpatrick）于1918年在哥伦比亚大学《师范学院学报》发表"设计教学法"的文章，提出"有目的活动"的理论。他强调学生应该在一种社会情境中进行有目的的活动，并把学习活动分为四步：根据兴趣决定目的；师生共同订立计划；学生分头实施；全体学生共同评定。这样一个过程，他称之为"设计单元"。这两种形式的共同点是废除班级授课制，采取个别教学法，但实践证明并不完全成功。

马卡连柯工学制

苏联教育家马卡连柯在20世纪二三十年代创办工学团，并组织了一个"集体教育试验"，对战争后的大量流浪儿进行共同生活、共同劳动的集体教育。马卡连柯认为班级是集体教育的承担者。这种思想对于拓展班级的教育和教学功能意义重大。

芬兰的"无班级授课制"

1999年1月，芬兰颁布的《芬兰高中教育法案》中全面推行了一种打破长期以来有固定班级、固定课程内容、固定教师和单一灌输型的教学管理模式。学校不再为学生分班级或分配固定教室，学生根据自身情况和兴趣爱好，制订自己的学习计划，选择不同的学段课程和适合自己的任课教师，从而使学习成为一种主动自觉的行为。这种适合实际、行之有效且独具特色的教学模式为芬兰培养了大批符合社会发展要求、综合素质较高、富于创造性的人才。

（二）班级的普及与教育现代性

19世纪中期，班级授课制成为西方学校主要的教学组织形式。1860年，我国容闳在太平军中向干王洪仁玕建议设立各种实业、武备学校，提出仿照西方实行各级学校制度，出现了班级授课制思想的萌芽。此后，郑观应明确提出"学校者，造就人才之地，治天下之人本也", 主张仿照西方学制, 设立高、中、初三等学校系统, 并主张在各层学校中均采用班级授课制这种教学组织形式, 并规定了学习年限。以考试的结果为升级的标准。1901年, 废科举, 兴学堂, 开启了班级授课制为基本形式的现代教育, 班级授课制因其本身的高效性逐渐成为我国学校普遍采用的组织形式, 并得到不断发展和完善。

在近代, 以班级教学代替个别教学, 出现制度化教育的端倪, 教育系统形成, 教育事业普及, 推动了教育制度化进程。教育研究的进展与教育经验的积累, 使班级作为主要的教育组织形式日渐成熟。以班级授课制为特征的制度化教育作为一种特殊的教育形态产生与分化出来成为不可逆转的趋势。教育, 通过学校和班级, 将历史松散化、游离化的空间状态逐渐凝聚成具体制度化的教育空间系统。近代的学校由于逐步实行了班级授课制, 形成了一套按照教与学时间表及具体内容编制的教育课程。这些最后发展成为学校制度的核心, 演化为制度化的教育。从此, 班级不再是孤立的教育实体, 而是教育系统的基本单位, 成为教育制度的载体。教育的制度化包含着两个方面: 一是教育实体内部作为一种社会组织的权威和权力结构的形成, 这个权力结构依赖于标准操作的规程是贯彻执行; 二是班级成为整个社会权力结构的一部分而"结构化"。

班级的"结构化"意味着提供给行动者规则和资源。社会学家吉登斯(Anthony Giddens)认为"结构作为被反复不断组织起来的一系列规则和资源, 除了作为记忆痕迹的具体体现和协调之外, 还超越了时空限制", "它既有制约性同时又赋予行动者以主动性"。[1] 班级作为现代性的教育组织"结构", 不仅对班级中的行动者具有制约作用, 而且也是行动得以进行的前提和中介, 它使行动成为可能。班级中的教师和学生的行动与班级结构之间这种相互依持、互为辩证的关系反映在处于班级的日常教学生活实践中。班级作为教育制度的基本组成单位, 不仅使教育向结构化进一步发展, 还赋予部分制度化教育实体以合法化的权威, 就是我们所说的正规教育的产生。班级作为制度化教育空间的一个重要特征是"同时在场性", 即在规定的时间段, 教育的活动以"同时在场"的形式在同一空间中, 班级中的正式规则同时为教师和学生的行动提供了"公共性约束", 教师和学生借助班级规则, 进行基于角色的互动中的意义沟通, 并同时制造某些"意外性后果"来彰显自己在结构中的主观能动性。

(三)从集中到分散: 后工业社会与班级变革

自工业社会以来, 电子网络对教育的冲击如此之大可谓前所未见。在网络的推动下, 以班级为代表的教育空间在不断被建构之中。各种网络学校、远程教育风起云涌, 似有吞没学

---

1 [英]吉登斯. 社会的构成: 结构化理论大纲[M]. 李康, 李猛, 译. 北京: 生活·读书·新知三联书店, 1998: 89.

校教育空间之势。教育空间在网络的推动下得到了进一步的延展。电子社区、网络教室使教育空间的虚化更为彻底。在网络空间中，教育空间被强大的抽象空间所淹没。场所仅仅在极为脆弱的层面上存在。教师与教师之间、教师与学生之间、学生与学生之间的交往也不再具有真实的体验，感受不再与其所发生的场所相匹配，且虚无、弥漫。这也意味着绝大多数人不再能够获得或理解生命体验的基本空间条件。网络教育空间在挣脱了物质空间的束缚的同时，也与自然环境这样诗意、象征的空间类型渐行渐远。

当代社会是全球性的"风险社会"。从一定意义上来说，风险是人的一种生存状态。实践是人的存在方式、人类改造自然的实践后果，有些是认识到的、预期的、可控的，有些则是没认识到的、非预期的、不可控的。这些没有被认识的、不可控的实践后果如果对人的生存和发展构成威胁，就是风险。实践风险的存在并不意味着人一定生活于风险社会。当代风险社会的形成，一方面是由于对物质财富的片面追求打破了实践二重后果之间的相对制衡关系，物质财富的增长并未对风险威胁形成有效的制约，风险后果被片面地强化和突出；另一方面是由于世界历史的形成和发展，人类实践在全球范围内深度展开，风险超越了局部的和区域的范围，对整个人类的生存和发展形成根本性的威胁。诚如贝克所言："工业社会的社会机制已经面临着历史上前所未有的一种可能性，即一项决策可能会毁灭我们人类赖以生存的这颗行星上的所有生命。仅仅这一点就足以说明，当今时代已经与我们人类历史上所经历的各个时代都有着根本的区别。"[1]

在班级中，受科学技术指向和大工业生产的推动，班级教育自身也被工业化和技术化，以统一的教育技术，统一的课程，统一的教育程序，制造符合标准的教育成品，人的个体与群体自身存在的意义和价值，屈从于教育的外在目的。在班级中，以竞争和成功为主题，淹没了班级教育的内在意义。班级通行一样的标准化过程，对学生的要求是统一的标准、群体的一致活动。阿尔温·托夫勒（Alvin Toffler）这样说，第二次浪潮以后的学校崇尚的德性是"守时、顺从、机械地重复作业"[2]。从学生的智力付出看，传统社会的教育控制学生注意力的分配，使之限于制度化所传递的"信息"；传统社会的教育左右学生的思维方向，使之限于课程与应试的范围；传统社会的教育控制学生的想象力……从学生的体力的付出看，传统社会的教育通过控制学生的时间与空间影响学生的位移，学生在特定的班级过着一种群体化的生活。因而，通常有"内群与外群"之说。由教师和学生构成的教育群体一般与外部世界是很难融为一体的，班级成了社会中的一块"飞地"，即使在班级内部也形成了紧度各不相同的"内群"，因而，这也就有了"亚群体"之说。事实上，真正的高紧密度的"内群"是类似于班级这样的初级社会群体，在这一"内群"中无疑对学生个体社会化起着重要的作用；

1 [德]乌尔里希·贝克. 从工业社会到风险社会[J]. 马克思主义与现实，2003（3）.
2 [美]阿尔温·托夫勒. 第三次浪潮[M]. 北京：生活·读书·新知三联书店，1983：74.

而与之相伴形成的"外群"，则又限制了学生个体社会化的范围，条块分割、区域划分使得"内群"成了封闭、排外的代名词。内群与外群之分形成了不同的群体利益关系，由此在教育资源分配中显然也是内外有别。

正如约翰·托夫勒（John Toffler）所言："工业革命所造成的人们熟悉的群体社会——以及它对群体生产、群体交往、群体教育和群体政见的依赖——正向着'非群体化'演变。价值观念、家庭形式、联络交往、宗教、技术，从政治到诗歌一切方面的多样性将会开始取代工业社会的统一性。"[1]传统社会的教育所形成的群体化活动形式，在网络发展的冲击下逐渐消解。作为工业社会代表性产物的班级授课制，由于其强调同年龄、同课程、同时空、同步调，已难以适应网络时代的要求，面对人的异质性所导致的差异，更不适合于学生个性的发展。网络发展形成了学生活动的非群体化。网络发展所形成的非群体化活动方式，给学生的发展提供了一个平等的机会。新的活动方式使得教育资源的分配不再是通过师生之间、生生之间面对面的群体化活动来完成，而是建立在网络基础上的网络交际。这一形式极大地扩展了交往的范围，突破了内群与外群之分，网络空间的无限性带来了网络交往"伙伴"的无限性，然而这些"伙伴"并非传统社会教育中的"群体"，因为新的"伙伴"的交往并不需要统一的时间与空间、统一的步调、统一的标准来限定。若以传统社会教育的标准来衡量，新型的非群体化活动就是个别化学习活动，但事实上，非群体化活动并非真正的个别化活动，真正的个别化活动并无与他人的互动，而非群体化活动则主要以网络人际互动为主。非群体化活动对象的选择多由学生自主完成，因而学生的主体性得以充分的彰显，学生意识中的各种思想一下子找到了共同"话语"，一下子有了表现的天地，新的主体性与主体间性逐步形成。

在班级这样的群体中，社会统治阶层可以通过控制教育空间来更好地控制空间中成员的社会化过程。而这样的群体形成的教育空间在网络发展的冲击下正在逐渐消解，形成了非群体化教育空间。网络所形成的非群体化交往方式导致无限性的互动。在这样的网络人际交往中，角色转换频繁，在互动关系中的地位变得也不再固定。在这样的教育空间的构建中，社会权力的控制力明显地减弱了。以往班级等学校空间中基于民族—国家提供的"普遍性知识"失去了存在的合法性。没有了对知识合法性赋予的权力，社会对班级中的教育活动的监视力也就失去了最强有力的依托载体，教育脱离了地方社会，脱离了教室，也在一定程度上脱离了教师权威和法定课程。

可以说在网络的推动下，教育空间得到了最大限度的延展。借助于现代通信技术和网络等科技与社会组织方式的发展，人类社会的生活方式发生了巨大的变迁。现代性与全球化特征紧密联系在一起。现代性与全球化合谋改变了生活在空间中的个体对于空间的认识。与以往不同的是，在信息社会中，不仅时间与空间分离，空间也进一步与场所脱离，在场东西的

1　[美]约翰·托夫勒. 第四次浪潮[M]. 北京：华龄出版社，1996：75.

直线作用越来越为在时空意义上缺场的东西所取代。社会关系被从相互作用的地域性关联中"提取出来"，在空间关系的跨越过程中被不断重新构建。

从个体分散到群体制度，班级从有到无，教育空间在现代性的威慑之下完成了断裂性的转变。现代学校这种教育空间的建构过程，就是班级从自然环境中不断被呈现并不断被凸显出来的过程，并在现代社会中为教育打下了牢固一方的天下。在转换过程中，空间不断从实践发生的场所中抽离，象征符号系统将行动者身体精确安顿于空间之中，教育的空间表征使其迈出了虚化的第一步。不仅如此，在教育空间的选取上也可以清晰地看出空间实体在现代性推动下的统一。班级虽然用围墙从物理层面固定了人的身体，但与教育空间中社会层面的束缚相比，物质空间对于个体的固定作用显得有些微不足道。

在网络教育空间中，我们可以看到这种非连续型的抽象力量发挥到了极致（这也只能限于目前现代社会带给我们的想象力而言）。网络教育空间打破了物理层面的束缚，没有了固定的班级，没有了老师面对面的教诲，没有了制度和等级，以网络组成的虚拟教育空间过渡到了表征空间阶段（表征空间是通过相关意象和符号系统被直接使用的空间）。信息侵入了教育空间的每一个角落，使时间空间中的象征不断贬值，并不断地通过代换来重新构建社会行为的校准器。网络教育空间集合了空间行动者的自由交流行为模式，图像的病毒式扩散，立体信息的泛滥，使得在场变得毫无意义。缺场带来的不确定性使教育空间存在本身变得进一步虚化了。但是这样的虚化空间真的就带给我们"自由"了吗？真的使我们脱离控制而超脱了吗？答案是不确定的。社会空间被构建出来的意义在网络空间中并没有完全、彻底地消解。社会关系在网络教育空间中的监控作用，体现在表面行为上是减弱了，但是却在更为隐匿的方式下，将行动者进一步沦囿于社会空间之中。在物理状态尚未消失的教育空间中，行动者还能逃离，可当物理状态消失了，行动者还能逃离这无孔不入的社会空间的圈定吗？身处大数据时代，我们的班级组织何去何从，我们在现代班级中的角色如何转变，这些转变"背后"的意义是什么，应该是我们每一个教师应该思考的问题。

人具有社会性，是生活在关系中的人。班级在教育发展过程中，成为以人的社会性为基础的教育组织模式，是个人发展的重要交往空间。班级授课制是在个别教学不能满足教育需求的驱动力下产生的，并在不断发展中形成了多样的教学模式。在多种教学模式中，赫尔巴特四段式教学模式影响甚广，但我们需要注意其在某些方面带来的弊端。工业社会以来，在网络对教育的影响下，以班级为代表的教育空间逐渐走向被建构的进程。

第二节
作为场域的班级

理解班级中各个主体的角色、关系及其对空间构成的影响。

布迪厄（Pierre Bourdieu）说："在高度分化的社会里，社会世界是由大量具有相对自主性的社会小世界构成的，这些社会小世界就是具有自身逻辑和必然性的客观关系的空间，而这些小世界自身特有的逻辑和必然性也不可化约成支配其他场域运作的那些逻辑和必然性。"[1]

布迪厄认为，我们的社会就是一个世界的缩影，社会中的每个机构都组成一个不同的"场域"，一个大的场域是由这些相互关联的"子场域"组成。"我们可以把场域设想为一个空间，在这个空间里，场域的效果得以发挥，并且，由于这种效果的存在，对任何与这个空间有所关联的对象，都不能仅凭所研究对象的内在特质予以解释。"[2]因而，"一个场域可以被定义

> **场域**
>
> 场域可以被认为是在各种位置之间存在的客观关系的网络。是由关系结成的网络，每个人的位置又与许多其他人、事相关。

为在各种位置之间存在的客观关系的一个网络（network），或一个构型（configuration）。"[3]那么，什么是布迪厄认识的"场域"呢?关于这个概念，布迪厄曾这样说过："我将一个场域定义为位置间客观关系的一个网络或一个形构，这些位置是经过客观限定的。"[4]由场域的定义可以看出，我们所身处的场域不能被理解为一定的边界物或被边界所包围的领地，更不等同于一般的领域，而是一种包含着力量、生气和潜力的力场。另外，场域是一个开放性的概念，只有置身于关系的人，才能真正理解场域的意义。

班级作为一种社会组织体系，由各种组织力量构成了教育教学场域。[5]布迪厄在使用"场域"的概念的时候，突出其作为各种力量之间所构造的斗争的场所。所以，布迪厄使用的场域概念是和"惯习""资本"等联系在一起的。班级作为教育场域，虽然并没有显示出明显的"斗争性"，但是场域中的个体仍然会采取各种策略来提高和保护自己在群体中的位置。教师和学生，甚至家长都是班级场域中的行动者，行动者的各种策略都取决于他们在场域中的位置、拥有的资本以及资本发生作用的渠道。

---

1 3 [法]布迪厄. 实践与反思——反思社会学导引[M]. 华康德，译. 北京：中央编译出版社，1998：134.
2 [法]布迪厄. 实践与反思——反思社会学导引[M]. 华康德，译. 北京：中央编译出版社，1998：138.
4 [法]布迪厄. 实践与反思——反思社会学导引[M]. 华康德，译. 北京：中央编译出版社，1998：39.
5 张人杰，编. 国外教育社会学基本文选[M]. 上海：华东师范大学出版社，2009：419.

一、班级场域中的行动者角色

教师和学生是班级场域中的两种主体角色。但构成班级场域的行动者又不仅仅是教师和学生，还有一个"影子"存在，那就是家长。家长虽不直接在场域之中，却时时对班级中行动者的策略产生影响。

（一）班级场域中的教师角色

班级作为场域，是班级中各种位置相互关系的网络，教师在其中具有特定位置，扮演着一定的角色，承担一定的责任和义务。身在关系网中决定了教师面临的并非单一角色，而是角色丛，教师体验到多种角色期待。

教师是一个多重角色的统一体。首先教师本身就是一种角色，教师角色还具有本身带有的子角色。比如，教师是人类文化的传递者，学生灵魂的塑造者。教师要与人交往，与不同年龄学生交往，于是教师又是人际关系艺术家，学生的心理咨询师。在班级中教师不单进行教学，还要维持班级秩序，进行课堂管理，因此，教师也扮演着管理者的角色。如果要一一细数的话，教师扮演的角色难以穷尽，但可以通过提供分析框架来进行理解。

教师的课堂角色可分为正式角色（制度角色）和非正式角色（非制度角色）[1]：正式角色是为完成课堂任务所规定的角色，具有明确的权责；非正式角色是未明文规定却被有意无意扮演的角色。教师是知识的传递者、学习动机的激发者，这是教师的正式角色；教师作为学生的心理咨询师，这种角色是非正式角色。

吴康宁先生对教师角色的研究

吴康宁先生通过调查课堂上教师对学生的言语行为，将言语行为分为"提问""要求""评价"，根据教师言语行为的偏好，将教师分为定向者、定规者、定论者，这是三种主导型角色，当这三种角色相互结合时便会产生定向·定规者、定向·定论者、定向·定规·定论者等。定向者的言语行为以提问为主，提问是教师控制课堂、展开教学的手段，提问也为学生的思维和行动提供了方向。定向·定规的教师一方面以提问为主要的言语行为，另一方面"要求"也占有很大的比重，教师要求学生符合某些规范。定向·定论者在课堂中对学生进行评价，教师通过提问为课堂活动定向，通过评价调整学生的课堂行为。定向·定规·定论者则是三种言语行为都一并使用。在我国，教师提问一般不会少，因此不大可能出现定规者、定论者、定规者·定论者这三种类型。

如果将教师提问分为对方法、对结论、对事实三个方面，将要求分为建议、模糊、指令

1　吴康宁，等. 课堂教学社会学[M]. 南京：南京师范大学出版社，1999：64.

三个方面，将评价分为肯定、两可、否定三个方面，那么，还可以对教师课堂角色进行更详细的分类。偏向于对方法提问的教师是"启创者"，重在启迪学生探寻解决问题的方法，强调学生创造性；对学生多以建议的形式提出要求的教师是"建议者"，对学生的要求不带强制色彩；教师对学生的评价主要为肯定学生所说，这样的教师是"鼓励者"，认可、赞扬学生。这些类型也可以相互组合，成为启创·引导者、建议·放任者、鼓励·观望者等18种类型。

——吴康宁，等. 课堂教学社会学[M]. 南京：南京师范大学出版社，1999.

角色含有社会的期望，在社会环境变化时，对教师角色的期望也有所不同。在教育改革中，教师由传统的知识灌输者转为自主学习的引导者，由知识传授者转为知识与方法传递者等。教师能否承担社会对教师角色的期望，能否适应教改中教师角色的转换，对教师扮演好自身角色有重要意义。

（二）班级场域中的学生角色

学生长时间在学校学习，班级成为学生的第二个"家"，学生处于师生关系、生生关系中，学生角色主要受学生的家庭、教师、同学和朋友以及自我认同感影响。家庭为学生带来了"先赋角色"，如学生可能会将自己在家庭中扮演的角色带到学校，父母会要求学生在学校扮演某种角色，父母也会影响学生的行为方式等。教师是影响学生角色的最大因素，比如，教师在自己教学理念的支配下，要求学生发挥自主性，成为主动学习者，又或许要求学生成为安静的听课者等。同学和朋友主要为学生角色提供参照，是学生反观自己的一面镜子。

上文将教师的课堂角色分为正式角色（制度角色）和非正式角色（非制度角色），那么，学生的正式角色可以是知识的学习者、课堂活动的参与者等；学生的非正式角色可以是主体地位的谋求者、回答问题的积极者、同辈关系的协调者等。

如果将角色分为情感角色和工具角色，那么，刚入学的学生则具有很强的情感角色，他们在家中与父母关系是情感性的，角色之间具有亲情。而在课堂教学中的教师则更加具有工具角色，教师对学生一视同仁，以共同完成某阶段学习任务为目的。但是学生对教师角色有着更加情感性的期待，因此，教师有时候不得不同时扮演情感角色和工具角色。学生常常通过非正式角色的扮演来使教师更多的对他们扮演情感角色，比如，通过成为回答问题的积极者来博取教师的关注与赞扬。在同学和朋友中，学生更多地扮演情感角色，有时候扮演工具角色，比如在共同组成的学习小组中的工具角色。

在课堂中，因教学内容的针对性不同，可把学生分为"沉潜者"与"疏离者"。[1] 一般来说，教学对班级中大多数学生都较有吸引力，这些学生在课堂中充当"沉潜者"的角色。教

---

1 吴康宁，等. 课堂教学社会学[M]. 南京：南京师范大学出版社，1999：95.

学对班级中学力高的学生与学力低的学生缺乏吸引力，这两类学生对课堂教学表现出疏离，因此是"疏离者"。但这两种疏离却不同，前者对学习内容是超前的，后者是滞后的；前者十分想引起教师注意，而后者努力使自己被忽略。因此，教师需要看到不同学生的角色差异，看到某种角色的内部差异，做到公正下的差异化处理。

在课堂中，还可以从教师权威的高低出发，对学生角色进行分析。在教师权威高的班级，学生通常为"合作者"，合作者中还可分为安静或活跃的合作者。在活跃的合作者中还可划分出思考型与表现型等。思考型合作者主要对某一教学内容感兴趣，乐于发表意见，与师生进行讨论；表现型合作者则主要将回答问题视为表现自己的手段，他们并不十分关心回答的质量。在教师权威较低的班级，学生通常审视教师权威，审视教师教学质量，审视学校教育本身，他们就是"审视者"，这些学生认为学校除了考试没有意义，在当今升学制度下，很多毕业班同学都符合这种角色。同时，教师通常在班级中设置班干部，不同班干部也是不同角色，具有不同权利与义务。全方面、多视角地看待班级中的学生角色对教师了解学生具有重要意义。

（三）班级场域中的家长角色

传统中，家长对学生的影响主要是在家里，对学生进行家庭教育，是学生的家庭教育者和监护者。家长对于学校和班级很多时候都是一个旁观的参与者，他们很少真正参与到班级活动中，对班级产生影响，是个旁观者，然而在家长会时，他们则成为参与者。之所以将家长认为是旁观的参与者，是因为家长对班级事务的参与度低。家长对学生的学习情况，教师的教学情况还起着监督作用，是监督者，部分家长会频频向教师询问学生情况，在家长会时教师会向家长说明之前一个阶段的教学状况，使家长了解教学生活。

在当下，不少学校进行家校合作，使家长角色不止于传统的角色，还面临着角色转变。在班级场域中，不同家长可以为班级提供不同的社会资本，这可能对师生学习、班级管理提供或多或少的便利，因此，家长应该从中扮演一种支持者的角色。在新课改中，学校的各方面都在发生变化，需要得到各方支持，家长作为一股重要的支持力量首先需要了解学校发生了什么，去学习课改知识，进一步学习文化知识，成为学习者，这有利于家长对学校、班级提供帮助，有利于对学生的家庭教育，这也是终身学习的社会之需。不论家长是支持者还是学习者，目的都是与班级合作，与学校合作，更多地了解、参与班级和学校事务，成为一个好的合作伙伴，因此，家长还是班级和学校的合作者。

二、班级场域中的交往关系

在班级场域中的关系主要分为局内和局外两对关系，局内主要是共生的师生关系，局外主要是教师与家长的合作关系。

（一）局内共生：师生关系

🔊 教育家语录

教师不仅应当是教导者，而同时也应当是学生的朋友，应当和他们共同去克服困难，和他们喜忧与共。

——[苏]苏霍姆林斯基. 帕夫雷什中学[M]. 赵玮，等译. 北京：教育科学出版社，1983：6.

师生关系服从于一定的教育目的，受一定的教育理念支配，师生关系是否和谐将影响班级管理与教学质量。一般来说，师生关系有三种类型：一是专制型，教师指挥学生行动，学生被动接受指挥，教师对学生进行评价不考虑学生的看法；二是放任型，教师只为学生提供必要的资料而不组织学生活动，对学生活动不进行评价；三是民主型，师生共生共荣，大家一起制订活动方针与程序，教师进行引导，提供建议，客观、中肯地对班集体进行评价，这是新型的、共生的、和谐的师生关系。

🔍 案例研究

很多时候，师生关系不和谐的原因之一在于彼此的不了解。知道了这一点，李老师十分注重以"听其言"、"观其色"来了解学生的情况。她在不同的场合进行观察：在课堂上注意学生的情绪、注意力和态度等，在课外与学生做朋友，增加彼此间的了解，掌握不同学生的性格。学生也在和李老师的相处中发现李老师其实是一个开朗活泼，能与学生在很多地方产生共鸣的大朋友。

李老师和同学们比较熟了，很多事都可以交给学生自己处理、管理，老师信得过学生，学生也不辜负老师的信任，争相表现。实在是需要老师指点、引导的问题，就在班会上提出来讨论。针对学生具有代表性、普遍性的思想倾向和认识模糊的地方，大家都发表自己的意见，在这个过程中李老师总是在关键处和关键时刻提出最具启发意义、发人深省的意见。

李老师和学生还通过"班级日记"来沟通思想，"日记"放在讲台的柜子中，每位同学都可以就任何问题、意见、建议在"日记"中提出，"日记"还记录学生的各种表现。李老师每天都翻阅日记，掌握学生动态，发现学生问题，对一些动态进行反馈，在需要的时候找同学谈心。

教师主动去接近学生，了解学生，在这个过程中，学生也更加了解教师，卸下防御心态，与老师谈心。师生之间相互了解，相互信任是教师放权给学生自主管理的基础。教师给学生自主管理的空间才会让学生觉得自己对班级有一份特殊的意义，不是被规定、被掌控，而是自觉、自主、自立，这样，师生关系才会民主与和谐。

师生在班会中解决平时存在的问题，学生讨论，教师引导，这沟通了师生的思想，避免了教师苦口婆心的絮絮叨叨，又融洽了师生关系，事半功倍。

——案例改编自长春市第六中学．脊梁——师德风采录．2013：6．

（二）局外合作：教师与家长的关系

教师和家长的关系是家校关系的一部分，家长虽然不在班级场域之中，却对班级师生有重要的影响作用。教师与家长通常有以下几种关系：一是，教师权威至上，家长对教师"唯命是从"；二是，教师对学校事务一一包揽，家长不闻不问；三是，家长对教师左叮右嘱，教师"任务重重"。在这几种关系中，教师和家长都没有以主动、平等、民主的心态建立关系，教师与家长都希望学生在班级中表现优秀，取得好成绩，因此，基于一个共同的目标，教师与家长应相互合作，建立合作关系。

从家长的角度来看，家长有权利和义务与教师建立联系，了解学生在学校的表现，家长有自己的优势和能力参与班级事务，主动为班级、学校提供自己拥有的各项相关资本，与教师建立联系还有助于家长进行适当的家庭教育。从教师的角度来看，教师需要家长对学生的热心关注，积极合作，教师需要从家长获得学生在家的表现，以更好地了解学生的习惯、性格等，这样有利于教师管理班集体，进行差异化的教学。因此，教师与家长是一种局外合作的关系。

🔍 案例研究

王星星是班上的一个"问题学生"，在学习和各种活动中表现得十分倦怠，老师批评也不管用，与家长联系就成了家常便饭。每次王星星的家长都希望教师严格对待孩子，希望老师多多关照。但多次下来，王星星依然是懒洋洋的，毫无自制力。于是班主任决定和王星星的父亲好好谈谈。

王父到后，先是表示感谢班主任的关注，班主任表明请他过来是想和家长一块儿帮助王星星改正不好的习惯，王父表示配合。于是班主任简单地叙述了一下王星星的问题，并表示并非因为王星星对老师态度不好才请家长过来帮忙教训，而是想和家长沟通，让家长了解王星星的在校情况，以便双方更好地开展教育工作。王父听了班主任的叙述以后对王的行为很生气，说在家时王也经常发生类似的抵触大人的情况。班主任心想：看来不止对老师有这样的习惯。于是马上接住他的话问道："那当时您是如何教育他的呢？"王父很无奈，说："我跟他讲道理，但是他却闷着头什么也不说，我一火大难免会对他大声地呵斥。"听得出来王父在教育时容易失去理智，王父还说道："我每次教育他时他的爷爷总是拦着我，还老说我的不是，他妈妈也过来阻拦，弄得我火气就更大了。"班主任终于明白了王星星不好的习惯得不到纠正的原因，一方面是学校教育，更主要在于他的家庭教育。王父说自己一直很忙，星星平时就跟着爷爷，爷爷很溺爱孩子，不让说、不让动，自己也很头痛。班主任当即表示了理解，并进行开解，还举了一个星星曾经让老师很感动的事情，列举了星星在校时一些好的表现，对王父表示并不会放弃对星星的教育。王父听了以后很是感激。班主任还给王父提出关于家庭教育上的一些建议，之后王星星在家长和教师的共同帮助下进步了不少。

学生虽然大部分时间在学校，但家庭中血缘关系是学生不可否认的关系，对学生产生着不容置疑的重要影响，影响着学生的性格、习惯、价值观等，学生的很多问题都有可能在家庭教育中找到原因，教师与家长都对学生的未来期望甚高，应该相互合作，增进沟通，这样教师能了解学生在家中的表现，取得家长的帮助，家长从教师那里获得学生在学校的表现，及时进行有效的家庭教育，双方建立合作关系才能更好地进行教育。

——改编自兴义市向阳路小学一线教师耿明富所写关于教师与家长沟通的案例：《爱——让后进生感到温暖》.

三、班级场域中的空间建构

当教育空间从大树下转移到固定的学校中，班级成为教育的主要单元。康德曾经将空间理解为"待在一起的可能性"，这种"待在一起"其实不是物理空间的"一起"，它是一种意义空间的"一起"。由于群体教育的特点，班级空间作为场域使行动者的相互作用成为可能，这种作用又使空间处于不断地变换之中。变换则能够使场域内的各种角色相对于他们的关系而无限地运动、重组与进行展开力的较量。每个个体都在不断补充着任何一个可能占有的位置和邻近的那个未被注视的角落，都在利用自己的权利来保障自身可能拥有的位置的可靠性。

班级的空间营造，主要指班级空间的大小、空间的封闭或开放程度、教学物质设施的陈列状态、学生座位的编排形式等。班级的空间布局大大影响着教育活动的进程和学生心理的发展，对于以班级授课制为主的制度化教育空间，"班级"一方面是各种教育目标实施的关键，另一方面，它也是教师实施其权力的重要场所。空间物品的摆放就是一门教育的艺术，它能体现教师的教育机智，帮助教师更好地管理整个班级。

（一）班级空间的封闭性

在我国中小学，班级通常被墙和门围成一个长方体封闭空间，"纪律有时需要封闭的空间"[1]，学生和教师在这样"与众不同、自我封闭的场所"[2]中学习并生活。班级这种封闭空间与原始社会大自然空间是不同的，它是人为划定的空间，是具有社会性的，为的是对学生进行集中管理，在上课的时候隔离来自外界的干扰，创造属于班级的物质精神文化，也是由于班级空间的封闭性，学生对班级有更为形象和直观的概念，对班级有着归属感。

在班级空间里，门不可或缺。上课开始的时候，教师走进门，进入班级空间，关上门，提醒学生准备上课，教室逐渐安静；上课过程中大多数时间教师让门保持关闭的状态，为的是隔绝外界噪音，阻挡外界对学生的干扰；下课时，门打开学生能自由进出教室，但不同班级的学生很少进入彼此的班级空间，如果其他班级的同学进入本班，部分同学会产生一种自己的空间被"入侵"的感觉。本班同学也更有权力去评价外班同学进入本班级空间的行为。门的开合体现了一种权力关系，教师上课将门关闭限制学生行动的自由，只有在学生上厕所、生病或者教室闷热等特殊时候才会开门，教师还会通过让不听话的学生"站在门外"来进行课堂控制，让不让学生进门体现了一种认同与否定的心理。

班级作为一个封闭的空间还有一个可以和外界进行信息交流的地方——窗。离走廊较近的窗户一般比坐在座位上的学生头顶更高，这样学生便不能在上课的时候望向窗外，因此，即使相较于墙，窗更加"开放"，对学生来说却不存在那么多开放的意义。而这样的设计正方便了教师的监视，班主任、学校纪律管理者等通常在学生上课的时候通过窗户对班级内师生教学情况进行视察和监督。被监督使学生感到紧张、不自由与不被信任，学生与教师处于一种权力不对等的关系。但对于教师来说，监督却是了解、管理学生所难以避免的，教师认为这是对学生的关心。

一些学校为改进班级空间设置将走廊面的墙改做可移动式的墙壁，使下课的时候班级空间更加开放，与外界交流更多。还有些学校在两个班级相隔的墙边开一个门，增加班级之间的交流。不过当下大多数学校的班级空间还是十分封闭的。

东北师范大学附属小学"打开空间的墙壁"

东北师范大学附属小学从2002年起建立了我国第一批开放式教学楼，全面拉开了实践"开放式·个性化"办学理念的序幕。

教学楼中教室的"墙"是灵活、可移动的，开放式走廊宽达8米，走廊可供学生放置学习用具，还可拓展为教室的一部分。打破空间上的壁垒有效满足了学生多样化学习与活动娱乐的需要。使学生生活在一个更加人性化的开放空间。

1 2 [法]米歇尔·福柯. 规训与惩罚[M]. 刘北成，等译. 北京：生活·读书·新知三联书店，1999：160.

图9-1 可移动的墙壁和教室走廊一体化的开放空间

（二）座位

班级空间最大的特点是封闭性，然而，封闭并非是绝对的，为了贯彻纪律，还需要"以更灵活、更细致的方式利用空间。它首先依据的是单元定位或分割原则。每一个人都有自己的位置，而每一个位置都有一个人"[1]，由此可以明确在场者和缺席者。最明显的例子就是在教室里为学生编排座位。将学生的身体安置在一个固定的位置上，在一个不能流动的空间中，对于教室空间的解析或基本隔离为纪律的无孔不入提供了可能，因为这一空间建立了一个在场"缺席"的体系。由此，施加权力的人让自己的控制对象在空间上具有可见性。教室空间中的课桌椅，不管是作为安置身体的单一存在还是作为空间解析的组合设置，都不仅仅是教室中的物理组成部分，它是社会权力控制在教室中最明显的体现。

桌椅在教室中固定了学生的身体，控制了学生活动的范围和互动的方式。但是，不同的桌椅的配置方式对于活动的控制程度是有所差别的。我国的教育社会学家吴康宁先生曾经在《教育社会学》中论述了秧田式、马蹄式、分组式桌椅排列格局对于师生互动和教学方式的影响。在我们目前的教室中，仍旧以秧田式的桌椅设置为主要格局。

中国的大部分学校都采用秧田式的桌椅排列。桌椅结合，使得学生的身体在固定的空间内不能移动，他们都只能选择面向黑板，目光也只能集中于讲台。

如此排列的教室空间被细致地分割，每个人都有确定的位置，每个位置都有固定的人。每个人是单一的原点，每个人也都是别人的空间的边界。点成线，线成面，在这个纵横如秧田般清晰的空间中，学生流动、聚集的可能性被根除。如此可以一目了然地确定在场者和缺席者，建立有功效的联系，割断其他联系，以便能够时时刻刻监督每一个人的表现。秧田式的教室空间排列在桌椅的设计上是最经济的，因为它可以最大程度上的节省空间。教室的秧田式座位设计和19世纪上半叶美国火车车厢的设计惊人的一致。美国的火车车厢没有分隔出小房间，而是让每一个都面朝前坐着，这样就只会看到别人的背部而不是脸。于是一个人完全可以在一语不

1　[法]米歇尔·福柯. 规训与惩罚[M]. 刘北成，等译. 北京：生活·读书·新知三联书店，1999：162.

发的状况下横越北美大陆。"社会学家齐美尔（Simmel Georg）认为，在大众运输来临之前，人们很少感觉到必须坐着长时间保持沉默而只是把眼睛睁得大大的"[1]。我们也可以说在现代教育来临之前，人们在学习的时候也很少是要长时间保持沉默而要把眼睛睁得大大的。

美国19世纪的火车车厢的座位设计暗示了沉默的必要性。因为当时人们认为沉默是保证个人隐私的最好的手段，是社会文明发展的标志。在长时间必须要处于同一空间的情况下，时时刻刻面对陌生人是很让人窘迫的。因为"原本用来掩饰尴尬的马车噪音，现在已经消失了"[2]。而我们的教室采用了同样的座位排列方式，也暗示了一种沉默，但是沉默并不是要保证学生或者教室的隐私，而是为了保证秩序不被打破。座位排列显示了学生要以教师为中心，自己只要"坐着安静地听讲"。美国教育学家科尔（Kohl）认为："教室为什么要分前后呢？教室分前后的思想与专职型由上至下，即由教师到学生传授知识的方式是不谋而合的。"[3]学生的行为接受了座位排列的暗示，知道他们在教室中是不能随便移动身体的，他们只要各自安静地坐着，目视前方，听老师讲课，不要相互交谈。任何的活动都是可以被老师看见的，不要有任何违反纪律的行为出现，否则就要接受惩罚。

（三）变换的可能

秧田式并不是学校座位排列的唯一方式。马蹄式、圆桌式、小组式等成为替代秧田式的可能性选择。

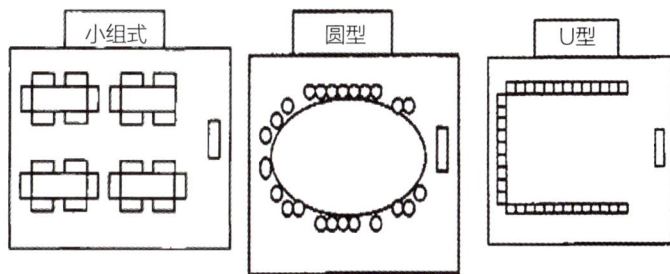

图9-2　各种形式的班级座位排列方式

从上图9-2中我们可以看出，马蹄式、圆桌式、小组式与秧田式相比，学生的个体和教室总体的空间构成上都有所不同。秧田式的座位排列，学生个体空间是比较封闭的，学生很难拓展或者改变自己的空间，而教室总体空间也是在教师严格控制下的伞状空间。[4]而在马

1　[美]施伊费尔布什. 铁路旅程：19世纪工业革命及时空感. 转引自：[美]理查德·桑内特. 肉体与石头——西方文明中的身体与城市[M]. 黄煜文，译. 上海：上海译文出版社，2006：346.
2　[美]理查德·桑内特. 肉体与石头——西方文明中的身体与城市[M]. 黄煜文，译. 上海：上海译文出版社，2006：347.
3　Meihan，R. A Sociology of Education. NewYork：HoltRinehartandWinstonLtd，1981. p66.
4　吴康宁. 教育社会学[M]. 北京：人民教育出版社，1998：348.

蹄式、圆桌式、小组式中，由于教室通路的增加和师生共有空间的扩大，学生个体空间比较开放，他们可以比较容易地聚集或者分散，也比较可能改变、转移自己的空间，教室总体空间也是教师控制下的多元空间。

马蹄式、圆桌式、小组式三种教室空间构成使得学生的个体空间由封闭逐渐走向了开放。空间构成的改变不仅仅意味着学生个体活动范围的扩大，而且会改变学生之间交往的范围和方式。一般说来，同学之间的距离越近，彼此交往的次数就会越多，关系也就越亲密，学生群体之间的亚文化也就越容易形成。在传统的秧田式教室座位排列方式下，同学间交往的范围狭窄，他们在课堂上能交往的对象仅有前后左右几个邻桌的同学，有时候甚至只能与左右邻桌的同学交往，所以，教师很难采用分组讨论学习的模式，由于同学相互之间不了解，每个人不能有效地发挥自己的潜能，最终也影响了各自的学习效果。但是，如果采用其他座位排列方式，可以扩大同学的交往面，使他们的交往增多，提高合作意识，减少孤立。因此，在这些排列方式下比较适合进行合作、交往式学习等。

马蹄式、圆桌式、小组式三种教室空间也使教师的活动空间从固定走向流动。在秧田式的教室空间构成中，教室前方的讲台处是教师的领地。教师高高在上，如站在古代的点将台上，或像审判庭的法官，但是他/她的空间是不能移动的，教师很难深入到学生中间去，因为秧田式留给联系用的空间实在是太狭窄了。教师即使勉强通过座位之间的通道，也只能是原路返回，致使教师只能和有限的处于座位旁边的学生有所接触。秧田式的教室中讲台的位置一般都高于地面，教师的目光可以俯视全部的学生和教室中的每一个角落，同时教师也处于所有学生的目光围绕和包围之中。而如果采用其他的座位排列方式，教室中的使用空间缩小，联系空间扩大。所有的联系空间都可以用作是师生互动的共有空间。教师的流动性增加的直接后果是师生互动比率的扩大。不仅如此，教师也可以在教室中暂时拥有自己的个人空间，那可能是舞台和幕后的连接处，是一个稍微可以喘息的空间。

图9-3 （左）圆桌式座位实例：美国新泽西州劳伦斯威尔学校
（右）分散型座位实例：美国新泽西州一间教室

　　班级规模与教室的空间密度紧密相关，在一个固定的班级内，增加人数就意味着造成空间拥挤。而过分拥挤的教室易使学生和教师产生不良反应，如烦躁、不安、好斗、富有攻击性、压抑和无助感等。班级规模与学生学习成绩密切相关，1978年，格拉斯（Glass. G. V）和史密斯（Smith. M. L）对以往有关班级规模与教育效果的调查研究进行统计分析，得出结论：学生的平均成绩随着班级规模的缩小而提高。而且当班级规模达到15人以下时，其效果会迅速提高。[1]班级规模不仅影响学生学习成绩，而且对师生双方的课堂行为以及个别化教学的实施也有极大影响。但是对于班级规模来说，教师甚至是学校都是不可控的，从务实的角度来说，当班级密度过大时，尤其是欠发达地区的班级，教师只能运用传统的座位模式，因为这种模式最节省空间。只有当班级密度适中或者较小时（例如，马蹄式、圆桌式、小组式三种教室空间布置的适合人数在20～25人之间），教师和学校选择座位模式才有较大的空间。

　　场域意味着关系，班级作为一种社会组织体系，构成教育教学的场域。对这个场域起较大影响的主要是教师、学生和家长，与这个场域密切相关的是师生关系、家长和教师的关系。教师、学生是班级场域中的主体角色，教师在这个场域中处于一定位置，拥有复杂关系，这使教师面临多种角色期待，教师能否胜任角色对自己的工作和生活有重要影响。同样，在班级场域中，学生也具有自己的角色，教师风格和师生关系有时候对学生角色有着直接的影响。在新时期，我们应该建立民主、平等、共生、和谐的师生关系。家长在班级场域之外，看似是"局外人"，却影响班级场域中的关系，家长作为学校工作的合作者，与教师都以学生学习成长为目的，应建立起合作的关系，经常沟通，互相支持。班级场域中的空间营造，即空间大小、封闭与开放程度、教学物质设施的陈列、学生座位编排反映着师生权力关系，是更好地实现教学目标的物质影响因素，合理布置班级空间体现教师教育机智，有利于教师班级管理与教学。

第三节
班级管理的价值迷思

🎯 **学习目标**

面对价值迷思，在处理班级问题上秉承正确的教育理念和立场。

　　班级作为一个群体生活组织，教师作为管理者，其管理理念背后的价值观是关系到班级建设非常重要的问题。作为一个"共同生活的组织"，师生关系是权威的还是民主的？在面对班级中的规则，教师的理念是规训式的还是着眼于学生的自由发展？学生

1　和学新. 班级规模与学校规模对学校教育成效的影响[J]. 教育发展研究. 2001（1）：18~22.

的自由在班级中的限度如何？如果班级中存在"异类分子"，教师如何面对学生的差异性表现？公正理念下的班级公共生活对于教师和学生都意味着什么？可能每一个班级中的教师都会面对如此的价值迷思，在混乱中我们不是要给出一个确定性的答案，我们只是和每一个教师在寻求答案中共同反思，不断前行。

一、"共同体"中的权力与民主

班级是师生共同构成的场域，是师生共同成长的"共同体"。在班级中，师生关系是其中的主体关系，也构成了一个班级的生态系统。班级中的教育活动都是在一定的师生关系维系下师生双方共同的活动。师生关系对学生的影响作用是全面而深刻的，不仅直接影响着教育教学的效果，还对学生个性、社会性的发展起着不可忽视的作用。师生关系也影响学生性格的形成。人的性格是个体与环境相互作用的产物，而师生关系是学生生活环境中最重要的因素之一。良好的师生关系为学生提供坚实的心理需要（安全的需要、爱与归属的需要、尊重的需要），在心理需要得到满足的基础上，学生逐步形成一些优良的品质，如信任、宽容、善良、尊重、同情等，在此基础上，学生的社会性也会向更高水平发展，如追求社会公平、承担社会责任、实行公民权利等，而在不良师生关系中，学生的基本需要得不到满足或形成不正常的满足方式，学生的个性和社会性很难向更高水平发展。

就目前中国的班级经营而言，师生关系并不是一个民主共同体。一个民主的共同体应该是有相互对话关系的共同体。社会成员互相承认对方享有平等的权利，承认对方参与集体决策的合法而又可信的权利，并且尽力维护这些权利。[1]班级如果作为民主共同体，师生之间会拥有一种相互承认对方权利的观念，两者之间平等交往，形成民主化的师生关系。在传统社会中教育者具有绝对的权威。如涂尔干（Emile Durkheim）认为，"教育本质上是一种权威方面的事情""具有道德权威则为教师的特质"。[2]教育者在塑造学生的社会行为过程中是主要的文化代言人，对受教育者品德形成的过程、内容和倾向起绝对的支配作用，学生的个体能动性没有相应的位置。中国古代荀子也认为教育者是社会秩序的维护者，学生要绝对服从教师，严守师教。"言而不称师谓之畔，教而不称师谓之倍"。主张为师必

> **共同体**
>
> 为了特定目的而聚合在一起生活的群体、组织或团队。共同体不同于一般的组织，共同体是人们在追求共同目标中产生的一个协作系统。共同体中的成员有着共同目标与追求。共同体是能让成员体验到归属感的群体，其中的成员对身处这个群体中的自己有着自我认同感。

1 金生鈜. 我们为什么需要教育民主[J]. 教育学报，2006（12）：9.

2 鲁洁，王逢贤，主编. 德育新论[M]. 南京：江苏教育出版社，2002：440.

须"尊严而惮","誉艾而信",既要有尊严,又要有威信,如此才能"化性起伪",通过教育使人性由恶转化为善。

在传统的班级中,我们会发现,传统教师权威观一直占有主体地位,认为教师的地位是神圣不可侵犯的,学生应该服从于教师所制定的班级规则。虽然,学生从成熟程度而言,是班级中的"弱者",但是弱者的服从也是由教师的权力和权威两种杠杆所调节的。教师的权力和权威是两个不同的概念,权威和权力反映的都是一种社会关系。两者虽然都能通过一定的方式和途径使自己或个人所代表的组织的意志或意愿在他人身上得到贯彻和实现,都带有一定的强制性,但是权威与权力的运作方式是不同的,权威反映了权力拥有者与被支配者之间的协调关系——前者的命令和意图能够真正被后者所贯彻和执行,合法的权力即被权力对象所认可,接纳的权力是权威的重要来源。同时,权力与权威的来源也不尽相同,两者产生影响力的来源不同。权力主体的影响力一般来源于制度和组织因素。例如,个人一旦被任命一定的职务,在制度的保障下,由该职务产生的权力就应运而生了,它是"外在赋予,施之于外的"[1],权力主体随外界条件的变化而变化。而权威主体的影响力则除了来源于上述因素外,还来源于权威主体的人格魅力,即权威不仅与权威主体在组织中的角色地位、职权高低有关,也与权威主体的能力、威望、道德品质等有关,它是一种"既有内在生长,又有外在无形的施予,内外共生"[2]的力量。由此可以看出,教师权威是教师权力和教师威信的结合体,教师以权力形成的传统权威、法理权威和制度权威为基础执行教师的职责,以个人的资历、声望、才能与品德形成的道德权威、知识权威和感召权威征服学生心灵,这些共同构成教师权威。其中,权力属于外源影响力,是保健因素,权威是内源影响力,起激励作用,两者相互制约,相互促进。

马克斯·韦伯的权威类型说

韦伯(Max Weber)依据大量史料,将权威划分为三种类型——传统型、感召力型、法理型。

传统型权威建立在古老传统和惯例的神圣性上,比如通过王位传承获得的权威。我国古代的皇权和宗族族长的权威都是传统型权威。

感召力型权威(又称超凡魅力或卡里斯马型权威)是建立在个人才能、杰出品德、英雄主义创建的信仰之上的。革命年代的领袖、伟人就是通过感召力获得了追随者。

法理型权威(又称理性型权威)是建立在对理性、法律和官僚体制所授的法定信任之上的。这种权威产生于非人格的组织机构和制度,而不是情感上的依赖和忠诚。

---

1 2 张楚亭. 高等教育哲学[M]. 长沙:湖南教育出版社,2004:246.

作为教师权威整体而言，这三种权威类型都是不可缺少的。社会传统和制度决定了教师的传统型权威和法理型权威；教师的知识素质和人格魅力成为他的感召力型权威。我国传统中教师享有很高的权威，荀子甚至认为教师享有绝对权威，"非礼是无法也，非师是无师也"，教师不容怀疑与非议。当下构建民主、平等的师生关系，教师应丰富自己的学识，提高自身素质，以师者的人格魅力感召学生，获得学生的信任。法理型权威是教师权威的制度保障，不可或缺，但应行之有度。对于教师而言，最重要的还是提高自身的感召力、魅力——感召力型权威。

——[德]马克斯·韦伯. 学术与政治：韦伯选集（Ⅰ）[M]. 钱永祥，译. 台北：远流出版公司，2005：5.

很多学者认为，教师权威在现代制度化教育中并不应该消解，教师权威和学生的自由并不矛盾。法国著名教育社会学家埃米尔·涂尔干（Emile Durkheim）在论述权威和自由的关系中就曾指出："人们有时把自由与权威这两个概念对立起来，仿佛这是教育中两个互相矛盾、泾渭分明的要素。但这种对立是人为的。事实上，这两个概念非但不互相排斥，而且互相联系。自由是恰当地加以理解的权威的'女儿'。因为，所谓不受束缚，并不是意味着做他喜欢做的事，而是自制，以及善于有理智地行动和履行义务。教师的权威，恰恰就应该用来使儿童有这种自制。"[1]教师的权威不是限制学生的自由，其核心是要使学生自制。但是教师在"课堂情境"下常常扮演的是"常套"角色。[2]始于托马斯（Thomas，W .T.）的"情景界定"认为课堂情境是一个过程，行为者在角色情境中探索其行为的可能性，此情境对个体行为施加诸种影响，这些影响规定着个体对此情境的态度及相应的角色扮演。班级存在教师和学生两种界定主体，如果由教师主导情境界定，采取"控制与服从"的策略，那么教师的权威即等同于外在的教师权力，那么班级就成为权威性情境，其必要条件是建构严格的、持之以恒的规则，课堂情境建设的最高目标的规则制动化，无须学生在角色扮演的时候加以审视或者深思。对学生而言，他们只有"服从"，一旦"越轨"，将会受到强制惩罚。久之，学生也会形成自制，无论学生的自制是出于对教师权力的惧怕，抑或是对教师权威的遵从，其实都是一种单一向度的班级情境。

班级是在学校中对学生影响最为深入的社会组织，它具有区别于其他社会组织的重要特征——"自功能性"。一般来说，其他社会组织的"生存目标"都是指向组织外部的，比如，"制造商品""医治病人"分别是工厂与医院的生存目标。这些生存目标的着眼点不在组织——工厂或医院的内部，而在组织的外部，衡量生存目标实现与否自然也不与组织成员——工人或医生自身的状况为依据，而是以组织之外的某种变化为标准。因此，这些社会组织的生存目标具有"外指向性"，即属于"他功能性"组织，在这种组织中，组织的领

1 张人杰，主编. 国外教育社会学基本文选[M]. 上海：华东师范大学出版社，1989：23.
2 吴康宁，等. 课堂教学社会学[M]. 南京：南京师范大学出版社，1999：91.

导者运用权威的目的是为了该组织外在目标的实现。与之不同，班级作为一种社会组织得以建立，则不主要是为了某些外向性的目标（如提高教学效率，便于学校管理等），它首先也最重要的是基于其成员（学生）自身发展的需要。因为班级的一系列活动、任务，其最终目的都是为了促进学生自身的发展。在现代社会中，青少年学生的奠基性学习，尤其是"社会文化"的奠基性学习不可能在个体独处的空间里完成，而是需要借助于群体生活的环境，班级组织可视为社会向青少年提供一种在校期间群体生活的基本环境。因此，相应地教师权威在班级这种社会组织中运用的目的应是实现该组织的内指向性目标——学生自身的发展。而这一班级组织目标的实现，需要学生成为班级生活的真正参与者，对学生个体的偏差行为，由学生群体自发影响与纠正，建构班级民主性的公共生活。

教师突破已有的师生关系，指发挥学生在建设班集体过程中的作用，用平等协商的办法处理师生矛盾，那么所形成的"班级共同体"就是尊重差异、多元多层、与时俱进的共同体。班级成员失去这样的共同体，就将失去发展的"土壤"。齐格蒙特·鲍曼（Zygmunt Bauman）在《共同体》一书中分析道，失去共同体，意味着失去安全感；得到共同体，如果真的发生的话，意味着将很快失去自由，共同体"只可能是（而且必须是）一个用相互的、共同的关心编织起来的共同体；只可能是一个由做人的平等权利，和对根据这一权利的平等能力的关注与责任编织起来的共同体"[1]。

在班级共同体中，班级成员既有共同的目标，共同遵守的规章制度，又有相对自由的个人发展空间。班级共同体的建设是学生身心发展、学校教育目标实现、国家民主制度创立的需要。作为共同体的班级，将是一个拥有公共精神、公共品格的环境，班级公共生活的建构能满足学生表达个人的意见、追求民主平等的愿望。学生从中学会理性地解决人际纠纷，合理地疏导不良情绪，正确地处理个人与他人以及与社会之间的利益关系，养成学生的公共精神。构建班级共同体，既促进学生的个体成长，也促进学校和社会的民主化进程。

🔍 **案例研究**

我们的班级我们自己做主——民主、自主、人性化的班级管理理念探讨

七年级伊始，建设班集体是头等大事，选拔任用班干部又是关键之一。可此事颇费思量。查看学生的履历，有好几个学生在小学阶段担任班长，担任过其他班干部的更是占了多数，备选对象多是好事，但选谁用谁呢？在此前后，一些家长通过各种渠道，有的直接要求，有的通过同学、亲戚或朋友甚至领导打招呼，让我多多照顾他们的孩子，我虽应允着，

---

1 [英]齐格蒙特·鲍曼. 共同体[M]. 欧阳景根，译. 南京：江苏人民出版社，2007：177.

但实际上挺为难。在夏令营时，我有意识观察学生、试用学生，发觉很多学生都挺优秀、挺上进，但毕竟学生刚进入新集体，几天的了解不够深入，一下子判定谁更合适更不是件容易的事。虽然有点纠结，但我考虑再三，还是拿定了自己的主意，让学生决定班干部产生的方式。最后经过票决：班干部由竞选产生。做法要点是，同学自荐，自荐同学发表竞选演说，全体同学投票产生班委成员，班委实行学期任期制，期中接受同学民主评议。

当我宣布这一决定时，同学们欢欣鼓舞。之后，接近2/3学生报名角逐各个班委岗位；接着，竞选演说热情洋溢、精彩纷呈；竞选后，班委"发号施令"，煞有介事，同学热情配合，班级工作和谐有序，让人刮目相看。

班级决策主要模式有两种：一种是班主任"独裁"，一种是班集体民主表决。时至今日，前一种模式在理念上已经越来越难以适应时代发展了。

民主是普世价值观，是文明社会的重要标志，更是我们的追求。谁也不希望部分公民接受特权，对专制独裁唯唯诺诺。那么现在就要播下种子，让社会的未来主人收获民主、平等的精神人格。

竞争是现代社会生活的一种常态。学会竞争是现代人的生存本领。自我推荐、发表竞选演说就是竞争尝试、生存训练。在这个过程中，学生学会进取，感受成功，体验挫折，理性看待失败，不断丰富自己的人生。

这还能培养学生责任意识和服务精神。竞选上班干部，是荣誉更是责任，要为同学服务，接受同学的评议。

这也是构建和谐的、民主的、平等的师生关系的起点，给学生以心理和谐发展的宽松空间，是新课程赋予教育者的首要任务。

——改编自：黄长荣，编. 班级管理典型案例[N]. 光明日报，2012-05.

二、班级经营中的规训与自由

📢 教育家语录

教育对个体的生产并不是培育（cultivate）个人的独特人格（personality，character）。只是模塑（mould）一个个具有同质性的个体，每个人具有个体性，而不具有个性，意味每个人在个体化的功能再造中具有程度和种类的差异，而不具有个性品质的差异（qualities of virtues）。教育的形塑结构基于现代社会的需要而生产个体化的主体，它的培育方式在于通过对每个个人的塑造技术，生产出只有个体性的驯服的人。知识和道德都变成了实现教育塑造力量的手段，都成为控制个体化的心智和身体的组成因素。特别是学校发展出的特殊的纪律，成为教育中的禁忌，专门针对个体生活细节进行检视和限制，使规训真正能够进入个体的结构中。

——金生鈜. 规训与教化[M]. 北京：教育科学出版社，2004：97.

1. 教师教，学生被教；

2. 教师无所不知，学生一无所知；

3. 教师思考，学生被考虑；

4. 教师讲，学生听——温顺地听；

5. 教师制定纪律，学生遵守纪律；

6. 教师做出选择并将选择强加于学生，学生唯命是从；

7. 教师做出行动，学生则幻想通过行动而行动；

8. 教师选择学习内容，学生(没有征求其意见)适应学习内容；

9. 教师把自己作为学生自由的对立面而建立起来的专业权威与知识权威混为一谈；

10. 教师是学习过程的主体，而学生只纯粹是客体.

——[巴西]保罗·弗莱雷. 被压迫者教育学[M]. 顾建新，等译. 上海：华东师范大学出版社，2001：25~26.

　　班级是一个制度化的集体生活空间，在这个空间中，为了有效管理班级中的学生群体，达到教育目标及学生的学习效果，班级需要一套方式来制度化学生在学校中的生活方式。规约学生共有的经验。学校（教师）对于学生的控制与管制，是为了获得一种被驯化的意识，这种驯化意识有利于文化生产体制中的生产效率与管理，当学生安坐其位，专心听讲，是使教师能顺利进行课程及教学的最有效方式；而安静的教室及良好的班级纪律也能使学生有一个良好的学习环境充分学习。

　　同时，鉴于班级中的规训的存在，也可以将班级看作是规训（discipline）[1]的场所。如果说班级是一个规训的场所，那么身处其中作为学习主体的学生如何看待自己的被规训？学生是否能知觉自己被规训的角色？在学校（教师）追求安静有序的教室生活的前提下，学生是否能展现其生命力？规范性作为教育活动的特殊性意涵，如何让学生能在学校空间里快乐学习又能尊重个体之间的身体自由？快乐自由和遵守规范之间的界限到底在哪里？这是作为班级内的每一个教师都应该思考的问题。

　　早在18世纪，卢梭（Jean-Jacques Rousseau）就对摧残儿童的强制性教育进行了激烈的批判。他在《爱弥儿》的开篇就说："出自造物主之手的东西，都是好的，而一到了人手里，

1　规训：出自于米歇尔·福柯的著作《规训与惩罚》，规训（discipline）具有纪律、规范、训练、校正、训诫、约束以及熏陶等多种释义。福柯赋予它新的含义，用以指近代产生的一种特殊的全力技术，既是权力干预、训练和监视肉体的技术，又是制造知识的手段。在福柯那里，规训不等同于一种体制或一种机构，它是权力的一种特殊机制，一种新的权力类型，一种行使权力的轨道，包括整套工具、技术程式、应用层次和实施目标，如福柯所言，它是一种权力"物理学"或权力的"解剖学"。

就全变坏了。他要强使一种土地滋生另一种土地上的东西，强使一种树木结出另一种树木的果实……必须把人像练马场的马那样加以训练；必须把人像花园种的树木那样，照他的样子弄得歪歪扭扭。"[1]他认为儿童成为当时教育理念下的牺牲品，儿童的天性在教育的信条、学校的规训和教师的强制中被摧毁了。卢梭把这种残酷的强制教育称为野蛮的教育，认为那是在折磨儿童，不是在教育儿童；是在残害儿童，不是在发展生命。法国思想家福柯在其代表作《规训与惩罚》中深刻地分析了教育中规训技术的精致化。对福柯而言，现代权力与此前的权力不同，它是局部的、持续的、生产性的、毛细血管状的和详尽无遗的。批判教育学的代表弗莱雷（Paulo Freire）在其富有革命激情的著作《被压迫者教育学》中，对教育中被压迫者的命运给予了悲天悯人的关注。他对占主导地位的灌输式教育进行了猛烈的抨击，提出了提问式教育的民主主张。弗莱雷认为，灌输式教育反映的是压迫社会，教育是一种存储行为，学生是保管人，而教师是储户。教师越是存的多，就越是好老师；学生越是温顺地让自己被灌输，就越是好学生。美国学者伊里奇（Ivan Illich）在其代表作《非学校化社会》中，批判了教育中的规训，认为制度化的教育以"受教者"取代了"学习者"，学习成了强迫性和竞争性的。"制度化的学习"使学生成为持证书的消费者，学生则完全沦为制度化教育奴隶，形成一种毫无思考的消费意识。美国教育学家乔尔·斯普林格（Joel Spring）在其重要著作《脑中之轮》中，从思想自由的角度讨论了民主社会中的教育问题。他认为，教育的最大问题就是学生的思想受到控制和规训。如果不是个人拥有思想，而是思想拥有个人，那么这一思想就会成为人头脑中的一个轮子。此时，脑中的轮子就成为个体行为的决定力量，个体不会自觉进行选择，也不会反思他的行为后果，就像机器一样，在灌输思想的预先指定下行动。教育若是能够唤醒人们的自由意识，那么自由的人将不断地解放自身；相反，如果只是规训化的教育他们，他们就会在任何时候都以一种高度教养的、优雅的方式调整自身以适应环境，并最终堕落为奴颜婢膝、唯命是从的人。

　　教育的核心是人的全面发展，它彰显人的个性，高扬人的自由，捍卫人的尊严，追求人的解放，关涉人的幸福。它的任务是使学生的生命与精神相契合，让生命的火焰照亮天空，让精神之花自由绽放。而规训化教育的核心在于训练，通过规范化的训练技术对受教者进行算度、甄别、判定和等级化，这种规训权力的主要功能是训练，而不是挑选和征用。班级中封闭的空间，严格的秩序和纪律，活动上的控制都是将班级营造成一个规训的场域。班级场域用自己的权力运作方式，用自己规定的行为准则、空间布置和秩序系统，为受教育者个体提供了更为温柔的、更可接受的规训方式和管理秩序。班级并不是一个权力销声匿迹的场域，孩子们在班级里构建出自己隐匿的面孔，教师的监视性目光在教室里展开。通过班级中的规训的技术，鲜活的生命被改造成驯顺性的个体。通过这种规训技术，一种新的客体对象

1　[法]卢梭. 爱弥儿——论教育[M]. 李平沤，译. 北京：商务印书馆，2004：5.

正在形成：这是一种操练的肉体，而不是理论物理学的肉体，是一种被权威操纵的肉体，而不是洋溢着动物精神的肉体，是一种受到有益训练的肉体，而不是理性机器的肉体。学生们被操纵、被塑造、被规训，遵从于各种规定、命令、权威，成为恭驯、听话的好学生，教育在班级中发挥着细密的优势，以适应社会需要为名对学生进行打磨。

规训化教育在一种温和的、细致入微的柔性控制中，从身体到思想，从情感到本能，对学生进行全面的训练，包括对活动加以强制的时间表，对行为表现进行监控的监督措施，擢拔驯服者、淘汰不驯服者的考试算度机制，引诱和强制的各种奖惩制度，强化道德控制的规定设定等。班级中的规训目的是使学生成为一个"工具人"、"知识人"和"职能人"。规训教育者总是把自我设定为他人生活的设计者、仲裁者，从而以知识优越者、道德高位者的姿态把自身理想的愿景理直气壮地加之他人。规训化教育不是走向人对人的理解，不是用自己的心灵去体验他人的心理，只是把受教者视为必须去塑造、改造、重造的对象，把他人当作思想、灵魂、情感、人格的说教工具。正如雅斯贝尔斯所说："什么地方计划和知识独行武断，精神价值大张挞伐，那么这些计划和知识就必然会变成自身目的，教育将变成训练机器人，而人也变成单功能的计算之人，在仅仅维持生命力的状况中人可能会萎缩而无法看到超越之境。"[1]如果班级内的规训化教育，不留给个体自由适度的空间，那么个人的价值、尊严、创造、旨趣、愿望都被班级中的规则所漠视，而且这种对知识的控制策略还将师生引诱到对知识功利价值的过度追求之中，陶醉于知识给人带来的工具价值和功利结果，忽视了知识提升人的智慧升华和人的情感的价值，导致学生成为"规训化的个体"，进而班级的场域外延开去，也造就了"一个严密控制的世界；一个个体的自由不只是虚伪欺骗或不复存在，而且还被训练成遵守命令和按部就班的人们所深恶痛绝的世界；一个一小部分精英在手中控制着所有的木偶牵线以致其他的人都能像木偶那样走过一生的世界；一个被划分为管理者和被管理者、设计者和设计的遵从者的世界"[2]。

🔍 **案例研究**

班主任何老师发现他的一个学生吸烟要告知父母，学生阻拦并承诺再也不犯，老师想出签订协议来规范学生行为，学生同意了。以下是老师和学生签订的诚信免罚协议书。

诚信免罚协议书

甲方：　　　　　　　　　　　　　　　　乙方：

为了维持正常的教学秩序和创造一个让学生健康成长的良好、和谐的学习环境。本着

1 [德]雅斯贝尔斯. 什么是教育[M]. 邹进，译. 北京：生活·读书·新知三联书店，1991：35~36.
2 [英]齐格蒙特·鲍曼. 流动的现代性[M]. 欧阳景根，译. 北京：生活·读书·新知三联书店，2002：82.

"教育为主"、"治病救人"的理念和相互信任、相互平等、相互尊重、相互监督的原则。甲乙双方协商一致，决定如下：

1．乙方自愿申请"诚信免罚"，甲方审核后，认定乙方符合条件，同意其申请。

2．甲方承诺对乙方于2011年11月21日在课堂上点烟的严重违纪行为不予处罚，并保证不将此事告之其父母。乙方承诺从今往后不再出现如抽烟等严重的违纪行为。

3．乙方承诺如果违约，愿意接受加倍处罚，并做出深刻的检讨。甲方承诺，如果乙方遵守协议，到期末可以考虑给予乙方综合素质加10分。

说明：本协议一式两联，一联在班主任处留存，一联交学生本人留存。

XX学校七（X）班
2011年12月8日

签署协议之后，小X同学的表现的确变好了很多，老师找他谈话表扬了他，同时问他愿不愿意在老师的帮助下与自己的小毛病决裂。小X欣然同意了，并和老师签署了第二份协议。第二份协议与第一份协议类似，变动之处是乙方承诺从2011年11月29日起，二周内不再出现在课堂吃零食，无故解别人鞋带，把垃圾放到别人抽屉，课堂随意讲话，上课迟到等不良行为。而甲方承诺如果乙方遵守协议两周后可以考虑给予乙方综合素质加5分。并请乙方吃价格不少于50元的牛排大餐。

两周后，老师把小X和他的父母一起叫到了办公室，并当其父母的面肯定他最近的表现，小X很高兴也很激动，于是在经得小X的同意下，老师把整件事情的经过告诉了他的父母，大家都会心地笑了。

因为小X的变化，老师决定完善推广这一制度，来整顿班级的风气。于是他提出了设立综合素质分数银行的办法。综合素质分就是学生在礼仪、卫生、学习、纪律、诚信等方面的综合得分。每周评定一次，得分低于-5分者，将受到处罚，但当事人可以向综合素质分数银行借分，抵消部分扣分，使自己的扣分减少到5分之内，这样就可以免于处罚，但所借分数要按时归还，并根据期限长短支付利息。

经过观察这一举措也获得了成功。

培养学生良好的日常行为规范要注意以下几点：

1．关注学生的内心需要，变"要我改变"为"我要改变"。

2．创设合适的德育情境，变"简单说教"为"生动体验"。

3．根据学生的身心特点，变"立竿见影"为"循序渐进"。

在班级管理方面，制度的创新很重要，虽然学生的行为和学习习惯有好有坏，但习惯再差的学生也有天真可爱的一面，只要我们略施小计并给学生足够的时间去改变，很多学生还是可以变好的。我们应该多给学生一次机会，因为学生还你的往往是一个天大的惊喜。

——改编自：黄长荣，编．班级管理典型案例[N]．光明日报，2012-05．

三、班级建设中的差异与公正

🔊 **教育家语录**

　　不同背景的孩子之所以有不同的学习表现，事实上是因为他们并未接受相同的教育过程……一般而言，他们所受的教育形式，带领着他们走向原来出身的背景——他们原本社会政治经济地位的优劣。再者，当他们选择的过程单纯地被理解为选择的事件时，其实教育系统层面之下的学习表现却强烈指出其他影响选择的可能性。

　　——[英]柯林斯（Collins），2000. 引自：Rob Moor. 教育社会学[M]. 王瑞贤，黄慧兰，陈正昌，译. 台北：学富文化事业有限公司，2008：9.

　　当工业、科学、技术推动着教育组织模式向前发展，各位思想家也都没有放弃在班级组织中对于教育意义的追寻，强调从"效率"和"功利"中把教育的目光指向人的自身。而正如科尔曼所言，不同学生的差异性学业表现，是因为受到不同的教育过程所致。班级作为重要也是基本的教育场域，所施加的教育过程如果不同，那么教育是否给予班级中的学生一个公正的可能性，就成为一个重要的，需要思考的价值问题。

　　班级作为群体教育的组织形式，很多老师都要思考：我实施的是一样的教育过程，为什么特定类别的成员在相对程度上总是有较低的表现。班级群体的差异是以评定系统中的平均数为基础，但是在平均数周围却经常有为数颇多的变异数，尤其是有所谓表现欠佳者。如何看待班级中的差异，并给予差异何种教育过程直接关系到"孩子学会了什么"，关注到教育最终的目的与价值。

　　公正观念自古希腊始即是哲学家们所着力探讨的问题。拉丁语中公正（Justice）一词得名于古罗马正义女神禹斯提提亚（Justitia），包含了正直、无私、公平、公道这些一直保持到现代的基本语义。古希腊梭伦（Solon）最早在正义概念中引入了"给一个人以其应得"的含义。此后在西方正义概念的历史发展中，许多思想都对它产生过深刻影响，成为这个概念的重要思想资源。从柏拉图、亚里士多德到罗尔斯、诺齐克、德沃金，虽然每个思想家所秉承的公正观念有所不同，其公正观千变万化，但是有一个古老的思想一直支配着公正观念，这就是"给予每个人以其应得的东西"。比如在《理想国》里，柏拉图认为，公正就在于每个人应该处于他应该占有的地位，从事适合他的职业，获得他应得的那一份财富和奖赏，做到各司其职、各守其序、各得其所。亚里士多德（Aristotle）也认为"公正就是某种比例"，"应该按照各自的价值分配才是公正"。[1]麦金太尔（Alasdair MacIntyre）也认为，公

1　[古希腊]亚里士多德. 尼各马科伦理学[M]. 苗力田，译. 北京：中国人民大学出版社，2003：98.

正"是给每个人——包括给予者本人——应得的本分，并且是不用一种与他们的应得不相容的方式来对待任何人的一种安排。于是他提出了作为美德的公正。麦金太尔认为，罗尔斯（John Rawls）的公正是公平的公正，所关注的是他所谓共同体中的作为最少受惠者的那部分人的需要，而诺齐克的公正论是权利的公正，他所关注的是权利的绝对优先性，因此，"无论罗尔斯的理论，还是诺齐克的理论，都没有在其关于正义与非正义的言中为应得留出核心地位甚或任何地位"。以"应得"为核心概念的公正思想体现着公正的人性本质，体现着以人为本的社会伦理思想。在中国的古代历史中，也早就出现过这种以人为本的公正思想。如果说孔子的"仁爱"学说体现着以血亲宗法本位为核心的公正观，为了维护封建等级秩序而提出"有教无类"的教育公正思想，那么，墨子的"兼爱"思想则体现着以人格平等为前提，以社会中的贫弱者为本的公正思想，突破了孔子的封建等级观念，体现着普世性的以人为本的公正观，闪耀着人民性。[1]

教育作为社会公共系统的一部分，社会公正与教育公正有着直接的联系。上文中已论证过班级是教育现代性的表现。现代教育教学的内容也是面向全体社会成员的，教育的结果也具有社会共享性。由现代教育的公共性特征，决定以何种方式实施教育就成为道德哲学的研究对象。由于人存在着客观的个体差异性，每个人在班级中接受教育的能力、兴趣和需求是各不相同的。社会成员也要求教育的实施要公正地确定个体受教育者之间、受教育者与国家之间的关系。因此，教育公正可以看作包括两部分：教育的公正和公正的教育。前者是社会公正在教育中的体现，考察的是作为社会现象的教育公正，是教育的一种外在公正，主要从宏观上涉及教育的权利和教育的机会，是群体间、个体间权利和资源的合理分配问题。后者是个体发展的公正，每一个人的个性都有所不同，公正的教育就是使每个人的个性能够得到充分的张扬与发展，使个体因此成为他自己。因此可以说，公正的教育是尊重每个人的权利，按照每个人发展的差异，给予合适的、应得的发展资源，促进每个人实现最大发展的教育。

在班级教育过程中，公正即是要使每个班级内的学生个性得到发展。班级授课制并没有为个性化教育提供丰富的土壤。日本著名的教育学者小原国芳（Obara Kuniyoshi）认为："人的个性是尊严的，每个人在世界上都是独一无二的个体，是只有一次的生命，是任何其他什么人都替代不了的。每个人都有别人不能执行的各自的高尚使命，如果不能完成其使命，将永远给这个宇宙的完全性留下一份欠缺。每个人都有自己的天地，都是被神派遣来完成他的使命的，而且具有任何其他人都不能代替的独一性。把张三李四不分青红皂白的混同在一起，放入同一模具里一块制造成一个型，这样，我们的教育将会得到什么样的结果呢？个性消失了，张三李四之间就可以成为互相替代的人。那么，他们就不是必不可少的人了，不是

1 陈伟. 墨子：兼爱人生[M]. 武汉：长江文艺出版社，1993：4.

非此人不可的人了，而是成了谁都可以代替谁的人，即作为人的尊严性和独自性全部被抹杀了。"[1]

从人的本性而言，人具有利己和利他的双重性，是个性与社会性的统一。社会化是一种求同的过程，旨在保证个体为社会所接受并成为社会的合格公民；个性化则是一个尊重独特性的存异过程，旨在激发个体的自主精神与首创精神。个体的发展在社会化和个性化的有机统一中和谐发展。班级中的公正是微观的公正，是教育过程的公正。

班级建设中的公正，首先体现在课堂教学中的知识控制过程的公正。在有限的课堂教学时间中，教师常常将学习机会更多地分配给他所喜欢的学生，而很少分配给不喜欢的学生；而有时候，教师将难度不同的知识分配给不同的学生。课堂教学中的知识是有差别的，而这些差别又是导致学生将来被选择和分配到社会结构不同部分中去的基本因素。例如，同样是提问，教师向他所喜欢的学生提出的多半是方法论方面的问题，以及有利于思维训练方面的问题，而对其他学生提出的是简单的事实性问题，对思维的发展没有多大用处的问题，学生的行动选择如果经常受到别人的干涉，而他又习惯于被动接受别人为他做出的选择，轻易放弃自己的选择，年深日久，便可能缺乏独立性，遇事没有主见，甚至不想自己动脑做出选择，养成从众心理和依赖的习惯。

班级中的公正也体现在班级生态中的教师行为上。传统教师在班级中的行为主要体现为霸权与控制，教师命令式的言语和非言语行为使学生以"应答"为主，应答多半是满足别人的问题而非自己的，因此，课堂缺乏平等对话，也没有经验共享，学生不可能发现自我。这种控制行为可以从两个方面来说：第一，控制对象，在课堂教学中，教师的控制主要是全体同学，采取普遍主义原则，即教师以社会代表者的身份，按照特定的社会要求，对全体学生施以同一属性的控制，这种控制既是学生社会化的基本要求，同时也是教师权威实现的现实基础，但在具体的控制过程中，教师的控制事实上存在着个体差异，即在普遍主义的基础上存在社会控制的特殊性。研究表明，对学业成功者教师要求质量高，表现出时间上的耐性，而对学业失败者相反。第二，控制方式，课堂教学中教师的控制方式因人、因事、因情境而异。师生交往多为选择性交往，这种选择性会因为学生的成就、社会地位与在班级中担任职务的不同而有所区别。这种交往无疑有利于受选机会较多的学生获得较高的社会认可与评价，而且，一定程度上使其社会化过程较为顺利，而对于受选机会较少的学生来说，由于他们一直处于课堂教学活动的边缘，很难有自我表现的机会与时间，因而在这种主客观（教师选择的主观性与社会标准的客观性）因素作用下，这部分学生成了课堂教学中被遗忘的角落。

1　[日]小原国芳. 小原国芳教育论著选（上卷）[M]. 刘剑乔，译. 北京：人民教育出版社，1993：345.

案例研究

呵护那一点点光

孩子两岁了，第一次看见一只蚂蚁。也许别的母亲会鼓励她的孩子去一脚踩死那只蚂蚁来锻炼他的胆量。可是这个孩子的母亲却柔声地对他说："儿子，你看它好乖哦！蚂蚁妈妈一定很疼爱她的蚂蚁宝宝呢！"于是小孩就趴在一旁惊喜地看那只蚂蚁宝宝。它遇见障碍物过不去了，小孩就用小手搭桥让它爬过去，母亲一脸欣喜。

后来，孩子上幼儿园了。有一次，他吃完了香蕉随手乱扔香蕉皮。她没有像其他一些母亲那样视而不见，而是让他捡起来，带着他丢进果皮箱里。然后给他讲了一个故事：有一个小女孩，在妈妈的熏陶下，她总要把垃圾扔进果皮箱里，有一次对面才有果皮箱，她就过马路去丢雪糕纸。妈妈看着她走过去。然而一辆车飞奔过来，小女孩像一只蝴蝶一样飞走了。她妈妈疯了，每天都在那个地方捡别人丢下的垃圾。当地人感动了，从此不再乱丢垃圾，他们把那些绿色的果皮箱擦得一尘不染，在每一个果皮箱上都贴上小女孩的名字和美丽的相片。从此，那个城市成为一座永远美丽的城市。故事讲完了，孩子的眼眶湿润了。他说："妈妈，我再也不乱扔东西了。"

孩子上小学了。可是最近他总是迟到。老师找了他的母亲。她没有骂他，或者打他。临睡觉的时候，她对他说："孩子，告诉妈妈好吗？为什么那么早出去，却还要迟到？"孩子说他发现在河边看日出太美了，所以他每天都去，看着看着就忘了时间。第二天，母亲一早就跟他去河边看了日出。她说："真是太美了，儿子，你真棒！"这一天，他没有迟到。傍晚，他放学回家时，他的书桌上有一只好看的小手表。下面压着一张纸条：因为日出太美了，所以我们更要珍惜时间和学习，你说是吗？爱你的妈妈。

后来，孩子上初中了。有一天，班主任打来电话，说有严重的事件找她去学校。原来，儿子在课堂上偷看一本画册，里面有几张人体画！她的脑袋嗡了一下。和老师交换了意见后，她替儿子要回了那本画册，仿佛什么也没有发生。第二天早晨，儿子在他的枕头上发现了那本画册，上面附着一封信：儿子，生命如花，都是美丽。所以一朵花枯了，很多年后，我们还能忆起；所以一个女人死了，千年后，我们还能怀念她的美丽，比如李清照，还有秋瑾。孩子，从美出发，记住那些让我们感动的细节，比如，一片落叶，一件母亲给你织的毛衣，一个曾经为你弯腰系过鞋带的女孩……有一天，你就会以你充满色彩和生命的心感召世人，就像你小的时候我给你讲的那个飞翔在果皮箱上的小女孩。人们爱她，因为她是天使……

这位极聪明伟大的母亲懂得在孩子的缺点中发现那一点点优点，并用无微不至的圣洁的母爱呵护着他生命中的那一点点光！而那一点点不曾被扑灭的光，总有一天会洒成满天的星星、月亮和太阳，照亮这个我们深爱着的人世啊。

在班级建设的过程中，我们也应该像这位母亲学习，练就一双慧眼，发现孩子"那一点点光"。他们会让我们感受到每一个鲜活生命的独一无二和与众不同。

——改编自：林元亨. 呵护那一点点光[J]. 家庭护士，2004(3).

作为场域的班级，各种力量在教育过程中交错纵横。不同的力量代表不同的利益和资源，个体获得教育资源的公正性要求教师在充分了解学生个别差异的基础上，来促进每个学生获得成功。因此，差异性是班级中个性教育的基础。只有关注并正确看待这些差异，理性的对待差异，给予每个学生的"个性"以呵护，才能真正做到"因材施教"。个性教育并不是个别教育，是在集体中积极的差别对待。积极的差别对待要在班级授课制中关注学生的个体差异，在为每个学生得到充分、多样的发展而努力。学生生活在班级中，学生与学生之间因能力的不同而获得不同的发展方向和发展空间，学生的发展更不会因为类型单一而受到约束，班级因学生个性化得到发展而同时会充满活力。但是这只是差别对待，而积极差别对待同时也要求扩大对于学生差异的关注，有意识地将目光向班级中被忽视的学生倾斜，为适合学生的发展提供更多的资源和机会，从而补偿集体均等的教学活动中的某些不足，以缩小基于共性和个性教学的差异。积极差别对待要求在班级中秉承着教育的本真追求，不仅是追求学生社会化的求同过程，同时也是追求学生个性化的存异过程。学生之间的差异不仅不应该成为学生发展的阻碍，反而应该成为学生发展的动力。积极差别对待应该充分了解个体的积极寻求，并以学生的自身素质和能力为基础，以适合学生的发展为根本追求，充分了解个体，认识个体的差别，承认差异，使个体的差异获得认同，而不因差异遭受同一标准的歧视。

班级是师生共同成长的共同体，不应该只有教师权威，而应该做到民主、平等，让学生有相对自由的发展空间。班级需要制度与规范，却不能只是规训与管制，应该给予学生自由与尊严。在班级和课堂中，教师应对学生实行差异化的教学与管理，"因材施教"，呵护学生的个性，"给一个学生以其应得"，方能走向公正。

本章小结

1. 班级是教师将教育目标内化于学生的基本单位，也是师生成长的"共同体"。班级自教育走入制度化以来，成为世界范围内最为普遍的教育组织形式。那么班级何以成为普遍存在，就成为一个哲学层面需要探讨的问题。从人的社会性和人发展的交往性而言，我们认为群体组织模式对于学生的成长具有合理性和必要性。而班级的出现、演变是和知识生产方式紧密联系在一起的，受教育现代性所推动的。

2. 从班级构成上看，我们可以将班级作为一种教育场域加以审视，在其中，教师和学生都承担着固有的角色，营造场域内的关系，并和物理空间表现一起，构成班级空间。班级空间与社会空间具有同构性，班级中的"物"和"人"产生交互作用，构成了独特的班级教育风景。

3. 在教师和学生共同经营班级的过程中，价值定位对于策略的采取具有重要的影响。教师们可以凭借自己的经验与智慧，在权力与民主、规训与自由、差异与公正的张力间形成自己的教育理念与管理风格，真正使班级成为教师和学生共同成长的平台。

总结 >

Aa 关键术语

班级授课制	场域	共同体
Class Teaching System	Field	Community

章节链接

在这一章，你读到……	在其他章节中，你将发现相关的讨论……
关于信息技术对班级的影响	在第七章"教学"中有关于翻转课堂的讨论

应用 >

批判性思考

有人认为班级是一个群体性教育的场域，集体的利益高于一切，我们应该教育学生在面对群体利益的时候让渡自我价值，那么，作为班级中的一员，教师在班级中如何处理群体与个体的关系？

有人认为规则就是对于学生的约束，是对于自由的戕害，而班级中没有规则又"不成方圆"，面对班级规则，教师如何处理在权力与民主、规训与自由、差异与公正之间的平衡与张力？

体验练习

1. 通过学习本章第一节，请思考班级授课制的优势和局限：

优势_____

_____

_____

局限_____

_____

_____

2. 通过学习本章第二节，请列出你认为建立和谐的师生关系的途径。

_____

_____

_____

3. 在您的班级里，现阶段座位排列方式是_____，您认为此种座位安排方式对于师生来说有什么意义？有没有更好的排列方式？

_____

_____

_____

4. 请在网上搜索并观看《请投我一票》视频，结合本章第三节内容思考教师应该怎样在班级中实现公平与民主？在这个过程中又会遇到什么困难？结合自己的体验写一篇观后感。

🔍 **案例研究**

阅读以下案例材料，并利用班级中的相关哲学理论思考以下问题。

1. 一个"乱班"中教师的角色如何？

2. 班级管理中教师的权威从何而来？

今年，新接了一个全校出名的"乱班"。受命之日，诚惶诚恐，如履薄冰。第一天上课，我穿戴整齐，春风满面，提前五分钟进了教室，不是上了讲台，而是扎进了学生堆里。孩子们见到"泯然众人"的我，此起彼伏的招呼声不绝于耳。我心下一喜，有了底。上课铃一响，我就站上了高高的讲台。"上课"，我大声地发出指令。孩子们条件反射地站了起来，接受了我一个标准的鞠躬礼。"老师，您好！"我陷入了震耳欲聋的激情中……

下课后，全校最调皮的马天宝堵住我。"老师，你不知道，我听了平生最认真的一次课，我不是服你的教学水平，就服你那一弯腰的真诚！"

📓 教学一线纪事 ‖‖

凡事好商量

魏书生这么了不得的人，他活得很潇洒呀，他一点都不累呀，他不是说像我们有的人从早到晚累得呀简直是汗流浃背，每一滴汗水都没有智慧呀，所以都白流了。你要想成为大家、名家，你就得做像魏书生这样的人，每一滴汗水都注入教育的智慧。

魏书生当班主任，他们班上百条的班规班纪，没有一条是他定的。不奇怪，为什么？从第一条班规班纪开始，怎么定呀？班里出了问题了，全班开会，然后大家讨论一下，学生自己说，老师这事咱们以后得定一条纪律，定什么纪律？你说说，你说完了大家同意吗？赞成的同意举手，都举手，有一个没举手那你申诉理由，最后全同意了，好，这就算咱班第一条班规。既然是同学们自己定的，大家又都共同举手通过了，我们要自己执行，不能执行的请举手，没人举手的，通过，就这样一条一条诞生了。

他们班，魏书生讲话，我们班，我是班主任，我们班50个人就是50个班主任助手，50个副班主任。他们班有一个习惯是：人人有事干；事事有人干；时时有人干。

人人都有事干，他们班，不用担心出操，学校要求出操人人都得穿校服，说魏老师的班永远不会出现不穿校服的，为什么？他们班刘刚同学专门负责校服，就这点事，他一天到晚就盯着校服；说不用担心课间来查卫生，魏老师的这班出现纸屑，没有，他们班李燕同学什么事都不干，一天到晚就盯着这纸屑。下了课就犄角旮旯找纸屑。

人人有事干；事事有人干；时时有人干。什么时候，随时随地你就看他们班里的学生都忙乎着呢。他说："你看，每个同学都愿意自己干事，他还愿意做这个主人，我何乐而不为呢？我干吗这事我都揽着呀？"

我们有的老师呀，累得哟。有一个老师说："任老师，我每天6点钟，准时到学校。"我说："你真辛苦，真不错，那你为什么要6点钟到校？""我要6点钟赶着开门把教室扫干净呀，我班同学都特别感动啊。"我说："你真贱骨头呀，你有病呀你，你每天扫这个地干吗呀，你班50个人，就没有人能扫这个地了？"她说，都懒着呢，学生都特懒，她班老没有卫生流动红旗。我说，那你天天扫那流动红旗就来了？就算来了，那有意义吗？

所以人家说，当领导的啊，会干的，让别人干，不会干的才自己干。班主任也一样啊，班主任也是小小的领导呀。

魏书生，他的教育思想和实践，博大精深，概括起来，老师们，就两个字。说研究魏书生，研究来研究去，我和他熟得不得了，调查他，研究他，最后概括起来他就两个字，哪两个字？"商量！"

凡事商量。他做班主任，凡事和同学们商量，没有一件事是主观想做的，遇到事，我们商量商量；他做校长，凡事和老师们商量；他做了教育局局长，凡事和大家商量。商量的背后是什么呢？是民主和科学。

表面上看是个商量，但是它的背后是他的民主的工作作风和科学的工作技巧。在商量的过程中，聪明得很呀魏书生。他说他并不是很有智慧的人，有的时候遇到难题他也不知道怎么办，可是一商量，出来了。你能从大家的各种议论当中，你去摘取一个最佳的方案。我们有的时候就是作茧自缚，自己给自己捆住了手脚。面上好像这事我定了，那事我定了，学生就说，那你就都定吧，于是，孩子们就越来越成为奴隶，我们老师越来越辛苦。不仅是"保姆"，而且还是"警察"，甚至是"保姆"加"警察"。那么这样带班，教课有什么好处呢？所以，今天的老师必须改变教育的方式，由管理型向服务型转变。

——全国优秀班主任任小艾，《任小艾报告：教师素质和班主任工作艺术6、7》

拓展 >

☕ 补充读物

1　塔尔科特·帕森斯. 作为一种社会体系的班级：它在美国社会中的某些功能[C]. 出自张人杰. 国外教育社会学基本文选[M]. 上海：华东师范大学出版社，2009.

　　本书收集了上溯社会学奠基者涂尔干，下至20世纪70年代"新"教育社会学的经典文献，文献中探讨了众多教育问题，如教育功能、教育公平、学生道德社会化、课程社会学等。通过阅读此书，读者可以近距离接触国外社会学理论。而所选的一篇帕森斯的文章，则主要介绍了班级对于社会以及学生个体成长的功能，视角独特，分析全面。

2　夸美纽斯. 傅任敢，译. 大教学论[M]. 北京：人民教育出版社，1984.

　　17世纪捷克教育家夸美纽斯所著的《大教学论》(1632)，是教育学形成独立学科的开始。内容包括教育目的、作用、制度、内容和原则等，提出教育必须遵循自然。这是第一本详细介绍班级授课制的西方教育学著作，对于教师理解班级的内涵、组成以及班级中教师的角色具有重要的指引性。

3　雅斯贝尔斯. 邹进，译. 什么是教育[M]. 北京：生活·读书·新知三联书店，1991.

　　此书是教育哲学的经典之作，是存在主义哲学家雅斯贝尔斯的代表作。此书论及了教育的内涵、目的、意义，教育与历史、文化的关系，陶冶的作用，教育与社会发展，教育与政治，大学教育等多个方面。"存在""理性""自由"等是其核心概念。本书对于教师理解班级，形成自己的教育智慧具有启发意义。

📺 在线学习资源

班主任工作网，http://www.banzhuren.cn/

参考文献

著作类：

1. [奥地利] 卡塔琳娜·迪茨，格哈德·弗里得里希. 不引人注目的人注定会失败——图像社会的新游戏规则[M]. 肖培生，黄甫宜均，杨建培，译. 郑州：河南人民出版社，2002.

2. [德]黑格尔. 美学（第1卷）[M]. 朱光潜，译. 北京：商务印书馆，1996.

3. [德]卡西尔. 人论[M]. 甘阳，译. 上海：上海译文出版社，1985.

4. [德]康德. 历史理性批判文集[M]. 何兆武，译. 北京：商务印书馆，1996.

5. [德]克里斯托夫·武尔夫. 教育人类学[M]. 张志坤，译. 北京：教育科学出版社，2009.

6. [德]赖欣巴哈. 科学哲学的兴起[M]. 伯尼，译. 北京：商务印书馆，1966.

7. [德]马克思恩格斯选集（第1卷）[M]. 北京：人民出版社，1995.

8. [德]马克斯·韦伯. 学术与政治[M]. 冯克利，译. 北京：生活·读书·新知三联书店，1998.

9. [德]沃尔夫冈·布列钦卡. 教育科学的基本概念：分析、批判和建议[M]. 胡劲松，译. 上海：华东师范大学出版社，2001.

10. [德]雅斯贝尔斯. 什么是教育[M]. 邹进，译. 北京：生活·读书·新知三联书店，1991.

11. [俄]列宁选集（第4卷）[M]. 北京：人民出版社，1960.

12. [俄]尼古拉·别尔嘉耶夫. 人的奴役与自由[M]. 徐黎明，译. 贵阳：贵州人民出版社，1994.

13. [俄]维果斯基. 维果斯基教育论著选[M]. 余震球，译. 北京：人民教育出版社，2005.

14. [法]保罗·朗格朗. 终身教育引论[M]. 周南照，陈树清，译. 北京：中国对外翻译出版公司，1985.

15. [法]布迪厄. 实践与反思——反思社会学导引[M]. 李康，李猛，译. 北京：中央编译出版社，1998.

16. [法]卢梭. 爱弥儿[M]. 李平沤，译. 北京：人民教育出版社，1985.

17. [法]卢梭. 论人类不平等的起源和基础[M]. 高煜，译. 桂林：广西师范大学出版社，2002.

18. [法]卢梭. 社会契约论[M]. 何兆武，译. 北京：商务印书馆，1980.

19. [法]米歇尔·福柯. 规训与惩罚[M]. 刘北成，杨远婴，译. 北京：生活·读书·新知三联书店，2007.

20. [法]让-弗朗索瓦·利奥塔. 话语，图形[M]. 谢晶，译. 上海：上海世纪出版集团，2012.

21. [法]雅克·拉康，让·鲍德里亚，等. 视觉文化的奇观[M]. 吴琼，编. 北京：中国人民大学出版社，2005.

22. [古罗马]昆体良. 昆体良教育论著选[M]. 任钟印，选译. 北京：人民教育出版社，1989.

23. [古希腊]柏拉图. 柏拉图全集[M]. 王晓

朝，译．北京：人民出版社，2003.

24. [古希腊]亚里士多德．尼各马科伦理学[M].
苗力田，译．北京：中国人民大学出版社，
2003.

25. [加]迈克·富兰．变革的力量——透视教育
改革[M].中央教育科学研究所，译．北京：
教育科学出版社，2000.

26. [捷克]夸美纽斯．大教学论[M].傅任敢，
译．北京：教育科学出版社，2005.

27. [美]W．J．T·米歇尔．图像理论[M].陈永
国，胡文征，译．北京：北京大学出版社，
2006.

28. [美]阿尔温·托夫勒．第三次浪潮[M].朱
志焱，潘琪，译．北京：生活·读书·新知
三联书店，1983.

29. [美]阿普尔．意识形态与课程[M].黄忠敬，
译．上海：华东师范大学出版社，2001.

30. [美]爱利森·高普尼克．宝宝也是哲学
家——幼儿学习与思考的惊奇发现[M].陈
筱宛，译．台北：商周出版社，2010.

31. [美]安东尼奥·R·达马西奥．笛卡儿的错
误：情绪、推理和人脑[M].毛彩凤，译．
北京：教育科学出版社，2007.

32. [美]宾克莱．理想的冲突：西方社会中变化
着的价值观念[M].马元德，陈白澄，王太
庆，等译．北京：商务印书馆，1983.

33. [美]戴尔·H·申克．学习理论：教育的视角
[M].韦小满，等译．南京：江苏教育出版
社，2003.

34. [美]杜威．杜威教育论著选[M].赵祥麟，王
承绪，编译．上海：华东师范大学出版社，
1981.

35. [美]杜威．民主主义与教育[M].王承绪，
译．北京：人民教育出版社，1990.

36. [美]杜威．人的问题[M].傅统先，邱椿，
译．上海：上海世纪出版集团，2006.

37. [美]菲利普·库姆斯．世界教育危机[M].赵
宝恒，译．北京：人民教育出版社，2001.

38. [美]古德莱德．一个称作学校的地方[M].苏

智欣，等译．上海：华东师范大学出版社，
2005.

39. [美]怀特．分析的时代——二十世纪的哲学
家[M].杜任之，译．北京：商务印书馆，
1981.

40. [美]基思．索耶．剑桥学习科学手册[M].
徐晓东，等译．北京：教育科学出版社，
2010.

41. [美]吉尔兹．地方性知识——阐释人类学论
文集[M].王海龙，译．北京：中央编译出
版社，2004.

42. [美]杰拉尔德·古特克．哲学与意识形态视
野中的教育[M].陈晓瑞，译．北京：北京
师范大学出版社，2008.

43. [美]杰罗姆·布鲁纳．布鲁纳教育文化观
[M].黄小鹏，宋文里，译．北京：首都师
范大学出版社，2011.

44. [美]克里斯托弗科尼，等．孩童厌学治疗师
指南[M].彭勃，译．北京：中国人民大学
出版社，2010.

45. [美]克利福德·格尔茨．烛幽之光：哲学问
题的人类学省思[M].甘会斌，译．上海：
上海世纪出版集团，2013.

46. [美]理查德·桑内特．肉体与石头——西方
文明中的身体与城市[M].黄煜文，译．上
海：上海译文出版社，2006.

47. [美]鲁道夫·阿恩海姆．艺术与视知觉——
视觉艺术心理学[M].滕守尧，等译．北京：
中国社会科学出版社，1984.

48. [美]马修斯．哲学与幼童[M].陈国容，译．
北京：生活·读书·新知三联书店，1989.

49. [美]玛格丽特·米德著．文化与承诺：一项
关于代沟问题的研究[M].周晓虹，周怡，
译．石家庄：河北人民出版社，1987.

50. [美]尼尔·波兹曼．童年的消逝[M].吴
燕莛，译．桂林：广西师范大学出版社，
2011.

51. [美]尼古拉斯·尼尔佐夫．视觉文化导论[M].
倪伟，译．南京：江苏人民出版社，2006.

52. [美]乔纳森·H·特纳. 社会理论的结构（下）[M]. 邱泽奇，等译. 北京：华夏出版社，2006.

53. [美]施拉姆. 传播学概论[M]. 陈亮，等译. 北京：新华出版社，1984.

54. [美]史蒂夫·约翰逊. 坏事变好事：大众文化让我们变得更聪明[M]. 苑爱玲，译. 北京：中信出版社，2006.

55. [美]苏珊·朗格：情感与形式[M]. 刘大基，等译. 北京：中国社会科学出版社，1986.

56. [美]塔尔科特·帕森斯. 作为一种社会体系的班级：它在美国社会中的某些功能[A]. //张人杰. 国外教育社会学基本文选[C]. 上海：华东师范大学出版社，2005.

57. [美]唐纳德·R·克里克山克，德博拉·贝纳·詹金斯，金·K·梅特卡夫. 教师指南[M]. 祝平，译. 南京：江苏教育出版社，2007.

58. [美]唐纳德·舍恩. 反映的实践者[M]. 中央教育科学研究所，译. 北京：教育科学出版社，2007.

59. [美]梯利. 西方哲学史[M]. 葛力，译. 北京：商务印书馆，2005.

60. [美]许烺光. 美国人与中国人：两种生活方式比较[M]. 彭凯平，等译. 北京：华夏出版社，1989.

61. [美]约翰·D·布兰斯福特，等. 人是如何学习的[M]. 程可拉，等译. 上海：华东师范大学出版社，2002.

62. [美]约翰·托夫勒. 第四次浪潮[M]. 北京：华龄出版社，1996.

63. [日]小原国芳. 小原国芳教育论著选[M]. 刘剑乔，译. 北京：人民教育出版社，1993.

64. [日]佐藤学. 学习的快乐——走向对话[M]. 钟启泉，译. 北京：教育科学出版社，2004.

65. [斯]阿莱斯·艾尔雅维茨. 图像时代[M]. 胡菊兰，张云鹏，译. 长春：吉林人民出版社，2003.

66. [意]皮耶罗·费鲁奇. 孩子是个哲学家[M]. 陆妮，译. 海口：海南出版社，2002.

67. [英]E. H·贡布里希. 艺术与错觉：图画再现的心理学研究[M]. 林夕，等译. 杭州：浙江摄影出版社，1987.

68. [英]Randall Curren，主编. 教育哲学指南[M]. 彭正梅，等译. 上海：华东师范大学出版社，2011.

69. [英]以赛亚·伯林. 两种自由概念[A]. 陈晓林，译. //刘军宁，王焱，贺卫方. 市场逻辑与国家观念[C]. 北京：生活·读书·新知三联书店，2005.

70. [英]赫·斯宾塞. 斯宾塞教育论著选[M]. 胡毅，王承绪，译. 北京：人民教育出版社，2005.

71. [英]赫胥黎. 科学与教育[M]. 单中惠，译. 北京：人民教育出版社，2005.

72. [英]怀特海，教育的目的[M]. 徐汝舟，译. 北京：生活·读书·新知三联书店，2002.

73. [英]罗素. 西方哲学史[M]. 何兆武，等译. 北京：商务印书馆，2008.

74. [英]洛克. 人类理解论[M]. 关文运，译. 北京：商务印书馆，1959.

75. [英]齐格蒙特·鲍曼. 共同体[M]. 欧阳景根，译. 南京：江苏人民出版社，2007.

76. [英]齐格蒙特·鲍曼. 流动的现代性[M]. 欧阳景根，译. 北京：生活·读书·新知三联书店，2002.

77. [英]斯蒂文·卢克斯. 个人主义：分析与批判[M]. 朱红文，译. 北京：中国广播电视出版社，1993.

78. [英]休谟. 人类理解研究[M]. 关文运，译. 北京：商务印书馆，1995.

79. 陈鼓应. 老子今注今译[M]. 北京：商务印书馆，2003.

80. 陈嘉映. 说理[M]. 北京：华夏出版社，2011.

81. 陈伟. 墨子：兼爱人生[M]. 武汉：长江文艺出版社，1993.

82. 陈向明. 搭建实践与理论之桥——教师实践性知识研究[M]. 北京：教育科学出版社，2011.

83. 陈向明. 质的研究方法与社会科学研究[M]. 北京：教育科学出版社，2000.

84. 陈学恂. 中国近代教育史教学参考资料（中册）[M]. 北京：人民教育出版社，1987.

85. 陈永明. 教师教育学[M]. 北京：北京大学出版社，2012.

86. 陈友松. 当代西方教育哲学[M]. 北京：教育科学出版社，1982.

87. 陈元晖. 陈元晖文集（上卷）[M]. 福州：福建教育出版社，1992.

88. 单文经，编著. 教学引论[M]. 上海：上海科技教育出版社，2003.

89. 丁学良. 丁学良集[M]. 哈尔滨：黑龙江教育出版社，1989.

90. 方敏. 谈师生关系的重构[A]. //特级教师论课程改革中的教师角色[C]. 杭州：浙江教育出版社，2004.

91. 冯契. 哲学大辞典[Z]. 上海：上海辞书出版社，1985.

92. 冯友兰. 儒家哲学之精神[A]. //冯友兰. 三松堂学术文集[M]. 北京：北京大学出版社，1984.

93. 傅统先，张文郁. 教育哲学[M]. 济南：山东教育出版社，1986.

94. 高平叔. 蔡元培全集（第3卷）[M]. 北京：中华书局，1984.

95. 高志敏，等. 终身教育、终身学习与学习化社会[M]. 上海：华东师范大学出版社，2005.

96. 葛力. 十八世纪法国哲学[M]. 北京：商务印书馆，1991.

97. 郭元祥. 教育逻辑学[M]. 北京：人民教育出版社，2002.

98. 华东师范大学教育系. 现代西方资产阶级教育思想流派论著选[M]. 北京：人民教育出版社，1980.

99. 华东师范大学教育系. 中国现代教育文选[M]. 北京：人民教育出版社，1998.

100. 黄济. 教育哲学通论[M]. 太原：山西教育出版社，1998.

101. 李洪玉，何一粟. 学习动力[M]. 武汉：湖北教育出版社，1999.

102. 李泽厚. 批判哲学的批判——康德述评[M]. 北京：生活·读书·新知三联书店，2007.

103. 李泽厚. 实用理性与乐感文化[M]. 北京：生活·读书·新知三联书店，2008.

104. 连玉明. 学习型社会[M]. 北京：中国时代经济出版社，2004.

105. 联合国教科文组织. 学会生存——教育世界的今天和明天[M]. 北京：教育科学出版社，1996.

106. 林重新. 教育学[M]. 台北：扬智文化事业股份有限公司，2001.

107. 刘北成. 福柯思想肖像[M]. 上海：上海人民出版社，2001.

108. 刘良华. 校本行动研究[M]. 成都：四川教育出版社，2002.

109. 刘雅丽. 终身教育与终身学习的现代思考[M]. 长沙：湖南人民出版社，2008.

110. 刘震，编著.《学记》释义[M]. 济南：山东教育出版社，1984.

111. 鲁洁，王逢贤，主编. 德育新论[M]. 南京：江苏教育出版社，2002.

112. 陆有铨. 教育是合作的艺术[M]. 北京：北京大学出版社，2012.

113. 陆有铨. 现代西方教育哲学[M]. 郑州：河南教育出版社，1993.

114. 潘洪建. 有效学习与教学[M]. 北京：北京师范大学出版社，2013.

115. 裴娣娜，等. 教学论[M]. 北京：教育科学出版社，2007.

116. 彭聃龄. 普通心理学[M]. 北京：北京师范大学出版社，1988.

117. 皮连生. 教育心理学[M]. 上海：上海教育出版社，2004.

118.瞿葆奎，主编. 元教育学研究[M]. 杭州：浙江教育出版社，1999.

119.邵瑞珍，等. 略论接受学习和讲授教学[M]. 北京：人民教育出版社，1998.

120.施大宁. 物理与艺术[M]. 北京：科学出版社，2005.

121.施良方. 学习论[M]. 北京：人民教育出版社，1994.

122.石中英. 教育哲学导论[M]. 北京：北京师范大学出版社，2002.

123.孙培青. 中国教育史[M]. 上海：华东师范大学出版社，2000.

124.孙正聿. 属人的世界[M]. 长春：吉林人民出版社，2007.

125.孙正聿. 哲学通论[M]. 沈阳：辽宁人民出版社，1998.

126.王承绪，赵祥麟. 西方现代教育论著选[M]. 北京：人民教育出版社，2001.

127.王国轩，译注. 大学·中庸[M]. 北京：中华书局，2006.

128.邬昆如. 哲学概论[M]. 北京：中国人民大学出版社，2005.

129.吴国盛. 科学的历程（上）[M]. 长沙：湖南科学技术出版社，1997.

130.吴俊升. 教育哲学大纲[M]. 上海：商务印书馆，1934.

131.吴康宁. 教育社会学[M]. 北京：人民教育出版社，1998.

132.吴康宁. 课堂教学社会学[M]. 南京：南京师范大学出版社，1999.

133.吴遵民. 现代国际终身教育引论[M]. 北京：中国人民大学出版社，2007.

134.夏甄陶. 关于目的的哲学[M]. 上海：上海人民出版社，1982.

135.夏正江. 教育理论哲学基础的反思——关于"人"的问题[M]. 上海：上海教育出版社，2001.

136.现代汉语大辞典[Z]. 北京：商务印书馆，2005.

137.义务教育语文课程标准（2011年版）[M]. 北京：北京师范大学出版社，2011.

138.殷琦. 童心的培养[A]. //丰子恺集外文选[C]. 上海：上海三联书店，1992.

139.于海. 西方社会思想史[M]. 上海：复旦大学出版社，2005.

140.詹栋梁. 教育哲学[M]. 台北：五南图书出版公司，1990.

141.张斌贤. 外国教育史[M]. 北京：教育科学出版社，2008.

142.张楚亭. 高等教育哲学[M]. 长沙：湖南教育出版社，2004.

143.张君劢，丁文江. 科学与人生观[M]. 济南：山东人民出版社，1998.

144.张人杰，编. 国外教育社会学基本文选[M]. 上海：华东师范大学出版社，2009.

145.张志伟，欧阳谦. 西方哲学智慧[M]. 北京：中国人民大学出版社，2009.

146.周浩波. 教育哲学[M]. 北京：人民教育出版社，1999.

147.朱慕菊，主编. 走进新课程——与课程实施者对话[M]. 北京：北京师范大学出版社，2002.

148.朱有瓛. 中国近代学制史料·第一辑(上册)[M]. 上海：华东师范大学出版社，1990.

149.朱自清.《经典常谈》序[A]. //赵志伟. 旧文重读——大家谈语文教育[C]. 上海：华东师范大学出版社，2007.

150.朱作仁，主编. 教育辞典·启发诱导[M]. 南昌：江西教育出版社，1987.

151.祝捷. 成人教育概论[M]. 长春：东北师范大学出版社，2006.

期刊类：

1. [德]乌尔里希·贝克. 从工业社会到风险社会[J]. 马克思主义与现实，2003(3).

2. [美]小威廉姆·多尔. 超越方法：教学即审美与精神的探求[J]. 华东师范大学学报（教育科学版），2003(1).

3. [日]小泉英明. 脑科学与教育——尖端研究与未来展望[J]. 教育研究, 2006（2）.

4. [日]小森阳一. 21世纪大众媒体强与"心脑控制社会问题"[J]. 对外经贸大学学报, 2007（7）.

5. 陈桂生. "教育哲学"辨[J]. 教育评论, 1995（5）.

6. 陈桂生. 聚焦"学生经验的课程"[J]. 江苏教育学院学报（社会科学版）, 2006（1）.

7. 陈蓉霞. 科学与常识：如何走向渐行渐远[J]. 中国政法大学学报, 2013（1）.

8. 陈向明. 教师的作用是什么——对教师隐喻的分析[J]. 教育研究与实验, 2001（1）.

9. 陈向明. 实践性知识：教师专业发展的知识基础[J]. 北京大学教育评论, 2003（1）.

10. 陈晓端, 等. 当代西方有效教学研究的系统考察与启示[J]. 比较教育研究, 2005(8).

11. 陈园. 西方教学自由的意蕴[J]. 海南师范大学学报（社会科学版）, 2010(2).

12. 崔允漷. 有效教学：理念与策略（上）[J]. 人民教育, 2001(6).

13. 邓志伟. 后现代主义思潮与西方批判教育学[J]. 外国教育资料, 1996（4）.

14. 第五红艳. 启发式教学的优化与创新[J]. 陕西师范大学学报（哲学社会科学版）, 2004(10).

15. 丁邦平. 反思科学教育[J]. 中国教育学刊, 2001（2）.

16. 杜悦. 科学教育亟须突破应试瓶颈——有关我国基础教育科学教育的观察与思考[N]. 中国教育报, 2012-10-25（007）.

17. 郭思乐. 以生为本的教学观：皈依教学[J]. 课程·教材·教法, 2005（12）.

18. 国际阅读素养进展研究项目[EB/OL].http：//www.baike.com/wiki/国际阅读素养进展研究项目, 2014-02-21.

19. 和学新. 班级规模与学校规模对学校教育成效的影响[EB/OL]. http://www.edu.cn/zong_he_205/20060323/t20060323_12116.shtml1. 浏览时间：2014-02-25.

20. 洪明. 读经论争的百年回眸[J]. 教育学报, 2012（2）.

21. 侯怀银. 20世纪上半叶中国学者对教育哲学学科建设的探索[J]. 教育研究, 2005（1）.

22. 黄晶. 初中学生厌学矫正个案分析[J]. 辽宁教育, 2008（1）.

23. 姜奇平. Web2.0之读图时代[J]. 互联网周刊, 2006（Z1）.

24. 教育部. 改革培训模式提升培训质量[N]. 中国教育报, 2013-05-15(001).

25. 金生鈜. 论教育自由[J]. 南京师大学报（社会科学版）, 2004（6）.

26. 金生鈜. 我们为什么需要教育民主[J]. 教育学报, 2006（12）.

27. 李年终. 关于课堂教学民主性的思考[J]. 南宁：广西社会科学, 2002(2).

28. 李庆明. 儿童如何学哲学[N]. 光明日报, 2014-03-18(014).

29. 李小红, 等. 有效教学的伦理自觉[J]. 当代教育科学, 2013(6).

30. 李延明. 论人类目的[J]. 学习与探索, 1987（6）.

31. 刘立明. 国外有效教学研究述评[J]. 现代中小学教育, 2002(12).

32. 刘生全. 论教育场域[J]. 北京大学教育评论, 2006（1）.

33. 刘世瑞, 胡蓉晖. 从人的发展角度对接受学习与发现学习的思考[J]. 教育研究, 2004（1）.

34. 刘万海. "有效教学"辨[J]. 全球教育展望, 2007(7).

35. 欧洲教育委员会：教与学——走向学习型社会[J]. 祝智庭, 译. 外国教育资料, 1997（6）.

36. 庞大镶. 关于课堂教学民主的思考[J]. 人民教育, 2000(9).

37. 桑新民. 学习究竟是什么？——多学科视野中的学习研究论纲[J]. 开放教育研究, 2005（1）.

38. 石中英. 教育学研究中的概念分析[J]. 北京师范大学学报（社会科学版），2009（3）.

39. 史宁中.《数学课程标准》的若干思考[J]. 数学通报，2007（5）.

40. 史宁中. 关于教育的哲学[J]. 教育研究，1998（10）.

41. 孙丽丽. 追寻"教育常识"——为教师所著的《教育常识》[J]. 教育发展研究，2013（2）.

42. 唐开福. 做有常识的教育者——品李政涛新著《教育常识》[J]. 中小学管理，2013(2).

43. 王萍. 素质教育与课堂教学民主[J]. 现代大学教育，2002(1).

44. 王澍. 重视感性能力的培养——图像社会的学校教育目标审视[J]. 东北师范大学学报（哲社版）2008（5）.

45. 王颖. 民国时期的常识教育与"常识"教科书[N]. 中华读书报告，2012-7-4（014）.

46. 吴康宁. 学生仅仅是"受教育者"吗？——兼谈师生关系观的转换[J]. 教育研究，2003（4）.

47. 吴彤. 两种"地方性知识"：兼评吉尔兹和劳斯的观点[J]. 自然辩证法，2007（11）.

48. 吴永军. 关于有效教学的再认识[J]. 课程·教材·教法，2011(07).

49. 肖川. 教育信念确立的基石[N]. 中国教育报，2006-09-16(003).

50. 肖庆华. 论有效教学的限度[J]. 全球教育展望，2010(08).

51. 肖绍聪，刘铁芳. 从文学书到图画书：读图时代的教育思考[J]. 河北师范大学学报（教育科学版），2005（2）.

52. 阳泽. 探究学习中如何"控制"课堂[J]. 人民教育，2003(21).

53. 叶波. 反思"有效教学"的技术化倾向[J]. 课程·教材·教法，2013(6).

54. 叶澜. 思维在断裂处穿行——教育理论与教育实践关系的再寻找[J]. 中国教育学刊，2001（4）.

55. 叶舒宪. 地方性知识[J]. 读书，2001（5）.

56. 于伟. 警惕"怎么都行"的教育观[J]. 中国教育报，2005-8-27(003).

57. 余维武. 德育的可能——从先秦儒家的视角看苏格拉底对美德是否可教问题的探讨[J]. 湖南师范大学教育科学学报，2006（1）.

58. 余闻婧. 论教师教育信念的危机及其内在超越——基于知行关系的视角[J]. 教育探索，2011（2）.

59. 余友辉. 美德可教吗？——苏格拉底哲学命题的美德教育悖论[J]. 道德与文明，2008（3）.

60. 张聪，于伟. 近十年来教育理论与教育实践关系研究的梳理与反思[J]. 当代教育科学，2011（9）.

61. 张盾."道德政治"系谱中的卢梭、康德、马克思[J]. 中国社会科学，2011(3).

62. 张国民. 周春爱. 浅析民主教学[J]. 教学与管理，2003(1).

63. 张华. 反思对话教学的技术主义倾向[J]. 教育发展研究，2011(20).

64. 张济州，黄书光. 美德是否可教——论苏格拉底的德性教化[J]. 教育研究，2013(4).

65. 张金磊，等. 翻转课堂教学模式研究[J]. 远程教育杂志，2012，(4).

66. 张俊列. 对"有效教学""有效性"的理性审视[J]. 教学与管理，2013(1).

67. 张旸，等."导学案教学"与"翻转课堂"的价值、限度与共生[J]. 全球教育展望，2013(7).

68. 张跃国，张渝江. 透视"翻转课堂"[J]. 中小学信息技术教育，2012(3).

69. 张志林. 哲学家应怎样看科学？——兼评陈嘉映《哲学·科学·常识》中的有关论述[J]. 哲学分析，2012（6）.

70. 章建跃. 数学思维能力的培养[EB/OL]. http://www.pep.com.cn/czsx/jszx/jxyj_1/llysj/201008/t20100824_713810.htm. 2014-02-19.

71. 赵婧. "教学控制" 辨析[J]. 教育学报, 2009(4).

72. 朱法良. 对全面开发人脑的思考[J]. 教育研究, 2001（7）.

学位论文类:

1. 包玉姣. 艺术: 一种生命的形式[D]. 南京: 南京师范大学, 2011.

2. 贺晓舟. 近代中国艺术教育研究[D]. 上海: 华东师范大学, 2009.

3. 刘菊. 关联主义学习理论及其视角下的教与学组织研究[D]. 长春: 东北师范大学, 2011.

4. 唐莹. 跨越教育理论与实践的鸿沟——关于教师及其行动理论的思考[D]. 上海: 华东师范大学, 1995.

5. 王澍. 寻求恰当的知识论立场[D]. 上海: 华东师范大学, 2007.

6. 谢翌. 教师信念: 学校教育中的 "幽灵" [D]. 长春: 东北师范大学, 2006.

英文类:

1. Ash, Katie. Educators View 'Flipped' Model With a More Critical Eye. *Education Week*, 2012(2).

2. Baker J. Wesley. The classroom flip: using web course management tools to become the guide by the side. In: Chambers, Jack A. , Ed. *Selected Papers from the 11th International Conference on College Teaching and Learning*. Florida: Florida Community Coll. , Jacksonville, 2000.

3. Choy. S. P. *Public and private schools: how do they differ*?. Washington: National Center for Education Statistics, 1997.

4. George Siemens. Connectivism: A Learning Theory For the Digital Age http: //www. elearnspace. org/Articles/connectivism. htm, 2004.

5. Graham R. Commentary: The Khan academy and the day-night flipped classroom. *Biochemistry and Molecular Biology Education*, 2012(5).

6. Hutchins, R. *The higher learning in America*. New Haven: Yale University Press, 1936.

7. Hutchins, R. *The Learning Society*. New York: Frederick A. Praeger, Inc. , 1968.

8. Meihan, R. *A Sociology of Education*. Oxford: Holt Rine hart and Winston Ltd. , 1981.

9. Milman, Natalie B. The Flipped Classroom Strategy: What Is it and How Can it Best be Used?. *Distance Learning*, 2012(9).

10. Nielsen, Lisa. Five Reasons I`m not Flipping Over the Flipped Classroom. *Technology & Learning*, 2012(10).

关键术语表

哲学	Philosophy	哲学是对各种人类经验的反思或对人类最为关注的那些问题的理性的、方法论的和系统的思考。
教育哲学	Philosophy of Education	教育哲学是从哲学的角度对教育问题进行的批判与反思，也作为教育理论学科中的基础学科，对教育理论和实践中的根本问题进行思考，亦为人们从事教育工作提供价值观和方法论。
分析教育哲学	Analytic Philosophy of Education	教育哲学的一个流派，将教育哲学的任务限定为概念的厘清和教育话语的逻辑分析，而非教育中的形而上问题或价值问题。分析教育哲学要克服"教育""教学""知识""学习""教育理论"等概念在使用上的混乱，增强概念使用的明确性和严格性，以增强教育理论和实践中的话语、命题、判断的逻辑性，作为教育发展与变革的重要前提。
教育	Education	教育是有目的地改组改造人的经验世界的社会实践活动。从社会的历史的角度来看，教育是人类传递经验的方式，是一种复杂的文化现象，是社会发展的"发动机"，也是个人生存发展的工具。教育是反应人的本质力量的活动，它意味着启蒙、善和更好地"在"。
自然人	Natural Man	最早由卢梭提出的人性范型，指代一种按照"自我本性"自由发展的人。自然人理论要求儿童的发展和教育应与自然界发展和谐一致，与儿童身心发展水平相一致。教育应以儿童为出发点，注重个性的发展。也要求儿童的教育环境自然化，世界之外无书籍，事实以外无教材。
情本体	Emotional Noumenon	李泽厚历史本体论哲学的核心概念，是心理本体的重要部分。人的工具本体解决的是人"如何活"的问题，心理本体关注"为什么活"和"活得怎样"的问题，也即人生的意义和境界问题。情本体思想认为对人生的眷恋、珍惜、感伤和了悟能够替代空洞而不可解决的"畏"和"烦"，替代由它而激发出的后现代的"碎片""当下"，解决命运、人性、偶然的问题，解决人生的意义、境界以及宗教之外的信仰问题。
历史唯物论	Historical Materialism	是一种以物质基础作为历史发展重要依据的历史观、世界观。认为一切重要历史事件的终极原因和伟大动力是社会的经济发展，尤其是人类的物质生产实践。经济发展和人类的物质实践间接决定着人的各种思维方式和社会行为。

续表

启蒙	Enlightenment	启蒙是近代西方重要的思想运动，其核心是五个词：科学、民主、自由、人权、法制。在现代社会中，启蒙也指代这些普世价值的教化过程。
儿童	Children	年龄上未满 12 周岁的未成年人。
创造性	Creativity	个体产生新奇独特的、有社会价值的产品的能力或特性，也称为创造力。
人性	Humanity	人性，是在一定社会制度和一定历史条件下形成的人的本性。
教育目的	Aims of Education	教育目的是对教育所要培养的人的质量规格的总的设想和规定。
个人本位论	Theory of Children as Standard for Education	个人本位论主张教育目的应以个人价值为中心，应主要根据个人自身完善和发展的精神性需要来制定教育目的和建构教育活动。
社会本位论	Theory of Society as Standard for Education	社会本位论主张教育目的的确立要根据社会需要来确定。个人只是教育加工的材料，个体的发展必须服从于社会的需要。
教育准备生活说	Education as Preparation for Life	由 19 世纪英国教育家斯宾塞提出，这一学说强调教育的过程应当是教导一个人怎样生活，使他获得生活所需的各种科学知识，从而为完满的生活做准备。
教育适应生活说	Education as Adjustment to Life	由 20 世纪美国著名教育家杜威提出，反对将教育视作未来生活的准备，认为教育就是儿童现在生活的过程，而不是将来生活的预备。
知识	Episteme/ Knowledge	知识是人类在人与自然、人与社会、人与自我的交互作用过程中的观念成果。传统哲学中知识的定义为：能被充分证实的真的信念。而现代知识作为构念，和情感感性、情境氛围、主观意志发生了很多交融，知识的内涵变得模糊起来，在不同语境中知识拥有不同的语义要素。
经验	Experience	经验是人与自然、人与社会、人与自我的交互作用过程中产生的体验；经验包含一个主动和被动的两个方面：在主动的方面，经验就是尝试；在被动的方面，经验就是承受结果。
智慧	Intelligence	在本质上，智慧并不表现在经验的结果上，也不表现在思考的结果上，而表现在经验的过程中，表现在思考的过程中。换言之，在生存过程中，智慧表现于对问题的处理、对危难的应付、对实质的思考以及实验的技巧等。
隐性课程	Informal/Hidden Curriculum	学校政策及课程计划中未明确规定的、非正式和无意识的学校学习经验，与"显性课程"相对。隐性课程存在于各种学校环境和情境中，以间接的内隐的方式影响学生，具有非预期性、潜在性、多样性、不易觉察性。

学习	Learning	学习是学习者和教师、教学内容、教学环境、同学之间的相互交往中进行的自主的、合作的活动。
终身学习	Lifelong Learning	终身学习是指社会每个成员为适应社会发展和实现个体发展的需要，贯穿于人的一生的、持续的学习过程。
学习型社会	The Learning Society	也称为学习化社会，是法国的埃德加·富尔于 1972 年首先提出的，其基本内容是："教育不再是某些杰出人才的特权或某一特定年龄的特殊活动，而是越出了传统教育的规定界限，在时间和空间上，正日益朝着包括个人终身和整个社会成员的方向发展"。
唯理论	Rationalism	唯理论指的是知识产生于推理，并非借助于感觉。精神与物质分离是有关人类知识的唯理主义观点的主要特征。
经验论	Empiricism	经验论认为经验是知识的唯一源泉。代表人物亚里士多德（Aristotle，前 384- 前 322）认为，认识是由感觉开始，由个别事实上升到一般概念的。
建构主义学习论	Constructivism Learning	建构主义学习理论认为，学习过程不是学习者被动地接受知识，而是积极地建构知识的过程。由于建构主义学习活动是以学习者为中心，而且是真实的，因而，学习者就更具有兴趣和动机，能够鼓励学习者进行批判性思维，能够更易于提供个体的学习风格。因而，建构主义在教学中的应用会带来一场教学或学习的革命。
发现学习	Discovery Learning	"发现学习"是 20 世纪 50 年代末 60 年代初由美国心理学家布鲁纳所提出的一种学习方法。它是一种让学生独立学习、自行发现问题，并掌握科学原理的一种教学方法。它特别强调学生自己去发现和创造，要求学生利用课本提供的材料与教师提供的信息，通过自己独立思考，找出解决问题的方式和方法，进而形成正确的结论与概念。
合作学习	Cooperative Learning	合作学习是以学习小组为单位共同学习，通过教学主体之间的互动，促进学生的学习，同时因集体成就而获得嘉奖的学习方式。
个体学习	Individual Learning	个体在行为过程中和通过行为的结果获得新的技能和知识。
有效教学	Effective Teaching	一种观点认为"有效的教学活动是教师遵循教学活动的客观规律，以尽可能少的时间、精力和物力投入，取得尽可能多的教学效果，从而实现特定的教学目标、满足社会和个人的教育价值需求而组织实施的活动。"另一种观点认为有效教学是指"通过教师在一定时间的教学之后，学生所获得的具体进步和发展。"

续表

翻转课堂	The Flipped Classroom	一种新型的课堂教学模式，学生晚上在家通过观看教学视频学习，第二天回到教室做作业，遇到问题时则向老师和同学请教。这与传统的"老师白天在教室上课、学生晚上回家做作业"的方式正好相反的课堂模式被称之为"翻转课堂"。
教学民主	Teaching Democracy	所谓教学民主是指在教学过程中，师生人格平等，共同参与，各自发挥不同作用，从而实现一定教学目标的一种机制。
教师	Teacher	教师具有广义和狭义两重含义。广义的教师泛指传授知识和经验的人；狭义的教师则指受过专门教育和专业训练，按照相关标准和要求，在学校场域中对学生进行德、智、体、美、劳等多方面教育的专业人员。
专业	Profession	专业是指专门从事某种学业或职业的专门学问，也可指在人类实践活动过程中，用以描述职业生涯某一阶段、某一群体所长期从事的具体业务规范。
教育理论	Education Theory	教育理论是借助一系列概念、范畴和命题等要素，以推理、归纳和演绎等形式所建构的关于特定教育现象或教育问题的系统性表述。
教育信念	Education Belief	教育信念是指教师关于教育整体活动的系统化的价值观念以及基本观点，其中包括对学生、教科书、知识、学校以及教师自身等不同要素的信念以及对教学过程、学生管理等不同过程的信念。
教育权力	Education Authority	教育权力具有广义和狭义之分。广义的教育权力泛指对人的教育所施加的一种支配力和影响力，狭义的教育权力则指在学校场域中由教师等专业人员对学生所施加的一种关于教育、教学等方面的支配力和影响力。
班级授课制	Class Teaching System	把一定数量的学生按年龄和知识程度编成固定的班级，根据周课表和作息时间表安排教师有计划地向全班学生集体进行教学的制度。
场域	Field	一个场域可以被定义为在各种位置之间存在的客观关系的一个网络，或一个构型。
共同体	Community	为了特定目的而聚合在一起生活的群体、组织或团队。共同体不同于一般的组织，共同体是在人们追求共同目标中产生的一个协作系统。共同体中的成员有着共同目标与追求。共同体是能让成员体验到归属感的群体，其中的成员对身处这个群体中的自己有着自我认同感。

后 记

写一本适合教师教育使用的教育哲学教材一直是我的心愿，这次在北京师范大学出版社的组织下，这一心愿得以完成，非常高兴。酝酿这样一本教材的想法早在十几年前了，如今终成一本初见端倪的教材，希望本书能够为我国教师教育贡献点绵薄之力。

教育哲学是反思之学，编写一本教育哲学教材要做的是促进教师思考，不断反思各种教育观念、常识和问题，进而提升自身的提出问题、分析问题和解决问题的能力。因此，本书的编写除了重视基本知识、基本概念、基本理论外，更加注重对一些日常教育思维中的概念、命题和观点的反思，更加注重对当下一些教育热点与焦点的回应。因此，本书从教育生活中的基本概念出发，从哲学的角度分析教育实践中的问题，帮助读者学会反思。

作为本书的主编，我诚邀全国五所院校的年轻才俊加盟本书的写作团队，在大家的通力合作下完成了编著任务。本书各章撰写的分工情况是：

第一章	什么是教育哲学	东北师范大学	于伟
第二章	教育是什么	白城师范学院	赵光磊
第三章	何为儿童	东北师范大学	王澍
第四章	教育目的	白城师范学院	杨晶
第五章	知识	黑龙江大学	胡娇
		东北师范大学	关景媛
		白城师范学院	赵光磊
第六章	学习	吉林省教育学院	戴军
		吉林省教育学院	邓阁刚
第七章	教学	山西大学	张夏青
第八章	教师	东北师范大学	张聪
第九章	班级	东北师范大学	石艳

各位教授和博士都非常繁忙，虽然他（她）们倾注了大量的时间和精力，但由于写作水平与时间有限，书中一定还存在诸多不足之处，请读者见谅。写作过程中，参考文献较多，篇幅所限，仅列出了部分论著的篇名，感谢所有引证其文献并给予我们佐证与启示的专家、学者，挂一漏万，诚请包涵！在统稿过程中，本着文责自负、求同存异的原则，根据讨论多

次的写作大纲对各章内容进行了适当的调整修改。在本书写作过程中，王澍博士协助本人做了大量工作，劳力劳心。

　　本书能列入出版计划、顺利出版，要感谢北京师范大学出版社的鼎力支持，感谢编辑李志为本书付出的心力。

于　伟

2015年1月记于东师田家炳楼